Das Buch
›Liebe auf den ersten Blick‹ ist für Gila kein hohler Satz, sondern schlicht die Wahrheit, als sie Mitte der 70er Jahre dem breitschultrigen, gut aussehenden Rainer begegnet. Doch Rainer ist der Ehemann ihrer besten Freundin Eva, deshalb halten Gila und Rainer ihre Liebe viele Jahre, auch vor ihrer beider Tochter Dana, geheim. Erst nach der Scheidung von Ehemann Achim kann Gila endlich mit Rainer und seinen zwölf Huskys zusammenleben. Rainer jedoch hat mehr Probleme, sich von Eva und seiner Vergangenheit zu trennen. Die Auswanderung nach Kanada ist daher die Chance für ihren Traum von einem gemeinsamen Leben. Der Yukon lockt mit unberührten Seen, riesigen Wäldern und zehn Monaten Winter im Jahr. Rainer ist begeistert davon, in der Heimat seiner geliebten Huskys zu leben, und Gila hofft inständig auf das lang ersehnte friedliche Leben. Doch die kleinen und die großen Katastrophen nehmen schnell überhand: Die erste Geschäftsidee schlägt fehl, die Geldreserven gehen zur Neige, und Rainer kümmert sich nur noch um seine Huskys. Gila weiß nicht weiter: Wie konnte ihr Lebensglück so fehlschlagen? Wohin muss sie ihre Schritte lenken?
Ein ergreifender Erfahrungsbericht einer außergewöhnlichen Frau, die niemals den Mut und den Sinn für das Positive im Leben verliert.

Die Autorin
Gila van Delden wurde 1947 in Bielefeld geboren. In *Nicht heulen, Husky!* erzählt die Autorin mit Humor und Selbstironie freimütig ihre eigene turbulente Geschichte. Seit 1994 leitet Gila van Delden Selbsterfahrungsseminare. *Nicht heulen, Husky!* wurde mit Barbara Rudnik und Heiner Lauterbach in den Hauptrollen verfilmt.

GILA VAN DELDEN

NICHT HEULEN, HUSKY!

*Der fesselnde Tatsachenbericht einer
Auswanderung nach Kanada*

WILHELM HEYNE VERLAG
MÜNCHEN

HEYNE ALLGEMEINE REIHE
Nr. 01/13286

Umwelthinweis:
Das Buch wurde auf
chlor- und säurefreiem Papier gedruckt.

6. Auflage

Taschenbucherstausgabe 10/2000
Copyright © 1992 by Country Verlag, Halle/Westf.
Wilhelm Heyne Verlag GmbH & Co. KG, München
Printed in Germany 2003
Umschlagillustration: IFA-Bilderteam/
AP & F und Deutsche Presse-Agentur
Umschlaggestaltung: Nele Schütz Design, München
Satz: Pinkuin Satz- und Datentechnik, Berlin
Druck und Bindung: Ebner & Spiegel, Ulm

ISBN 3-453-18279-0

http://www.heyne.de

*Die Gedanken von heute
sind die Wirklichkeit von morgen.*

*Für meine Kinder Dana, Rico
André und Marco –
in Liebe,
dass sie die Menschen verstehen
und lieben lernen*

Einleitung

Vancouver – meine Blicke schweifen aus dem Fenster auf die teilweise noch in Nebel gehüllte Skyline. Weich verwischt der Regen die Konturen der Lions Gate Bridge, die unseren Teil der Stadt mit ihrem Zentrum verbindet.

Heute, am 20. Januar 1987, habe ich begonnen, die Ereignisse der vergangenen fünf Jahre aufzuschreiben. Es ist in dieser Zeit zu viel geschehen, als dass ich es einfach ignorieren könnte. Kaum hatte sich eine neue familiäre Situation eingespielt, geschah wieder etwas, das unser Leben veränderte. Hier sind wir nun zur Ruhe gekommen. Unser Leben hat die Stabilität bekommen, die wir alle so nötig brauchen.

Vor einem halben Jahr sah alles noch ganz anders aus. Ich habe erlebt, dass Wunder Ursachen haben, und über diese tiefen Erfahrungen möchte ich berichten, ohne etwas zu verbergen. Lange habe ich darüber nachgedacht, ob ich den Schritt ins Licht der Öffentlichkeit wagen soll, in der vorliegenden Form über familiäre Dinge zu schreiben. Aber wenn ich dadurch anderen Menschen Anregungen geben kann, an die Kraft der Gedanken zu glauben, so scheint es mir richtig.

Jede neue Erfahrung im Leben hat ihren Wert und sollte vertrauensvoll, ohne jeden Widerstand, zugelassen werden, auch wenn das Positive daran nicht immer sofort ersichtlich ist.

Ich musste erkennen, dass alles im Leben seinen Preis hat, so auch meine Entscheidung, eine Beziehung zu Rainer einzugehen, für die ich bezahlte mit allem, was ich hatte.

Gestohlenes Glück – wie hoch ist dein Preis?

Eva, Rainers Frau, hatte mir einmal während unserer langjährigen Freundschaft gesagt, noch bevor sie von Rainers Beziehung zu mir wusste: »Man muss für alles im Leben bezahlen.«

Ihre Bemerkung hatte mich damals sehr nachdenklich gestimmt. Inzwischen weiß ich, wie recht sie hatte. Denn geblieben sind mir meine Tochter Dana, ein wunderbares kleines Menschenkind von fast fünf Jahren, und Rico, mein kleiner Sohn, der bald ein Jahr alt wird – sowie eine Menge kostbarer Erfahrungen.

Wenn Dana und Rico heranwachsen, werden sie nach ihrem Vater und ihrer Herkunft fragen. In diesem Buch finden sie die Antwort darauf.

Meine beiden großen Söhne, André, der jetzt neunzehn Jahre alt ist, und Marco mit seinen fast siebzehn Jahren, werden es etwas leichter haben, unsere Geschichte zu verstehen, denn die beiden haben sie mehr oder weniger bewusst miterlebt.

Wenn ich heute über die vergangenen Jahre nachdenke, so staune ich manchmal über die schillernden Ereignisse jener Zeit, die ein ganzes Leben ausfüllen könnten: Nach der Scheidung meiner Ehe mit Achim bin ich mit Rainer, dem Mann meiner Freundin Eva, heimlich in die kalten Yukon Territories in Kanada ausgewandert. Mit von der Partie waren unsere Tochter Dana, meine beiden halbwüchsigen Jungen sowie unsere Hauswirtschafterin, und nicht zuletzt hatten wir dreizehn Sibirische Schlittenhunde im Gefolge – und dann zwei riesige Container mit unserem gesamten Hab und Gut!

Doch nach verhältnismäßig kurzer Zeit musste ich einsehen, dass unsere Pläne zum Scheitern verurteilt waren, und bin nach Deutschland zurückgekehrt.

So turbulent ist mein Leben in den letzten Jahren wirklich verlaufen. Ich sollte aber besser der Reihe nach berichten. Dabei möchte ich vermeiden, die Gefühle anderer zu verletzen, zumal die Geschichte vor allem Eva berührt; Eva, meine Freundin, die seelisch und körperlich beinahe daran zugrunde gegangen wäre.

Es gibt eine ausgleichende Gerechtigkeit. Ich habe sie erfahren. Doch das Leben musste mich erst beuteln, bevor ich wach wurde und mich neuen Perspektiven öffnen konnte.

Kapitel 1

> *Manchmal sind Gefühle wie das Meer –*
> *ruhig, stürmisch*
> *Ebbe und Flut*
> *dunkel, hell*
> *tief, weich*
> *manchmal mit hohen Wellen*
> *ab und an schwappt es über ...*
> (G. Voigt-Weise)

Der Januar 1982 war kalt. Den ständigen Frost und die eisglatten Straßen der Eifel war ich nicht gewohnt. Hier sollte ich wochentags als Verkaufsleiterin eine neue Direktion aufbauen, mit Rainer und Eva als Mitarbeiter, und am Wochenende fuhr ich nach Hause zu meiner Familie, die dreihundert Kilometer entfernt in der Nähe von Bielefeld wohnte.

Erst vor kurzem hatte ich eine kleine Wohnung gemietet, hoch über dem Rursee gelegen, mit einer wunderschönen Aussicht auf die Rur, deren Windungen sich malerisch durch das Tal schlängelten.

Ich war gerade dabei, die letzten Kleinigkeiten einzuräumen, als ich Besuch von Rainer erhielt.

Nach der Begrüßung setzte er sich zu mir und brachte längere Zeit kein Wort heraus. Irgendetwas schien ihn zu bedrücken, denn er vermied es, mich anzusehen. Es dauerte eine Weile, ehe er die passenden Worte gefunden hatte.

»Gila, unsere Beziehung muss vorerst andere Formen annehmen«, sagte er zögernd.

Auch ich nahm täglich andere Formen an, denn ich erwartete ein Baby von ihm.

»Ich habe einfach Angst, dass Eva von der ganzen Sache erfährt. Das können wir uns momentan nicht erlauben.« Er zog mich sanft an sich und fragte vorsichtig: »Das verstehst du doch sicher, nicht?«

Ich konnte nichts erwidern. Da saß ich nun, an ihn gelehnt, während alles um mich herum in Tränen verschwamm. Die Verkaufsleitung in der Eifel hatte ich nur übernommen, um Rainer nahe zu sein – und jetzt das!

Seit September 1975 kannte ich Eva und Rainer, ein ungleiches, aber liebenswertes Paar: Sie, eine warmherzige, mütterliche Frau, die jedoch bei dem kleinsten unerwarteten Ereignis einem Nervenzusammenbruch nahe war. Rainer, ein gut aussehender dunkler Typ, ein Improvisationstalent ohnegleichen, ruhig und sachlich.

Ich erinnere mich noch genau an den Augenblick, als ich die beiden zum ersten Mal auf einer Tagung sah, die unsere Firma für die gesamte Außendienstorganisation abhielt.

In der Mittagspause steuerte unerwartet eine große, stattliche Frau mit blonden hoch gesteckten Haaren auf mich zu. Schwungvoll begrüßte sie mich.

»Hallo, guten Tag! Sie sind sicher die Dame aus Bielefeld, von der mein Mann und ich schon soviel gehört haben. Sie müssten uns eigentlich kennen. Wir sind schon früher zusammen für die gleiche Firma tätig gewesen.«

»Nein«, entgegnete ich überrascht und sah sie forschend an, »ich kann mich nicht an Sie erinnern. In welchem Gebiet haben Sie denn gearbeitet?«

»In der Eifel. Wir haben Ihren Namen immer ganz oben auf den Umsatzlisten gesehen, bis wir vor einiger Zeit plötzlich erfuhren, dass Sie die alte Firma verlassen hätten. Wie schön, dass wir uns jetzt hier endlich kennen lernen!«

Ihre dunklen Augen und ihr warmes Lachen machten sie äußerst anziehend. Überschwänglich schüttelte sie mir die Hand.

Und dann sah ich ihn. Mein Gott, was für ein Mann! Gehörte er wirklich zu dieser Frau? Da war er, der Mann, dessen Idealbild ich ein Leben lang in mir getragen hatte. Er stand vor mir, groß und breitschultrig. Seine schwarzen Haare und sein bräunlicher Teint ließen einen südländischen Einschlag ahnen.

»Guten Tag«, sagte er leicht amüsiert und sah mich eigentümlich interessiert mit seinen braunen Augen an.

»Meine Frau ließ keine Ruhe, bis wir Sie endlich gefunden hatten.«

Mein Herz schlug wild. Lass bloß die Finger von ihm!, warnte mich meine innere Stimme eindringlich. Mit leichtem Erschrecken spürte ich, welch starke Faszination dieser Mann auf mich ausübte.

Er war so ganz anders als mein eigener Mann. Wir hatten jung geheiratet und kurz nacheinander unsere beiden Söhne bekommen. Achim war eher konservativ und im Grunde genommen immer recht dankbar, wenn andere die Initiative übernahmen und er im Hintergrund bleiben konnte.

Rainer dagegen hatte eine starke Ausstrahlung, und nicht nur auf mich, wie ich bald feststellte. Sämtliche Mitarbeiterinnen bekamen weiche Knie, wenn er in der Nähe war, was seine Frau nicht zu beunruhigen, sondern eher zu belustigen schien. Meine Sensoren schlugen Alarm: Um Männer, die allen gefallen, machte ich normalerweise einen großen Bogen. Ich hielt sie für uninteressant. Doch bei Rainer war alles anders.

Wenn ich über die Beziehung zwischen Rainer und Eva nachdenke, so muss ich feststellen: Solch eine Verbindung zwischen zwei Menschen kann man als Außenstehender nur sehr subjektiv beurteilen. Manchmal frage ich mich, ob ich sie zu der Zeit anders gesehen habe, als zwischen Rainer und mir nur eine Freundschaft bestand. Ja, ich glaube schon, denn ich erfuhr immer nur über Eva von irgendwelchen Problemen oder Spannungen zwischen den beiden. Nie hörte ich etwas von Rainer, was mir Anlass hätte geben können, an dem Bestand dieser Ehe zu zweifeln. Nie machte er irgendeinem Menschen gegenüber auch nur die geringste Andeutung – bis zu jenem Junitag, als der Stein ins Rollen kam und wir den Level der Freundschaft für immer verließen.

Eva hatte Geburtstag. In alter Gewohnheit rief ich an, um ihr zu gratulieren.

»Gila?«, meldete sich Rainer, »wie schön, dass du anrufst! Gerade habe ich an dich gedacht! Eva ist momentan nicht zu Hause. Soll sie gleich zurückrufen?«

»Nein«, wehrte ich ab, »ich rufe nachher noch mal an. Bis dann!«

»Halt! Leg bitte noch nicht auf, ja?«, bat er mit weicher Stimme. Ich spürte, wie ernst er wurde, als er fortfuhr: »Gila, ich muss dich sprechen.«

»Okay«, erwiderte ich unbefangen, »schieß los!«

»Nein, nicht am Telefon, persönlich. Ich muss mit dir etwas besprechen.«

»Mach doch mal 'ne Andeutung, worum es geht!«, bat ich ihn.

»Ich muss mit dir persönlich reden«, wiederholte er ruhig.

Irgendetwas in seiner Stimme ließ mich aufhorchen.

»Ich habe schon überlegt, ob ich zu dir nach Hause kommen soll, doch es wäre mir schon lieber, wenn wir uns ungestört miteinander unterhalten könnten – ohne Achim.«

Beide wussten wir, Diskretion war nicht Achims Stärke.

In all den Jahren unserer Freundschaft geschah es zum ersten Mal, dass Rainer mich um ein vertrauliches Gespräch bat. Was mochte dahinterstecken? Ob es etwas mit uns zu tun hatte? Ach was, dachte ich, meine Gefühle für ihn liegen so tief vergraben, davon kann er nichts ahnen.

Für unser Treffen schlug ich ein Restaurant auf halber Strecke zwischen Aachen und Bielefeld vor, in dem ich ein paar Mal mit meinen Mitarbeitern gewesen war.

»Du, Gila«, sagte er leise, »ich freue mich auf dich!«

Ich schloss die Augen und saß lange versonnen an meinem Schreibtisch. Was mochte er auf dem Herzen haben? Warum war er nicht bereit, auch nur eine Andeutung zu machen? Weshalb wollte Rainer eine so weite Strecke fahren, nur um mit mir zu reden?

Die vergangenen fünf Tage seit dem Telefonat hatte ich in enormer Anspannung zugebracht. Dauernd drehten sich meine Gedanken um ihn. Woher kam bloß dieses Gefühl, dass sich an dem Abend etwas Besonderes ereignen könnte?

Ich saß in dem kleinen Restaurant und wartete auf ihn. Die Dämmerung war bereits hereingebrochen. Verlegen gestand ich mir ein, wie sehr ich diesen Abend herbeigesehnt hatte und versuchte, meine Gedanken auf Rainer einzustellen. Unzählige Male hatte ich einen Blick in den Spiegel riskiert. Mit meiner flotten Kurzhaarfrisur fühlte ich mich wohl und trauerte meinen langen Haaren nicht mehr nach, von denen ich mich vor ein paar Monaten mit ziemlicher Überwindung getrennt hatte.

Von Minute zu Minute stieg die Spannung, bis er endlich etwas verspätet eintraf.

»Hallo, Gila«, sagte er liebevoll, nahm mich in alter Gewohnheit stürmisch in den Arm und setzte sich zu mir an den Tisch.

Das kleine Restaurant war nur spärlich besetzt. Rainer zündete die Kerze auf dem Tisch an. Wie immer, wenn ich in seiner Nähe war, nahm ich sein Bild in mich auf: Sein fein geschnittenes Gesicht und die schwarzen Haare bildeten einen angenehmen Kontrast zu seinen warmen grünbraunen Augen, die manchmal, wie ich wusste, auch recht finster blicken konnten.

Seit kurzem trug er einen Schnauzbart, der sein verwegenes Image noch unterstrich. Er war ein Naturmensch mit einem ausgeprägten Hang zum Abenteuer. Zu Tieren schien er ein besseres Verhältnis zu haben als zu Menschen. Noch heute habe ich Mühe, das auszudrücken, was das Besondere an ihm ausmachte. Ihm haftete etwas Wildes, ja Animalisches an.

»Weißt du eigentlich, wie gut du aussiehst, Gila?«

Er sah mich mit funkelnden Augen an.

»Na klar«, bemerkte ich munter, um meine Unsicherheit zu verbergen. Lächelnd erwiderte ich seinen Blick.

»Mir fällt auf, dass ich dich fast ein halbes Jahr nicht mehr gesehen habe. Die kurzen Haare stehen dir übrigens gut«, stellte er fest.

»Nun komm zur Sache!«, wehrte ich lachend ab, freute mich aber über seine Worte.

Lange Zeit schwieg er. Leise Musik klang zu uns herüber. Ich war froh, dass die Nachbartische nicht besetzt waren, und ließ ihm Zeit. Sein Gesicht, das mir so vertraut war und das ich so liebte, wurde plötzlich ernst.

»Noch nie in meinem Leben habe ich mit irgendeinem Menschen über dieses Problem gesprochen«, begann er zögernd. »Ich weiß, welch großer Fehler das ist. Nur, bisher habe ich auch noch nie einen Menschen gefunden, zu dem ich Vertrauen haben konnte – außer zu dir. Selbst das hat lange gedauert. Nicht einmal Manfred, mein Freund, mit dem ich letztes Jahr in Kanada sechs Wochen im Busch verbracht habe, ahnt etwas von meinen wirklichen Gedanken.«

Er machte eine längere Pause. Ich überlegte, was er wohl meinen konnte. Plötzlich zogen sich seine schwarzen Augenbrauen zusammen.

»Hör zu«, sagte er leise, zündete sich eine Zigarette an und blies den Rauch in die Luft. »Es geht um Eva. Ich halte es nicht mehr aus. Gila, ich muss mich von ihr trennen, sonst werde ich verrückt neben ihr. Den ganzen Tag über höre ich sie immer nur reden. Wenn ihr Gerede wenigstens etwas Tiefgang hätte! Ich ertrage es einfach nicht mehr. Sie mag noch so lieb sein, aber ich schaffe es nicht mehr lange, so mit ihr weiterzuleben«, stieß er hervor und hielt unvermittelt inne, offenbar verwundert, dass er diese Worte wirklich gesagt hatte.

Fassungslos starrte ich ihn an. Dass es um Eva ging, damit hatte ich überhaupt nicht gerechnet. Trotz ihres nicht versiegenden Redeflusses und ihrer enormen Nervosität mochte ich Eva gern. Sie war ein feiner Kerl, lieb und gutgläubig in allen Dingen.

Eine Sache war bezeichnend für sie: Sie verfügte über keinerlei Zeitgefühl und wurde nie fertig, was Rainer oft den letzten Nerv raubte. Mir übrigens auch, aber mit dem Unterschied, dass ich nicht mit ihr zu leben brauchte, denn ich konnte nach einem Besuch wieder fahren. Eva wusste, wie sehr sie manche Menschen mit dieser Eigenschaft reizte, zumal ich daraus keinen Hehl machte ihr gegenüber. Meine Offenheit schien sie allenfalls zu belustigen, was sie manchmal gespielt beleidigt anbrachte.

Ähnlich wie ich hatte auch Eva ständig Figurprobleme. Doch es passte zu ihr, dass sie ein wenig mollig war. Rainer störte es übrigens auch nicht – im Gegenteil. Sie trug ihre hellblonden Haare etwas altmodisch hoch gesteckt, hatte jedoch sehr ausdrucksvolle große braune Augen, die durch das helle Haar noch betont wurden.

Ja, ihre Augen waren es, die ihr Gesicht sehr anziehend machten. Sie hatte ein großes Herz und Verständnis für alles. So überschwänglich sie das Gute empfand, konnte sie sich bis zum Exzess ins Leid hineinsteigern, was den meisten Menschen in ihrer Umgebung auf die Nerven ging.

»Seit langem schon geht mir ein Gedanke nicht mehr aus dem Kopf«, fuhr Rainer fort. »Kanada ist seit dem letzten Jahr mein großer Traum, und sobald sich mir die Möglichkeit bietet, werde ich dorthin auswandern. Das schwöre ich dir! Davon hält mich niemand ab. Nicht mal Eva!«, stieß er hervor. »Du kannst mir glauben, Gila, dass ich bis jetzt Rücksicht genommen habe, weil ich warten wollte, bis unsere beiden Jungen alt genug sind, um ihre eigenen Wege zu gehen.« Wieder schwieg er eine Weile und zog an seiner Zigarette.

Betroffen nippte ich an meinem Glas Wein. Ich wusste nicht, wie ich reagieren sollte. Ausgerechnet mir gegenüber ließ er seinen wahren Gefühlen freien Lauf. Doch ich spürte sein Vertrauen und wusste, noch nie hatte er sich jemandem gegenüber derart geöffnet.

Nach Kanada wollte er also. Mein Traumland! Bereits 1976 war ich das erste Mal mit meiner Freundin Edith, die ihre Verwandten besuchte, in Barrie/Ontario im Osten Kanadas gewesen. Total fasziniert von diesem wunderbaren Land wollte ich danach mit Achim und meinen beiden Söhnen André und Marco auswandern.

Zuerst aber half ich Edith ein Jahr später bei ihrer Auswanderung und verbrachte wieder ein paar Wochen in Barrie. Kurz danach lernte Edith Gary kennen. 1978 heirateten die beiden – ich war ihr Trauzeuge. Einige Zeit später hatte Edith schwere Schwangerschaftsdepressionen. Ich setzte mich ins nächste Flugzeug und blieb bis kurz vor der Geburt ihres Babys bei ihr. So kam es, dass mir Kanada von Jahr zu Jahr immer vertrauter wurde. Nein, besser gesagt: Ich liebte Kanada!

Jetzt wollte Rainer nach Kanada – und würde sich von Eva trennen! Meine Gefühle tanzten Walzer ...

Rainer unterbrach meine wirbelnden Gedanken, indem er eine Frage stellte, mit der ich überhaupt nicht gerechnet hatte und die unser Gespräch in ganz andere Bahnen lenkte.

»Gila, wie ist eigentlich dein Verhältnis zu Achim? Bist du glücklich mit ihm?«

»Wie kommst du denn darauf?«, fuhr ich irritiert hoch, ließ mich aber durch die Offenheit unserer Unterhaltung dazu verleiten, ihm von den diversen Trennungsversuchen zu berichten, die ich in den Jahren unserer Ehe unternommen hatte.

»Siehst du, auch du hast nie darüber gesprochen, wie viel bei euch nicht stimmt. Seit ich euch beide kenne, habe ich mich immer nur gefragt, wie du es bloß bei deinem Mann aushalten kannst!«

Ich war völlig verwirrt. Noch nie hatte er mich nach meiner Ehe gefragt oder sich dazu geäußert. Schon deshalb hatte ich vorausgesetzt, dass er die Verschiedenheit der Charaktere von Achim und mir für unproblematisch hielt.

Bis weit nach Mitternacht zog sich unser vertrautes Gespräch hin. Eine enorme Spannung hatte sich zwischen uns aufgebaut. Es funkte und knisterte bei jedem Blick. War das Lächeln zwischen Freunden erloschen?

Ich dachte an Eva – dieser Gedanke holte mich sofort wieder auf den Boden der Tatsachen zurück. Aber er will sich doch von ihr trennen ... Ein verführerischer Gedanke!

Noch konnte ich zurück ...

Es war schon nach ein Uhr, als wir das Lokal verließen. Rainer legte mit einer liebevollen Geste seinen Arm um mich. Er schien zu spüren, dass ich zitterte, und zog mich fester an sich. In seinem Auto schloss er mich in seine Arme. Nein, das war keine Freundschaft mehr zwischen uns. Die Würfel waren gefallen. Lange hielten wir uns schweigend umschlungen und drängten uns aneinander.

Jahre hatte ich auf diesen Augenblick gewartet. Ein Gefühl unendlichen Glücks durchströmte mich. Mein Gott, dachte ich, warum kann die Uhr nicht einfach stehen bleiben?

Eine Zeit so großer Erlebnisfülle begann, wie ich sie nie zu empfinden geglaubt hätte, voller Zärtlichkeiten, gefühlvoller Anrufe und heimlicher Treffen. Wo immer sich uns die Möglichkeit für ein Zusammensein bot, nahmen wir sie glücklich wahr. Nie vorher waren für unsere geschäftliche Tätigkeit so viele Übernachtungen erforderlich gewesen. Wir übertrafen uns im Erfinden von Treffpunkten. Die raffiniertesten Ideen checkten wir durch, um nicht entdeckt zu werden. Nur der Gedanke an Eva und ihre unbekümmerte Ahnungslosigkeit lag wie ein dunkler Schatten auf unserer Beziehung.

Er will sich von ihr trennen – schoss es mir immer wieder durch den Kopf. Noch vor unserer Beziehung wollte er das! Es hat also mit mir nichts zu tun, versuchte ich mich immer wieder zu rechtfertigen, wenn mein schlechtes Gewissen mich quälte ...

Wie konnte ich Rainer bloß öfter sehen? Immerhin lagen fast dreihundert Kilometer zwischen uns. Und dann kam mir die Idee. Von jeher waren Buchführung und das Sortieren der Steuerbelege für Rainer ein rotes Tuch. Ich wusste das und witterte jetzt die Chance, ihn ganz offiziell öfter bei mir zu haben, um ihm bei seiner Korrespondenz und seinen Belegen zu helfen.

So kam es, dass er einmal im Monat mit sämtlichen Unterlagen zu uns nach Hause kam, und irgendwie bot sich uns immer die Möglichkeit für ein paar Stunden zu zweit, ohne dass Achim uns erwischte.

An einem Samstagnachmittag saßen wir nebeneinander auf Tuchfühlung in meinem Büro und sortierten Belege. Trotz dieser langweiligen Tätigkeit lag eine enorme Spannung in der Luft, die sich immer wieder im Austausch versteckter Zärtlichkeiten entlud.

Plötzlich legte Rainer die Belege zur Seite und lehnte sich zurück.

»Gila«, sagte er in seiner ruhigen Art, nahm meine Hand und hielt sie fest, »ich habe vor einiger Zeit einen Film gesehen, der mich sehr beeindruckt hat. Er heißt ›Die Möwe Jonathan‹ und erzählt die Geschichte einer Möwe, die aus dem Schwarm ausbricht, um ihrer inneren Stimme und ihrer Berufung zu folgen. Ein wunderbarer Film! Wenn sich dir die Möglichkeit bietet, schau ihn dir an!«

Ich schrieb seine verhaltene Begeisterung seiner großen Liebe zur Natur und den Tieren zu. Kurze Zeit später schenkte mir Rainer die Platte ›Jonathan Livingston Seagull‹ mit der Musik jenes Films, gesungen von Neil Diamond. Damit hatten wir etwas, das uns verband und ganz allein uns gehörte. Wann immer ich diese Platte hörte, schwang für mich eine tiefe Zärtlichkeit in den Tönen mit.

Es war eine wunderbare Zeit, doch sie war immer überschattet von der Überzeugung, dass es keinen Weg gab, mit ihm zusammenleben zu können. Rainer wollte Eva verlassen, und irgendwann würde er es tun. Innerlich hatte er seine Entscheidung getroffen und die Trennung bereits vollzogen. Und trotzdem kam manchmal ein Anflug von Zweifel in mir auf, ob er stark genug sein würde, sein Vorhaben auszuführen.

So sehr ich auch über diese Frage nachdachte, ich fand keine Antwort. Ich wusste nur eines: Ich liebte Rainer mit allen Fasern meines Herzens, so wie ich noch keinen Mann zuvor geliebt hatte. Für mich verkörperte er die Leidenschaft, das Verbotene, das Unerreichbare, nicht das fröhliche, unkomplizierte Beisammensein. Selbst heute verspüre ich noch immer die über unserer Verbindung lastende Traurigkeit.

Schon bald nach Beginn unserer Beziehung spürte ich eine gewisse Resignation in mir, denn Rainer sprach nie wieder von seiner Einstellung zu Eva und der beabsichtigten Trennung. Dadurch nahm ein Gedanke mehr und mehr von mir Besitz: Wenn ich schon nicht mit ihm leben konnte, so sollte wenigstens ein Teil von ihm bei mir sein. So verrückt es auch war, ich wollte ein Kind von dem Mann meiner Freundin. Nie hatte ich mit ihm darüber gesprochen, dass ich ein Kind bekommen möchte. Ich wusste, wie er reagieren würde, und so traf ich diese Entscheidung ganz allein.

In den letzten Oktobertagen des Jahres 1981 flog Achim für eine Woche zu meiner Cousine nach Florida zur Feier ihres 40. Geburtstags. Zugegeben – ich hatte ihn dazu animiert, zu groß war die Sehnsucht nach Rainer.
Vier wunderbare Tage und Nächte blieb er bei mir. Er hatte in Hannover etwas zu erledigen, und so fand er Eva gegenüber für die Tage bei mir eine plausible Erklärung. Ich war sicher, sie hegte überhaupt keinen Argwohn, zwischen uns könne mehr als nur Freundschaft bestehen.
Wegen André und Marco bezog Rainer abends offiziell das Gästezimmer. Wir verlebten zauberhafte Stunden voller Zärtlichkeit und Leidenschaft. Wie schön war es, ihn abends beim Einschlafen neben mir zu wissen und morgens mit ihm zusammen aufzuwachen. Wie sehr liebte ich diesen Mann!
Ende November 1981 hatte ich Gewissheit, dass ich ein Baby erwartete. Ich war überglücklich, doch in meine überschäumende Freude mischte sich die Sorge, auf welche Weise ich Rainer die neue Situation beibringen sollte. Welche Reaktion hatte ich bei ihm zu erwarten? Freude? Überraschung? Ich hatte eigenartigerweise gar keine Vorstellung, wie er reagieren würde. Wegen des Babys würde er mit Sicherheit seine Beziehung zu Eva nicht ändern, und irgendwie wollte ich das auch gar nicht. Nur über eins war ich mir im klaren: Ich wollte dieses Baby.

Eines Nachmittags rief Rainer an und sagte: »Heute habe ich endlich meine Steuererklärung abgegeben. Du glaubst gar nicht, wie froh ich bin, dass ich diese Sachen jetzt in Ordnung habe.«
Wie immer, wenn ich in dieser Zeit mit ihm sprach, dachte ich an das Baby. Hatte ich ein schlechtes Gewissen, wenn er so unbedarft mit mir redete? Nein, eigenartiger-

weise nicht. Noch heute kann ich mich gut an meine Gedanken und meine Gefühle von damals erinnern. Durch dieses Kind war etwas Gemeinsames zwischen Rainer und mir entstanden, das nicht mehr auszulöschen war.

»So schön, wie das ist«, riss er mich aus meinen Gedanken, »dass die Belege fertig sind, wir müssen uns etwas Neues einfallen lassen, um uns zu sehen. Kannst du nicht nächstes Wochenende zu uns kommen?«

»Wir fallen auf, Rainer. Sieh mal, in den letzten sechs Wochen war ich zweimal bei euch. Achim hat auch schon gefragt, warum du ausgerechnet während seiner Abwesenheit kommen musstest. Stell dir vor, er hat mich sogar gefragt, wo du geschlafen hast!«

»Und? Was hast du gesagt?«

»Ich habe ihn ausgelacht. Aber wohl war mir nicht dabei, das kannst du mir glauben. Übrigens – ich muss mit dir sprechen, Rainer, unbedingt.«

Er hatte den letzten Satz wohl überhört und fuhr fort: »Momentan fällt mir kein Grund mehr ein zu kommen, wie ich es auch drehe. Wir müssen bis zum Jahresende warten. Ihr kommt doch und feiert mit uns Silvester?«, fragte er.

»Rainer, ich muss mit dir reden, möglichst noch vorher«, sagte ich eindringlich, und meine Stimme bebte. »Aber nicht am Telefon, ich muss dich sehen. Können wir uns nicht kurz treffen?« Überlaut vernahm ich das Klopfen meines Herzens.

Erst jetzt schien er zu begreifen, dass irgendetwas nicht stimmte.

»Gila, was ist los?«, fragte er rau. »Sag mir, was los ist, bitte!«

»Das kann ich dir am Telefon nicht sagen. Ich muss dich sehen.«

Plötzlich wurde ich unsicher. Er glaubte doch nicht etwa, ich wolle unsere Beziehung beenden? Nein, nur das nicht! Ob ich wollte oder nicht, ich musste ihm die Wahrheit sagen – jetzt, hier am Telefon.

»Rainer, du musst jetzt stark sein.«

»Ja«, sagte er tonlos, »was ist?«

»Ich bekomme ein Kind.«

Einen Augenblick lang war es still in der Leitung.

»Nein, Gila, nein! Das ist nicht wahr! Nein, das kann nicht wahr sein! Das glaube ich nicht!«, stieß er heiser hervor.

»Doch, Rainer, ich bin sicher.«

»Und nun?« Seine Stimme hatte einen eigenartigen Unterton.

»Ich will dieses Kind.«

Seine Reaktion war kurz und knapp. »Ich muss jetzt auflegen. Ich rufe dich wieder an.«

Ein paar Tage später trafen wir uns auf halber Strecke in Remscheid. In einem langen Gespräch versuchte Rainer, gegen meine Entschlossenheit anzugehen, das Baby zu bekommen. Er konnte ja nicht ahnen, wie sehr ich mir ein Kind gewünscht hatte. Als ich ihm meinen Standpunkt klarmachte, gab er schließlich resignierend auf.

Nur ganz allmählich fand er sich in den nächsten Wochen mit der neuen Situation ab. Wir kamen überein, vorerst niemanden über diese komplizierten Zusammenhänge aufzuklären. Rücksicht? Feigheit? Vielleicht beides.

Kurz vor Weihnachten übersandte Rainer mir kommentarlos ein Kalenderblatt mit bezeichnenden Worten, die ausgerechnet an seinem Geburtstag auf dem Kalender standen:

»Liebes Christkind! Bitte bewahre mich vor dem Irrglauben, dass Verkehrsunfälle nur anderen passieren können.«

Erleichtert stellte ich fest, dass er anfing, sich langsam mit dem Gedanken an das Baby vertraut zu machen.

Während Eva völlig aus dem Häuschen war über die Nachricht, geriet Achim beinahe in Panik. »Ich begreife das Ganze nicht. Wie konnte es bloß dazu kommen?«

»… ist nun mal passiert«, erwiderte ich ausweichend.

Er wollte nicht wieder von vorn anfangen und teilte mir rigoros mit, er sei nicht bereit, noch mehr Verantwortung zu tragen und sich dadurch in seiner Freizeit beschränken zu lassen. Mit Macht versuchte er, gegen meine Entscheidung anzugehen, das Baby zu bekommen. Und als gar nichts mehr half, entschloss er sich, von da an nur noch das Nötigste mit mir zu sprechen.

Eine unmögliche Situation, in die ich mich selbst hineinmanipuliert hatte, ohne auf Rainers und Achims Gefühle Rücksicht zu nehmen. War ich wirklich so stark, wie ich tat, um das alles zu tragen? Hatte ich nicht alles hoffnungslos überreizt? Wie hilflos fühlte ich mich manchmal in meiner vorgetäuschten Stärke. Wenn ich doch bloß öfter bei Rainer hätte sein können!

Silvester feierten wir zusammen mit Eva und Rainer in der Eifel.

»Sag mal, Gila«, meinte Eva am Neujahrsmorgen nachdenklich, als wir allein am Frühstückstisch saßen, »Achim machte so eine eigenartige Andeutung über das Baby. Ich hatte das Gefühl, er wollte nicht so recht mit der Sprache heraus. Denkt er etwa, er sei nicht der Vater? Du glaubst gar nicht, wie ich ihm den Kopf gewaschen habe! So etwas auch nur anzunehmen!«, grollte sie, während sie ein Stück ihres zusammengedrückten Brötchens in ein weich gekochtes Ei tunkte. »Das ist wieder typisch für ihn! So ein Kindskopf! Er hat gestern Abend mal wieder viel zu viel getrunken.«

Was sollte ich nur machen? Bloß diesem Thema ausweichen! Bitte, Eva, sprich über etwas anderes!, dachte ich. Als ob meine Gedanken sie erreicht hätten, wechselte sie plötzlich das Thema.

»Das Neueste weißt du ja noch gar nicht!«, gluckste sie, und ihre großen dunklen Augen blitzten voller Vorfreude auf. »Unser Verkaufsleiter hat das Handtuch geworfen. Er hat fristlos gekündigt!«

Ich war überrascht und betroffen zugleich. Nach zehnjähriger Tätigkeit fristlos zu kündigen, war mir wirklich unverständlich, vor allem, weil ich mich noch ein paar Tage zuvor auf einer Verkaufsleitertagung mit meinem

Kollegen unterhalten hatte, ohne irgendein Anzeichen zu spüren.

»Übrigens: Der Boss sucht händeringend einen neuen Verkaufsleiter für die Eifel. Wäre das nichts für dich?«, fragte Eva arglos »Wir könnten dir eine Wohnung oder ein Haus besorgen. Du verkaufst dein Haus, und ihr zieht hierher. Was meinst du, wie gut dem Baby die herrliche Eifelluft tut!« Lachend gab sie mir einen Stups in die Rippen. »Ehrlich, Gila, dann hätten wir dich endlich hier, und Rainer brauchte nicht ewig nach Bielefeld zu fahren!«

Mir war ganz elend zumute.

Kurze Zeit später übernahm ich tatsächlich die Verkaufsleitung in der Eifel und mietete die kleine Wohnung hoch über dem Rursee in der Hoffnung, in dieser Zeit öfter und näher bei Rainer zu sein.

Zum Wochenende fuhr ich nach Hause zu meiner Familie. Achim, zu der Zeit arbeitslos, versorgte die beiden Jungen wochentags. Durch den Bau unseres Hauses hatten wir hohe monatliche Belastungen, die ich durch die besserbezahlte Position ausgleichen konnte. So hatte ich auch familiär eine Begründung für die Notwendigkeit dieser neuen Situation.

Nur einen Haken hatte die Sache. An jenem kalten Regentag im Januar 1982, als ich die neue Wohnung in der Eifel bezogen hatte, eröffnete Rainer mir zögernd, dass er unsere Beziehung beenden wolle. Was ging bloß in ihm vor? Wovor hatte er Angst? Vor Eva? Vor sich selbst? Vor mir? Vor der Verantwortung? Vor einer Entscheidung? Ich erwartete doch gar keine!

Nach dem Gespräch war ich tagelang völlig verzweifelt. Rainer brach den Kontakt zu mir völlig ab. Nur die wichtigsten dienstlichen Dinge besprach er telefonisch mit mir. Ich befand mich in einem Niemandsland und wusste manchmal nicht, wie es weitergehen sollte.

Es dauerte lange, bis ich mich einigermaßen wieder gefasst hatte. Dennoch wollte ich meine Aufgabe zu Ende führen und die Verkaufsleitung bis Juni 1982 behalten, um dann endgültig kurz vor der Geburt zu meiner Familie zurückzukehren.

Ich war bereits im achten Monat und schon recht unbeholfen. Eines Abends musste ich zusammen mit Eva eine Interessentin besuchen, als auf dem Heimweg im Auto plötzlich Wehen bei mir einsetzten.

»Ach du lieber Himmel«, stöhnte ich und legte schützend die Hände um meinen Leib. »Ich glaube, es geht los. Es ist doch noch viel zu früh!«

»Um Gottes willen, Gila! Wir müssen einen Krankenwagen rufen! Bist du denn von allen guten Geistern verlassen, noch weiterzufahren? Halt sofort an!« Eva war sehr aufgeregt.

Ich schaute auf die Uhr. Im Rhythmus von zehn Minuten setzten die ziehenden Schmerzen im Unterleib ein. Jedes Mal, wenn eine Wehe kam, hielt ich an und lief einmal ums Auto, bis sie vorbei war.

Evas große Besorgnis ging mir sehr nahe. Immer wieder beschwor sie mich, einen Krankenwagen kommen zu lassen. Ich wollte ja ins Krankenhaus fahren – aber allein, doch das hätte sie nie zugelassen. Ausgerechnet sie bei mir zu haben, irritierte mich mehr als die Wehen und der Gedanke an die vielleicht verfrüht einsetzende Geburt. Psychisch hätte ich das wohl kaum unbeschadet überstanden.

Nur durch einen Trick konnte ich ihrer Besorgnis entkommen. Mit äußerster Beherrschung überstand ich die nächste Wehe, ließ mir nichts anmerken und meinte, scheinbar erleichtert, kurze Zeit später: »Siehst du, Fehlalarm!«

Sie sah mich besorgt von der Seite an, als wir endlich die Einfahrt zu ihrer Wohnung erreicht hatten. Nun wandte sie all ihre Überredungskünste an, ich solle doch mit zu Rainer hinaufkommen. Aber das war das Allerletzte, was ich jetzt wollte. Verständlicherweise setzte ich sie vor der Haustür ab. Nur weg – dachte ich und versuchte, so schnell wie möglich mein provisorisches Zuhause zu erreichen.

Durch die eintretende Ruhe löste sich allmählich die enorme Spannung dieses Abends. Mein Körper hatte offensichtlich durch die Wehen auf die seelische Belastung reagiert. Es war erstaunlich: Kurze Zeit später spürte ich zu meiner Erleichterung, dass die Wehen nachließen, obwohl ich mich schon beinahe damit abgefunden hatte, diese Nacht im Krankenhaus zu verbringen.

Nein, ich hielt es hier nicht mehr aus! Es war Wahnsinn, auf was ich mich eingelassen hatte. Ich musste nach Hause, und zwar so schnell wie möglich. Es wurde höchste Zeit, zu meiner Familie zurückzukehren, um aus Rainer und Evas Umgebung zu entfliehen. Nur diese Nacht wollte ich noch hier bleiben.

Früh am nächsten Tag fuhr ich endgültig heim.

Kapitel 2

> *Die Einbildungskraft
> ist die Vorläuferin
> und die Ursache
> für jedes Gelingen.*

Wenn ich heute über die Zeit der Schwangerschaft nachdenke, so erkenne ich deutlich, dass ich sie nur deshalb seelisch einigermaßen unbeschadet überstand, weil mir der Gedanke an das Baby Halt und Sicherheit gab. War es eine Art Selbstschutz, die mich nicht tiefer forschen ließ, in welch unmöglicher Situation ich mich befand? Oder verbot mir die Erkenntnis des wissentlichen Betruges, den ich begangen hatte, das Verhalten der anderen zu bewerten?

Rainer sprach kaum mit mir und wich mir aus. Nicht nur die im Juni 1981 zwischen ihm und mir eingegangene engere Beziehung fand im Januar durch unser Gespräch ihr Ende, auch unsere Freundschaft lag damit auf Eis. Nur über Eva, die von allem nach wie vor keine blasse Ahnung hatte, hielten wir den nötigsten Kontakt.

Dazu kam, dass auch Achim wegen des Babys in den ersten Monaten kaum mit mir sprach, obwohl er die wahren Zusammenhänge nicht kannte und seine Befürchtungen hinsichtlich der Vaterschaft nach dem Gespräch mit Eva als Hirngespinste abgetan hatte. Er hatte einfach Angst, in seiner Freiheit beschnitten zu werden. Doch wer gab mir das Recht, sein Verhalten zu verurteilen?

Dann kam der 21. Juli 1982.

Als die Wehen einsetzten, packte ich eiligst meine Reisetasche ins Auto, fuhr in das zehn Minuten entfernte Krankenhaus – und bereits drei Stunden später war alles überstanden. Dana war geboren.

»Ein gesundes kleines Mädchen! Und so hübsch!« Die Hebamme strahlte und legte mir meine noch etwas zerknautschte kleine Tochter in den Arm. Voller Glück vernahm ich ihr Schreien, das mir zeigte, sie war jetzt ein selbstständiger kleiner Mensch, nicht mehr mit meinem Körper verbunden.

Lange vorher schon hatte ich mir überlegt, wie sie aussehen und was ich empfinden würde, wenn ich sie das erste Mal sah. Da lag sie nun in meinem Arm, so unendlich hilflos, und eine unheimliche Welle von Zärtlichkeit und Liebe erfasste mich, während ich stumme Zwiesprache mit ihr hielt.

Dachte ich an ihren Vater? Ja, obwohl ich mich in den letzten Monaten der Schwangerschaft von ihm entfernt hatte. Seit dem Gespräch über die Trennung hatte er das Baby nie wieder erwähnt.

Nach der Entbindung im Krankenhaus ging es mir verhältnismäßig gut, und ein paar Stunden später konnte ich wieder nach Hause fahren. Jetzt stand ich vor der schwierigen Aufgabe, ein offenes Gespräch mit Achim zu führen und ihm zu erklären, welche Rolle Rainer in meinem Leben gespielt hatte. Doch in diesem Augenblick trat etwas ein, das ich nicht für möglich gehalten hätte: Achim freute sich plötzlich so über das Baby, dass eine Aussprache für mich beinahe unmöglich wurde.

Ich musste mich entscheiden: mein bisheriges Leben durch das Bekenntnis zur Wahrheit aufgeben und das innige Gefühl zerstören, das in Achim zu dem kleinen Wesen aufkeimte, oder mit der Lüge weiterleben. Auch Rainers Ehe würde ich mit dem Aufdecken der Wahrheit schwer belasten, wenn ich sie nicht gar zerstörte. War es nicht einfacher zu schweigen und mir einzureden, ich respektiere damit Rainers Wunsch?

Ich entschied mich zu schweigen – auf Kosten meines Gewissens, denn durch meine einsame Entscheidung, Dana zu bekommen, hatte ich einige Menschen betrogen: Achim, Eva, Rainer – um seine Tochter – und im Grunde genommen auch Dana um ihren leiblichen Vater.

Nach Danas Geburt ließ Rainer nichts von sich hören; nur Eva rief an.

»Gila, du bist ja schon wieder zu Hause! Wie schön! Also doch ein Mädchen! Ist das nicht herrlich? Ich habe eben mit Achim gesprochen. Er ist ja auf einmal überglücklich. Siehst du, alles ist wieder in Ordnung«, sagte sie in ihrer lieben überschwänglichen Art.

Diese furchtbare Lüge! Würde das immer so weitergehen?

Ungewohnt steif verhielt ich mich am Telefon. Mir kam die ganze Situation wieder hautnah zum Bewusstsein.

Als ich Dana zwei Tage später beim Standesbeamten anmeldete, trat Rainer dabei als Vater nicht in Erscheinung.

Nach meiner endgültigen Rückkehr aus der Eifel gab Eva ihre langjährige Tätigkeit bei unserer Firma auf und wechselte zu einer Versicherungsgesellschaft über. Und genau diese Gesellschaft machte mir ein verlockendes Angebot für den Bielefelder Raum, das nur einen halbtägigen Zeiteinsatz erforderte. Da es auf die räumliche Nähe zu Rainer und Eva nicht mehr ankam, nahm ich nach einigen Überlegungen an. So gab ich nach Danas Geburt meinen Posten als Verkaufsleiterin auf, den ich mit einem Baby nur mit Schwierigkeiten hätte ausüben können.

Ich sollte genau diese Firma kennen lernen, zur richtigen Zeit in der richtigen Phase. Zwar verabschiedete ich mich etwas wehmütig von meiner alten Position. Doch das ganze Leben besteht aus Abschiednehmen und Neubeginn. Ich musste etwas hergeben, um etwas zu bekommen.

Diese Firma tat Außerordentliches für die Persönlichkeitsentwicklung ihrer Mitarbeiter. Im November 1983 sollte ich das erste Mal an einem Persönlichkeits-Seminar teilnehmen. Dieses Seminar gab mir eine ganz neue Lebensanschauung und unter anderem endgültig die Kraft für die Trennung von Achim. Doch vorher geschah etwas anderes:

Dana wurde rasch der Sonnenschein der ganzen Familie. Ständig erinnerte sie mich an Rainer mit ihrem bräunlichen Teint, während sie meine dunklen Augen hatte. Ihre beiden großen Brüder liebten sie genauso heiß und innig wie ich. Auch Achim zeigte sich stolz in der Nachbarschaft mit ihr, was ich mit äußerst gemischten Gefühlen beobachtete. Wie schwer war es doch, mit dieser Lüge zu leben!

Als Dana ein Jahr alt war, fuhr unsere Familie nach Bornholm in Urlaub. Auch ich ahnte es damals noch nicht: Es sollte unser letzter gemeinsamer Urlaub werden. Die von mir aufgenommene Kassette von Neil Diamond ›Jonathan Livingston Seagull‹ nahm ich mit, und es verging kein Tag, ohne dass ich sie nicht mindestens einmal anhörte. Unsere Musik, weiche Worte, unaussprechliche Empfindungen – Träume, die der Wirklichkeit die Würze gaben.

Vergessen konnte ich Rainer nicht. Täglich schrieb ich meine Empfindungen nieder, um die Unruhe zu besiegen, die mich immer noch erfasste, wenn ich an ihn dachte. Auch auf Bornholm gehörten ihm meine Gedanken. Jeden Abend, bevor ich einschlief, stellte ich mir sehnsüchtig vor, er käme zurück, bäte mich inständig um Verzeihung, und unsere Beziehung würde wieder so stark wie am Anfang sein.

Es sind zwar nur Träume, nur Vorstellungen, dachte ich, aber diese wunderbare Traumwelt kann mir niemand nehmen. Auch wusste niemand etwas davon, dass ich diese Träume brauchte, um das Gefühl zu vertreiben, nur noch zu funktionieren. Es packte mich oft, wenn das selbst auferlegte Arbeitspensum in Stress auszuarten drohte.

Mit Dana im Kinderwagen ging ich eines Morgens im Einkaufszentrum von Bornholm spazieren und stöberte ein wenig in einer Buchhandlung herum. Plötzlich sah ich sie – diese wunderschöne Kunstkarte: nur blauer Himmel und unten rechts eine weiße Möwe. Fasziniert nahm ich sie in die Hand. Es gab nur einen Menschen auf der Welt, für den sie gedacht sein konnte, und mir fielen die Worte dazu ein:

Schöne Tage – nicht trauern, dass sie vergangen,
sondern lächeln, dass sie gewesen.

(Tagore)

Abgesandt habe ich die Karte erst Tage später, nachdem ich lange überlegt hatte, welche Wirkung sie auf Rainer ausüben werde, und auch auf Eva, denn sie sollte annehmen, es sei ein Urlaubsgruß.

Bereits kurze Zeit später sollte ich zu Hause erfahren, was ich mit dieser intensiven Vorstellung angerichtet hatte, in die ich mich täglich in Bornholm hineingeträumt hatte. Doch bis dahin herrschte noch einigermaßen Ruhe in meinem Leben, jedenfalls nach außen hin, nur meine unruhigen Gedanken sollten später die Ereignisse hervorbringen, die dann Schlag auf Schlag eintraten.

Anfang Oktober wollten wir das Gartenhäuschen neu decken. Bei Achim – von handwerklichen Dingen hatte er keine blasse Ahnung – kam plötzlich der Gedanke auf: »Ob Rainer uns wohl hilft? Ich rufe ihn mal an! Was hältst du davon?«

Mir verschlug's den Atem! Sollte ich mich dagegen wehren oder nicht? Sollte er kommen oder nicht? Wollte er überhaupt kommen? Irgendwie stach mich der Hafer, und ich wollte herausfinden, wie er reagierte.

Und Rainer sagte zu.

Eine enorme Spannung erfasste mich in den darauf folgenden Tagen, ähnlich der, die ich damals vor dem ersten Treffen mit Rainer verspürt hatte. Jeder in meiner näheren Umgebung musste mir doch ansehen, was in mir vorging, oder? Wie sollte ich mich ihm gegenüber verhalten? Lässig? Höflich? Ablehnend? Schlichte Zurückhaltung – das war wohl das Beste.

Es kam der 14. Oktober.

Abends sollte Rainer eintreffen. Wie ich diesen Tag überstanden habe, weiß ich nicht mehr genau. Ständig blickte ich auf die Uhr, sah unzählige Male in den Spiegel. Vierzehn Tage lang hatte ich eisern meine Diät durchgehalten. So fühlte ich mich gewappnet, Rainer gegenüberzutreten.

Achim hielt sich bei unseren Nachbarn auf, während ich versuchte, die Stehlampe im Wohnzimmer zu reparieren, um mich abzulenken. Dana saß neben mir in ihrem Kinderstuhl und spielte mit ihren Bauklötzen. Normalerweise schlief sie um diese Zeit bereits, doch ich brachte es nicht übers Herz, sie jetzt schon ins Bett zu legen. Sie war beinahe fünfzehn Monate alt, ein kleines Persönchen mit kohlrabenschwarzen Augen in ihrem schmalen Gesicht.

Und dann war es soweit. Draußen bewegte sich ein Schatten, dann wurde die Terrassentür langsam aufgeschoben. Eine feuchte Hundeschnauze schob sich witternd zwischen Türrahmen und Schiebetür. Kavik, ein sanfter Huskyrüde mit einer schwarzweißen Maske, drängte sich schnuppernd ins Wohnzimmer.

Mein Herz schlug laut, denn hinter Kavik löste sich Rainers Silhouette aus der Dunkelheit. Wie meistens trug er ein Khakihemd und eine dazu passende braune wildlederne Weste. Unsicher schaute ich von meiner Stehlampe hoch. Unsere Blicke trafen sich. Sekundenlang schauten wir uns in die Augen, und mir war, als seien es Ewigkeiten.

»Hallo, Gila«, sagte er leise. Es lag sehr viel Wärme in seiner Stimme, während er mich freundschaftlich an sich zog.

»Tag, Rainer«, flüsterte ich.

Er spürte meine Abwehr und ließ mich los. Er durfte einfach nicht merken, in welcher inneren Spannung ich mich befand.

Interessiert schaute Dana zu Rainer hoch. Er wandte sich ihr zu und beugte sich zu ihr hinunter.

»So, du bist die Dana. Guten Tag!« Er räusperte sich, und seine Stimme klang rau. »Ich bin Rainer. Du kennst mich noch gar nicht, nicht wahr?«

Dana hatte an diesem Tag die ersten Gehversuche unternommen, was für uns alle ein ganz besonderes Ereignis war. Später schrieb ich auf das Kalenderblatt:

»14. Oktober 1983 – ein besonderer Tag, an dem Rainer zurückkehrte und Dana laufen lernte.«

Die Unterhaltung zwischen uns verlief sehr gezwungen, bis Achim zu uns stieß. Erst dann entspannte sich die Situation etwas.

Nach dem Abendessen setzten wir uns in die Kaminecke, wo das Feuer gemütlich vor sich hin knisterte.

Ich war bewusst still und versuchte, nach außen hin Gelassenheit zu zeigen und mir keinesfalls etwas von meiner inneren Unruhe anmerken zu lassen. Waren wir mal kurz allein, schaute Rainer mich offen an. Während ich ihm auswich, schien in seinem Blick eine gewisse Herausforderung zu liegen. Oder projizierte ich sie nur hinein? Nein, je später der Abend wurde, umso deutlicher spürte ich es. Sämtliche ihm zur Verfügung stehenden männlichen Geschütze setzte er ein. Ich ließ sie an mir abprallen, jedenfalls noch an jenem Abend.

Spät gingen wir zu Bett. Rainer lief seine Runde mit Kavik. Während ich noch mit offenen Augen neben Achim im Bett lag, konnte ich kurze Zeit später an Rainers Pfiff und an dem Klappern der Leine erkennen, dass sie wohl wieder im Haus sein mussten.

»Hast du irgendetwas?«, fragte mich Achim und sah mich forschend an. »Du bist so still. Bist du etwa nicht damit einverstanden, dass Rainer das Gartenhäuschen deckt?«

»Doch, doch, selbstverständlich«, antwortete ich schnell. »Ich bin nur müde. Schlaf gut.«

Ich spürte förmlich Rainers Nähe im Nebenzimmer. Meine Gedanken waren bei ihm, und seine Gedanken trafen mich, ich empfand es ganz deutlich. Gedanken sind Energie, das sollte ich noch lernen. Sie kennen keine Barrieren außer denen, die wir ihnen im Geiste entgegenhalten.

Spät, sehr spät schlief ich ein.

Den nächsten Tag über bauten sich zwischen Rainer und mir immer mehr Spannungen auf. Ich war froh darüber, dass er die meiste Zeit draußen am Gartenhäuschen arbeitete und nur zu den Mahlzeiten hereinkam. Doch abends am Kamin waren wir unseren Gefühlen wieder hilflos ausgeliefert.

»Magst du ein Glas Wein?« Achim beugte sich zu mir und legte seine Hand mit vertrauter Geste auf mein Knie.

Ich bemerkte, wie Rainer aus den Augenwinkeln zu uns herüberblickte. Schweigend zündete er seine Pfeife an. Ich nahm das eingeschenkte Glas entgegen.

Der Alkohol trug dazu bei, dass der Abend etwas gelöster wurde. Meine innere Spannung entlud sich des öfteren durch fröhliches Lachen, unter anderem ausgelöst durch Rainer, der sich plötzlich eine grüne Drachenmaske der Kinder über den Kopf zog und auf allen Vieren auf den entsetzt zurückweichenden Kavik losging. Äußerst misstrauisch beäugte dieser das komische Wesen, das doch so vertraut nach Rainer roch, ihm aber überhaupt nicht ähnlich sah.

Ab und zu riskierte Rainer einen eigenartigen Blick zu mir herüber. Ich dachte: Mal sehen, was jetzt kommt! Und dann geschah es. Wohl wissend, dass Achim sich die Sportschau im Fernsehen nie entgehen ließ, fragte mich Rainer unverhofft: »Gila, ich muss mit Kavik noch 'ne Runde laufen. Hast du Lust mitzugehen?«

Mein Herz schlug wild. Packen wir's an, dachte ich, einmal müssen wir ja darüber reden, und der Wein hatte mich mutig gemacht.

Lange Zeit liefen wir in der Dunkelheit schweigend nebeneinander her. Ich spürte körperlich die unausgesprochenen Worte, die zwischen uns standen, und blickte geradeaus, um zu vermeiden, Rainer offen anzusehen. Nichts durfte von mir aus geschehen; er war an der Reihe.

Als ob er meine Gedanken spürte, suchte er plötzlich meine Hand, nahm sie in seine und drückte sie fest. Wohlig ließ ich es geschehen. Sanft streichelte er sie, während wir weitergingen. Keiner sprach ein Wort. Nur den warmen festen Druck seiner Hand spürte ich. Es knisterte in meinen Fingerspitzen – wie immer, wenn es spannend wird.

Immer noch schauten wir beide schweigend geradeaus und vermieden, einander anzusehen. Die letzten Häuser waren hinter uns verschwunden. Wir stiegen höher in den Wald hinein. Jeder Pfad war uns vertraut. Kavik lief frei herum und raschelte im Gebüsch.

Die Lichter unserer kleinen Stadt lagen unter uns, als

wir unsere kleine Bank erreichten, die so viele vertraute Erinnerungen für uns barg. Rainer blieb stehen, legte seine Hände auf meine Schultern und zog mich ganz fest an sich.

»Gila, was habe ich dir angetan! Kannst du mir das jemals verzeihen?«

Ich kuschelte meinen Kopf in seine Halsbeuge. Vor lauter Erschütterung konnte ich nichts erwidern. Ein dicker Kloß saß mir in der Kehle.

»Kann ich das überhaupt wieder gutmachen?«, stammelte er.

Tränen schossen in meine Augen. Ich glaubte, nur noch aus Gefühlen zu bestehen. Alles vergaß ich, was jemals zwischen uns gestanden hatte. In dem Moment lösten sich bei mir alle aufgebauten Spannungen, und ich dachte: Es ist ein Wunder! Genau die Situation habe ich mir in Bornholm immer vorgestellt. Diese Worte habe ich ihn flüstern hören – genau diese Worte! Ich träume. Es kann nicht wahr sein, was ich hier erlebe. Seine Wärme, die ich durch den Parka spürte, sein mir so vertrauter Geruch. Doch, es war Wirklichkeit.

Wie lange wir im Wald in aufgestauter Sehnsucht umschlungen standen, weiß ich nicht mehr genau. Kaviks Rascheln im Laub riss mich aus meinem Träumen. Irgendwann später machten wir uns wieder auf den Heimweg.

Vor der Haustür drückte Rainer nochmals ganz fest meine Hand. »Gute Nacht«, flüsterte er mir zärtlich zu, als wir über die Terrasse ins Wohnzimmer gingen. Achim saß noch immer vorm Fernsehapparat. Ich musste jetzt allein sein. Aufgewühlt wünschte ich den beiden Männern eine gute Nacht.

Lange lag ich wach im Bett. Seit Monaten diese Vorstellung, diese Empfindungen, dieselben Worte! Konnte ich hellsehen? Das war doch nicht normal! Wie ging es an, dass genau das geschah, was ich mir immer wieder brennend gewünscht hatte – mir immer wieder als lebendigen Traum vorgestellt und dabei meinen Empfindungen freien Lauf gelassen hatte? Lieber Gott, gib mir eine Antwort auf die Frage, wie das möglich ist!

Bis ins Innerste erschüttert, verweilte ich mit meinen Gedanken noch immer bei der Situation im Wald, als ich plötzlich Achims vertrauten Schritt auf der Treppe vernahm. Er kam ins Schlafzimmer, beugte sich über mich und flüsterte mir erwartungsvoll ins Ohr: »Schläfst du schon?«

Ich reagierte nicht. Nie und nimmer hätte er mich jetzt anrühren dürfen. Enttäuscht gab Achim auf, und bald darauf schlief ich wirklich ein.

Kurze Zeit später weckte mich ein leises Knarren auf. Blitzschnell richtete ich mich auf. Die Schlafzimmertür wurde vorsichtig geöffnet. Ich hielt den Atem an. Gebannt starrte ich auf den Lichtstrahl, der langsam immer breiter wurde.

Wie erstarrt saß ich im Bett, konnte aber niemanden erkennen! Achim lag ruhig schlafend neben mir. Zuerst dachte ich an Kavik. Doch es war Rainer, der vorsichtig auf allen Vieren zu meinem Bett kroch, mit dem Zeigefinger ein ›Psst!‹ andeutete und mir, ehe ich mich's versah, einen Kuss auf meinen großen Zeh drückte. Lieber Himmel! Danach drehte er sich um, kroch zurück und schloss mit leisem Knarren die Schlafzimmertür.

Erleichtert atmete ich ein paar Mal tief durch. Wenn das ins Auge gegangen wäre! Hatte Rainer vielleicht draußen gelauscht, ob alles ruhig war? Ich konnte mir ein Lachen nicht verbeißen. So war er, immer für kleine Überraschungen gut, möglichst mit viel Risiko, aber herrlich verrückt!

Bis Sonntagabend wollte Rainer bleiben. Nachmittags saßen wir allein in der Küche bei einer Tasse Kaffee. Noch ein paar Stunden in seiner Nähe, dachte ich wehmütig, und er ist wieder für einige Zeit aus meinem Leben verschwunden. Könnte er doch länger bleiben! Könnte ich doch mitfahren mit ihm, um wirklich mal mit ihm allein zu sein, ohne die Angst zu haben, entdeckt zu werden!

Ich überlegte. Und dann kam mir die Idee, wirklich mit ihm in die Eifel zu fahren. Mir fiel ein, dass Eva mich immer wieder gebeten hatte, einmal an einem gemeinsamen Montagsmeeting unserer Firma in Köln teilzunehmen.

Rainer war sichtlich erfreut über diese Idee und überlegte: »So haben wir wenigstens unterwegs noch ein wenig Zeit für uns und können miteinander reden. Eva freut sich sicherlich auch, dich wiederzusehen nach der langen Zeit. Wir überraschen sie einfach.«

Mein Gesicht verdüsterte sich sofort, als er sie erwähnte. »Du weißt, wie ungern ich Eva unter die Augen trete«, meinte ich leise. Wieder dieser Wermutstropfen.

Achim stieß etwas später zu uns und fragte nach einer Tasse Kaffee. Er fand an meinem Vorhaben nichts auszusetzen, da ich bereits am nächsten Tag mit dem Zug zurückkehren wollte. Ich brauchte nur unser Kindermädchen zu bitten, ein paar Stunden früher als gewöhnlich zu kommen, um die Kinder morgens zu versorgen.

Endlich fuhren wir los. Wie schön, neben Rainer zu sitzen und den zärtlichen Druck seiner Hand während der Fahrt zu spüren!

»Sag mal, warum bist du eigentlich wiedergekommen?«, fragte ich ihn unvermutet, als wir die Autobahnauffahrt in Rheda erreicht hatten. Offen blickte ich ihn an, worauf er übermütig lachend meine Hand drückte und entgegnete: »Denk mal an die Karte mit der Möwe! Einen deutlicheren Hinweis konntest du mir ja wohl nicht geben, oder?«

Also doch die Karte.

»Was hättest du denn getan, wenn ich die Karte nicht geschrieben hätte?«, fragte ich abwartend, gespannt auf seine Antwort.

Er wurde ernst. »Eines solltest du wissen, Gila. Die Karte hat mir gezeigt, wie du die Zeit mit uns in Erinnerung behalten hast. Das hat mich ermutigt zu kommen. Du solltest aber noch eines wissen. Vor gar nicht langer Zeit habe ich in Berlin meinen Sohn besucht und näherte mich auf dem Rückweg der Autobahnausfahrt Bielefeld. Lange habe ich gezögert, einfach dort abzufahren, vor dir zu stehen und zu sagen: Da bin ich! Ich tat es nicht, weil ich wusste, wie weh ich dir getan habe, und weil ich das Gefühl für deine Einstellung zu unserer Beziehung verloren hatte. Sonst wäre ich gekommen. Denk nicht, dass die Zeit nur bei dir reif war.«

Das gab mir ein gutes Gefühl. Ich sollte dem Schicksal doch mehr vertrauen.

Irgendwann kam er dann auf das Seminar zu sprechen, an dem er vor einiger Zeit in der Kölner Geschäftsstelle teilgenommen hatte. Offensichtlich hatte es einen starken Eindruck bei ihm hinterlassen. Unwillkürlich musste ich daran denken, wie beeindruckt auch die Mitarbeiter meiner Direktion sich zeigten, die vor Monaten daran teilgenommen hatten.

»Geht es bei diesem Seminar nur um das Bewusstsein einer positiven Grundeinstellung zu allem?«, fragte ich voller Interesse.

»Ich kann dir konkret das Fazit in kurzen Worten gar nicht beschreiben oder richtig erklären«, antwortete er und fuhr nach einer Weile nachdenklich fort: »Es wäre, als wenn du eine Lösung vorwegnähmest, wobei doch dein Leben in dem Weg zu dieser Lösung besteht. Du kannst sie schwerlich anerkennen, wenn du den Weg nicht einbeziehst.«

Ich runzelte die Stirn. Was meinte er damit? All das klang mir ein wenig zu theoretisch.

»Gila, wie gern würde ich daran nochmals teilnehmen. Dem Seminarleiter muss ich wohl anfangs sehr auf den Geist gegangen sein mit meiner kritischen, konträren Ader«, meinte er trocken. »Aber weißt du, er hat Recht mit seiner Aussage. Sie ist so logisch und wahr! Hinterher habe ich es eingesehen und ihm in Gedanken Abbitte geleistet.«

Ich musste plötzlich lachen über Rainers Art, erst alles in Frage zu stellen und zu kritisieren. Mit Sicherheit war er kein bequemer Mensch.

Mit gewissen Hintergedanken warf ich ein: »In der nächsten Zeit wird die Direktion Bielefeld ein weiteres Seminar veranstalten, vielleicht kannst du es dann bei uns noch mal besuchen.«

»Gehst du auch hin?« Aus den Augenwinkeln blickte er mich abwartend an.

»Wenn du auch kommst…«

»Übernachtung eingeschlossen?«

»Nur, wenn du bis dahin nicht wieder Schluss machst!« Ich funkelte ihn an und bemerkte, wie er ein Lachen unterdrückte.

Kaum vier Wochen nach diesem Gespräch sollte das gleiche Seminar in Bad Salzuflen stattfinden. Ich bat den Bielefelder Verkaufsleiter, Herrn Fuchs, Rainer ausnahmsweise miteinzuladen.

Zwei Tage sollte das Seminar dauern. Ich wollte es nur deshalb besuchen, um mit Rainer diese Zeit zusammen zu verbringen. Alles andere war Nebensache! Zwei herrliche Tage und eine zauberhafte Nacht mit ihm bei einer offiziellen Gelegenheit! Nein, etwas Besseres kann uns gar nicht passieren, dachte ich überglücklich.

Niemandem hätte ich Glauben geschenkt, der mir damals gesagt hätte, wie sehr dieses Seminar mein Leben verändern sollte!

Kapitel 3

> *Unglücksfälle sind wie Messer –*
> *entweder sie arbeiten für uns,*
> *oder sie schneiden uns –*
> *je nachdem, ob wir sie am Griff*
> *oder an der Schneide anfassen.*
> *(James Russell Lowell)*

Ein kleiner Club von ungefähr 15 Mitarbeitern, die sich untereinander gut verstanden, hatte sich in einem Hotel in Bad Salzuflen zusammengefunden und harrte der Dinge, die da kommen sollten.

Stellte Rainer für mich zu Anfang des ersten Seminartages noch den alleinigen Mittelpunkt dar, so zog mich die Aussage des Seminarleiters Günter Ilse allmählich mehr und mehr in den Bann. Ich konnte es kaum abwarten, Rainer während des Mittagessens meine Meinung über die vergangenen Stunden mitzuteilen.

»Mir ist heute so deutlich bewusst geworden, dass jeder Mensch den Verlauf seines Lebens, sei es von Erfolg gekrönt oder ein einziger Misserfolg, selbst verursacht hat. Nicht die Umstände tragen die Verantwortung dafür, sondern jeder ist selbst für die Ereignisse verantwortlich, die sein Leben bestimmen. Unser eigenes Verhalten bestimmt weitgehend die Verhältnisse.«

Rainer warf ein: »Das hat mich übrigens im ersten Seminar schon so ungemein beeindruckt. Wir kennen doch alle das berühmte Gesetz von Ursache und Wirkung. Auf eine Ursache muss gesetzmäßig eine Wirkung folgen. Oder umgekehrt: Wo eine Wirkung ist, war vorher auch eine Ursache.«

Auch ich hatte an diesem Vormittag erkannt, dass nicht nur die Naturwissenschaften auf diesem Kausalitätsgesetz basieren, sondern dass auch der Erfolg des Menschen diesem Gesetz unterworfen ist. Mit dem Begriff Erfolg ist doch in erster Linie die persönliche Entwicklung eines Menschen gemeint. Positive Ergebnisse entstehen gesetzmäßig, wobei Erfolg, Gesundheit und Wohlstand natürliche Faktoren bilden, während Misserfolg und Krankheit wider die Natur sind.

»Weißt du, was völlig neu für mich war?«, fuhr Rainer in seinen Überlegungen fort. »Dass man immer erst geben muss, um etwas zu bekommen. Immer wieder versuchen wir, dieses Naturgesetz auf den Kopf zu stellen und wundern uns nachher über das Ergebnis, wenn wir mit unseren Mitmenschen nicht zurechtkommen.«

Bewegt stellte ich fest: »Ich habe heute so viele neue erstaunliche Erkenntnisse gesammelt, dass ich mich damit wirklich erst auseinandersetzen muss.« Meine Gedanken kamen von den vergangenen Stunden nicht los. Einen starken Eindruck hatten die Ausführungen von Herrn Ilse über das Gesetz der Einheit allen Lebens bei mir hinterlassen. Bereichert man sich auf Kosten anderer und verstößt damit gegen dieses universelle Gesetz, muss Leid in irgendeiner Form die Folge sein. Das galt natürlich auch für Rainer und mich. Um das einzusehen, brauchte ich jedoch noch ein paar Jahre und eine Reihe von Erfahrungen. Damals dachte ich an Eva, verdrängte diese Gedanken aber gleich wieder, weil ich die wunderbaren Stunden mit Rainer ungetrübt genießen wollte.

Ein gemütlicher Tanzabend bildete den Abschluss des Tages. Kaum konnte ich meine Empfindungen und meine Freude über das Zusammensein mit Rainer verbergen. Eine zauberhafte Nacht voller Zärtlichkeit gehörte uns.

Da lag er, noch schlafend von dem Rausch der Nacht. Nein, es war nicht nur sein Körper, den ich liebte. Es war sein wacher Geist, sein Mut, oftmals unbequem zu sein, wo viele aus Unsicherheit anderen nach dem Mund redeten. Dann seine tiefe Zärtlichkeit, die mich immer wieder in Erstaunen versetzte.

Um ihn nicht aufzuwecken, stand ich vorsichtig auf und ging leise zum offenen Fenster des Hotelzimmers. Glücklich nahm ich die Morgenröte dieses Novembermorgens in mich auf. Ich hätte jubeln können. Das muss das Glück sein, sagte ich mir und atmete dieses Gefühl tief in mich ein.

Ein Geräusch ließ mich ahnen, dass Rainer aufgestanden war. Ohne Worte trat er hinter mich und zog mich fest an sich.

So standen wir eine Weile schweigend da, bis wir auf dem Flur des Hotels Türen klappern und vertraute Stimmen hörten.

»Kannst du mir sagen«, murmelte er in mein Ohr, »wie ich aus deinem Zimmer komme, ohne dass die anderen Mitarbeiter gleich sehen, wo ich die Nacht verbracht habe?«

»Nichts geschieht ohne Risiko«, konterte ich einigermaßen geistreich für den frühen Morgen, »aber ohne Risiko geschieht auch nichts.«

Er zog sich an. Dann nahm er mich noch mal in seine Arme, öffnete vorsichtig die Tür und schaute, ob die Luft rein war. »Bis gleich!«, rief er mir leise zu und schloss die Tür hinter sich.

Voller Erwartung trafen sich die Mitarbeiter nach dem Frühstück wieder im Konferenzraum. Der zweite Tag begann. Nach einer kurzen Zusammenfassung wurden wir von dem Seminarleiter an das neue Thema herangeführt.

Herr Ilse war ein unauffällig wirkender Mann in mittleren Jahren. Sobald er jedoch zu sprechen begann, kam man nicht umhin, ihm aufmerksam zuzuhören. Die Herzlichkeit, die er ausstrahlte, übertrug sich nach und nach auf alle Anwesenden.

Bis zu jenem Zeitpunkt hatte ich über das Unbewusste nicht viel nachgedacht, zumal der Verstand für mich – wie wohl bei den meisten Menschen – immer die größere Rolle spielte. Das nachfolgende Thema aber stellte den wichtigsten Teils des ganzen Seminars dar.

»Sehen Sie, die Idee oder der Gedanke ist Ursprung für den Bau eines Hauses oder einer Brücke, nicht wahr?«, begann Herr Ilse. »Bevor ein Gegenstand wie ein Kugelschreiber oder eine Tasse in der Fertigung entsteht, muss vorher als Ursprung der Gedanke entstanden sein. Richtig? Sonst wäre dieser Gegenstand einfach nicht existent. Das ist doch irgendwie logisch!«

Und dann folgte eine so unwahrscheinliche Aussage, dass ich deren Sinn erst gar nicht begriff!

»Dieses gleiche Gesetz von Ursache und Wirkung trifft nicht nur auf Gegenständliches wie die Entstehung einer Tasse zu«, erklärte Herr Ilse mit Nachdruck und machte eine Pause, »sämtliche Ereignisse, die in Ihrem weiteren Leben geschehen werden, sind Wirkungen Ihrer jetzigen Gedanken.«

Erstaunt fragte ich zurück: »Wollen Sie damit sagen, dass die Art meiner Gedanken verantwortlich ist für die Art der Ereignisse in meinem Leben?«

»Wenn Sie überwiegend gute, konstruktive Gedanken hegen«, bestätigte Herr Ilse, »so sind diese Gedanken Ursache für überwiegend positive Ereignisse in Ihrem Leben. Das heißt umgekehrt, Sie selbst entscheiden durch Ihre Art zu denken, ob Sie zufrieden sind mit Ihrem Leben oder ob Sie überwiegend negative Ergebnisse erzielen. Ihre Gedanken aus der Vergangenheit stellen Ihr jetziges Leben dar.«

Das sollte wahr sein? Gut, für Gegenständliches ließ ich es gelten, doch für Dinge, die in meinem Leben geschahen? Bedeutete das, ich konnte Ereignisse für mein weiteres Leben selbst planen? Diese Aussage war für mich schier unglaublich! Und doch spürte ich tief in meinem Inneren, es musste etwas daran sein.

»Nochmals als Fazit«, wiederholte der Seminarleiter, »wir selbst setzen vorher mit unseren Gedanken den Ursprung für alle Ereignisse, die in unser Leben eintreten. Gedanken sind Energie, die nicht verloren geht. Sie sucht ihren Weg. Indem wir denken, geben wir laufend Energie ab. Glauben Sie mir« – er nickte bestätigend mit der Sicherheit eines Menschen, den nichts in seinem Glauben erschüttern kann – »Gedanken sind etwas so Reales wie die

Dinge, die wir sehen und fühlen. Was immer wir denken, ziehen wir im Geiste an.«

Herr Ilse machte eine bedeutungsvolle Pause.

»Und was ich jetzt sage, ist von größter Wichtigkeit«, fuhr er fort. »Mit einem tiefen Gefühl verbunden, sowohl mit Freude als auch mit Angst, sinkt der Gedanke ins Unterbewusstsein ein und bildet dort die so genannte vorherrschende geistige Vorstellung. Sobald das geschieht, muss sich diese Vorstellung verwirklichen und tritt als Ereignis in unserem Leben zutage, immer jedoch im Rahmen des Möglichen.«

Ein Mitarbeiter stellte die Frage: »Ich habe Sie also richtig verstanden, dass ein einzelner Gedanke sich nicht sogleich verwirklichen kann.«

»Ja«, antwortete der Seminarleiter, »ein einzelner Gedanke wird zwar von unserem Unbewussten gespeichert, verhält sich aber wie ein Samenkorn, das lediglich auf fruchtbarem Boden liegt, aber keine Wurzeln schlagen kann, weil der nächste Windstoß es fortweht. Erst wenn zu dem Gedanken das entsprechende Gefühl eintritt und dieses mehr und mehr zuerst das Bewusstsein und dann das Unbewusste durchdringt, sprechen wir von einer vorherrschenden geistigen Vorstellung.«

»Das erinnert mich irgendwie an einen Computer«, warf Rainer ein, »zumindest was die Speicherung angeht.«

»Ja«, gab der Seminarleiter zurück, »wie ein Computer speichert das Unbewusste alle Informationen, die wir ihm unser ganzes Leben lang eingeben, wobei nur ein Bruchteil davon in unserem Bewusstsein verharrt; zu unserem eigenen Schutz übrigens. Es wäre unvorstellbar, wenn dieser Speichermechanismus nicht funktionierte. Hier stimmt der Vergleich mit dem Computer: Was nützte er, wenn man keine Daten speichern und sortieren könnte!«

Rainer stellte fest: »Also ähnelt der Mensch doch einem Computer ...«

»Gewisse Ähnlichkeiten sind nicht zu verleugnen«, gab Herr Ilse zu, »doch hüten Sie sich vor dem Gedanken, der Mensch sei ein Computer! Eine Maschine kann immer nur von außen bedient werden. Uns Menschen ist jedoch die Kraft des Denkens gegeben. Fazit: Was immer uns in unserem Leben geschieht, ist der spiegelbildliche Ausdruck der Gedanken, die unsere Fantasie beherrschen. Mit Buddhas Worten: Der Mensch ist die Summe seiner Gedanken.«

Mich überkam plötzlich das unglaubliche Gefühl, 37 Jahre im Dunkeln gelebt zu haben. Wenn das stimmte, warum hatte mir vorher in meinem Leben niemand davon erzählt? Wie viel Schulen besucht ein Mensch, ohne dass diese Lebenswahrheiten erwähnt oder gelehrt werden? Warum wissen so wenige Menschen davon? Ich erkannte mit einem Mal die tiefe Wahrheit, die in dieser Aussage lag. Ich spürte nicht nur, nein – ich wusste, dass dieser Mensch dort Recht hatte.

»Wie verantwortlich aber ein jeder mit diesem Wissen umgeht, liegt in der Ethik und persönlichen Reife des Einzelnen«, stellte Herr Ilse nachdrücklich fest. »Unsere alleinige Entscheidung ist es, ob wir die Kraft der geistigen Vorstellung zum Positiven oder zum Negativen nutzen. Keiner nimmt uns die Verantwortung für die Folgen ab. Nehmen Sie zum Beispiel ein Messer, ob Sie jemanden damit heilen oder verletzen, ist Ihre Entscheidung.«

Wie klug ich mich damals fühlte durch die Erkenntnis, die ich diesen Worten entnehmen konnte! Aber erst später sollte ich die Richtigkeit dieser Worte am eigenen Leibe erfahren.

»Vergleichen Sie unser Unbewusstes mit einem fruchtbaren Boden«, fuhr Herr Ilse fort. »Stellen Sie sich vor, Sie pflanzen eine Kartoffel. Nach der Reifezeit wachsen aus dieser einen Knolle mehrere neue. Pflanzen Sie aber so genanntes Unkraut, passiert das Gleiche. Der Boden kann an der Art der Pflanze nicht erkennen, ob diese nun wertvoll für uns ist oder nicht. Es gibt für ihn kein Unkraut.

Genau die gleiche Funktion hat unser Unbewusstes. Was wir ihm auch eingeben, es vermehrt sich um ein Vielfaches seiner Art. Um bei dem Beispiel des Unkrauts zu bleiben: Das Unbewusste nimmt jeden Gedanken auf – wie der fruchtbare Boden –, ohne zu werten, ob es sich um etwas Nützliches handeln könnte.«

Auf die Zwischenfrage, wie man das Unbewusste beeinflussen könne, antwortete Herr Ilse: »Mit konstruktiven Bildern, denn die eigentliche ›Sprache‹ des Unterbewusstseins ist das Bild. Ist eine Vision mit Gefühl und starkem Glauben verbunden, muss sie sich, je nach Intensität, früher oder später verwirklichen! Jedes Schloss dieser Welt ist erst ein Traumschloss gewesen. Sehen Sie«, fuhr Herr Ilse fort, »der Glaube ist die zweite Möglichkeit, einen Gedanken oder ein Bild zu einer vorherrschenden geistigen Vorstellung zu machen. Was wir fest glauben, setzen wir als wahr voraus. Es sinkt ins Unterbewusste ein und wird sich verwirklichen. Hüten wir uns vor der Angst! Angst ist Glaube in negativer Form, und das, was wir befürchten, wird über kurz oder lang in unser Leben treten.«

»Aber wie kann ich die Angstgefühle loswerden?«, fragte ich und sah Herrn Ilse aufmerksam an.

»Wenn wir Angst vor etwas haben, müssen wir versuchen, einen konstruktiven Gedanken dagegenzusetzen; das Gefühl zuerst annehmen, aber dann an etwas Gutes denken. Wir können immer nur *einen* Gedanken zur gleichen Zeit haben. Folglich liegt es doch in unserer Verantwortung, welchen Gedanken wir Raum geben wollen. Mit etwas Übung sollte es uns gelingen, das Programm der Angst zu überlagern und letztlich unwirksam zu machen.«

Als die Mitarbeiter nach einer kurzen Pause wieder an ihren Tischen Platz genommen hatten, regte Herr Ilse an: »Der nachfolgende Satz ist so bedeutsam, dass Sie ihn bitte mitschreiben sollten, um den Sinn dieser wichtigen Aussage völlig zu erfassen: Entscheidend ist, dass unser Unbewusstes keinen Unterschied macht zwischen einem Bild aus der Wirklichkeit – also dem, was wir tatsächlich sehen –, und einer bildhaften Vorstellung, die in unserer Fantasie entsteht. Sobald ein Gedanke – und damit ist auch ein Bild unserer Fantasie gemeint – geprägt durch Glauben oder eine starke Empfindung zu einer vorherrschenden geistigen Vorstellung geworden ist, setzt unser Unbewusstes alles in Bewegung, um dieses Bild Wirklichkeit werden zu lassen. Das heißt: Unser Unbewusstes kann dieses Fantasiebild als reales Ereignis in unser Leben bringen. Je nach Intensität unserer Gedanken, unseres Gefühls oder Glaubens wird sich diese Vorstellung früher oder später als Erfüllung eines brennenden Wunsches oder ersehnten Lebensumstandes verwirklichen!«

Wie ein Blitz traf mich diese Erkenntnis.

Siedendheiß fielen mir meine Wünsche und Gedanken in Bornholm ein. Wie oft hatte ich mir dort voller Inbrunst vorgestellt, Rainer käme zu mir zurück und bäte mich um Verzeihung. Sogar unser Platz im Wald, wo wir uns heimlich zu treffen pflegten – seine Worte! Alles, aber auch alles passte!

Ein Wunder, wie ich es damals empfunden hatte? Nein, denn jetzt wurden mir sämtliche Zusammenhänge klar. Es musste geschehen – eine spiegelbildliche Wirkung als Ereignis aus meinen Gedanken. Meine intensiven Vorstellungen mussten sich nach diesen Gesetzen verwirklichen! Nur hatte ich zu dem Zeitpunkt noch nichts von dem Kausalitätsgesetz gewusst, dem Gesetz von Ursache und Wirkung.

Betroffen dachte ich darüber nach, was ich wohl in meinem Leben durch falsches Denken und Unkenntnis dieser geistigen Gesetze verpasst hatte. Doch diese Einsicht bewirkte auch etwas Positives: Wie viele Gelegenheiten konnte ich in Zukunft nutzen mit diesem Wissen?

»Die Tatsache kann gar nicht hoch genug bewertet werden«, sprach Herr Ilse weiter, »dass Ihre Träume und Wünsche geistige Wirklichkeiten sind. Jeder Gedanke, verbunden mit Glauben oder Gefühl, hat in der geistigen Dimension ebensolche Form und existiert genauso wie zum Beispiel ein sichtbarer Teil Ihres Körpers.«

Nach Ablauf des Seminars legte uns der Seminarleiter nahe, täglich in begleitender Literatur zu lesen, und übergab uns eine Liste von Büchern, die dieses Thema behandelten.

Groß war meine Überraschung, als ich in der Aufstellung ›Die Möwe Jonathan‹ entdeckte. Eine Verbindung in dieser Richtung hatte ich nicht vermutet. Ein wunderbares Wochenende ging zu Ende.

»Na, wie war das Seminar?«, fragte Achim arglos, als wir abends wieder zu Hause im Wohnzimmer saßen. Unsere Versuche, ihm etwas von dessen Aussagen weiterzugeben, schlugen fehl. Man muss es erlebt haben.

Während des Abends ließ ich die Themen des Seminars nochmals an mir vorbeiziehen. Hatte ich alles richtig aufgenommen, so musste ich erkennen, welche enormen Möglichkeiten sich mir auftaten, Ereignisse in meinem Leben vorauszuplanen.

Doch ich machte einen Fehler: Ich zog aus diesen Erkenntnissen nur für mich Vorteile und ließ das Leid anderer außer Acht! Ich missachtete das Gesetz der Einheit allen Lebens, das Gesetz des Ausgleichs, das für alle Menschen Gutes will. Heute weiß ich, warum der Plan unserer Auswanderung nach Kanada keinen Segen bringen konnte. Doch Misserfolge sind Ratenzahlungen für den Erfolg. In jedem scheinbaren Misserfolg sitzt immer der Keim eines neuen Erfolges.

Der Mensch sollte ein ihn treffendes Unglück nicht als Schicksalsschlag, sondern als Chance ansehen, an charakterlicher Größe und Profil zu gewinnen! Immer wieder haben Menschen, die durch ungünstige Ausgangspositionen oder Behinderungen benachteiligt waren, ihrem Schicksal getrotzt und die negative Kraft von Schicksalsschlägen ins Positive gewendet.

In jener Nacht nach dem Seminar lag ich wach neben Achim in meinem Bett. Die Sehnsucht nach Rainer, der nebenan im Gästezimmer schlief, ließ mich keine Ruhe finden. Wie schwer war es doch, die Liebe und Leidenschaft zu einem Menschen zu verbergen, sich in Gegenwart anderer völlig unbeteiligt zu verhalten, wo ich doch das Gefühl hatte, kurz vor einem Vulkanausbruch zu stehen!

So konnte es nicht weitergehen, nein, ich musste etwas ändern. Deutlich spürte ich, mein Leben war an einem Wendepunkt angelangt. Ich war nicht mehr dieselbe wie vorher. Wie sehr hatte mich das Zusammenleben mit Achim in Bezug auf die Lüge mit Dana belastet!

Dann dieses Wochenende mit Rainer und das Seminar! Was hatte Herr Ilse gesagt? Jeder intensive Wunsch verwirklicht sich. Aber man muss es wirklich wollen. Bisher hatte mich mein Moralempfinden Eva gegenüber gehindert. Doch hatte sich Rainer nicht schon viel früher von Eva trennen wollen, noch bevor wir unsere Beziehung begannen? Stand ich mir nicht selbst im Wege mit meiner Moral, weil ich Rainer nie ganz für mich allein wollte, mit allen Konsequenzen? Hegte ich vielleicht tief im Innern immer noch die Befürchtung, dass er sich irgendwann wieder so verhalten könnte wie damals am Rursee? Aber er hatte mich doch inständig um Verzeihung gebeten. Ja, ich hatte ihm verziehen, aus tiefstem Herzen, und ich wollte ihn. Ja, ich wollte ihn wirklich!

Dachte er genauso wie ich? Ich musste Gewissheit haben, unbedingt! Nur wenn er wie ich in dieselbe Richtung dachte, konnten unsere Gedanken das gemeinsame Ziel erreichen.

In diesem Augenblick traf ich eine wichtige Entscheidung: Ich musste mich von Achim trennen, koste es, was es wolle! Es lähmte mich, ständig mit dieser erdrückenden Lüge zu leben. Ja, ich wollte wieder frei atmen können.

Eine riesige Last fiel plötzlich von mir ab, und ich atmete tief durch. Es war nicht nur besser für mich, sondern sicherlich auch für Achim. Ihn würde ich damit freigeben, frei für eine neue Beziehung, in der er mehr geliebt und nicht so schmählich hintergangen würde. Mit einem erleichterten Seitenblick auf den schlafenden Achim und mit einem guten Gefühl schlief ich endlich ein.

Am Montag nach dem Seminar war ich in einer unbeschreiblichen Hochstimmung. Meine Gefühle für Rainer waren an Intensität kaum noch zu übertreffen.

Sicherlich hatte ich vor dem Seminar manches intuitiv richtig gemacht, denn nur so war es zu erklären, dass ich beruflichen Erfolg hatte und die umsatzstärkste Mitarbeiterin der Gesellschaft war, jedenfalls zu jener Zeit noch. Eigenartigerweise sollte mein Umsatz nach dem Seminar zurückgehen.

Ich begann, andere Prioritäten für mein Leben zu setzen. Mir wurde bewusst, dass mein erstaunlicher Erfolg im Außendienst eine Art von Kompensation für ein harmonisches Familienleben darstellte, für fehlende Liebe und Zärtlichkeit, die ich in meiner Ehe nicht zu geben bereit war.

Gegen Mittag wollte Rainer abfahren. Beim Abschied stellte ich ihm die Frage, die letztlich für uns beide die Richtung entscheiden sollte. Er hielt mich in seinen Armen. Dieses Gefühl, festgehalten zu werden von ihm, wie sehr brauchte ich das!

»Rainer, noch nie vorher habe ich dich danach gefragt: Willst du mich?«

Erstaunt sah er mich an.

Ich fragte weiter: »Willst du mich so sehr, dass wir alle zu erwartenden Unannehmlichkeiten durchstehen und zusammenleben können?«

»Ja«, antwortete er fest, ohne zu zögern, und sein Blick war voller Liebe. »Ja, Gila, ich will mit dir leben. Ganz sicher! Ich brauche nur noch etwas Zeit für Eva. Aber auch ich möchte dir eine Frage stellen: Gehst du mit mir nach Kanada?«

»Ja«, versicherte ich glücklich – und hätte die ganze Welt umarmen können!

Abends saß ich allein in meiner Kaminecke. Das Feuer knisterte und flackerte. Achim hatte sich zu seinen Skatbrüdern verzogen; die Kinder schliefen bereits. Jetzt hatte ich ein wenig Zeit für mich selbst. Voller Erwartung holte ich das Buch ›Die Möwe Jonathan‹ hervor und fing an zu lesen.

Nach einigen Seiten stellte ich betroffen fest, dass ich

diesem Buch zuvor eine völlig andere Bedeutung beigemessen hatte. Zutiefst berührte mich die Geschichte dieser kleinen Möwe auf der Suche nach der Vollkommenheit.

Lange noch hing ich an diesem Abend meinen Gedanken nach, und mir wurde bewusst, wie sehr mich die Aussage dieses wunderbaren Buches getroffen hatte.

Kapitel 4

> *Unsere Zweifel sind Verräter*
> *und lassen uns oft das Gute,*
> *das wir gewinnen könnten,*
> *dadurch verlieren,*
> *dass sie uns abhalten,*
> *es ernstlich zu wollen.*
>
> *(Shakespeare)*

In den folgenden Wochen beschäftigte mich wieder und wieder der Gedanke, wie ich Achim die Trennung und den damit verbundenen Auszug am besten erklären könnte. Sicher, es stimmte, ich hatte bereits vorher einige Trennungsversuche unternommen. Aber immer war es bei den Versuchen geblieben, und der tägliche Trott hatte uns jedes Mal eingeholt. Diesmal war es etwas anderes. Ich spürte eine vorher nie gekannte Kraft in mir, wohl auch, weil ich mir nun sicher war, dass Rainer mit mir zusammenleben wollte.

Mein Wunsch wurde stärker, gleich im neuen Jahr mit Achim zu sprechen, um die Fronten zu klären, und dann sofort auszuziehen, am liebsten natürlich ohne große Reibereien und Streitereien. Ich wollte für mich und die Kinder möglichst in unserer kleinen Stadt ein Haus mieten, damit für sie kein Schulwechsel nötig wurde und sie ihre Freunde behielten.

Noch ein Problem musste gelöst werden: unser Haus. Wir hatten es selbst gebaut, und der Gedanke an einen Verkauf fiel mir nicht leicht. Aber eine Belastung für zwei Objekte – Miete und Hypothek – war auf die Dauer trotz meines guten Verdienstes nicht tragbar. Doch ich musste mich entscheiden, was mir wichtiger war: mein Leben in Liebe und Zufriedenheit zu führen oder ein luxuriöses Haus zu besitzen?

Die Zeit war gekommen, Herrn Fuchs, den Verkaufsleiter

des Unternehmens, für das ich tätig war, in meine privaten Pläne einzuweihen. Zwischen uns hatte sich im Laufe der Zeit ein offenes freundschaftliches Verhältnis entwickelt.

Nach dem Montagsmeeting saß ich ihm in seinem Büro gegenüber und besprach mit ihm die Umsatzzahlen der Mitarbeiter.

»Ach, noch was«, meinte ich beiläufig, »ich werde mich von meinem Mann trennen. Ich möchte, dass du es als Erster erfährst.«

Überrascht schaute er hoch. »Irgendwie habe ich das kommen sehen, nur noch nicht so schnell. Was sagt denn dein Mann dazu?«

»Er weiß es noch nicht«, antwortete ich ruhig.

»Da ist nicht zufälligerweise der Mann von Eva Gerlach im Spiel?«, fragte er und sah mich forschend an.

Ich musste lachen. »Nein, nicht zufällig. Eine gewisse Absicht kann ich aber nicht verleugnen«, konterte ich.

»Hast du vor, mit Rainer Gerlach zusammenzuziehen?«

»Ja, wenn die Zeit reif ist.«

»Ach, du lieber Himmel, das gibt Ärger! Und wann ist die Zeit reif?«, bohrte er weiter.

»Lass uns abwarten, ja?«, bat ich ihn, als ich mich von ihm verabschiedete.

Per Inserat suchte ich unser neues Zuhause und gab die Telefonnummer unserer Firma an. So konnte ich die hereinkommenden Angebote beantworten, ohne dass Achim vorzeitig von meinen Plänen erfuhr. Sehr wohl fühlte ich mich nicht bei dieser Aktion.

Und es gab noch eine Schwierigkeit. Wie sollte ich einen Vermieter finden, der gewillt war, sein Haus an eine Familie mit dreizehn Schlittenhunden zu vermieten? Die Hunde bedeuteten Rainer viel, sie waren sein Ein und Alles.

Die Geschichte mit den Huskies begann 1978, als ich von meinen Freunden Edith und Gary aus Kanada nach ihrer Hochzeitsfeier, bei der ich Trauzeugin war, zwei von ihnen gezüchtete Husky-Babys per Luftfracht bekam. Eines davon war für Rainer bestimmt.

Er nannte seinen Husky Rain, unserer hieß Tevka.

Tevkas Bruder Rain wuchs bei Rainer und Eva in der Eifel auf. Des öfteren besuchten uns die beiden mit ihm. Unser Haus lag am Berg – und ich erinnere mich lebhaft an das erste Rennen der Huskies. In Ermangelung eines Schlittens spannte Rainer Tevka und Rain mit zwei Leinen vor unser Fahrrad und fuhr mit ihnen bergab. Es war ein erhebendes Gefühl für uns alle, die beiden Huskies zum ersten Mal laufen zu sehen, was das Zeug hergab – jedoch nicht sehr lange. Eine Straßenlaterne stand den Dreien im Wege – Tevka zog links und Rain rechts vorbei, während Rainer sich nur noch mit einem Hechtsprung in eine Hecke retten konnte.

Wir liebten Tevka heiß und innig, bis er nach einem Jahr anfing, die gesamte Nachbarschaft zu ›enthühnern‹, und er hatte weder vor Schafen noch vor Kühen Respekt. Ein riesiger eingezäunter Balkon stand Tevka zur Verfügung, dreimal so groß wie ein normaler Hundezwinger, und trotzdem büxte er dauernd aus. Wurde die Balkontür geöffnet, flitzte er in die Wohnung und wartete geduldig in irgendeiner Ecke darauf, bis der Türöffner betätigt wurde, um dann wie ein geölter Blitz das Weite zu suchen. Stundenlang blieb er verschwunden. Der Ärger mit den Nachbarn wuchs.

Noch heute habe ich das eindrucksvolle Bild vor Augen, wie eines Morgens ein Bauer aus der entfernteren Nachbarschaft mit seinem Mofa den Berg zu unserem Haus hochknatterte, jede Seite seines Lenkers mit einem Plastikbeutel bestückt.

»Achtzig Prozent meiner Legehennen sind hin«, knurrte er grimmig, während ich ihn gerade noch davon abhalten konnte, die armen Viecher vor mir auszupacken. Kleinlaut bezahlte ich ihm den Schaden. Als ich genau eine Woche später wieder das vertraute Knattern des Mopeds vernahm, wurde es bald zum Alptraum für mich. Diesmal war er nur mit einem Plastikbeutel ausgerüstet und sagte böse: »Da – hundert Prozent!«

Von dem Moment an war unsere Tiefkühltruhe ständig

überfüllt mit irgendwelchen armen Hühnern, was uns bei unserer Versicherung in Misskredit brachte, und wir wurden tatsächlich gnadenlos verdächtigt, den Bedarf an Hühnerfleisch für unsere Familie über die Hundehaftpflicht zu decken. Liebenswürdig bat man uns seinerzeit darum, unsere Hühner möglichst ohne Umweg über die Versicherung direkt im Supermarkt zu kaufen.

Als Tevka dann ein Schaf riss, drohte uns der Besitzer an, ihn beim nächsten Mal zu erschießen. Ich litt Höllenqualen und suchte Rat bei Rainer, der mir begeistert anbot, Tevka zu übernehmen. Einen größeren Gefallen konnte ich ihm nicht tun. Zu jener Zeit besaß er ein großes Grundstück in der Eifel und beabsichtigte sowieso, weitere Huskies zur Zucht anzuschaffen.

Nach zwei Jahren hatten sie sich auf zwölf vermehrt. Rainer brachte es nicht übers Herz, auch nur einen davon wieder abzugeben. Dazu kam ›Whisky‹, ein ganz besonders liebenswerter alter Straßenveteran, den er irgendwo hungrig aufgelesen und behalten hatte. Whiskys Stammbaum war jedenfalls nur dahingehend definierbar, dass sich seine Urahnen wohl mit jeder Rasse gepaart zu haben schienen.

Also, wo war der Vermieter, der uns, zwölf Schlittenhunde und Whisky akzeptierte? Nun, mit Sicherheit gibt es Leichteres, aber was hatte ich in dem Seminar unter anderem erfahren? Was du suchst, sucht auch dich!

Auf die Anzeige hatte ich drei Anrufe erhalten. Sofort machte ich mich auf den Weg, die Angebote anzusehen. Eines davon gefiel mir besonders gut, aber es hatte einen gewaltigen Schönheitsfehler. Es gab noch genug andere Bewerber: Leute, die mit Sicherheit in geordneteren familiären Verhältnissen lebten, bei denen keine Trennung ohne Wissen des Ehemannes vollzogen werden sollte, ohne dreizehn Hunde, und nicht zu vergessen, ohne doppelte finanzielle Belastung!

Das Haus war nach Lage und Ausstattung für uns ideal. Es lag abgeschieden auf einer Anhöhe, mit einer traumhaften Aussicht, nicht weit entfernt von unserem Haus. Ich hatte im Seminar gelernt, dass ich es mir nur gedanklich als mein Zuhause vorzustellen brauchte, fest an meinen Einzug glauben und mich ganz stark mit diesem Haus identifizieren musste.

Immer, wenn ich etwas Ruhe fand, gab ich meinem Unterbewusstsein ein: »In diesem wunderschönen Haus wohne ich. Ich fühle mich wohl darin. Es ist genau das, was ich suche, und ich bin genau der passende Mieter für dieses Haus. Es ist das ideale Zuhause für die Kinder und für mich. Ich bin sehr dankbar, dass ich es gemietet habe.«

Zwar hatte ich es noch gar nicht gemietet, doch ich versetzte mich in das freudige Gefühl, den Zuschlag bereits bekommen zu haben. Bildhaft stellte ich mir vor, wie freundlich ich das Haus einrichtete, und empfand tiefe Freude dabei. Ich ließ keinen Zweifel an der Anmietung aufkommen, da ich ja gelernt hatte, dass ich mir durch Zweifel selbst Hindernisse in den Weg stellen würde.

Der amerikanische Philosoph Prentice Mulford drückt es so aus:

*»Jeder Zweifel ist ein Blick zurück
und führt dazu, dass man ins Stolpern kommt!«*

Trotz vieler anderer Bewerber bekam ich den Zuschlag.

Obwohl wir nur ungefähr achtzehn Monate darin wohnen sollten, entstand während dieser Zeit eine herzliche Freundschaft zu Renate, der Vermieterin. Sie war ungefähr in meinem Alter, zwar manchmal ein wenig überängstlich, doch etwas davon legte sie bereits während der Zeit ab, in der wir bei ihr wohnten. Ihr blondes Haar trug sie modisch kurz. Sie hatte fröhliche hellblaue Augen; ein herzlicher, sympathischer Typ.

Bleiben wir bei der Zeit, als ich noch in meinem eigenen Haus wohnte und keiner in unserer Familie etwas von der bevorstehenden Trennung ahnte. Ich stand vor diesem Schritt und fühlte mich miserabel. Noch nie im Leben hatte ich bewusst unter Atemnot gelitten. Jetzt erdrückte mich diese Situation beinahe. Gut zu wissen, wo die Ursache lag und dass es nur noch kurze Zeit dauerte, bis dieser seelische Konflikt bereinigt werden konnte.

Es geschah zwischen Weihnachten und Neujahr.
Eines Nachts wachte ich auf, gelähmt vor Angst! Ich hatte einen furchtbaren Alptraum gehabt. Irgendjemand war ins Kinderzimmer gestiegen, so hatte ich geträumt, und Dana lag blutüberströmt in ihrem Bettchen. In dem Moment verspürte ich eine so entsetzliche Angst, dass ich dachte, ich müsste in meinem Bett ersticken.

Ich konnte mich nicht rühren! Noch nie hatte ich eine derartige panische Angst empfunden. Minutenlang blieb ich wie gelähmt in meinem Bett liegen.

Achim lag schlafend neben mir. Ich konnte ihn nicht wecken. Endlich gelang es mir aufzustehen. Ich war nicht einmal imstande, sofort ins Kinderzimmer zu gehen. Es dauerte Minuten, bis ich meine ganze Kraft gesammelt hatte, um nach der Kleinen zu sehen. Friedlich schlafend lag sie in ihrem Bettchen. Trotzdem wurde ich die Angst nicht los, diese Schreckensvision könnte einmal Wirklichkeit werden.

Ich versuchte ganz intensiv, mit guten konstruktiven Gedanken gegen dieses Bild anzugehen, aber trotzdem gelang mir das damals noch nicht. Erst in weiteren Seminaren lernte ich, damit umzugehen.

Warum habe ich eigentlich viermal das gleiche Seminar besucht? Nun, zwischen dem ersten und dem vierten lagen knapp drei Jahre, in denen meine persönliche Entwicklung nicht stehen blieb. Oft tauchten Fragen auf, für die ich eine Antwort brauchte. Jedes Mal gewann ich neue wichtige Erkenntnisse aus dem gleichen Themenkreis. Aber auch das Seminar änderte sich, wie alles im Leben in steter Wandlung ist.

Im Januar 1984 konnte ich endlich die erlösenden Worte mit Achim sprechen. Es war eine unerquickliche Diskussion, doch nach endlosen Debatten und Versuchen, mich umzustimmen, musste er sich letztlich mit der bevorstehenden Trennung abfinden. Damit war der erste entscheidende Schritt getan. Rainer ließ ich erst einmal aus dem Spiel, denn beide Probleme auf einmal hätte Achim mit Sicherheit nicht verkraftet. Eine Kurzschlussreaktion wollte ich einfach nicht riskieren.

Durch mein gutes Einkommen konnte ich alle Kosten tragen. Die Kinder sollten nachmittags von einer Hauswirtschafterin betreut werden. Achim hatte zwar seit längerer Zeit wieder Arbeit, doch diese finanzielle Regelung machte ihm die Trennung leichter. Ich war froh darüber, dass es mit Achim und den Kindern keine größeren Probleme geben würde, und konnte den Umzug in das neue Haus kaum erwarten.

Meine Freude war riesig, als eines Morgens Herr Fuchs anrief und Rainer für den Posten des Direktions-Beauftragten für Bielefeld vorschlug. Er meinte, so könnten wir zusammenleben, Rainer hätte ein gutes Einkommen, und er bekäme einen zuverlässigen Mitarbeiter. So wäre allen geholfen.

Eine großartige Idee! Rainer hatte den direkten Außendienst nie geschätzt, darum käme ihm diese vertrautere Position mit Sicherheit entgegen. Er würde mehr Geld verdienen und, was noch wichtiger war, er hatte die Gelegenheit, die Woche über bei uns zu sein, ohne dass Eva jetzt schon von unserem Zusammenleben erfahren musste. Wäre sie überhaupt mit dem Vorschlag einverstanden? Was würde Rainer davon halten?

Unerwartet war Hilfe gekommen von einer Seite, von der ich es gar nicht erwartet hätte. Unmittelbar nach diesem Gespräch rief ich Rainer an und berichtete ihm von dem Angebot.

»Meinst du, das klappt?«, fragte er ziemlich überrascht. »Und wenn, müsste ich mir schon überlegen, wer die Hunde versorgt. Der einzige Nachteil ist eben, dass ich sie die ganze Woche über allein lassen muss.«

»Sie sind doch nicht allein, Rainer. Dein Sohn kann sie doch versorgen.«

»Richtig, das geht, aber sie sind nicht bei mir«, überlegte er, bis er dann zum Schluss meinte: »Ja, ich glaube, das klingt gut, Gila, zumal ich damit endlich wieder eine eigene Tätigkeit ausüben kann. Und wir können die Woche über zusammen sein! Doch, ja, der Gedanke gefällt mir. Ich lasse mir die Sache noch mal durch den Kopf gehen. Mit Eva muss ich natürlich auch darüber sprechen. Übrigens: Was hältst du denn davon, wenn ich plötzlich jede Nacht bei dir schlafe?« Er schien ein Lachen zu unterdrücken.

»Wer sagt denn, dass du bei mir schlafen darfst?«, neckte ich ihn. »Du schläfst im Gästezimmer, wie es sich für einen Gast gehört.«

»Ha, du hältst es ja doch keine Nacht ohne mich aus«, meinte er viel sagend, als ich plötzlich Evas Stimme im Hintergrund vernahm. Er konnte soeben noch leise anbringen: »Ich muss auflegen.«

Eine unbändige Freude erfasste mich. Wir hatten dadurch wahrhaftig die Möglichkeit, fünf Tage in der Woche ganz legal zusammenzuleben, auch wenn das Ganze erst einmal ein Provisorium darstellte. Etwas Besseres konnte uns momentan gar nicht passieren.

Kurze Zeit später rief Eva begeistert zurück. »Ist das nicht wunderbar? Eine fantastische Idee! Wie lieb von dir, dass Rainer bei dir wohnen darf. Ich bin ja so dankbar, dass Herr Fuchs ihm diese Position angeboten hat. Sicher hast du wieder einiges dafür getan, oder?« Sie bedankte sich überschwänglich bei mir. »Rede ihm bloß gut zu, Gila, dass er das Angebot annimmt!«

Nach diesem Anruf war mir tagelang hundeelend, aber diesen Preis musste ich zahlen, wollte ich mit Rainer leben.

Wenige Tage später kam Rainer zum Vorstellungsgespräch nach Bielefeld. Ich wohnte noch im alten Haus. Umziehen wollte ich erst, wenn Achim zum Wintersport gefahren war, damit er den Auszug nicht so hautnah miterlebte. Er schien doch stark unter der Endgültigkeit meiner Entscheidung zu leiden und glaubte wohl, er könnte in unserem neuen Haus zu mir kommen, wann immer er wollte. Ich redete ihm diesen Gedanken nicht aus.

Da mir Achim beim Umzug nicht helfen konnte, bat er Rainer telefonisch um Hilfe. Auch zwei Kollegen aus unserer Geschäftsstelle hatten spontan ihre Unterstützung angeboten.

Ende Februar zog ich um. Zum ersten Mal schlief Rainer bei mir im neuen Haus, das von nun an wochentags sein Zuhause werden sollte. Wieder nur eine Nacht voller Zärtlichkeit, denn am Abend des folgenden Tages musste er heimfahren.

»Ich bin bald länger bei dir«, flüsterte er mir zu. »Keine sechs Wochen mehr, Gila, und ich bleibe bei dir. Wir haben so lange aufeinander gewartet, dass wir diese Zeit auch noch schaffen, okay?« Sanft zog er mich an sich und küsste mich. Ich nahm mal wieder Abschied von ihm.

Zwei Tage später war das meiste geschafft. Marco, noch sehr kindlich für seine vierzehn Jahre, sollte nun von mir auf die neue Situation vorbereitet werden. Wenn Rainer wochentags mit uns lebte, musste Marco auch wissen, wo Rainer schlief. Lange hatte ich nach den passenden Worten für diese delikate Situation gesucht. Als ich ihn mit dem Auto zu seinem Freund brachte, war die Gelegenheit gekommen.

»Marco, du weißt doch, dass Rainer nächste Woche bei uns einzieht.«

»Ja, super!« Er hatte ihn mit fünf Jahren kennen gelernt. Von jeher war Rainer sein großes Vorbild gewesen, was die Sache wesentlich vereinfachte. Rainer hatte eine sehr herzliche Art, mit Kindern umzugehen, etwas, das meine beide Jungen bei ihrem Vater stets vermissten.

»Wo schläft er denn?«, fragte Marco neugierig und riskierte einen skeptischen Blick in meine Richtung.

»Bei mir«, antwortete ich knapp, starrte durch die sich rhythmisch bewegenden Scheibenwischer auf die nasse Straße und erwartete mit Spannung seine Reaktion.

»Mensch, Klasse!« Marco atmete erleichtert auf. »Ich dachte schon, du würdest ihn bei mir deponieren!«

Ich konnte mir ein kurzes Auflachen nicht verkneifen! So einfach war das, und ich hatte mich eigens auf dieses Gespräch vorbereitet!

André wollte erst einmal weiter bei Achim wohnen bleiben, damit dieser nicht plötzlich ganz allein dastand. Nach der Schule kam er zum Essen stets zu uns. Und es verging kaum ein Tag, an dem nicht auch Achim bei uns auftauchte und ab und zu zum Essen blieb. Schon deshalb musste ich ihm nach Rainers Einzug möglichst bald die Wahrheit sagen.

Freundlich und hell hatte ich das neue Haus eingerichtet. Schien die Sonne, so fiel zu allen Tageszeiten Licht in die Räume. Unten im Haus befanden sich die Wohnräume mit einem großen heimeligen Kamin. Eine breite Holztreppe führte in das Obergeschoss zum Schlafraum und den Kinderzimmern.

Ich fühlte mich inzwischen sehr wohl im neuen Haus. Es war eine glückliche Zeit in meiner eigenen Welt mit Dana, Marco und Otto, unserem Papagei. So manches Mal stand vor der Haustür ein Eimer mit frischem Gemüse, den Renate gebracht hatte. Bereits nach kurzer Zeit merkten wir, wie gut wir miteinander umgehen konnten.

Finanziell sah es bei mir nach dem Umzug nicht gerade rosig aus, zumal ich die meisten Möbel neu anschaffen musste. Aber normalerweise brauchte ich mir um meine Finanzen keine Sorgen zu machen. Ich vertrat ein gutes Produkt, zu der Zeit das beste in der Versicherungsbranche.

Kurz vor Jahresende trat jedoch etwas ein, das uns Mitarbeitern noch sehr zu schaffen machen sollte. Nicht ganz unberechtigt wurden die Vertriebsmethoden mancher Mitarbeiter unserer Gesellschaft in der Presse negativ dargestellt. Durch unsere überdurchschnittlich steigenden Umsatzzahlen der letzten Jahre hatten wir uns nicht nur die Aufmerksamkeit, sondern auch den Zorn der gesamten

Konkurrenz zugezogen, die für schnellste Verbreitung der Presseartikel sorgte.

Fast alle Kollegen bekamen die Reaktionen bald zu spüren, und viele Aufträge wurden aufgrund dieses Artikels storniert. Plötzlich merkte ich, wie mich die ganze Sache lähmte. Meine Begeisterung, die stets beim Verkauf mitschwang und meinen überdurchschnittlichen Erfolg ausmachte, wich einer tiefen Unsicherheit.

Bat mich ein Interessent darum, ihm die Unterlagen für kurze Zeit zur Information zu überlassen, stellte sich bei mir jedes Mal der Gedanke ein: Hoffentlich erkundigt er sich nicht bei den Mitbewerbern der Branche, und was ich befürchtete, trat ein: Der Auftrag war verloren! Dazu kam, dass die hohe Stornoquote sich auch auf mein Einkommen niederschlug. So konnte es nicht weitergehen. Ich musste einen Ausweg finden. Doch wo sollte ich ansetzen? Ich überlegte hin und her, bis mir dann der Satz einfiel: Die Lösung liegt immer im Einfachen.

Ich hatte bereits durch das erste Seminar gelernt: Jede Frage enthält eine Antwort, und jedes Problem trägt seine Lösung bereits in sich; man muss nur daran glauben.

Über einige Erfahrungen, wie ich mit meinem Unbewussten umgehen musste, verfügte ich bereits, als ich die Probleme meiner Finanzen angehen wollte. So vertraute ich wiederum Abend für Abend darauf, dass mein Unterbewusstsein mir die Lösung eingab.

Ein paar Tage später beendete Herr Fuchs sein Montagsmeeting mit der Ankündigung, dass für Ende März wieder ein Seminar mit Herrn Ilse angesetzt sei. Das war eine Überraschung! Ich freute mich sehr auf dieses Wochenende. Schade, dass Rainer seine Stelle in der Direktion Bielefeld erst im April antrat und nicht dabei sein konnte. Ich ahnte nicht, dass die Lösung meiner Probleme in Form des zweiten Seminars schon auf mich wartete.

Angeregt durch eine Bemerkung von mir, griff der Seminarleiter die von der Versicherungsbranche inszenierte Negativkampagne auf.

»Nehmen wir einmal die soeben von Ihnen geschilderte geschäftliche Situation. Wer ist denn verantwortlich für all diese Stornos? Doch kein anderer als Sie selbst und Ihr Gefühl, das sie ausgelöst hat! Mit einem starken Gefühl verbundene Gedanken werden nun mal zur vorherrschenden geistigen Vorstellung und suchen ihre Verwirklichung.«

Plötzlich erkannte ich meinen Fehler. Ich hatte das erworbene Wissen nach dem ersten Seminar lediglich ins Positive übersetzt und nur an die Verwirklichung meiner positiven Gedanken geglaubt. Wie Schuppen fiel es mir von den Augen, als der Seminarleiter erklärte, genau das gleiche Gesetz gelte natürlich auch für die Gedanken, die mit einem negativen Gefühl, also Furcht oder Angst, ins Unterbewusstsein einsinken!

Aus diesem Teil des Seminars lernte ich: Wenn ich an Unheil glaube und sich meine Gedanken damit beschäftigen, so ziehe ich unmerklich dieses Missgeschick an. Im gleichen Verhältnis wächst meine Furcht. Wenn ich mir das bewusst mache, an meine Kraft glaube, so kann ich mein Leben beeinflussen und erreichen, dass sich das Blatt wendet. Nichts, was sich im Leben ereignet, ist von sich aus gut oder schlecht, nur unsere Gefühle bewerten dieses Ereignis positiv oder negativ.

Also nicht nur die Kritik der Verbraucherzeitschrift wirkte negativ, sondern meine Gedanken bewerteten diese Sache dementsprechend, weil ich unmittelbar davon betroffen war. Mein unsicheres Verhalten bei den Kunden bestimmte die Situation. Die Furcht vor Auftragskündigungen sank in mein Unterbewusstsein ein, und die entstandene geistige Vorstellung setzte alles in Bewegung, um das Ereignis, in diesem Fall die Kündigung, eintreten zu lassen. Und das völlig neutral! Es hat lediglich ausgeführt, was ich ihm eingegeben hatte. So sehr fürchtete ich die Konsequenz des Zeitungsberichtes! Wovor ich Angst hatte, das trat ein.

Kapitel 5

*Die Bedeutung der tiefen Wahrheit
kommt mir zum Bewusstsein,
dass wir im Leben der durch unsere Vision
vorgegebenen Spur folgen.*
(Ralph Waldo Emerson)

Ein paar Tage später war der ersehnte Augenblick gekommen: Rainer zog bei mir ein. Voller Erwartung holte ich ihn abends mit Dana vom Bahnhof ab.

»Da bin ich!« Er begrüßte uns beide stürmisch auf dem Bahnsteig und wirbelte die vor Vergnügen laut aufquietschende Dana übermütig durch die Luft. Engumschlungen legten wir den kurzen Weg zum Parkplatz zurück, wo mein Auto stand.

»Ich kann es noch gar nicht fassen, dass wir jetzt wirklich zusammenleben können«, sagte ich glücklich, während er mich fester an sich zog.

Nachdem wir Dana zu Bett gebracht hatten, setzten wir uns an den Kamin. Ich schenkte Rainer ein Glas von seinem geliebten kanadischen Whisky ein. Unsere ›Jonathan Livingston Seagull‹-Musik spielte im Hintergrund.

Rainer summte leise mit.

»Gila, du ahnst gar nicht, wie gut mir diese Ruhe bei dir tut«, meinte er und streckte wohlig seine Beine aus. Liebevoll blickte er mich an. In seinen ausdrucksvollen Augen spiegelten sich die Flammen des Feuers wider. Ich liebte seine Augen, sein Lachen, seine sanften Zärtlichkeiten, seine ruhige Art zu sprechen. Seine Stimme hätte ich unter Millionen anderer wieder erkannt. Wie oft hatten wir in den vergangenen acht Jahren miteinander telefoniert, in den langen Jahren unserer Freundschaft. Gespräche, die später einen anderen Charakter annahmen …

Auch Rainer hing seinen Gedanken nach, denn plötzlich lachte er hell auf.

»Weißt du eigentlich, wie tief der Jagdtrieb in den Huskies sitzt?« Er grinste. »Ich hatte dir doch erzählt, dass Tevka sich letzte Woche eine Kralle gebrochen hat. Der Tierarzt hat dann entschieden, diese Wolfskralle zu amputieren, und hat ihm deshalb eine Vollnarkose gegeben. Danach nahm ich meinen narkotisierten Tevka wieder mit nach Hause und legte ihn in eine Hundehütte vor dem Zwinger, außerhalb der Reichweite der anderen Huskies, damit er in Ruhe seinen Rausch ausschlafen konnte. Kurze Zeit später rief mich ein Bauer aus der Nachbarschaft an und erzählte, er habe etwas sehr Seltsames erlebt: Nach einem furchtbaren Spektakel im Hühnerstall habe er einen Husky entdeckt, der zwar hinter den Hühnern her war, aber immer wieder umfiel und dann weiterschlief. Wenn das meiner wäre, dann möchte ich ihn bitte sofort bei ihm abholen.«

Mit wachsender Belustigung stellte ich mir das Bild vor, wie Tevka wankend und schwankend den Hühnerstall angepeilt hatte, zwischendurch aber immer wieder eingeschlafen war. Wir hatten beide unseren Spaß, als wir uns die Situation noch weiter ausmalten. Gut, dass den Hühnern dieses Mal nichts geschehen war.

Nach einer Weile wechselte Rainer das Thema. »Erzähl mal, wie war das Seminar letzte Woche?«

Ich ging auf das Thema ein. »Ich habe jetzt die Lösung, wie ich das Problem der hohen Stornos und damit auch meine finanzielle Situation in den Griff bekommen kann, indem ich mir zunächst die Frage stelle: Welchen Monatsumsatz will ich überhaupt erreichen?«

»Was meinst du damit?«

»Ich denke dabei an meine außergewöhnlichen Umsätze der ersten beiden Jahre, die ich unbelastet von allem Negativen erzielte«, meinte ich nachdenklich, während Rainer aufmerksam zuhörte. »Weder das Produkt noch die Firma haben sich in der Zwischenzeit verändert«, fuhr ich fort, »nur die Einstellung zu meiner Tätigkeit ist durch die Angriffe der Presse arg angeschlagen. Ich bin der festen Überzeugung, eine Änderung kann ich nur über mein Bewusstsein erreichen, indem ich meine Einstellung korrigiere.«

»Richtig«, stimmte Rainer zu, »doch das ist gar nicht so leicht, wenn man täglich nur Negatives erfährt. Meinst du nicht, dass ein Mensch auch durch sein Umfeld geprägt wird, indem er laufend einer negativen Erwartungshaltung anderer Menschen ausgesetzt ist?«

»Nur in dem Maße, in dem er es selbst zulässt«, widersprach ich. »Erfolgreiche Menschen wählen sich die Verhältnisse aus, in denen sie leben möchten.«

»Und wenn sie sie nicht finden?«

»Dann schaffen sie sich die zu ihnen passenden Verhältnisse selbst«, entgegnete ich überzeugt und dachte an unsere Situation. »Wenn wir den starken Wunsch haben, ein Ziel zu erreichen, tun sich immer neue Möglichkeiten auf, von denen wir vorher keine Ahnung hatten. Darum sollten wir Vertrauen zu unserem Unterbewussten haben. Es ist in der Lage, den besten Weg zu diesem Ziel zu finden.«

Langsam brannte das Feuer nieder, und die Glut gab ihre letzte Wärme ab.

»Komm, wir gehen schlafen«, meinte Rainer nach einer Weile.

Ich führte ihn ins Gästezimmer und fing an, seine Sachen auszupacken.

»Hey, was soll das denn? Das ist doch wohl nicht dein Ernst?« Er sah mich entgeistert an.

Ich tat ganz harmlos. »Wie, möchtest du nicht hier schlafen? Na, wo denn sonst?«

»Ich werde dir schon zeigen, wo ich schlafen möchte!« Er grinste, hob mich hoch und trug mich ins Schlafzimmer.

Am nächsten Tag fuhr Rainer zur Direktion. Er sollte eingearbeitet werden und seinen Dienstwagen in Empfang nehmen. Mittags, wenn Dana schlief, kehrte bei mir zu Hause ein wenig Ruhe ein, und ich nahm mir die Zeit, die Monatsabrechnungen aus den ersten Jahren meiner Tätigkeit hervorzuholen. Hatte ich diese Beträge wirklich erzielt? Und das Monat für Monat? Betroffen erkannte ich, dass sich meine Perspektive inzwischen gewaltig verschoben hatte!

Doch jetzt schien ich die Lösung für die augenblicklichen Probleme zu kennen. Ich wollte mir einen bestimmten Betrag einprägen, bis ich ihn ganz deutlich auf dem ausgeschriebenen Scheck mit der Unterschrift von Herrn Fuchs vor mir sah. Immer wieder sah ich diesen Scheck und empfand schon im Voraus die tiefe Freude, die ich bei der Übergabe zum Monatsende verspüren würde. Ich erkannte: Nur meine Zweifel konnten mich davon abhalten, meine positive Einstellung und meine Begeisterung zu meinem Produkt wiederzubekommen.

Und ich tat noch etwas: Mehrmals am Tag gab ich meinem Unterbewusstsein über kurze Befehle den Betrag des Schecks ein. Voller Vertrauen sah ich ihn ausgestellt mit dem entsprechenden Datum vor mir, während ich mit niemandem, Rainer ausgenommen, darüber sprach. Dazu gab ich mir jeden Morgen in aller Ruhe ein: »Ich strahle Gutes aus, und deshalb strömt nur Gutes auf mich ein. Ich bin froh über meine Tätigkeit und bringe den Kunden sehr viel Nutzen, weil sie genau dieses Produkt brauchen.«

Mit diesen Sätzen erzielte ich folgende Wirkung: Seit ich am Ende des Verkaufsgespräches ganz offen die Angriffe der Konkurrenz erwähnte, verschwand meine Angst, die mich vorher so gelähmt hatte, und meine alte Sicherheit kehrte zurück.

Und es funktionierte! Meine Verkaufsgespräche enthielten plötzlich wieder die für den Abschluss so wichtige lockere Sicherheit. In meinen Gedanken schloss ich jeden Zweifel aus. Alles sprach wieder für mein Produkt. Vor dem Seminar hatte ich mir durch die eingeschlichene Furcht vorgestellt, wie es nicht funktionierte. Ich erkannte wieder einmal: Vorstellung schafft Wirklichkeit, und wir bestimmen durch unser Verhalten die Verhältnisse.

»Die erste Umsatzwoche ist hervorragend gelaufen, oder?«, fragte Rainer bewundernd.

»Es ist unglaublich.« Glücklich schüttelte ich den Kopf,

während ich meine Aufträge im Wochenbericht auflistete. »Schau dir mal den Umsatz an.« Ich winkte Rainer zu mir.

Er blickte mir über die Schulter und meinte anerkennend: »Super!«

»Ich merke, mit dem Erfolg kommt plötzlich wieder der alte Schwung, und ich fühle mich wie von einem starken Druck befreit. Die zweite Woche wird mindestens genau so gut, wenn nicht besser!«, behauptete ich.

Meine Sicherheit ließ ihn erstaunt aufhorchen. »Du lässt dich auch von gar nichts beirren, wie?«

Hatte seine Stimme wirklich etwas bitter geklungen, oder bildete ich mir das nur ein? Als ich ihn ansah, lachte er schon wieder. Ich erwiderte leise: »Ich lege mir jedenfalls keine Steine mehr in den Weg. Warum soll ich mich beschränken, wenn ich weiß, was ich erreichen kann?«

Auch die zweite Woche brachte starken Umsatz. Und dann geschah etwas, bei dem der berühmte ›Zufall‹ ins Spiel kam.

Montag morgens eröffnete Herr Fuchs mit gewohnter Dynamik das Wochenmeeting, zu dem sich sämtliche Mitarbeiter eingefunden hatten, und kam nach der Begrüßung gleich zum Thema.

»Wie Sie wissen, sind die Umsätze der Gesellschaft auch in den ersten Aprilwochen durch die Vorwürfe in der Presse stark zurückgegangen. Die anderen Direktionen scheinen ähnliche Umsatzprobleme zu haben. Vermutlich deshalb kam heute Morgen folgende Blitznachricht der Zentrale: Sämtliche im Monat April geschriebenen Anträge – einschließlich der bereits abgegebenen – werden mit einem Sonderbonus belegt!«

Was ich bei dieser Nachricht empfand, ist kaum zu beschreiben. Mein Unterbewusstsein, täglich von mir mit der bildhaften Vorstellung des ausgeschriebenen Schecks beeindruckt, sorgte in einer rational unerklärlichen Weise für die Verwirklichung! Zum Monatsende wurden meine Erwartungen sogar noch übertroffen.

Dietrich Lohmann, der wie ich eine Gebietsleitung führte, nahm mich zur Seite, nachdem die Zahlen beim Monatsabschluss in der Direktion bekannt gegeben worden waren. »Wie schaffst du plötzlich wieder Woche für Woche diese Umsätze? Du hattest doch auch Schwierigkeiten mit den negativen Berichten.«

»Weißt du, es ist ganz einfach. Ich habe nur meine innere Einstellung geändert«, erklärte ich ihm bei einer Tasse Kaffee. »Ich habe erkannt, dass der Umsatzrückgang an mir lag, nicht an der Situation, in der wir uns befinden.«

»Das musst du mir mal etwas näher erklären«, warf er interessiert ein.

Aufmerksam hörte er mir zu, als ich ihm erzählte, wie die beiden Seminare mein Denken und damit mein ganzes Leben verändert hatten. »Jeder Mensch sollte seine eigene Kraft in seinem Innersten erkennen und sich nie von äußeren Umständen beeinflussen lassen oder gar abhängig machen. Ich habe das getan, als ich der schwierigen Lage, in der wir uns befinden, die Schuld an meinem Umsatzrückgang gab. Doch ich selbst trug durch verkehrtes Denken die Verantwortung dafür«, schloss ich.

Als ich dann die faszinierende Geschichte mit dem Scheck erzählte, bemerkte ich, wie nachdenklich Dietrich geworden war.

Anfang April nahm Rainer seine Tätigkeit für unsere Firma auf. Ein paar Tage später nahm ich allen Mut zusammen für ein offenes Gespräch mit Achim, in dem ich ihm mitteilte, welche Rolle Rainer in meinem Leben spielte. Er reagierte alles andere als besonnen, und nur mit äußerster Mühe konnte ich ihn davon abhalten, Eva sofort alles zu berichten. Immer wieder versuchte ich ihm klarzumachen, dass das Rainers Aufgabe sei, bis Achim es nach langen erregten Diskussionen endlich einsah.

Doch Rainer schwieg. Damals ahnte ich nicht, dass sein Schweigen noch beinahe ein Jahr dauern sollte. Es belastete mich sehr, wenn Eva des öfteren abends anrief, sich mit Rainer über die vergangenen Tage unterhielt und uns sogar noch fröhlich eine gute Nacht wünschte.

Rainer nahm seine neue Aufgabe sehr ernst, verließ

morgens um halb neun das Haus und kehrte abends erst spät zurück. Das Wochenende verbrachte er stets in der Eifel.

Eines Abends kam er etwas früher heim. Ein anstrengender Arbeitstag lag hinter ihm, als wir zusammen auf der Couch vor dem Kamin saßen. Leise Musik spielte im Hintergrund. Marco saß im Zimmer nebenan vor dem Fernsehapparat, Gesprächsfetzen drangen zu uns herüber. Ich hatte meinen Kopf in Rainers Schoß gelegt und las in einem Buch. Mit einem Glas Whisky in der Hand blickte er gedankenverloren ins Feuer.

»Das erste Mal seit langer Zeit habe ich wieder eine eigene Aufgabe«, stellte er zufrieden fest. »Immer stand ich in Evas Schatten und erledigte das Organisatorische für sie, damit sie in Ruhe verkaufen konnte.«

»Offenbar ist deine Arbeit gar nicht richtig bewertet worden«, sagte ich und legte mein Buch zur Seite.

»Mit dieser Tätigkeit habe ich endlich die Möglichkeit, mich finanziell freizuschwimmen. Kanada ist nach wie vor unser großes Ziel, das wir beide gemeinsam ansteuern. Wir schaffen es, ganz bestimmt!« Zart streichelte er meine Schulter.

Der Meinung war ich auch. Beide wünschten wir uns nichts sehnlicher, als in Kanada miteinander in Frieden zu leben. Darum musste sich unser Traum verwirklichen. Wir glaubten ganz fest daran. Was sollte da noch schief gehen? Beiläufig fügte ich hinzu: »Übrigens, ich habe heute mit den Kollegen in der Direktion kurz über unsere Beziehung gesprochen.«

»Was hast du gemacht?« Er fuhr hoch und zwang mich damit, meine behagliche Lage aufzugeben.

Fest antwortete ich: »Bevor du jetzt ärgerlich reagierst, lass dir bitte erklären, warum ich so gehandelt habe«, fühlte mich jedoch ein wenig unwohl in meiner Haut, als ich sah, wie sich seine Augenbrauen zusammenzogen. Ein untrügliches Zeichen, dass er – milde gesagt – mit etwas nicht einverstanden war. »Jeder weiß, dass du bei mir wohnst,

Rainer. Um Spekulationen vorzubeugen, ist es besser, wir treten die Flucht nach vorn an und klären die Situation. Und weil ich in dieser Sache Offenheit bewiesen habe, auch was Eva angeht, gibt es keine Heimlichkeiten mehr. Ich kann die Mitarbeiter einschätzen, und ich bin überzeugt davon, dass nichts in die Kölner Direktion dringt.«

Mit einer Spur von Bitterkeit antwortete er gepresst: »Ich glaube nicht, dass du Recht hast. Du hast mal wieder vorschnell gehandelt, ohne nachzudenken. Du kennst doch die Verbindungen mancher Mitarbeiter untereinander. Eine kleine Bemerkung kann alles auffliegen lassen.«

Ärgerlich stand er auf und entzog sich einer weiteren Diskussion. Unsere vertraute Stimmung war dahin.

Es war nicht das erste Mal, dass er verärgert auf eine meiner Bemerkungen reagiert hatte. Die Erklärung dafür suchte ich in der Anspannung, die seine neue Tätigkeit mit sich brachte.

Kam er abends abgespannt nach Hause, setzten wir uns meistens noch an den Kamin und unterhielten uns über die Ereignisse des Tages. Damals fiel mir noch nicht auf, dass ihm viel Negatives widerfuhr, und wenn, so schrieb ich es seinem Aufgabenbereich zu. Wie viel Unangenehmes musste er sich manchmal bei den Antragskündigungen anhören! Wie wurde dabei über einige Mitarbeiter geschimpft!

Durch Rainers Darstellung erschienen mir plötzlich manche Kollegen in einem völlig anderen Licht, bis ich später anhand meiner eigenen, von Rainer übernommenen Nachbearbeitungen merkte, was wirklich dahintersteckte.

Bevor er zu Kunden fuhr, bei denen eine Störung in der Abwicklung des Vertrages eingetreten war, fragte er mich jedes Mal, was das für Leute seien, zu denen er fahren müsse.

»Nette und freundliche Menschen.« Ich überlegte und konnte mich in fast allen Fällen nur positiv äußern. Es war mir wirklich unverständlich, aus welchem Grund sie den Vertrag gekündigt haben sollten.

»Ja, ja, nette und freundliche Menschen!«, legte er los,

wenn er wieder nach Hause kam.« »Äußerst negative Typen waren das! Du glaubst gar nicht, wie schlimm sie sich mir gegenüber verhalten haben! Du brauchst dich auch nicht mehr dort blicken zu lassen!«

Was war geschehen? Aus welchem Grund sollten sämtliche Kunden, die er nach mir besuchte, plötzlich über mich schimpfen? Ich versuchte mich daran zu erinnern, in welch angenehmer und positiver Atmosphäre ich die Aufträge erhalten hatte. Es dauerte lange, bis ich durch weitere Gespräche mit diesen Kunden, die von meiner Beziehung zu Rainer nichts wussten, begriff, was eigentlich geschehen war.

Rainers große Schwierigkeiten im Umgang mit Menschen beruhten darauf, dass er meistens mit einer ziemlichen Aversion den Kunden gegenübertrat, immer in Erwartung des Negativen. Menschen spüren intuitiv, ob man sie ablehnt oder ihnen vertrauensvoll entgegentritt, und Kunden, die unzufrieden sind, scheinen ein besonders feines Gespür zu besitzen. Deshalb reagierten sie Rainer gegenüber natürlich reserviert, ja manchmal sogar feindselig und gereizt, was sich dann automatisch auf ihre Einschätzung meiner Person übertrug.

Erst während des weiteren Zusammenlebens mit Rainer erkannte ich, wie schnell er sich gekränkt zurückziehen und in eine negative Atmosphäre einhüllen konnte. Es dauerte dann sehr lange, bis er wieder einigermaßen normal reagierte. Sprach ich ganz unbefangen mit ihm über eine Sache, konnte es manchmal passieren, dass er, für mich völlig unverständlich, zutiefst beleidigt reagierte.

Nachdenklich wurde ich auch, als ich ihn eines Tages völlig in sich gekehrt und finster vor sich hin brütend auf dem Sofa vorfand. Ich setzte mich zu ihm und fragte, was los wäre.

»Ich habe Heimweh nach meinen Hunden. Du kannst dir gar nicht vorstellen, wie sehr ich sie vermisse«, brach es bitter aus ihm heraus. Verloren blickte er aus dem Fenster. An alles hätte ich gedacht – nur nicht daran.

»Du brauchst dir doch keine Sorgen um deine Hunde zu

machen. Sie werden von deinem Sohn die Woche über gut versorgt, und zum Wochenende bist du doch bei ihnen!«

»Es ist etwas anderes, ob ich bei ihnen bin oder mein Sohn. Ich vermisse sie ganz einfach. Fünf Tage in der Woche sehe und höre ich sie nicht. Das ist kein Dauerzustand«, hielt er mir verbittert entgegen.

»Rainer, sieh mal, durch deine Position hast du dir einige Freiheiten geschaffen. Erstens die Abnabelung von Eva, dass du nicht mehr in ihrem Schatten stehst, und zweitens bist du jetzt in der Lage, selbst mit deinem guten Verdienst eure hohen Verbindlichkeiten abzutragen.« Ich schaute ihn offen an. »Oder siehst du es anders?«

Er schwieg und schien es wirklich anders zu sehen. Durch sein Schweigen gab er zu erkennen, dass die Hunde in seinem Leben an erster Stelle kamen. Unser Zusammenleben schien ein Leben mit den Hunden nicht aufzuwiegen.

Ich wurde das ungute Gefühl nicht los, dass die Spannungen zwischen uns zunahmen, schob aber seine ständige Unausgeglichenheit auf die unmögliche Situation, in der wir beiden lebten.

Eines Abends saßen wir gemütlich im Wohnzimmer und tranken Kaffee. Die Kinder waren bereits zu Bett gegangen. Draußen fiel die Dämmerung ein. Nur die Flamme im Stövchen gab einen warmen Schein. Da läutete das Telefon. Ich hob ab. Es war Eva.

»Hallo, Liebes. Wie geht es dir? Was macht der Umsatz? Ich habe gelesen, dass du wieder ganz oben bist! Super! Sag mal, wie machst du das bloß? Ich habe wie immer Schwierigkeiten mit dem Image. Ach, wenn du wüsstest, was wieder alles passiert ist! Wie läuft's denn mit Rainer? Kommt er abends immer so spät nach Hause? Hoffentlich sitzt du nicht die ganze Zeit da und wartest auf ihn. Oder er stört dich, wenn er so spät zu Bett geht?«

Ach, Eva, du Ahnungslose! Mir wurde immer mieser zumute, und ich war froh, Rainer den Hörer übergeben zu können.

In ihrer fröhlichen Art redete sie mit ihm über die vergangenen Tage und ihre Probleme. Nach dem Gespräch holte er sich einen Whisky und setzte sich schweigend zu mir. Es half nichts, ich musste mit ihm reden.

»Rainer, so geht es nicht mehr weiter! Bitte, sprich mit Eva! Das ist doch ein unhaltbarer Zustand! Immer laufe ich mit einem schlechten Gewissen herum. Erfährt Eva plötzlich von unserer Beziehung, so musst du zu einem Zeitpunkt darauf reagieren, wenn du gar nicht damit rechnest.«

»Gila, die Sache ist noch nicht reif! Du weißt doch genau, in welcher schwierigen finanziellen Lage wir uns durch den damaligen Brand unseres Hauses befinden. Wenn das Haus wenigstens ordentlich versichert gewesen wäre! Die Hypotheken müssen trotzdem weiter aufgebracht werden. So lange es geht, müssen wir durchhalten! Komm, es geht doch auch so! Du weißt doch, was ich für dich empfinde! Irgendwann kommt der Tag«, fuhr er mit weicher Stimme fort und zog mich zärtlich, um Verständnis bittend, in seine Arme.

Nach der Trennung von Achim beschäftigte mich mehr und mehr der Gedanke, unser Haus endgültig zu verkaufen, ausgerechnet in jenem Jahr, als die Immobilienpreise anfingen, in den Keller zu purzeln. Doch diese Entwicklung sollte mich nicht von meinem Vorhaben abhalten. Ich kannte den Wert unseres Hauses genau, allerdings hielt Achim meine Preisvorstellung in der damaligen Zeit für überzogen. Er stellte sich nicht direkt gegen einen Verkauf, brachte jedoch genug Gegenargumente und meinte zweifelnd: »Sei froh, wenn du das Haus überhaupt verkaufen kannst. Ich kann mir nicht vorstellen, dass jemand in der heutigen Zeit solch ein Haus kauft. Es werden genug Häuser für die Hälfte deiner Preisvorstellung angeboten.«

Ich ließ mir aber von keiner Seite her Zweifel nahe bringen, denn ich wusste, ich konnte einen dankbaren Käufer finden. Zuerst versuchte ich es über einen renommierten Makler, der mir nach der Besichtigung schriftlich mitteilte, er finde sicher einige Interessenten für unser repräsentatives Haus, aber meine Preisvorstellungen seien zu hoch. Selbst nach einem gehörigen Preisnachlass sähe er noch Schwierigkeiten, das Haus zu verkaufen.

Als mich der Brief erreichte, musste ich unwillkürlich denken, dass einem Menschen stets nach seinem Glauben geschieht, und ich fragte mich, wie will der Makler mein Haus mit solcher Einstellung verkaufen? Kurz darauf teilte ich ihm mit, ich nähme den Verkauf selbst in die Hand.

Gesagt, getan. Lange überlegte ich, wie ich das Haus mit Erfolg veräußern könnte. Durch den Preis sprach ich nur eine geringe Käuferschicht an. Doch lag darin nicht auch ein Vorteil? Weil ich nur wenige Interessenten voraussetzen konnte, musste der Käufer darunter leichter zu finden sein. Ich überließ die Lösung voller Vertrauen meinem Unterbewusstsein und verließ mich völlig darauf, dass es mir den geeigneten Käufer zuführen würde.

Zweimal pro Woche setzte ich eine kleine Anzeige in die Zeitung, in der ich den Kaufpreis offen angab. So beschränkte sich von vornherein die Anzahl der Interessenten auf ein Mindestmaß.

Dazu stellte ich mir täglich drei bis vier Mal folgendes Bild vor: Das Telefon schellt, ich hebe ab, der Käufer meldet sich, schaut sich das Haus begeistert an und sagt: »Dieses Haus entspricht genau meiner Vorstellung. Lange habe ich nach so einem Haus gesucht, und ich möchte es zu dem angesetzten Preis kaufen.«

War das etwa Illusion? Ein intensiver Wunsch verbunden mit dem starken Glauben an Erfolg verwirklicht sich. Gedanken, die von einem Menschen zum anderen fließen, sind reale Dinge, die genauso wirklich sind wie alles andere auf dieser Welt. Jeder Gedanke benötigt eine gewisse Intensität, bis seine Ausstrahlung so stark ist, dass er Dinge bewegen und verändern kann.

Und genau diese Situation trat ein – nur mit einem winzigen Unterschied: Der Preis wurde von mir ein klein wenig gesenkt.

Es war ein Donnerstag. Ich hatte bereits das dritte Mal inseriert. Morgens klingelte das Telefon. Ein Herr meldete sich auf die Anzeige und erkundigte sich nach Einzelheiten des Hauses. Als Besitzer von zwei Firmen, die sich in der Nähe unseres Hauses befanden, zeigte er starkes Interesse.

Unerklärlicherweise erfasste mich eine gewisse Unruhe. Ohne bereits einen rationalen Grund dafür zu haben, stieg in mir die Intuition auf: Das ist er!

Ganz besonders interessierte ihn die Lage des Hauses. Ich schlug ihm einen Besichtigungstermin vor, als er mich unterbrach.

»Zuerst einmal möchten wir uns das Haus von außen ansehen, wenn es uns nicht gefällt, brauchen wir erst gar nicht hineinzugehen! Ich rufe Sie wieder an.«

Ich wusste inzwischen: Wer daran glaubt, eine Transaktion – sei es ein Verkauf oder ein Ereignis – zuerst im Geiste durchzuspielen und zu vollziehen, hat bereits gewonnen. Man kann alles erreichen, was man vertrauensvoll geistig bejaht. Zur Verwirklichung jedes brennenden Wunsches durch unser Unbewusstes werden Kräfte mobilisiert, die anziehend auf Menschen und Dinge wirken. Was du suchst – sucht auch dich! Es ist oft nicht leicht, mit alten Denkmustern aufzuräumen. Immer wieder können Zweifel aufkommen, wenn etwas nicht sofort klappt.

Ich glaubte fest daran, dass es irgendwo einen Menschen gab, der genau unser Haus suchte. Und ich war der festen Überzeugung, er hatte es gefunden.

Weshalb war ich eigentlich so sicher? Verließ ich mich nur auf meine Intuition? Nicht ausschließlich, entscheidend war, dass ich den Verkauf des Hauses zuerst in meiner Vorstellung vollzogen und damit überhaupt erst die Ursache dafür geschaffen hatte.

Sonntagmittag schellte das Telefon.

»Es tut mir Leid, dass wir Sie um diese unmögliche Zeit stören«, entschuldigte sich der Anrufer, »aber meine Frau und ich sind gerade in der Nähe und haben uns Ihr Haus von außen angesehen. Ich muss sagen – wir sind begeistert! So schön hatten wir es uns nicht vorgestellt. Ich weiß, es ist zwar eine Zumutung, aber könnten wir kurz einen Blick hineinwerfen?«

Nach der Besichtigung konnte ich die Begeisterung der beiden förmlich spüren.

»Ich werde mich kurzfristig entscheiden müssen«, sagte der Käufer, »da ich nächste Woche einen längeren Auslandsurlaub antrete. Ich gebe Ihnen morgen Abend Bescheid.«

Einen Tag später erkundigte er sich telefonisch nach weiteren Einzelheiten und sagte dann zum Schluss: »Nun, Sie können eventuellen anderen Interessenten absagen. Wir kaufen Ihr Haus. Bis auf Kleinigkeiten, die wir selbst ohne großen Aufwand ändern können, ist es genau das Haus, das wir immer gesucht haben.«

Ich träumte nicht. Er hatte soeben gesagt: »Wir kaufen Ihr Haus.« Er hatte es wirklich gesagt! Gila, bleib ruhig, dachte ich, jubeln kannst du hinterher!

Nicht eine Unstimmigkeit trat vor, während oder nach dem Verkauf auf. Genau diese Leute sollte ich finden. Zufall? Ich habe gelernt, dass wir den Zufall programmieren können durch die Hilfe unseres Unterbewussten, das unaufhörlich für uns tätig ist.

Wie anders hätte ich diese Käufer finden können? Ich schwebte tagelang wie auf Wolken und hätte jeden umarmen können!

Wenn ich an die Zeit vor dem Verkauf des Hauses zurückdenke, als Rainer wochentags während seiner Tätigkeit bei mir wohnte und zum Wochenende in die Eifel fuhr, so muss ich gestehen, dass die Spannungen zwischen uns stärker wurden. Bei geringsten Anlässen zog er sich in sein Schneckenhaus zurück, sprach kein Wort oder reagierte so manches Mal derart verletzend, dass die ganze Familie darunter litt.

Des öfteren hatte er davon gesprochen, wir sollten heiraten. Eines abends kam die Sprache wieder auf dieses Thema.

»Gila, ich möchte dich heiraten«, flüsterte er mir ins Ohr, als ich in seinen Armen lag.

»Heiraten? Warum denn das?«, fragte ich überrascht.

»Lass mich ruhig etwas altmodisch sein. Dazu stehe ich«, versicherte er ein wenig verlegen.

»Rainer, du kennst doch meine Einstellung. Ich lebe viel lieber in einer guten Partnerschaft mit dir.«

Ich richtete mich im Bett auf und versuchte, in der Dunkelheit sein Profil zu erkennen. Sanft streichelte ich mit meinen Fingern über seine Brust. »Sieh mal, mir bedeutet es nichts, wenn andere Leute einen Stempel unter ein Schriftstück setzen, um damit unsere Zusammengehörigkeit zu dokumentieren. Meine Gefühle für dich sind weit wichtiger als eine Verpflichtung, zusammenbleiben zu müssen, weil wir verheiratet sind. Wir haben diese Erfahrung doch beide schon gemacht.«

»Deine Argumente kann und will ich nicht nachvollziehen«, antwortete er. »Wir allein entscheiden doch über uns – kein anderer! Wenn ich dich bitte, mich zu heiraten, und du stimmst zu, so ist das allein unsere Entscheidung. Was hat das mit einem Stempel von Amts wegen zu tun?«

Um die Diskussion nicht wieder in Streit ausarten zu lassen, bat ich ihn müde: »Komm, lass uns schlafen und ein andermal darüber diskutieren. Gute Nacht!«

Ich küsste ihn sanft und rollte mich in seinen Arm. Damit legten wir das Thema weiter auf Eis.

Eines Morgens – Rainer war gerade aus der Eifel zurückgekehrt – saß er mit uns zusammen am Frühstückstisch, starrte finster vor sich hin und hatte anscheinend keinen Appetit. Nichts Gutes ahnend, setzte ich mich neben ihn und fragte leise: »Ist etwas nicht in Ordnung? Was ist denn los mit dir?«

»Ach, Gila«, meinte er bekümmert, »es gibt ein Problem, für das ich keine Lösung weiß. Eva und ich haben das ganze Wochenende über gestritten.«

»Weshalb denn?«

»Wegen unserer Silberhochzeitsfeier.«

»Wegen was, bitte?« Ich glaubte, mich verhört zu haben. »Sie will eine Riesenfete daraus machen, während ich mehr für eine kleine Feier bin!« Finster zog er seine schwarzen Augenbrauen zusammen.

Ach je, seine Silberhochzeit! Die hatte ich völlig vergessen! Doch als ich mir Rainer als Silberbräutigam vorstellte, ging meine Fantasie plötzlich mit mir durch, und ich bekam einen gewaltigen Lachreiz. Erst fing ich an zu gluckern, dann wieherte ich los, während er mich verständnislos anstarrte. Sein beleidigtes Gesicht reizte mich noch mehr, und es dauerte eine Weile, bis ich mich wieder in der Gewalt hatte.

Der Zustand war wirklich mehr als makaber. Von montags bis freitags lebten wir als Familie zusammen. Am Wochenende fuhr er nach Hause zu seiner Frau, meiner Freundin, die nichts von unserer Beziehung wusste. Mich wollte er heiraten, war aber noch verheiratet und machte sich Gedanken darüber, wie er seine Silberhochzeit feiern sollte. Gerade wollte ich versuchen, ihm eine Erklärung für meine Reaktion zu geben, als er sich wortlos umdrehte und verschwand.

Sah er es eigentlich auch so? Oder warum sprach er danach tagelang kein Wort mit mir? Hielt er mich für roh und gefühllos, weil ich sein Problem mit zu wenig Einfühlung anging? Er betrachtete die Angelegenheit sicher aus einem ganz anderen Blickwinkel.

»Weißt du«, hatte er mir vor kurzem erklärt, »Eva und ich müssen bis zum Jahresende noch so viel abtragen an aufgelaufenen Hypotheken. Wenn ich Eva jetzt von unserer Beziehung erzähle, wäre sie kaum mehr in der Lage zu arbeiten. Ich wüsste nicht, wie es dann finanziell weitergehen sollte. Es gäbe unweigerlich eine Katastrophe, wenn sie ausfiele. Wir brauchen noch ein wenig Zeit.«

Ich bin sicher, der Grund für sein Schweigen Eva gegenüber lag nicht nur in dem finanziellen Engagement. Über all seinen Entscheidungen stand die Furcht, ihr weh zu tun, sie bis auf den Grund ihres Herzens verletzen zu müssen. Konnte ich das als Feigheit abtun?

Wie auch immer – die Situationen, in denen er sich verletzt zurückzog, mehrten sich. Wo war der alte fröhliche Rainer, den nichts aufhalten konnte, abenteuerlustig, mit einer Ausstrahlung, die alle anzog?

Eines Samstag abends ging ich etwas früher schlafen als sonst. Rainer war wie immer in die Eifel gefahren. Ich lag noch wach und machte mir Gedanken über diese gravierende Veränderung in seinem Verhalten. Sicherlich spielte der ungewohnte starke zeitliche Einsatz eine Rolle. Rainer benötigte für sein zu betreuendes Gebiet eine Anfahrtszeit von ungefähr einer Stunde. Es gab kaum einen Abend, an dem er früh zu Hause war. Neben seinen Schuldgefühlen Eva gegenüber mochte ihm vielleicht auch ein wenig meine unkomplizierte Art, mit der ich die Dinge anpackte, auf die Nerven gehen.

Dana hatte sich inzwischen an ihn gewöhnt und lief ihm sofort voller Freude entgegen, wenn sie ihn sah. Viel Zeit blieb den beiden jedoch nicht füreinander. Rainer war tagsüber stets unterwegs, und die Wochenenden verbrachte er in der Eifel. Öfter dachte ich daran wie schwer er sich anfangs tat, überhaupt eine Beziehung zu dem kleinen anderthalbjährigen Mädchen aufzubauen, das zwar seine eigene Tochter, ihm aber im Grunde genommen noch fremd war. Manchmal wachte Dana nachts auf und weinte. Ihr Kinderzimmer lag direkt neben unserem Schlafzimmer. Rainers ärgerliche Reaktion, wenn er nachts im Schlaf durch sie gestört wurde, irritierte mich.

Ich wurde das Gefühl nicht los, dass wir anfingen, uns gegenseitig zu erdrücken. Außer den gemeinsamen Nächten blieb uns selten eine Stunde Zeit für ein Familienleben, das dann auch noch vom schlechten Gewissen Eva gegenüber geprägt war. Andererseits waren meine Empfindungen für Rainer sehr stark, und ich wünschte mir nichts sehnlicher als Frieden für unsere Beziehung.

Ich blickte auf das leere Bett neben mir. Nicht des Nachts vermisste ich seine Nähe, sondern tagsüber. Bevor Rainer bei mir einzog, war unsere Verbindung fröhlicher, trotz der enormen Hypothek, die auf ihr lastete. Wie glücklich waren wir damals, als wir uns nur zwischendurch heimlich trafen und die Zeit dafür noch stehlen mussten ...

Wie war das noch damals? Ich war zu einem Meeting nach Düsseldorf gefahren. Hinterher wollte ich mich heimlich mit Rainer in Aachen treffen. Mit welchen Tricks arbeiteten wir für ein paar Stunden Liebe und Leidenschaft.

»Ich liege hier in Düsseldorf fest mit dem BMW«, sagte ich Achim mit klopfendem Herzen am Telefon, »wahrscheinlich wieder das gleiche Malheur mit dem Schlauch. Ich habe keine Ahnung von Autos. Ob ich mal eine Werkstatt anrufe?«

Achim hatte auch keinen besseren Vorschlag. Und dann kam mir natürlich die rettende Idee! Während Rainer bereits in einem Hotel in Aachen auf mich wartete, erklärte ich Achim, ich würde Rainer um Hilfe bitten. Einen kostbaren Abend und eine halbe Nacht hatten wir wieder Zeit füreinander.

»Hier, eine Kleinigkeit für dich«, sagte ich ein paar Minuten später voller Freude zu Rainer und übergab ihm im Hotel ein Päckchen.

»Alaska und der Yukon!«, rief er begeistert aus. »Mädchen, woher wusstest du das? Schon immer wollte ich mir diesen herrlichen Bildband kaufen.«

So pflanzte ich unbewusst ein Samenkorn, das später in voller Blüte aufgehen sollte ...

Ich lag immer noch wach. Alles hatte sich verändert. Der Alltag hatte uns eingeholt. Jedenfalls merkte ich, froh und ausgeglichen fühlten wir uns beide in dieser Phase des Zusammenlebens nicht. Es blieb kaum Zeit für uns, in der wir etwas gemeinsam unternehmen konnten. Was sollten wir ändern?

Wollte ich etwas ändern? Von Rainer, der meist nur reagierte, konnte ich keine Änderung erwarten. Ich selbst musste den ersten Schritt tun. Aber wie? Was konnte ich nur tun?

Eines Abends kam er sehr spät nach Hause.

»Wo möchtest du essen?«, fragte ich ihn, froh, dass die Warterei ein Ende hatte. Er setzte sich in die Kaminecke.

»Ach, Gila, ich möchte nichts mehr essen. Es ist zu spät. Ich habe keinen Hunger mehr.«

Ich stellte das vorbereitete Essen mit einem Anflug von Enttäuschung zurück in den Kühlschrank. Während ich mich zu ihm setzte, sagte ich leise: »War ein harter Tag, nicht?«

»Die lange Fahrt hierher macht mir stark zu schaffen. Das Gebiet, in dem ich arbeite, liegt zu weit entfernt.«

Ich blickte in seine müden Augen.

»Wäre es nicht besser, du würdest dir ein Zimmer direkt in deinem Gebiet suchen? Überleg mal, wie viel Stunden Fahrt du dadurch täglich einsparen könntest.«

Ach je, wäre ich nicht selbst so müde gewesen, hätte ich diese Frage wahrscheinlich anders formuliert, und sie hätte weniger provokativ geklungen. Vielleicht war es auch der falsche Zeitpunkt für ein Gespräch, denn er erwiderte gereizt: »Wenn du es willst, nehme ich mir ein Zimmer. Ich glaube auch, es ist besser, wenn ich ausziehe!«

Überrascht über seine spontane Reaktion überlegte ich, ob er wirklich nur das Problem der langen Anfahrt meinte. Unterschwellig konnte ich seine Enttäuschung spüren, ich wolle ihn loswerden, was ich jedoch mit meinem Vorschlag natürlich keineswegs beabsichtigt hatte.

»Kannst du bitte morgen eine Anzeige für mich aufgeben?«, fragte er mich, ohne den bitteren Unterton in seiner Frage zu mildern.

Plötzlich war ich hellwach. Ich musste mit ihm reden, jetzt, und nicht erst morgen.

Nach einer langen, ruhigen Aussprache konnte ich ihn davon überzeugen, dass ich nach wie vor an unserer Beziehung festhalten wollte, selbst wenn er nicht mehr ständig bei mir lebte. Aber mit der räumlichen Trennung konnten unsere persönlichen Freiräume, die wir wahrscheinlich beide brauchten, wieder etwas größer werden.

»Rainer, wann immer du willst, kannst du zu mir kommen und bei mir bleiben, Tag und Nacht. Wenn du Ruhe brauchst, dann nimm sie dir! Komm nur wieder, das ist das Wichtigste! Ich warte auf dich.«

Dieses offene Gespräch zwischen uns fand acht Wochen nach Rainers Einzug statt. Ein paar Tage später hatte er ein passendes Zimmer in seinem Gebiet gefunden und zog aus.

Genau an jenem Abend kam spät ein Anruf für Rainer von Anke, Evas Freundin aus der Eifel. Sie konnte noch nichts von seinem Auszug wissen, und auf ihre Frage, ob er schon zurück sei, erwiderte ich: »Rainer ist heute Morgen ausgezogen. Er hat jetzt ein Zimmer unmittelbar in seinem Arbeitsgebiet. Damit hat diese wahnsinnige Fahrerei ein Ende. Mehr als zwei Stunden Anfahrtszeit, das war auf Dauer nicht tragbar!«

»Rainer ist ausgezogen? Ach je, habt ihr euch gestritten?«

»Nein, warum?«, entgegnete ich erstaunt.

»Bist du sehr traurig darüber?« In ihrer Stimme lag ein eigenartiger Unterton.

Meine Gedanken überschlugen sich. Blitzschnell überlegte ich, wie sie das wohl gemeint haben konnte.

»Wieso meinst du, ob ich traurig darüber bin?«

Das Spielchen ging noch eine Weile hin und her, bis sie die Katze aus dem Sack ließ und mir unsere Beziehung auf den Kopf zusagte.

Mehr erstaunt als erschrocken sah ich ein, hier half kein Leugnen mehr. Sie musste meine Verlegenheit spüren, versicherte mir jedoch, sie werde nichts weitergeben, und ich vertraute ihr.

Kam Rainer sonntags abends aus der Eifel zurück, so blieb er meistens bei mir und fuhr erst am nächsten Tag nach dem gemeinsamen Montagsmeeting in sein Gebiet. Ob wir beide uns auf Dauer wohler fühlten mit dieser Regelung, konnten wir nicht mehr feststellen, denn schon kurz nach seinem Auszug kam etwas Unvorhergesehenes dazwischen.

Über Pfingsten war Rainer nach Hause gefahren. Am Pfingstmontag rief er abends an und stöhnte: »Gila, ich habe mir heute den rechten Fuß gebrochen! Um eine Operation werde ich wohl kaum herumkommen, denn es scheint ein komplizierter Bruch zu sein. Ich habe das Gefühl, die nächsten Wochen bin ich außer Gefecht!«

»Auch das noch!«, meinte ich betroffen, versprach ihm aber, Herrn Fuchs umgehend zu benachrichtigen.

Ein paar Tage später wurde Rainer operiert. Des öfteren telefonierte er aus dem Krankenhaus mit mir, und wir spürten auch ohne große Worte, wie sehr wir immer noch aneinander hingen.

Bei einem dieser Gespräche erwähnte ich behutsam Ankes Anruf, ahnte aber schon vorher, wie ärgerlich Rainer darauf reagieren würde.

Und so war es auch. Er war so zornig darüber, in seiner unmittelbaren Nähe plötzlich einen Mitwisser zu haben, dass er ohne ein weiteres Wort auflegte.

Mit Absicht ließ ich daraufhin längere Zeit nichts von mir hören, bis sich Eva eines Morgens telefonisch bei mir meldete und in ihrer unbekümmert herzlichen Art fragte: »Gila, kannst du Rainer nicht mal anrufen oder besuchen? Er ist schon ganz unruhig. Du, er würde sich sicher über einen Besuch von dir freuen. Aber sag bloß nicht, dass ich dich darum gebeten habe!«

»Er hat nach mir gefragt?«

»Ja. Du hättest ihn schon so lange nicht mehr angerufen. Was meinst du, wie er staunt, wenn du plötzlich vor ihm stehst!« Sie lachte. »Sag mir aber vorher Bescheid, dann treffen wir uns dort. Und bring das kleine Mäuschen mit!«

Entnervt legte ich auf. Lange halte ich das nicht mehr durch, dachte ich. Und doch fuhr ich mit Dana zu ihm nach Aachen ins Krankenhaus.

»Ja, bitte?«, antwortete Rainer auf mein Klopfen. Ich schob Dana vor, die mit einem Sträußchen Blumen etwas verlegen ins Zimmer trat und dann spontan voller Freude auf Rainer zulief.

»Oh, was ist denn das? Miss Dana!«, rief er fröhlich aus und hob sie hoch.

»Hallo, Gila«, begrüßte er mich lachend, »schön, dass ihr gekommen seid.«

Sein gutes Aussehen erstaunte mich. Weit jünger sah er aus, und niemand wäre jetzt auf die Idee gekommen, dass er zehn Jahre älter war als ich. Hier im Krankenhaus schien er endlich zur Ruhe gekommen zu sein. Auf Krücken humpelte er mit uns nach draußen in den Park des Krankenhauses und steuerte eine Bank an.

Ja, er schien sich zu freuen, uns so unerwartet zu sehen, zumal ich fast zwei Wochen lang nichts mehr von mir hatte hören lassen. Und dennoch verspürte ich eine gewisse Fremdheit zwischen uns. Ähnlich wie damals, dachte ich irritiert, als er unsere Beziehung beenden wollte.

»Das Problem mit der Silberhochzeit ist übrigens gelöst«, meinte er trocken, »Eva hat sie hier am Bett im Krankenhaus mit einer Flasche Sekt gefeiert. Da kannst du mal sehen, mit meinem Unterbewusstsein klappt es auch.«

»Siehst du«, sagte ich lächelnd, aber das ungute Gefühl blieb. Irgendetwas stand zwischen uns, ganz deutlich spürte ich es. Schweigend schaute ich Dana zu, die ganz interessiert Rainers bandagierten Fuß begutachtete. Dann lief sie auf die Wiese und pflückte Gänseblümchen.

»Gila, hier im Krankenhaus bin ich zur Ruhe gekommen«, sagte Rainer nach einer langen Pause. »Ich habe über unsere unterschiedlichen Mentalitäten nachdenken können. Oft musste ich während unseres Zusammenlebens feststellen, wie wenig synchron wir eigentlich laufen!«

Aha, das war's. Mal sehen, was weiter kommt, dachte ich. Als ich schwieg, fuhr er fort: »Ich weiß, du schätzt ein offenes Wort und bist stark genug für das, was ich dir jetzt sage: Ich glaube nicht, dass wir zusammen auf Dauer glücklich sein können. Bitte, versteh mich, Gila. Es ist besser, wenn ich allein nach Kanada gehe, egal wie, und wenn es noch Jahre dauern sollte! Ich schaffe es auch allein!«

Ich war überrascht und musste erst einmal den Inhalt seiner Worte in Ruhe verarbeiten. Eine Weile saßen wir schweigend nebeneinander. Schließlich stand ich auf, rief Dana und verabschiedete mich kurz von ihm.

»Leb wohl«, sagte ich leise, nahm Dana an die Hand und ging. Ich spürte, dass er, auf seine Krücken gestützt, noch lange vor dem Krankenhaus stand und uns nachschaute. Ich blickte mich nicht mehr um.

Auf der langen Fahrt nach Bielefeld versuchte ich, Ordnung in meine Gedanken zu bringen. Er wollte also allein nach Kanada gehen. Unmissverständlich hatte er mir zu verstehen gegeben, dass wir seiner Meinung nach nicht zueinander passten.

Sah ich es auch so? Ich ließ mich nicht so sehr von rationalen Beweggründen leiten, eher von meinen starken Empfindungen für ihn. Fühlte ich wirklich das Ende unserer Beziehung nahen? Nein, ich spürte intuitiv, ich brauchte nur abzuwarten.

Wie stellte ich mir ein Leben mit ihm als Partner vor, ohne Eva im Hintergrund? Viele Eigenschaften gab es, die ich an ihm bewunderte und liebte: seine Klugheit, seine Fähigkeit, Dinge zu analysieren und ihnen auf den Grund zu gehen. Ich schätzte sein ausgeprägtes technisches Verständnis, sein handwerkliches Geschick, seinen Einsatz für Tätigkeiten, die ihm Spaß machten und körperlich manchmal bis an die Grenze seiner Belastbarkeit gingen, und nicht zuletzt sein großes Herz für Kinder und Tiere.

In vielem war er ein großer übermütiger Junge, ich dagegen stellte die ideale Ergänzung dar, hatte das Talent zu organisieren und erfolgreich zu verhandeln, Dinge, die er gern anderen überließ. Und ich liebte ihn …

Kapitel 6

> *In Ordnung ...*
> *Gestern noch wollte ich mein Leben*
> *in Ordnung bringen*
> *als ich näher hinsah*
> *fand ich alles in Ordnung*
> *die Tränen in zauberhaften Stunden*
> *die Trauer wegen der Freude*
> *ich sah in deine Augen*
> *und fühlte mich wohl*
> *in meiner Unordnung ...*

Rainer hatte in Bielefeld als Direktionsbeauftragter recht gute Arbeit geleistet. Nun nahm der Kölner Verkaufsleiter in Evas Direktion dieses zum Anlass, ihm die gleiche Position in Köln anzubieten. Ich fragte mich, ob das wohl auf Rainers Veranlassung hin geschehen war oder ob dieses Ereignis ganz einfach wieder in das Puzzle unseres Lebens hineinpasste.

Als Rainer aus dem Krankenhaus entlassen war, bat er mich, Herrn Fuchs von seiner Entscheidung, in Köln zu bleiben, zu unterrichten.

»Warum rufst du ihn nicht selbst an?«

»Kannst du das nicht für mich tun, Mädchen?«

Täuschte ich mich, oder schwang wirklich eine Spur von Zärtlichkeit mit?

»Sag ihm einfach, es geht mir um die Hunde. Du weißt doch, wie sehr ich an ihnen hänge. Nur am Wochenende mit ihnen zusammen zu sein, ist mir ganz einfach zu wenig. Tust du mir den Gefallen?«

»Okay«, erwiderte ich, »begeistert wird er darüber aber nicht sein.«

Ich hatte mich nicht getäuscht. Herr Fuchs zeigte sich äußerst ungehalten über Rainers Abwerbung.

»Und was ist mit euch beiden? Warum will er jetzt plötzlich in Köln bleiben?«, fragte er grimmig.

Ich erzählte ihm, dass unsere Beziehung nach dem Besuch im Krankenhaus mal wieder auf Eis lag. Herr Fuchs konnte nur ungläubig den Kopf schütteln.

Von Anfang an hatte ich zu ihm einen außergewöhnlich guten Kontakt. Genau an diesem Tag aber trat etwas ein, was niemand erwartet hätte. Keiner wusste bis zu dem Tag von seinem Plan, zum Jahresende eine eigene Firma zu gründen.

Als Herr Fuchs nun dem überraschten Dietrich Lohmann unter dem Siegel der Verschwiegenheit eine Position in seiner neuen Firma anbot, nahm dieser das Angebot an.

Am nächsten Tag jedoch informierte Lohmann hinter Herrn Fuchs' Rücken die Geschäftsleitung in München von dessen Vorhaben. In der Direktion in Bielefeld brach daraufhin – milde gesagt – das Chaos aus.

Ich erwähne diese obige Episode, da sie zwei Auswirkungen auf mein weiteres Leben haben sollte: Eine tiefe, feste Freundschaft entstand dadurch mit Marianne, und es ging wieder los mit Rainer.

Als ich zwei Jahre zuvor zum ersten Mal die Büroräume der Geschäftsstelle betrat, kam mir Marianne entgegen. Sie war Büroleiterin und die rechte Hand von Herrn Fuchs. Obwohl es ungefähr zwanzig Jahre her war, dass wir dieselbe Schule besucht hatten, erkannte ich sie sofort wieder.

Auffallend an ihr waren die schwarzen Haare und die dunklen Augen, die noch um Nuancen dunkler wurden, wenn sie sich ärgerte. Ich erzählte ihr von unserer Schulzeit – sie aber konnte sich nicht mehr an mich erinnern, und wir blieben vorläufig beim distanzierten ›Sie‹.

Die Sympathien, die ich anfangs für sie hegte, waren mäßig. Wir respektierten einander, standen aber manchmal voreinander wie zwei Kampfhähne, wenn es darum ging, gegensätzliche Interessen durchzusetzen.

Mit Marianne hatte ich ein offenes Wort über meine Beziehung zu Rainer gesprochen. Sie nahm die Sache nach außen hin gelassen zur Kenntnis, schien meine Offenheit aber zu schätzen. Sie arbeitete unmittelbar mit ihm zusammen, und es zeigte sich später immer wieder, wie gut es war, sie über die Zusammenhänge informiert zu haben. Auch sie merkte bereits nach kurzer Zeit, wie finster und verschlossen Rainer sich oft verhielt.

Erst als wir uns näher kannten, bemerkte sie einmal: »Gila, mir bleibt es immer ein Rätsel, was du an diesem Mann findest!«

»Weißt du, vielleicht sehe ich immer noch den Menschen in ihm, der er einmal gewesen ist: fröhlich, lustig und guten Gesprächen gegenüber nie abgeneigt.«

»So habe ich ihn nie kennen gelernt«, erwiderte Marianne kopfschüttelnd.

»Die starke Veränderung seiner Persönlichkeit muss doch einen Grund haben. Mit Sicherheit spielen seine katastrophale finanzielle Lage und auch die familiäre Situation eine große Rolle. Ich glaube fest daran, dass er wieder der alte wird, wenn beides geklärt ist!«

Dieses Gespräch hatte zu einem Zeitpunkt stattgefunden, als Rainer noch in der Direktion Bielefeld tätig war und wochentags bei mir wohnte. Äußerlich war eine starke Veränderung mit ihm vorgegangen. Obwohl er schon vorher kein Pfund zu viel wog, hatte er stark abgenommen und erschien dadurch sehr hager, wobei man ihm seine negative Einstellung zu allem und jedem ansehen konnte. Und immer noch war der Glaube an die Lösung der Situation meine große Hoffnung.

Aber zurück zu Marianne.

Wir kamen uns zum ersten Mal persönlich näher, als sie mich auf meine Einstellung zu der Trennung von Achim und den damit verbundenen Problemen ansprach.

»Die Kraft dafür habe ich aus den Erkenntnissen des Seminars geschöpft«, erklärte ich ihr.

»Naja, Herr Fuchs hält auch viel davon«, meinte sie nachdenklich. Daraufhin sprachen wir des öfteren über den Inhalt des Seminars, und langsam entstand in ihr der Wunsch, am nächsten teilzunehmen. Durch die Gespräche mit ihr merkte ich plötzlich, dass ihre manchmal recht spröde Art einen gewissen Selbstschutz darstellte, den sie

Mitarbeitern und anfangs auch mir gegenüber an den Tag legte. Doch hinter dieser Fassade verbarg sich ein äußerst empfindsamer, ehrlicher und nachdenklicher Mensch. Aber erst später sollten wir feststellen, was Freundschaft zwischen uns bedeutete.

Wenn ich zurückdenke, scheint mir, als sei der Juli 1984 der verrückteste Monat meines Lebens gewesen: Rainer lag im Krankenhaus und wollte Bielefeld verlassen; dann die Trennung von ihm, unser Haus wurde verkauft, und die Direktion stand Kopf, weil ausgerechnet Lohmann seinen Freund, den Verkaufsleiter, verpfiffen hatte, der dadurch vorzeitig seinen Platz räumen musste.

Die Mitarbeiter wussten noch nichts von diesem Dilemma. Noch herrschte Ruhe in der Geschäftsstelle. Neben Marianne als Bürovorsteherin wurde ich als erste darüber informiert. Ich konnte einfach nicht glauben, was da passiert war.

Marianne war davon am stärksten betroffen. Herr Fuchs und sie waren geschäftlich ein gutes Gespann gewesen, und nun lag ihre Welt in Scherben. Lohmann hatte anfangs nicht das Format, zu seiner Tat zu stehen, und bestritt sogar noch, der Informant gewesen zu sein. Später gab er es dann unter dem Druck der Mitarbeiter zu, aber da hatte man ihm bereits seitens der Zentrale den Verkaufsleiterposten angeboten.

Aber Lohmann musste einen hohen Preis für seine Aktion zahlen. Die gute Meinung der Mitarbeiter schlug nach dieser Begebenheit ins Gegenteil um. Was aber noch mehr zählte: Er wurde damit in eine Position gedrängt, der er gar nicht gewachsen war.

Erst nach Wochen legte sich die Unruhe. Die Mitarbeiter trennten sich. Der größte Teil folgte Herrn Fuchs aus Loyalität, ein paar wenige blieben und schlugen Lohmanns Richtung ein. Nur Marianne und ich schlossen uns immer fester zusammen, um mit ganzer Kraft Position gegen Lohmann einzunehmen.

Heute weiß ich, wie sehr ich mir selbst mit dieser Einstellung geschadet habe, denn negative Gedanken der Ablehnung, unfreundliche, missgünstige, neidische Gedanken sind negative Energie und wirken auf uns und andere schädigend und zersetzend. Was wir sind und was wir erreichen, wird bestimmt durch die Summe unserer Gedanken.

Meine negativen Gedanken waren damals meine schlimmsten Feinde. Schlagartig gingen meine Aufträge zurück, weil ich diesem Mann meinen Umsatz nicht mehr gönnte. Aus der Erfahrung habe ich gelernt: Was ich anderen nicht gönne, gönne ich mir selbst nicht.

Eines Abends schellte bei mir das Telefon. Rainer. Mein Herz klopfte, wie immer, wenn er anrief.

»Ich habe eine Einladung erhalten zur Verabschiedung von Herrn Fuchs. Das kann doch wohl nicht wahr sein. Was ist denn dort geschehen?«, fragte er völlig konsterniert.

»Hast du vor, die Einladung anzunehmen?«

»Ja. So kann ich auf einem Weg meine Sachen aus dem gemieteten Zimmer holen, die dort noch liegen. Aber sag mal, wieso geht Herr Fuchs eigentlich so plötzlich?«

»Lass uns über die Einzelheiten reden, wenn du kommst, ja? Das ist nämlich eine längere Geschichte«, meinte ich, während mir nur ein Gedanke durch den Kopf ging: Er kommt, er kommt wirklich!

Wie stand ich eigentlich zu ihm? Hatte ich ihn aufgegeben? Nein, ich wollte ihn noch immer, mit allen Fasern meines Herzens! Seit ich wusste, dass er kam, hatte mich eine starke Erregung erfasst. Ich fieberte seinem Kommen entgegen.

Ungefähr sechs Wochen waren seit meinem Besuch im Krankenhaus vergangen. Das Meeting sollte um zehn Uhr morgens beginnen. Kurz vor neun hörte ich das bekannte Brummen seines Golf Diesel. Voller gespannter Erwartung nahm ich das vertraute Bild in mich auf, wie der graue Firmenwagen in unsere Einfahrt bog. Dana hatte ich vorsichtshalber von Rainers Kommen nichts erzählt, weil sie sonst vor Aufregung nicht hätte schlafen können. Sie hing immer noch sehr an ihm und konnte gar nicht verstehen, warum er für so lange Zeit aus unserem Leben verschwunden war.

Als Dana das Auto hörte, bekam sie leuchtende Augen, rannte zur Tür und rief überglücklich: »Rainer kommt, Rainer kommt!«

Mir schlug das Herz bis zum Hals. Die Haustür wurde aufgeschlossen, er kam herein, nahm Dana in den Arm und wirbelte mit ihr durch den Flur. Sie jauchzte laut auf. Unwillkürlich dachte ich daran, wie still er sich beim Auszug Ende Mai verhalten hatte.

Mit Dana auf dem Arm, die ihn vor Freude gar nicht wieder loslassen wollte, kam er auf mich zu, sah mich lange an und begrüßte mich mit einem warmen Lächeln: »Na, Mädchen, geht's dir gut?«

Ich lachte verlegen.

Er rutschte mit Dana auf unsere Kiefernbank und nahm sich ein frisches Brötchen vom gedeckten Frühstückstisch.

»Dana auch eins!« Sie sah ihn mit ihren schwarzen Augen erwartungsvoll an.

»Sag mal, Mäuschen, hat die Gila dir noch keins geschmiert? Na sowas!«, schimpfte er.

Ich nahm dieses Bild in mich auf, während ich Kaffee einschenkte. Dann setzte ich mich zu den beiden an den Tisch. Um mein Herzklopfen zu übertönen, sagte ich eine Spur zu hastig: »So, jetzt lass uns schnell frühstücken. Wir müssen uns etwas beeilen.«

Während wir unseren Kaffee tranken, berichtete ich ihm mit kurzen Worten die Einzelheiten des unglaublichen Vorfalls. Dann überließen wir Dana der Obhut von Katrin, unserer neuen Hauswirtschafterin, und brachen auf.

Keiner sprach ein Wort während der kurzen Autofahrt. Rasch erreichten wir das Hotel, in dem die Verabschiedung stattfinden sollte.

Marianne kam traurig auf uns zu. Ich sah ihr an, dass sie geweint hatte. So kannte ich sie gar nicht; sie, die stets bemüht war, sich keinerlei Gefühlsregungen anmerken zu lassen.

»Guten Tag, Herr Gerlach, was macht Ihr Fuß?«

»Alles okay«, gab Rainer zurück, während er versuchte, sein Humpeln zu unterdrücken.

Herr Fuchs kam auf uns zu. Seine erstarrten Gesichtszüge erschreckten mich. Die menschliche Enttäuschung schien ihm mehr zugesetzt zu haben als sein vorzeitiger Abschied. Er drückte Rainer und mir schweigend die Hand, wie auf einer Beerdigung.

Nachdem sich alle versammelt hatten, erklärte der oberste Boss, der eigens aus München angereist war, mit nüchternen Worten Herrn Fuchs' Abschied.

Rainer saß neben mir. Ich vibrierte innerlich und genoss seine Nähe. Ob er meine Gedanken wohl spürte? Bereits unterwegs im Auto hatte sich eine derartige Spannung zwischen uns aufgebaut, die ich unmöglich nur allein empfinden konnte.

Ich versuchte, mich auf die Rede zu konzentrieren, meine Gedanken schweiften aber immer wieder ab. Kannte er mich eigentlich so gut, dass er meine künstliche Zurückhaltung richtig deutete? Hey, was war das denn? Mit seinem Knie riskierte er wahrhaftig einige zarte Annäherungsversuche! Sollte ich ihn gewähren lassen?

Als er nicht auf Ablehnung stieß, wurde er mutiger und berührte sanft meinen Handrücken. Mit Wonne spürte ich den behutsamen Druck seiner Finger. Er hielt meine Hand fest, bis die Rede beendet war, eine liebevolle Geste. In diesem Moment wusste ich: Es ging wieder los zwischen uns beiden. Vielleicht hatte es nie aufgehört ...

»Den Wert eines Menschen erkennt man erst dann, wenn man ihn verloren hat.« Mit diesen Worten eröffnete ich kurze Zeit später im Namen der Direktion Bielefeld die Abschiedsrede. Einige Male versagte mir die Stimme. Ich übergab Herrn Fuchs fünfzig rote Baccara-Rosen. Man konnte es ihm ansehen, sowohl meine Worte als auch die Geste mit den Rosen gingen ihm unter die Haut.

An diesem Tag bedankte sich Herr Fuchs noch auf eine andere Weise, die ausschlaggebende Bedeutung haben sollte für die Beziehung zwischen Rainer und mir. Gleich nach dem Meeting bat er Rainer in die Direktion, um alles Weitere wegen Rainers Wechsel zu besprechen. Später erfuhr ich von Rainer, dass Herr Fuchs den geschäftlichen Teil nur am Rande berührt hatte. Es war ihm hauptsächlich um unsere komplizierte Beziehung gegangen.

Rainer fuhr anschließend zu seinem Zimmer, holte seine Sachen ab und kehrte nachmittags zurück zu mir. Katrin hatte die Kinder mitgenommen, sodass wir allein miteinander reden konnten.

Rainer zog mich beschämt an sich, als wir nebeneinander auf der Couch im Wohnzimmer saßen.

»Gila, mir ist heute bei Herrn Fuchs so vieles klar geworden. Es war gut, dass mir mal jemand den Kopf gewaschen hat!« Er lachte verlegen und wischte mir zärtlich meine Tränen fort, gegen die ich einfach nicht ankam. Ich schluckte.

»Ich stehe jetzt zu meinen Gefühlen dir gegenüber! Es hat keinen Zweck, mich zu verstecken. Ich hatte so viel Zeit, über alles nachzudenken. Ich schwöre dir, wir gehen zusammen nach Kanada. So schnell wie möglich werde ich Eva reinen Wein einschenken. Komm, hör auf zu weinen!«, sagte er sanft. »So geht es nicht mehr weiter, dieses ewige Hin und Her! Schon heute Morgen vor dem Meeting fiel es mir wie Schuppen von den Augen, als ich zur Tür hereinkam, Dana auf mich zulief und ich dich nach der langen Zeit wieder sah. Glaub' mir, ich war wie vom Blitz getroffen. Meine Gefühle haben mich beinahe überwältigt«, setzte er leise hinzu. »Ich weiß nun endlich, wohin ich gehöre!«

Er stand gewiss noch unter dem Eindruck des Gespräches mit Herrn Fuchs, denn so hatte er sich mir gegenüber noch nie geäußert. Ich war glücklich! Eng aneinander geschmiegt saßen wir zusammen auf der Couch. Indem er zärtlich meinen Arm streichelte, fuhr er fort: »Ich werde den Job in Köln trotzdem annehmen, denn mit Lohmann arbeite ich nicht zusammen. Irgendetwas wird uns einfallen, um uns mindestens alle vierzehn Tage zu sehen. Wir müssen aber das Jahresende abwarten, bis ich mit Eva sprechen kann. Sonst bricht finanziell alles bei uns zusammen!«

Mit einem sanften Ausdruck in seinen Augen hob er mein Kinn zu sich hoch, sodass ich ihn offen ansehen musste. »Sag mal, gehst du eigentlich immer noch mit mir nach Kanada – nach dem ganzen Theater?«

Ich konnte nur nicken.

Abends waren wir allein. Dana schlief bereits, und die beiden Jungen hielten sich bei ihren Freunden auf. In alter Gewohnheit nahm sich Rainer einen Whisky. Um die Ereignisse dieses besonderen Tages zu würdigen, trank ich auch ein Glas.

»Lass uns über Kanada reden«, begann er, während er mit einer zärtlichen Geste seinen Arm um meine Schulter legte.

»Ich glaube schon, dass wir durch den Verkauf meines Hauses genug Kapital zur Verfügung haben, um unseren Traum Wirklichkeit werden zu lassen«, sagte ich. »Allerdings müssen wir in Kanada ein Geschäft eröffnen, denn neben der Familienzusammenführung können nur noch Geschäftsleute einwandern, und zwar dann, wenn sie eine Firma gründen.«

»Das ist gar keine schlechte Idee, Gila«, bestätigte Rainer. Wir wussten zwar noch nicht, welche Art von Geschäft wir betreiben wollten, aber es entstand eine erste vage Vorstellung, die noch Gestalt annehmen musste.

Schweigend hingen wir unseren Gedanken nach. Leise Musik spielte im Hintergrund. Vorsichtig nahm ich noch einen Schluck Whisky. Egal, dachte ich, der heutige Tag ist einen Schwips wert.

»Komm, Gila, tanz mit mir«, flüsterte Rainer, während er mich an sich zog. Wie verzaubert bewegten wir uns eng aneinander geschmiegt zu den sanften Tönen der Musik durch das Wohnzimmer. Das Feuer im Kamin verbreitete einen warmen Schein und warf unsere Schatten an die Wand. Ist dies das Glück?, dachte ich und freute mich auf die Stunden voller Zärtlichkeit, die noch vor uns lagen. Wunderbare Augenblicke! Würden sie doch nie vergehen ...

Am nächsten Tag gegen Mittag verließ Rainer uns wieder. Wehmut erfasste mich, als ich seinen Wagen aus unserer Einfahrt rollen sah. Ein kurzes Hupen, und er entschwand aus meinem Blickfeld. Endlose Telefongespräche führten wir miteinander in dieser Zeit. Alles war wieder so harmonisch zwischen uns wie früher.

Es war inzwischen Oktober geworden. Drei Wochen waren seit Rainers Besuch vergangen. Nachdem ich lange über eine Möglichkeit nachgedacht hatte, ihn wieder zu sehen, kam ich auf die Idee, Dana und ich könnten in der Eifel am Rursee ein Wochenende verbringen und ihn dort treffen. Unter keinen Umständen sollte Eva davon erfahren. Sonst hätte sie vermutlich auf einem Besuch bei ihr zu Hause bestanden.

Erwartungsvoll fuhren wir beide an einem Samstagmittag los. Obwohl es mir hätte klar sein müssen, dass Rainer nicht die ganze Zeit über bei uns sein konnte, rechnete ich doch wenigstens mit ein paar Stunden an beiden Tagen, in denen wir uns sehen konnten. Der erste Wermutstropfen fiel bereits bei unserer Ankunft, als Rainer mir vorsichtig eröffnete, dass er am Sonntag keine Zeit hätte.

»Nachmittags bekommen wir Besuch von Evas Schwester und ihrem neuen Lebensgefährten. Das erste Mal hat Eva die beiden jetzt eingeladen, ich glaube, ihre Neugier hat über ihr Moralempfinden gesiegt«, meinte er belustigt und nahm Dana auf den Arm.

Völlig aufgelöst hatte Eva mir bereits Wochen vorher von diesem Skandal erzählt. Ich zwang mich, nicht an ihre Reaktion zu denken, wenn sie von unserer Beziehung erfuhr.

»So bist du also nur heute Abend bei uns?«, fragte ich

mit einem Anflug von Enttäuschung, als wir gemeinsam die Reisetasche aus dem Auto holten.

»Lange kann ich auch heute Abend nicht von zu Hause fortbleiben, sonst schöpft Eva Verdacht«, warf er unsicher ein.

Wir bummelten noch ein wenig mit Dana durch die Stadt – und das war's dann. Kurze Zeit später verabschiedete sich Rainer von uns.

Dana schlief bereits fest in dem Bett neben mir. Ich vernahm ihre kurzen, gleichmäßigen Atemzüge und starrte an die dunkle Zimmerdecke. Was hatte ich denn erwartet? Unmöglich konnte ich verlangen, dass Rainer an beiden Tagen bei uns blieb!

Nein, nur am Sonntag hätte er sich wenigstens noch ein paar Stunden für uns beide freimachen können. Zu sehr hatte ich mich auf dieses Wochenende gefreut.

Am nächsten Morgen nahm ich mir vor, mit Dana eine Bootsfahrt auf dem Rursee zu machen. Wie aufgeregt war sie, das erste Mal überhaupt mit einem Schiff zu fahren!

Wir standen gerade am Anlegesteg, als eine Gruppe von etwa zwanzig Personen in angeheiterter Stimmung auftauchte, ein Gesangverein von Leuten mittleren Alters. Sie waren wohl vom Vorabend übrig geblieben. Viel Schlaf schienen sie jedenfalls nicht bekommen zu haben.

Freundlich grüßte ich sie und lachte zurück. Ihre Fröhlichkeit steckte an. Plötzlich löste sich einer aus der Gruppe, kam auf mich zu und versicherte mir gönnerhaft: »Hallo, Sie brauchen nicht zu bezahlen! Wir haben dieses Boot pauschal gemietet. Für nette Menschen gibt es immer Platz!«

Sein Angebot freute mich. Sofort waren wir umringt von Leuten, die Dana mit Süßigkeiten verwöhnten. Dafür sang ich fleißig mit, als sie auf dem Schiff ihr Liederrepertoire hervorholten, und für einen Augenblick trat meine Enttäuschung etwas in den Hintergrund.

Dana stand unten in der überdachten Kabine vor mir auf der Bank, damit sie besser aus dem Fenster sehen konnte. Sie hörte dem lauten Tuckern des Motors zu und schaute fasziniert nach draußen in die aufschäumenden Wellen.

Das Boot hatte ungefähr die Mitte des Rursees erreicht, da passierte es: Das Schiff machte einen Schlenker – Dana verlor das Gleichgewicht, und ehe ich sie halten konnte, fiel sie von der Bank und schlug genau mit ihrer Stirn gegen eine spitze Metallkante der Treppe, die hinauf auf das Deck führte.

Ein Schrei – und im Nu war alles voller Blut! Es sprudelte nur so und lief über ihr kleines Gesicht. Geistesgegenwärtig drückte ich meinen Daumen auf die Wunde, um die Blutung zu stoppen. Dana jedoch, völlig außer sich, schrie nicht nur wie am Spieß, sondern versuchte, mit ihren Händchen meinen Daumen von der Wunde zu ziehen. Es tat ihr weh.

Sofort umringten uns die anderen Leute.

»Einen Arzt! Sofort einen Arzt! Gebt Notsignale!«, hörte ich jemanden rufen. Jetzt erschien auch der Kapitän, sah das viele Blut und entschied, einen Notanleger anzulaufen, während der hinter ihm auftauchende Steward eigenartigerweise sofort wieder kehrtmachte. Das Schiff gab mehrere Signale. Ich merkte, wie es in Richtung Strand abdrehte.

Da ich ganz ruhig blieb, beruhigte sich auch Dana bald darauf. Sie sah wirklich schlimm aus durch das verklebte Blut in ihren Haaren. Mein Daumen auf Danas Wunde hatte aber das Schlimmste verhindert.

Nach kurzer Zeit war am Anlegesteg bereits das Blaulicht des Unfallwagens zu erkennen. Dann vernahm ich auch den entfernten Ton des Martinshorns. Das Schiff gab weitere akustische Signale, und ich sah, wie der Krankenwagen zum Notanleger fuhr.

Endlich legte das Boot an. Ich vernahm das sich nähernde Martinshorn, und es dauerte nicht lange, bis der Unfallwagen auftauchte. Unverständlicherweise geschah längere Zeit jedoch gar nichts. Warum kam niemand, um nach der Kleinen zu sehen? Ich wurde langsam unruhig.

»Ich sehe mal nach, was los ist!«, erbot sich der Herr, der

uns zur Freifahrt eingeladen hatte. Kurze Zeit später kam er die Kabinentreppe herunter und lachte.

»Ihr könnt euch nicht vorstellen, was eben passiert ist! Das hättet ihr sehen müssen! Von oben konnte ich beobachten, wie der Steward beim Anlegen den Dampfer eiligst zu verlassen versuchte, auf der Holzbrücke stehen blieb, wie in einem Wildwestfilm eine Schraube machte und in sich zusammensackte! Da lag er und stand nicht wieder auf!«

»Der Arme«, sagte ich bedauernd, »was war los mit ihm?«

»Warten Sie's ab!«, fuhr er unbeirrt fort. »Die inzwischen eingetroffenen Sanitäter kamen gerade zur rechten Zeit, dachten natürlich, der Notruf beträfe ihn und wunderten sich schon über den grausamen Kapitän, der seinen bewusstlosen Steward einfach auf dem Steg ablegt! Unglaubliches Glück hat er gehabt, dass er nicht ins Wasser gefallen ist!«

Der Kapitän kam mit den beiden Sanitätern die Kabinentreppe herunter und schmunzelte: »Er hat die Kleine gesehen. Immer, wenn er Blut sieht, kippt er um! Einfach weg vom Fenster!«

Trotz der Sache mit Dana musste ich lachen, als ich mir das Bild vorstellte. Die beiden Sanitäter ließen sich berichten, was passiert war. Als sich aber einer von ihnen die Wunde ansehen wollte, klammerte sich Dana an mich und fing wieder an zu weinen.

Ich ließ meinen Daumen weiterhin auf der Wunde und trug Dana nach oben in den Unfallwagen. Voller Anteilnahme winkte uns die ganze Gruppe hinterher. Der von den Sanitätern inzwischen wieder zum Leben erweckte Steward würde sich sicherlich noch einiges anhören müssen.

Während der Fahrt im Unfallwagen in das zwanzig Kilometer entfernte Krankenhaus kam ich ein wenig zur Ruhe. Ich schaute mir Dana an, wie sie blutüberströmt auf meinem Schoß saß. Und plötzlich tauchte die Vision wieder in meiner Erinnerung auf, bei der ich im letzten Jahr so panische Angst empfunden hatte. Dieses Bild hatte ich gesehen damals, als ich aus diesem schrecklichen Alptraum erwachte.

Erleichtert sandte ich ein Stoßgebet gen Himmel: Danke, lieber Gott, dass es sich nur auf solche Weise verwirklicht hat!

Während ich überlegte, ob Danas Wunde wohl geklammert oder genäht werden musste, kam plötzlich ein leichter Ärger über Rainer in mir auf, dass er uns einfach so allein gelassen hatte.

Wie konnte ich ihm eine Nachricht zukommen lassen? Er sollte doch wissen, was passiert war. Obendrein brauchten wir jemanden, der uns vom Krankenhaus zu meinem Wagen fuhr. Wenn ich ihn nun anrief und Eva sich meldete?

Hin und her wälzte ich den Gedanken, bis mir plötzlich Anke einfiel. Wenn sie schon von unserer Beziehung wusste, dann konnte sie auch etwas für uns tun.

Dana wurde im OP verarztet. Glücklicherweise brauchte die Wunde nicht genäht zu werden, es reichte ein strammes Pflaster.

»Haben Sie ein paar Tücher für mich?«, bat ich den Arzt, als Dana versorgt war. Vor Angst und Aufregung hatte sie die Hose voll. Er übergab mir ein paar weiche Papiertücher, mit denen ich die Sache in Ordnung brachte.

»Möchten Sie Ihren Mann benachrichtigen?«, fragte mich der Arzt liebenswürdig, während er demonstrativ eine große Dose Tannenduft im OP versprühte.

Ja, ich wollte es riskieren und ließ Dana für einen Moment in seiner Obhut.

Ich rief Anke an und berichtete ihr von dem Unfall. »Könntest du bitte Rainer Bescheid geben, dass er uns hier abholt? Sollte Eva jedoch am Telefon sein, so erzähl bitte nichts!«

Sie schaltete sofort. »Selbstverständlich! Es tut mir ja so leid! Wie geht's der Kleinen? Alles in Ordnung? Ich rufe Rainer gleich an. Wenn ich mich telefonisch im Krankenhaus nicht mehr melde, hat es geklappt, okay?«

Erleichtert ging ich zurück zu Dana. Eine ältere OP-

Schwester kam herein, nickte mir zu und blieb irritiert stehen.

»Wie riecht es denn hier?«, meinte sie kopfschüttelnd. »Wenn ich nicht ganz sicher wüsste, dass ich hier im OP bin, würde ich sagen, hier hat jemand in einen Tannenwald geschissen.«

Lachend nahm ich Dana auf den Arm und setzte mich mit ihr auf den Flur.

Ungefähr eine Stunde später traf Rainer in der Ambulanz ein.

»Was macht ihr denn für Sachen!«, sagte er rau. Er sah blass aus und starrte Dana fassungslos an. Die gröbsten Blutspuren hatte ich inzwischen beseitigen können, aber ihre Haare und ihre Kleidung sahen immer noch schlimm aus. Doch sie lachte schon wieder, als sie Rainer sah, und streckte ihm ihre Arme entgegen.

»Eva weiß nun natürlich Bescheid, dass ihr da seid!«, erklärte er heiser.

Ich fuhr hoch: »Was machen wir jetzt? Wie hat sie reagiert?«

»Naja«, wandte er unsicher ein, »ich hab' ihr gesagt: ›Die Gila ist auch immer für 'ne Überraschung gut! Sie hatte sicher heimlich vor, nach der Dampferfahrt bei uns vorbeizukommen.‹ Und das hat sie mir abgenommen!«

Gott sei Dank!, dachte ich erleichtert. In diesem Augenblick unsere Beziehung aufzudecken, hätte mir gerade noch gefehlt!

Rainer wollte uns zu sich nach Hause bringen, was mir überhaupt nicht passte. Doch dieses Mal traf er eine klare Entscheidung: »Gila, es geht nicht anders, denn sonst wird Eva wirklich misstrauisch! Ob du willst oder nicht, den Nachmittag müsst ihr bei uns verbringen!«

O nein, mir graute davor, zu ihm nach Hause zu fahren und Eva gegenüberzutreten. Dazu kam der Besuch von ihrer Schwester am Nachmittag. Aber es gab wohl keine andere Möglichkeit, und mit äußerst gemischten Gefühlen machten wir uns auf den Weg.

»Du armes Mäuschen!«, jammerte Eva, als wir eintrafen. Sogleich nahm sie mir die Kleine ab. »Meine Güte, wie siehst du aus! Was hast du nur gemacht! Komm, jetzt sehe ich erst einmal nach, ob ich was Schönes für dich habe!«

Rührend kümmerte sie sich um Dana, deren Wunde trotz des Pflasters wieder etwas zu bluten anfing, und wusch ihre Sachen. In ihrer lieben, unbekümmerten Art hatte sie nicht die Spur eines Verdachts, was sich wirklich hinter meinem Besuch verbarg. Lieber Himmel, wann würde das Versteckspiel endlich aufhören?

Ganz elend fühlte ich mich, als kurze Zeit später Evas Schwester mit Anhang eintraf. Da ich ihren ersten Mann sehr gut kannte, erzählte sie mir ausführlich die ganze Trennungsgeschichte und wie glücklich sie jetzt mit ihrem neuen Lebensgefährten sei. Ich warf Rainer einen kurzen Blick zu; er aber drehte sich um und verschwand in der Küche.

»Schade, dass euer Besuch so kurz war«, sagte Eva bedauernd, als ich am späten Nachmittag unsere Sachen zusammenpackte. »Dabei sollte es eine so nette Überraschung werden!«

Ich merkte Rainer an, wie sehr ihm die Sache auf den Magen geschlagen war. Als er uns zu meinem Auto fuhr, sprachen wir kein Wort miteinander.

Während der langen Fahrt von der Eifel nach Bielefeld war ich sehr verwirrt und nicht mehr so sicher, ob ich Rainer um jeden Preis haben wollte. Tiefe Scham kam in mir hoch, einen Menschen wie Eva derart zu hintergehen.

Mit dem Wissen von heute sehe ich die Ereignisse vom Rursee so, als ob das Schicksal mir eine letzte Chance für einen Rückzug gegeben hätte. Aber ich wollte diesen Fingerzeig nicht erkennen. Und alles nahm seinen weiteren Verlauf.

Rainer versuchte, die Begebenheit bei seinem nächsten Anruf mit Humor abzutun.

»Bei dir ist auch immer was los! Langeweile kennst du wohl überhaupt nicht, oder? Eva hat den ganzen Abend noch über Dana gesprochen, so Leid tat ihr die Sache mit der Kleinen!«

»Hör bloß auf, Rainer! Bitte, sprich kein Wort mehr darüber!«, sagte ich energisch.

»Gila, ich habe gemerkt, wie sehr dich diese Sache belastet hat. Glaub mir, für mich war es auch nicht leicht! Ich merke selbst, so geht es auf Dauer nicht weiter. Ich spreche in Kürze mit Eva! Sag mir was Liebes, komm!«

Er spürte meine Zurückhaltung und versuchte alles, mich aus der Reserve zu locken, was ihm an diesem Abend jedoch nicht gelang.

Eines Nachts klingelte bei mir am Bett das Telefon. Verschlafen hob ich ab. Rainer meldete sich.

»Watson Lake!«, eröffnete er mir kurz und legte eine bedeutungsvolle Pause ein.

»Was?«, fragte ich verwirrt, während ich den Lichtschalter suchte.

»Watson Lake!«, betonte er nochmals munter. Er schien seinen Spaß daran zu haben, dass ich damit nichts anzufangen wusste. »Gila, in Watson Lake werden wir wohnen!«

»Wo ist denn das?«, fragte ich vorsichtig. Plötzlich war ich hellwach.

»Du wolltest doch immer nach British Columbia und ich in den Yukon! Sieh mal, Watson Lake ist die erste Stadt im Yukon an der Grenze von British Columbia. Es hat zwar nicht viele Einwohner, aber es besitzt sogar einen eigenen Airport. Schau dir's mal auf der Karte an«, erklärte er fröhlich.

Obwohl es schon mitten in der Nacht war, holte ich meine Karte von Kanada hervor und sah mir an, wo Watson Lake lag. Nach einigem Suchen wurde ich fündig. Und richtig, auch ein Flughafen war dort eingezeichnet.

Gerne hätte ich in British Columbia gelebt. Es stimmte, von Anfang an war ich dagegen gewesen, in den Yukon auszuwandern, denn es war mir dort einfach zu kalt! Für zehn Monate Winter im Jahr muss man nicht nur genug warme Sachen zur Verfügung, sondern vor allem die richtige Einstellung haben.

Etwas hatte mich jedoch an Rainers Anruf seltsam berührt: Es stellte die erste von ihm ausgehende Aktion für unser zukünftiges Leben dar. Unbewusst zog ich daraus die Schlussfolgerung: Wenn er diese konkrete Entscheidung für Watson Lake getroffen hat, so kann die Aussprache mit Eva nicht mehr fern sein.

Am nächsten Morgen rief Rainer an, geriet ins Schwärmen vom Yukon und war einfach nicht mehr von Watson Lake abzubringen.

»Gila, du weißt doch, von jeher ist der Yukon mein Traum gewesen. Es ist ein wunderbares Land! Unberührte Seen, riesige Wälder und der viele Schnee! Wie oft kann ich meine Huskies vor den Schlitten spannen! Du selbst hast mir doch den Bildband geschenkt!«

O Geister, die ich rief ...

»Fast sämtliche Bücher habe ich inzwischen über den Yukon gelesen. Schon vor zwei Jahren habe ich einen meiner Huskies ›Yukon‹ genannt. Ist das nicht verrückt? Denk mal über Watson Lake nach, ja?«

Ich fragte mich insgeheim, was wohl geschähe, wenn ich weiterhin auf B. C. bestünde? Die Antwort wusste ich schon im Voraus: Rainer ginge zwar mit, aber was auch immer geschehen mochte, er würde mich für alles, was verkehrt liefe, ein Leben lang verantwortlich machen.

Durch das Zusammenleben mit ihm war mir eines deutlich bewusst geworden: Entweder ich beugte mich seiner Entscheidung, und wir hatten Frieden, oder ich setzte meinen Willen durch und musste gewaltige Missstimmungen in Kauf nehmen.

So ganz konnte ich mich mit dem Gedanken an Watson Lake noch nicht anfreunden. Aber ohne dass ich Rainer etwas davon sagte, fing ich nach seinem Anruf an, mich mehr und mehr mit dem Yukon zu beschäftigen. Bis meine Entscheidung nach reiflicher Überlegung feststand: Wenn wir dadurch wirklich in Frieden leben konnten, so durften ein paar hundert Kilometer von B. C. zum Yukon eigentlich nicht viel ausmachen.

Nachdem ich meinen Anteil aus dem Hausverkauf erhalten hatte, machte ich mir ernsthaft Gedanken über eine bestmögliche Anlage. Jetzt lag das Geld auf der Bank. Ich hatte vom Finanzmarkt nicht viel Ahnung, spürte aber, es gab sicherlich bessere Möglichkeiten. Ich nahm mir vor, in der nächsten Zeit wieder stärker auf Zeichen oder Intuitionen zu achten, die mit Geldanlagen zu tun hatten.

An vielen Dingen hatte ich inzwischen erkannt, dass die Intuition, deren zarte Stimme plötzlich als Ahnung oder starkes Empfinden aus dem Unterbewussten aufsteigt, wichtiger sein kann als Entscheidungen, die vom Verstand her getroffen werden. Bei Entscheidungen von besonderer Tragweite sollten wir uns von der Stimme unseres Unterbewusstseins leiten lassen, das alle unsere Gedanken und Erfahrungen gespeichert hat.

Oft ist der Rat, etwas zu überschlafen, goldrichtig. Im Schlaf, wenn das Bewusstsein ausgeschaltet ist, kann unser Unbewusstes aktiv werden, und plötzlich, über Nacht, sind wir in unserer Entscheidung sicherer als am Tage zuvor.

Alles, was wir jemals erlebt haben, ist gespeichert im Unterbewusstsein, ob wir uns daran erinnern können oder nicht: Es ist da. Vorstellungen, mit Glauben oder Gefühl verbunden, haben es geprägt und beeindruckt; es ist wie ein Buch unseres Lebens, in dem alles geschrieben steht.

Einige Tage später stieß ich in einer Illustrierten auf aktuelle Anlagetips. Wärmstens wurden dort bestimmte Aktien empfohlen, die wegen des hohen Dollarkurses eine hervorragende Prognose erhielten. Obwohl ich kaum eine Ahnung vom Aktienmarkt hatte, war ich plötzlich wie elektrisiert! Warum fiel mir dieser Artikel gerade jetzt ins Auge? Die Argumente für einen Erwerb dieser Aktien schienen mehr als einleuchtend. Ob das die Antwort war?

Ein paar Stunden später erteilte ich dem überraschten Banker den Auftrag, genau diese Aktien zu kaufen. Er gab mir vorsichtig zu verstehen, was er von meiner Idee hielt. Ich blieb jedoch bei meiner Entscheidung. Wohl oder übel musste die Bank einen Teil des festgelegten Geldes für die Aktien freigeben.

»Wie hast du denn dein Geld angelegt?«, wollte Achim kurz nach dieser Transaktion wissen.

Ich berichtete ihm von meiner Geldanlage. Da er inzwischen einigen Respekt vor meinen Intuitionen hatte, nahm er die gleiche Aktion vor. Obwohl die Aktien in den ersten Tagen nach dem Kauf noch eher eine fallende Tendenz zeigten, stiegen sie ein paar Tage später schlagartig an. Beim Verkauf nach elf Monaten hatte ich einen beträchtlichen Gewinn gemacht. Wieder einmal hatte mich mein Gefühl nicht getrogen.

Nach reiflicher Überlegung entschieden Rainer und ich, in Watson Lake ein Geschäft für Touristenausrüstungen zu eröffnen. Im Februar 1985 wollten wir zum ersten Mal dorthin fliegen, um unsere geschäftlichen Pläne besser einschätzen zu können.

Inzwischen war es Anfang Dezember geworden. Ich überlegte, ob ich bereits die Flüge für Februar buchen sollte, verwarf den Gedanken an eine Hotelreservierung über ein Reisebüro jedoch gleich wieder, weil den Ort Watson Lake sowieso niemand kannte.

Da kam mir der Gedanke, uns vorher bereits in Watson Lake anzumelden. Wir konnten sicherlich ein wenig geschäftliche Unterstützung gebrauchen. Aber von wem? Wenn schon, so überlegte ich weiter, dann direkt vom Bürgermeister. Interesse an Investitionen deutscher Geschäftsleute in seinem Ort setzte ich einfach mal voraus.

Bereits am nächsten Tag ging ein Brief an ihn ab mit näheren Angaben über unsere Pläne und der Bitte, uns ein Hotel vorzuschlagen, wobei ich ihm den genauen Zeitpunkt unseres Aufenthaltes später noch schriftlich mitteilen wollte.

Ungefähr drei Wochen später legte mir Katrin die Post ins Büro mit der Bemerkung: »Sieh mal, wer geschrieben hat!« Hocherfreut las ich den Absender: The Mayor of Watson Lake. Er freue sich über unser Vorhaben und bitte wegen der Hotelreservierung um einen genauen Buchungstermin. Im Februar sei er leider nicht anwesend, aber sein Vertreter nähme sich unser gern an.

Nachdem ich die Flüge gebucht hatte, ging wieder ein Brief an den Mayor ab mit dem genauen Termin unserer Ankunft. Als Dankeschön für seine Bemühungen hatte ich eine silberne Olympiamünze mitgeschickt. Damit stand der Zeitpunkt der Reise endgültig fest – und Eva wusste immer noch nichts.

Als die Flugtickets kamen, spürte ich plötzlich die Endgültigkeit unserer Entscheidung. Bald würde Eva über unsere Beziehung Bescheid wissen. Einerseits empfand ich eine riesige Erleichterung bei dem Gedanken, denn in dieser enormen Spannung hätte ich nicht mehr lange leben können. Trotzdem war mir beklommen zumute, weil ich andererseits wusste, dass nach der Aussprache eine schwierige Zeit für uns alle beginnen würde.

Kapitel 7

Der Geist entscheidet:
Was du denkst, das bist du.
(Buddha)

Eines Abends kam ich etwas früher als sonst nach Hause. Marco saß vor dem Fernsehapparat, André war bei seinem Freund. Während ich das Feuer im Kamin anzündete, freute ich mich auf die Ruhe. Ich genoss das Gefühl, Feierabend zu haben.

Als ich ein paar Scheite nachlegte, durchbrach das Knistern des hell auflodernden Kaminfeuers die Stille. Ich machte es mir auf der Couch gemütlich und trank in Ruhe eine Tasse Kaffee. Von Rainer hatte ich seit ein paar Tagen nichts gehört. Sein letzter Besuch lag bereits drei Wochen zurück.

Plötzlich hörte ich ein Geräusch an der Haustür. Sicherlich hat André etwas vergessen, dachte ich. Dann Schritte – und Rainer stand im Wohnzimmer! Ich muss ihn wohl wie eine Erscheinung angestarrt haben, denn er lachte laut auf.

»Mädchen, da bin ich! Jetzt staunst du, nicht? Sag bloß nie mehr, ich sei nicht spontan!«

Er nahm mich fest in die Arme. Die Überraschung war ihm geglückt! Ich schloss die Augen und kuschelte mich in seinen grünen Parka. Wie schön, dass er da war! Ich konnte es noch gar nicht fassen.

»Ich hatte solche Sehnsucht nach dir«, murmelte er, wühlte seinen Kopf in mein Haar und zog mich noch fester an sich. »Wo ist meine Kleine? Ist sie schon im Bett?«

»Ja, schon lange. Weiß Eva eigentlich, dass du hier bist?«, fragte ich vorsichtig, immer noch völlig überrascht.

»Nein, sie übernachtet heute in ihrem Bezirk. Sie fährt abends nicht gern so lange Strecken mit dem Auto und merkt bestimmt nicht, dass ich weg bin. Freust du dich, dass ich da bin?« Er strich mir zärtlich über das Haar. Und ob ich mich freute!

Überglücklich ging ich in die Küche, um ein schnelles Abendessen herzurichten, während er kurz nach oben ins Kinderzimmer ging, um zu sehen, ob Dana schon schlief.

»Magst du Leber im Schlafrock?«, fragte ich ihn, als er wieder herunterkam. Ich war gerade dabei, die in Mehl und Ei gewälzte Leber zu panieren.

»Ob ich dich lieber im Schlafrock mag?«, grinste er lüstern und pirschte sich an mich heran. »Nee, lieber ohne.«

Ich lachte, doch bevor ich etwas erwidern konnte, schellte das Telefon.

Ach je, René meldete sich. Ich hatte ihn auf einem Schützenfest in der Zeit der Funkstille zwischen Rainer und mir kennen gelernt; ein lieber Kerl, der sich immer noch Hoffnungen machte. Aufgeben wollte er nicht, obwohl er wusste, welche Rolle Rainer in meinem Leben spielte. Offenbar wartete er immer noch auf bessere Zeiten.

»Gila? Schön, dass du schon zu Hause bist! Hör mal, ich hab 'ne Flasche Wein besorgt und möchte gern ein Glas mit dir trinken. Ich bin gleich da!«, sagte er fröhlich.

»Geht nicht, René, ich habe überraschend Besuch bekommen! Sei nicht böse und ruf in den nächsten Tagen noch mal an, ja?«

Er begriff sofort. Ich spürte, wie enttäuscht er war, als er auflegte. Auch Rainer wusste von Renés Existenz. Ganz offen hatte ich mit ihm über diese nette Bekanntschaft gesprochen. Ab und zu kam René abends mal hereingeschneit, oder ich ging auf einen Kaffee zu ihm, da er nicht weit entfernt wohnte.

Rainer war still geworden. Ich merkte, die Sache mit René passte ihm nicht; er vermutete mehr dahinter. Innerlich amüsierte mich seine Reaktion etwas. Zum ersten Mal verspürte ich den Hauch von Eifersucht bei ihm, was mir gar nicht so unangenehm war.

»Sag mal, was ist dieser René eigentlich für ein Typ?«, fragte er, nachdem er einige Zeit geschwiegen hatte.

»Ach, weißt du, er mag uns, mehr nicht«, meinte ich unbefangen. »Sonntags gehen wir manchmal mit der Kleinen zusammen spazieren. So haben wir beide ein wenig Abwechslung.«

Da rief Marco aus dem Hintergrund: »Rainer, du solltest mal sehen, wie der hinter Mama her ist! Sie meint zwar immer, das stimmt nicht, aber ich merke das schon lange. Dauernd ruft er an oder kommt mit kleinen Geschenken.«

Jetzt musste ich wirklich lachen. Mit seinem großen Talent, immer im richtigen Augenblick das Unpassende zu sagen, trat Marco oft ins Fettnäpfchen. Dennoch konnte man ihm einfach nicht böse sein. Ich sah, wie sich Rainers Augenbrauen finster zusammenzogen – ein untrügliches Zeichen.

Plötzlich brach es aus ihm heraus: »Gila, ich kann in der nächsten Zeit nicht kommen. Ich weiß nicht mehr, was ich Eva sagen soll!«

Ernst schaute ich ihn an. »Die Wahrheit, Rainer. Es hat doch jetzt wirklich lange genug gedauert. Stell dir vor, wie furchtbar es für Eva sein muss, nicht nur mit unserer Beziehung konfrontiert zu werden, sondern auch zu erfahren, wie lange sie schon besteht.«

»Den Preis, den Eva hinterher zahlt, mussten wir vorher zahlen«, fügte er leise hinzu.

»Das ist leicht gesagt«, erwiderte ich. Ich wollte uns jedoch den Abend nicht verderben und wechselte das Thema.

Wunderbar, wieder in seinen Armen zu liegen, seine zärtliche Nähe zu spüren und zu wissen, irgendwann würde er für immer bei mir bleiben.

»Wir sehen uns bald wieder«, sagte er liebevoll, als er am nächsten Tag gegen Mittag abfuhr. Zwei Wochen später sollte die Jahresabschlussfeier unserer Firma stattfinden, zu der er mit Eva eingeladen war. Nicht nur unsere Direktion, sondern auch die Geschäftsleitung in München wusste inzwischen von unserer Beziehung. Ein unhaltbarer Zustand!

Ein paar Tage vor der Abschlussfeier hatte Rainer Geburtstag. Abends zuvor rief René an und bat mich, auf einen Kaffee zu ihm herüberzukommen. Seine lustige Art zu erzählen lenkte mich ein wenig von meinen Problemen ab.

Ich teilte Marco mein Vorhaben mit und bat ihn anzurufen, falls Dana aufwachte.

»Viel Spaß!« Er zwinkerte mir viel sagend zu.

Als ich kurze Zeit später zurückkam, meinte er beiläufig: »Übrigens, Rainer hat schon dreimal angerufen. Ich habe ihm gesagt, du seist bei René. Ich müsste Babysitten, ob und wann du wiederkämst, wüsste ich nicht!«

»Ich hatte dir doch gesagt, dass ich nur kurz bleiben wollte …«

»Na ja …«, erwiderte er lang gezogen, »ist auch egal. Ich gehe jetzt ins Bett! Gute Nacht!«

Meinem ersten Impuls folgend, wollte ich sofort zum Telefon greifen, aber dann stach mich der Hafer. Kurz nach zehn Uhr klingelte es wieder. Ich nahm nicht ab. Im Abstand von fünf bis zehn Minuten ging es so weiter, aber ich ließ es klingeln.

Durch das Läuten des fest neben meinem Bett installierten Telefons war an Schlaf überhaupt nicht zu denken. Doch das war mir die Sache wert. Um Punkt zwei Uhr nachts gab Rainer auf, und mit einem wohligen Gefühl schlief ich ein.

Obwohl er am nächsten Tag Geburtstag hatte, ließ ich tagsüber nichts von mir hören und wollte erst abends anrufen, doch dann kam mir Eva wieder zuvor.

»Gila, hast du etwa Rainers Geburtstag vergessen? Den ganzen Tag über schellte das Telefon, und immer wieder fragte er: ›Hat Gila noch nicht angerufen?‹ Er ist schon ganz kribbelig.«

Irgendwie erinnerte mich diese Begebenheit stark an ihre Worte, als Rainer im Krankenhaus lag. Trotzdem ließ ich mir noch eine Stunde Zeit, bis ich schließlich anrief.

Rainer sagte nur kurz: »Ich rufe gleich zurück!« Eva schien in der Nähe zu sein. Ein paar Minuten später meldete er sich.

»Alles Liebe zum Geburtstag, Rainer«, flötete ich ins Telefon und harrte dessen, was da kommen musste.

»Warum rufst du jetzt erst an?« Gefährlich heiser klang seine Stimme.

»Ich bin vorhin erst von der Arbeit nach Hause gekommen«, erwiderte ich mit betont harmloser Stimme.

»Und wo warst du gestern Abend?«

»Bei René«, antwortete ich und schwieg bedeutungsvoll.

»Das hab' ich gemerkt!«, fauchte er ins Telefon. »Die ganze Nacht über habe ich dich angerufen, doch du warst nicht zu Hause!«

Das stimmte zwar nicht, aber ich konnte ihm ja wohl schlecht vorhalten, er hätte bereits um zwei Uhr nachts aufgegeben. Also ließ ich den Vorwurf im Raum stehen, was seinen Verdacht völlig erhärtete.

»Den ganzen Tag über habe ich gekotzt, und das an meinem Geburtstag – nur wegen dir! So ein verdammter Mist! Kannst du nicht warten, bis ich wiederkomme?«

»Rainer, es tut mir ja so Leid …«

»So – Leid tut dir das?«, unterbrach er mich wütend. »Konntest du nicht zu Hause bleiben? Tausend Leute haben angerufen. Immer habe ich gehofft, du seist es. Ein schlechtes Gewissen hast du gehabt! Ich kenn' dich doch! Warum hast du dich jetzt eigentlich gemeldet?« Seine Stimme überschlug sich fast.

Ich berichtete ihm von Evas Anruf. Plötzlich wechselte er das Thema. Offensichtlich kam Eva gerade herein. Voller Zorn legte er auf. In Gedanken leistete ich dem armen René Abbitte, dass ich ihn für meine Zwecke so missbraucht hatte.

Mir graute vor der Jahresabschlussfeier, die an dem darauf folgenden Wochenende stattfinden sollte. Am liebsten wäre ich zu Hause geblieben, aber trotz des turbulenten Jahres stand ich vom Umsatz her wieder auf dem ersten Platz und musste daran teilnehmen.

Ich fragte Katrin, ob sie nicht Lust hätte, am Sonntagmorgen mit Marco und Dana ins Sauerland nachzukommen. Die Mitarbeiter würden wie jedes Jahr eine lange Wanderung unternehmen, auf der ich die Kinder ohne weiteres mitnehmen könnte. Abends, wenn das Showprogramm liefe, könnte sie mit den beiden Kindern wieder nach Hause fahren.

»Umgekehrt wär's besser«, bedauerte sie und lachte. »Wir lassen die Wanderung und kommen zum Showprogramm.«

Schließlich sagte sie zu, und ich konnte beruhigt losfahren.

Eine stark reduzierte, untereinander zerstrittene Bielefelder Mannschaft hatte sich in einem kleinen Ort im Sauerland eingefunden. Für mich mischte sich die unwahrscheinliche Spannung der privaten Kalamitäten zu der geschäftlichen Situation. Trotzdem setzte man Fröhlichkeit voraus. Nichts wünschte ich mir sehnlicher, als das Ganze schnell hinter mich zu bringen.

Nach dem offiziellen Teil mit der Ehrung der Jahresbesten und dem darauf folgenden Dinner sollte fröhlich gefeiert werden. Rainer saß bei Eva in der Gruppe der Kölner Verkaufsleitung. Einige Male blickte er zu uns herüber.

Ich litt. Es versetzte mir einen ziemlichen Stich, als ich Rainer an Evas Seite scheinbar froh und vergnügt ein Glas Wein trinken sah. Wie gern hätte ich an seiner Seite gesessen!

Kurz nach elf Uhr abends verschwand ich auf mein Zimmer. Ich wollte einfach allein sein, nichts von allem mehr hören oder sehen. Mir kam der Gedanke, gleich nach der Wanderung am nächsten Tag nach Hause zu fahren. Gerade hatte ich mich hingelegt, da rief Rainer an.

»Gila? Ich hab's mir doch gedacht, dass du in deinem Zimmer bist! Meinst du, ich leide unter der Situation weniger als du? Kann ich mal zu dir kommen?«

Ein paar Minuten später schloss er mich in seine Arme. Träumte ich oder war es Wirklichkeit? Unten im Festsaal feierte seine Frau ahnungslos und unbekümmert, hier oben hielt ihr Mann mich zärtlich in den Armen. Und in ein paar Wochen bereits sollten wir zusammen den Grundstein für ein neues Leben legen.

Ich fühlte mich hundsmiserabel.

Wie freute Rainer sich, als Dana am nächsten Morgen kam. Einfach süß schaute sie aus mit ihrem Pferdeschwänzchen, um das sie ein rotes Schleifchen trug, passend zur Lederhose. Ihre schwarzen Augen funkelten fröhlich, als sie Rainer erblickte. Während der ganzen Wanderung saß sie auf seinen Schultern und ›kämmte‹ ihm ausdauernd die Haare.

»Katrin, ich bleibe nicht bis heute Abend«, sagte ich leise, nachdem wir an der langen Kaffeetafel Platz genommen hatten. »So schön der Abend auch werden mag, die Situation belastet mich derart, dass ich schon nach dem Kaffeetrinken nach Hause fahre.«

»Und das Showprogramm?«, fragte Katrin mit großen Augen.

»… ist auch für mich gestrichen«, ergänzte ich bedauernd. »Du kannst mit Marco vorausfahren, Dana und ich kommen am frühen Abend nach.«

Zum ersten Mal bekam Katrin meine Situation durch Evas Anwesenheit hautnah mit. Zu Hause hatte sie immer nur Rainer und mich als Paar erlebt. Ich fühlte auch, dass viele Kollegen inzwischen von der Beziehung zwischen Rainer und mir wussten. Nur Eva war ahnungslos. Wie viel Schuld hatten wir inzwischen auf uns geladen!

Nach der Wanderung versuchte ich, unauffällig zu verschwinden, was sich als gar nicht so einfach herausstellte. Überall wimmelte es von Mitarbeitern. So verließen wir das Hotel durch den Hintereingang. Wie erleichtert war ich, als ich endlich im Auto saß!

Dietrich Lohmann schob meinen plötzlichen Abgang sicherlich auf meine private Situation, Eva dagegen auf die Spannung mit Lohmann. Damit fanden beide eine plausible Erklärung für mein Verschwinden. Drei Wochen sollte es noch dauern, bis sie endlich den wahren Grund meines vorzeitigen Verlassens der Feier erfuhren.

Weihnachten fühlte ich mich besonders einsam. Rainer rief zwar etliche Male an, fand aber keinen Anlass mehr zu kommen. Nach der Buchung unserer Reise nach Watson

Lake für den Februar konnte ich meine Unruhe kaum mehr zügeln.

Anfang Januar hielt ich es einfach nicht mehr aus und rief ihn an.

»Rainer«, sagte ich eindringlich, »ich brauche deine Hilfe. So geht es nicht weiter, ich kann mit dieser Lüge nicht mehr leben. Ich muss meinen inneren Frieden wieder finden und das Gefühl haben, zu dem zu stehen, was ich getan habe und weiterhin tun muss.«

»Gila, sei doch nicht so ungeduldig, bitte!«, drängte er mich. »Willst du für einen kurzen Augenblick die Ewigkeit aufgeben?«

»Ich möchte nichts aufgeben, am allerwenigsten dich, das weißt du. Aber schau mal, innerer Frieden beruht nicht auf Konfliktlosigkeit, sondern auf der Fähigkeit, mit Problemen fertigzuwerden.« Nervös drehte ich am Telefonkabel. »Ist es nicht eine gewisse Flucht vor dir selbst, die Aussprache mit Eva um des lieben Friedens willen vor dir her zu schieben? Je länger du sie aufschiebst, desto explosiver wird die Angelegenheit.«

»Gila, bitte versteh, ich brauche noch ein wenig Zeit«, meinte er unruhig. »Aber ich verspreche dir, sie weiß Bescheid, bevor wir fliegen!«

Die ersten zwei Wochen im Januar gingen vorüber, ohne dass etwas geschah. Ich lebte in einer Spannung, die kaum mehr auszuhalten war. Da rief Rainer eines Samstag morgens an.

»Gila, heute Abend gegen sechs Uhr bin ich bei dir.«

»Du kommst?«, fragte ich ungläubig. »Du kommst wirklich?« Nachdem ich einmal tief durchgeatmet hatte, fragte ich ihn vorsichtig: »Und wie willst du das anstellen?«

»Lass mich nur machen. Ich weiß schon, wie!«

Irgendetwas in seiner Stimme verbot mir, weitere Fragen zu stellen. So ließ ich meiner Vorfreude freien Lauf.

Der Samstag verging wie im Fluge. Für das Abendessen hatte ich mir etwas Besonderes einfallen lassen. Ich freute mich sehr auf unseren ersten gemeinsamen Abend am Kamin seit langer Zeit.

Es war genau fünf Minuten vor sechs Uhr, als das Telefon klingelte. Ich hob ab. Eva meldete sich. Mit einem eigenartigen Unterton fragte sie: »Gila, hast du Probleme?«
»Nein, wieso?«, fragte ich vorsichtig.
Gefährlich leise fragte sie zurück: »Und warum schreibt mir Rainer einen Zettel: ›Muss dringend zu Gila, sie hat Probleme‹?«
Meine sämtlichen Sensoren schlugen Alarm, mein Herz raste. Was nun? Wie sollte ich mich jetzt verhalten? Bitte, Eva, nicht am Telefon, dachte ich, bloß nicht am Telefon!
»Nein, Probleme in dem Sinne habe ich nicht«, antwortete ich ausweichend. »Doch vielleicht hat Rainer es so verstanden, als er heute Mittag anrief.« Aber ich hatte keine Chance mehr.
»Da stimmt doch was nicht. Das spüre ich ganz deutlich! Wann wollte Rainer kommen?«, fragte sie gedehnt.
Geradezu körperlich konnte ich ihr Misstrauen spüren. Trotzdem versuchte ich, möglichst unbefangen zu antworten: »Er müsste bald da sein. Soll er zurückrufen?«
»Bitte sofort!«, erwiderte sie scharf und legte auf.

Fünf Minuten später klingelte es wieder. Mein Gott, das ist bestimmt Eva! Was sollte ich nur machen? Bevor ich nicht mit Rainer gesprochen hatte, wollte ich weiteren Fragen ausweichen, und so schickte ich Marco ans Telefon. Er sollte ihr sagen, ich riefe zurück. Ich musste unbedingt Zeit gewinnen!
Erschrocken hörte ich, wie Marco unsere genaue Adresse durchgab. Nein, auf keinen Fall durfte sie herkommen! Das fehlte gerade noch! Drei Minuten später klingelte es wieder. Der arme Marco tat mir Leid. Eine unbeschreibliche Situation!
Da – ich horchte. Kam da nicht Rainers Auto? Gott sei Dank! Ich gab Marco ein Zeichen, er solle Eva gegenüber

davon noch nichts erwähnen. Ich wollte Rainer erst schonend auf die heikle Lage vorbereiten.

Ein paar Minuten später kam Rainer mit Whisky an der Leine zur Tür herein. Mir fiel zwar ein Stein vom Herzen, aber ich wusste: Der Augenblick der Wahrheit war gekommen.

Nach einer liebevollen Begrüßung meinte Rainer, er wolle schnell eine Runde mit Whisky laufen. Diese Zeit musste ich ihm noch zugestehen, bevor ich ihm von Evas Anruf erzählte.

Als er zurück war, sagte ich so ruhig wie möglich: »Rainer, Eva scheint Bescheid zu wissen! Sie hat mehrmals angerufen, als du auf dem Weg hierher warst. Ich vermute, sie will herkommen, denn sie hat Marco nach unserer Adresse gefragt.«

Abrupt wechselte er die Farbe. Sein Gesicht wurde grau.

»Ich wusste mir nicht mehr anders zu helfen, Gila«, erwiderte er hilflos.

In dem Augenblick klingelte wieder das Telefon.

Rainer ging an den Apparat – und gab alles zu.

Sicherlich war die indirekte Konfrontation mit ihr am Telefon leichter für ihn als eine persönliche Aussprache, aber wohl kaum die richtige Art. Um nicht alles mit anhören zu müssen, ging ich in die Küche. Es war schon furchtbar genug, was da geschah! Ohne dass ich es verhindern konnte, berichtete Rainer auch von unseren Auswanderungsplänen für den Sommer 1985 – ein Riesenfehler, wie sich später herausstellte. Damit konnte sie alle unsere Pläne zunichte machen, weil die beiden noch nicht geschieden waren. Doch wer will die Reaktion eines Menschen in solch einer Situation beurteilen?

Es war schlimm! Fast eine ganze Stunde dauerte das erste Telefonat. Viele sollten an diesem Abend noch folgen. Eva schien Entsetzliches durchzumachen, und ich litt mit ihr.

Völlig aufgewühlt kam Rainer nach dem Gespräch zu mir in die Küche, zog mich an sich und sagte leise: »Gila, halt mich fest! Dem Himmel sei Dank, dass dieser Druck weg ist!«

Er hatte sicher Recht, doch so sehr unsere Spannung auch gewichen war, so sehr traf dieser Strahl einen anderen Menschen. Froh konnte keiner von uns an diesem Abend sein, zumal wir dauernd wieder vom Klingeln des Telefons aufgeschreckt wurden.

Um am nächsten Morgen ein wenig auf andere Gedanken zu kommen, machten wir mit Dana und Whisky einen langen Spaziergang. Es lag noch hoher Schnee.
»Ich muss Whisky an der Leine lassen, denn das Haus und die Umgebung sind völlig fremd für ihn«, meinte Rainer, während er Dana auf dem Schlitten durch den Schnee zog. Whiskys undefinierbare Vorfahren hatten ihm einen enormen Jagdinstinkt vererbt. Aber lieb war er und ließ sich alles gefallen. Gleich hinter unserem Haus fingen die Ausläufer des Teutoburger Waldes an. Schon deshalb ließen wir ihn nicht frei herumlaufen, um ihn nicht in Versuchung zu führen.
»Mal sehen, ob Whisky den Schlitten zieht!«, meinte Rainer. Es ging ihm schon wieder etwas besser. Und ehe ich ihn davon abhalten konnte, spannte er Whisky vor Danas Schlitten. Ein gewaltiger Ruck, und Dana landete laut aufschreiend im Schnee. Whisky dagegen, die plötzliche Freiheit genießend und kläffend den leeren Schlitten hinter sich herziehend, verfolgte wie wild eine Hasenspur.
Rainer merkte plötzlich, welch großen Fehler er begangen hatte. Ein durchdringender Pfiff, doch Whisky rannte weiter und hängte dabei sogar den Schlitten im Gebüsch ab. Ein zweiter Pfiff, doch das Kläffen entfernte sich, bis wir es kurze Zeit später gar nicht mehr hörten.
»Das darf doch nicht wahr sein!«, schimpfte Rainer. »Dieser verrückte Hund! Ich muss sofort hinter ihm her!«
Besorgt schlugen wir den Heimweg ein in der vagen Hoffnung, ihn inzwischen zu Hause vorzufinden, aber weit und breit war kein Whisky zu sehen!
»Ich nehme das Auto und suche ihn«, sagte Rainer unruhig. Ich konnte ihm ansehen, wie ärgerlich er war. »Notfalls fahre ich quer durch den Wald. Wir müssen Whisky

finden, unbedingt! Es sind mehr als zwanzig Grad minus. Mit seinem kurzen Fell hat er kaum eine Überlebenschance, wenn er nicht von selbst zurückfindet! Außerdem zieht er die lange Leine noch hinter sich her. Wenn der arme Kerl damit im Gebüsch hängen bleibt …!«

Rainer fuhr los, um ihn zu suchen, doch ohne Erfolg.

Durch dieses Ereignis trat Eva, die erstaunlicherweise den ganzen Sonntag über nicht angerufen hatte, in den Hintergrund. Verzweifelt suchten wir den Hund. Nichts ließen wir unversucht, ihn zu finden. Überall riefen wir an, aber keiner hatte ihn gesehen. Ausgerechnet an diesem Wochenende musste das passieren, als ob nicht schon genug geschehen wäre.

Whisky blieb verschwunden. Abends musste Rainer völlig niedergeschlagen ohne ihn nach Hause fahren, wo Eva ihn erwartete.

»Bitte, ruf mich noch an, wenn du kannst. Notfalls aus einer Telefonzelle, ja?«, bat ich ihn, bevor er fuhr. Meine Gedanken begleiteten ihn. Ich wünschte den beiden von Herzen Kraft für die erste persönliche Aussprache. Mehr konnte ich momentan nicht tun.

Wider Erwarten rief Rainer bereits gegen elf Uhr abends an und berichtete, er sei allein zu Hause. Sein jüngerer Sohn aus Berlin habe ihn gerade telefonisch benachrichtigt, dass Eva am Sonntagmorgen mit der Bahn zu ihm gefahren sei und er sich erst einmal in der nächsten Zeit um sie kümmern wolle. Somit blieb Rainer zwar eine unmittelbare Konfrontation mit ihr erspart, aber wir wussten beide: Das war nur die Ruhe vor dem Sturm.

Montags gab es immer noch kein Zeichen von Whisky! Das Thermometer fiel unter fünfundzwanzig Grad minus. So einen kalten Winter hatte es seit Jahren nicht mehr gegeben. Wir konnten uns nur mit dem Gedanken trösten, dass vielleicht einem Spaziergänger der Hund mit der Leine aufgefallen war und er ihn mit nach Hause genommen hatte. Telefonisch klapperte ich sämtliche Tierheime ab und suchte ihn über eine Kleinanzeige, alles ohne Erfolg. Nachmittags kreuzte ich mit meinem Auto durch die Wälder und hoffte, irgendetwas auszumachen oder im frischen Schnee Spuren zu finden.

Niedergeschlagen dachte ich daran, wie der arme Kerl irgendwo in der Eiseskälte ohne Fressen oder Wasser herumirrte! Als gar nichts mehr half, setzte ich nochmals eine Anzeige in die Zeitung, diesmal jedoch mit einer Belohnung. Daraufhin bekamen wir eine Woche nach Whiskys Verschwinden endlich den entscheidenden Hinweis.

Krank wurde er in unser Haus getragen. Er konnte sich kaum noch aufrichten, war bis aufs Skelett abgemagert und zitterte am ganzen Leibe. Behutsam nahm ich ihn entgegen und schämte mich meiner Tränen nicht. Keine Nacht hätte er mehr durchgehalten!

Ich ließ ihn trinken. Vorsichtig fütterte ich ihn, damit er nicht gleich alles wieder ausbrach. Danach legte ich das zitternde Tier, in zwei Wolldecken eingewickelt, vor das wärmende Kaminfeuer. Sofort rief ich Rainer an, der überglücklich über diese Nachricht war.

Eva hielt sich noch immer bei ihrem Sohn in Berlin auf, der entschieden Partei für seine Mutter ergriff. Er richtete jetzt alle Waffen gegen seinen Vater, ohne diesen überhaupt anzuhören. Welche Argumente konnte Rainer auch schon vorbringen, außer einem gewissen Anspruch auf sein eigenes Leben?

Als Eva drei Wochen später zurückkehrte, fing das Martyrium für die beiden erst richtig an. Der Sohn hatte seine Mutter zurück in die Eifel begleitet und wohnte vorübergehend wieder bei ihr, damit sie diese schwere Zeit nicht allein durchmachen musste. Endlose Diskussionen, Vorwürfe, Ausbrüche, Weinkrämpfe und Nervenzusammenbrüche wechselten einander ab. Eva lebte nur noch von Tabletten, Rainer von Alkohol, um diese Phase ihres Lebens zu überstehen.

Whisky tat unsere Fürsorge sichtlich gut. Während er sich von Tag zu Tag mehr erholte, ging es Rainer immer schlechter. Eine Woche nach Whiskys Auffinden kam er zu uns. Ich erschrak über sein Aussehen. Die dunklen Ringe unter seinen Augen waren nicht zu übersehen. Er hatte stark abgenommen. Daneben bedrückte ihn noch ein anderes Problem.

»Gila, ich habe große Schwierigkeiten mit dem Kölner Verkaufsleiter. Du kannst dir ja wohl vorstellen, wie ärgerlich er über uns ist. Eva, als Umsatzbeste der Kölner Gruppe, fällt durch diese private Belastung sicher für kaum absehbare Zeit aus«, sagte er bedrückt, als er sich dicht neben mich auf die Couch setzte. »Obendrein hat er dafür gesorgt, dass die Nachricht von unserer Beziehung wie eine Bombe in allen Verkaufsleitungen einschlug! Dich kennt ja auch jeder!«

Er schwieg und legte ein paar Scheite in den Kamin. »Er hat mich gefragt, wie ich mir meine Tätigkeit in Köln in der Zukunft vorstelle«, fuhr er nach einer Weile fort. »Ich habe gesagt, ich wolle so lange bleiben, wie es eben möglich sei, ohne dass meine Arbeit dadurch beeinträchtigt würde.«

»Rainer, du weißt, wie ich darüber denke. Ich kann dir wirklich nur raten, so schnell wie möglich auszuziehen. Sieh mal, es ist nicht nur für dich, sondern auch für Eva besser. Das tägliche Leben miteinander ist unter dieser extremen Belastung nur noch eine Quälerei für euch.«

»Ja, ich glaube auch, lange schaffe ich es nicht mehr. Trotzdem kann ich noch nicht genau sagen, wann ich ausziehe. Gleich nach der Aussprache hat Eva zwar die Scheidung eingereicht, sie aber nach einer Woche bereits wieder zurückgezogen«, sagte er leise, lehnte sich zurück und schloss die Augen.

Ich schaute lange ins flackernde Feuer. Rainer legte noch ein paar Holzscheite nach und nahm mich in den Arm. Wohlig kuschelte ich mich an ihn. Obwohl der gewaltige Druck der vergangenen Heimlichkeiten gewichen war, belasteten uns die Gedanken an Eva. Glücklich waren wir nicht.

An einem Nachmittag Ende Januar rief Rainer aufgebracht an. Seine Stimme überschlug sich. »Anke hat mir die Hunde gepfändet!«

Ich verstand überhaupt nichts und fragte erschrocken zurück: »Wer hat was gepfändet?«

Rainer schien unter einer enormen Spannung zu stehen. Indem er tief Luft holte, versuchte er sich zu beruhigen.

»Eva war heute Vormittag bei Anke. Natürlich hat sie wieder ihr Herz ausgeschüttet. Dabei hat sie wohl auch erwähnt, wir beiden hätten vor, nach Kanada zu gehen.«

»Was sagst du da?«

»Es kommt noch schlimmer«, stieß er hervor. »Vor einiger Zeit hat Anke uns Geld geliehen. Jetzt befürchtet sie, es nicht mehr zurückzubekommen. Stell dir vor, vorhin ist sie doch wahrhaftig zum Gericht marschiert, hat eine Vollstreckung beantragt und die Hunde pfänden lassen, wenn nicht bis morgen das ganze Geld bezahlt ist!«

Ich war wie vor den Kopf geschlagen. »Anke? Das darf doch nicht wahr sein. Sie ist doch eure Freundin! Wie kann sie sowas machen?«

»Das siehst du ja!«, bemerkte Rainer bitter. »Wenn die Gefahr besteht, ein Schuldner könnte sich ins Ausland absetzen, kann gepfändet werden! Ich habe mich erkundigt, das stimmt! Sogar im Schnellverfahren!«

»Ja, aber Eva hat doch sicher nicht erzählt, dass du morgen nach Kanada auswanderst«, wandte ich ein, immer noch fassungslos.

»Ich weiß nicht, was sie erzählt hat. Jedenfalls klebt ein Siegel an der Zwingertür. Ich muss den Gerichtsvollzieher anrufen, wenn ich die Hunde heute Abend füttern will!«

Ich ließ mir von Rainer Ankes Telefonnummer geben und führte danach ein langes Gespräch mit ihr. Sie zeigte sich plötzlich von einer mir bisher unbekannten Seite. Unnachgiebig bestand sie auf der sofortigen Rückzahlung ihres Geldes. Erst nach einigen Verhandlungen war sie bereit, die Hunde noch am selben Abend freizugeben, unter der Bedingung, dass ich ihr umgehend den geforderten Betrag schickte.

Es blieb mir keine andere Wahl als zuzustimmen. Das hätte ich Anke nie und nimmer zugetraut. Doch unwillkürlich kam in mir der Gedanke auf: Hätte man es mir etwa als Evas Freundin zugetraut, jahrelang eine Beziehung zu ihrem Mann zu unterhalten?

Jener Abend hatte es in sich. Gegen sieben Uhr abends ging erneut das Telefon.

»Gila?« Es war Rainer. Er schluchzte.

»Mein Gott, Rainer, was ist los?«

»Gila, leb wohl, für immer! Leb wohl, und pass gut auf die Kleine auf!« Er schluchzte nochmals und legte auf.

O Gott! Mein Herz raste. Er tut sich etwas an! Meine Gedanken überschlugen sich. Nach allem, was er durchgemacht hatte, war es ihm durchaus zuzutrauen! Was sollte ich tun? Hier saß ich nun, 300 Kilometer von ihm entfernt.

Ich rief Christa an, eine Bekannte aus dem kleinen Ort, in dem er wohnte, die sich als einzige aus Evas Freundeskreis bisher einigermaßen neutral verhalten hatte.

Aufgeregt schilderte ich ihr die drohende Gefahr und bat sie, sofort zu Rainer zu fahren, der nicht mehr zu Hause schlief, sondern in einem Wohnwagen auf dem großen Grundstück in der Nähe seiner Hunde.

Kurze Zeit später rief sie mich aufgeregt zurück.

»Er lässt keinen an sich heran! Stell dir vor, er hat sich in seinem Wohnwagen verbarrikadiert und reagiert überhaupt nicht! Mir wird Angst und Bange. Ich befürchte wirklich, dass er sich was antut. Er hat sein Gewehr bei sich! Was sollen wir bloß machen?«

»Ich rufe Manfred an. Vielleicht kann der etwas erreichen!«, entschied ich blitzschnell und ließ mir seine Telefonnummer geben. Manfred war mit Rainer befreundet. Gemeinsam waren sie in Kanada gewesen.

Zum Glück meldete Manfred sich sofort. Aufgeregt bat ich ihn, nach Rainer zu sehen oder die Polizei zu benachrichtigen.

Endlose Minuten vergingen. Nach einer halben Stunde rief Manfred zurück und sagte: »Gila, es ist besser, wenn du kommst. Er reagiert einfach auf gar nichts. Die Einzige, die jetzt noch etwas ausrichten kann, bist du. Setz dich ins Auto und komm!«

Ich ließ alles stehen und liegen und erreichte gegen Mitternacht nach dreistündiger Fahrt Rainers Grundstück. Im Dunkeln tastete ich mich zum Wohnwagen durch. Drinnen war kein Licht.

Mein Herz klopfte zum Zerspringen. Die Tür des Wohnwagens war wider Erwarten nicht verschlossen und gab nach. Rainer lag angezogen auf der Bank, mit seinem Parka zugedeckt, und atmete! Gott sei Dank!

Schlagartig fiel die Spannung von mir ab. Ein paar Minuten blieb ich mit geschlossenen Augen ganz still stehen.

Dann zündete ich die kleine Lampe an und sah die leere Whiskyflasche neben ihm. Wie viel er getrunken hatte, konnte ich nicht abschätzen. Vom Alkohol stirbt er nicht, beruhigte ich mich.

Ich ging zu ihm hin, deckte ihn mit seinem Parka richtig zu und flüsterte in sein Ohr: »Rainer?«

Keine Reaktion. Gut. Er würde mit Sicherheit vor morgen früh nicht aufwachen, dazu kannte ich ihn zu gut. Nachdem ich ihm ein paar Zellen geschrieben und den Zettel unter seinen Autoschlüssel gelegt hatte, tastete ich mich in der Dunkelheit zurück zu meinem Wagen.

Es war zu spät, um Christa oder Manfred noch zu stören. Ich würde wieder nach Hause fahren, weil Rainer in seinem Alkoholrausch nicht in Gefahr war. Während der langen Fahrt nach Bielefeld kam ich langsam zur Ruhe.

Am nächsten Tag rief Rainer an und sagte leise: »Gila, das vergesse ich dir nie!«

»Ist schon gut.«

»Die letzte Nacht hat mir gezeigt, dass ich hier weg muss, schnellstens! Ich muss zur Ruhe kommen, sonst drehe ich wirklich durch.«

Er bat mich, einen Wagen zu organisieren, der die zwölf Huskies und Whisky mitsamt seinen Sachen nach Bielefeld bringen sollte.

Katrin bot sich an, zusammen mit ihrem Verlobten Ulli die Hunde-Aktion in dessen VW-Bus zu starten. Drei Tage später sollte es losgehen. Vorher hatte uns Walter, der Vermieter unseres Hauses, ein großes Stück Weide zur Verfügung gestellt, das Rainer als Zwinger einzäunen konnte. In einiger Entfernung lag das Anwesen eines bekannten Industriellen, doch unserer Meinung nach war es zu weit entfernt, als dass er sich durch das Heulen der Huskies gestört fühlen konnte.

»Wie lange wirst du brauchen, um den Zwinger zu bauen?«, fragte ich Rainer am Telefon.

Er überlegte. »Ich schätze, ungefähr drei Tage.«

»Und wo bleiben die Hunde während dieser Zeit?«

»Gila, du hast doch 'ne große Küche, dazu das riesige Wohnzimmer. Das Schlafzimmer könnten wir auch nehmen. Nur den Kamin dürfen wir in dieser Zeit nicht anmachen.«

»Zuzutrauen wäre dir das«, brummte ich und wunderte mich über seinen makabren Humor. Mir war der Schreck in alle Glieder gefahren.

»Nein, beruhige dich«, fuhr Rainer fort, »während dieser Zeit leine ich die Hunde an einem Stake-out an. Das ist ein Stahlpflock, dessen Ketten miteinander verbunden sind.«

Meine Idee, Rainer solle erst allein kommen, in Ruhe den Zwinger bauen und dann die Hunde nachholen, verwarf er, weil er verständlicherweise die Hunde jetzt nicht mehr allein lassen wollte.

Abends trafen zwei Autos voller Sibirischer Schlittenhunde mit einer gewaltig gestressten Katrin bei uns zu Hause ein. Völlig entnervt – und das hieß etwas bei ihr – nahm sie mich zur Seite und schüttelte den Kopf. »Gila, du glaubst gar nicht, wie furchtbar das war! Eva stand im Zwinger, hielt eine Latte hoch und drohte wild, jeden zu erschlagen, der die Huskies herausholen wollte. Du glaubst nicht, wie lange es gedauert hat, ehe wir an die Hunde herankamen! Sie ist völlig durchgedreht!«

Ich bekam eine Gänsehaut. Mit einemmal empfand ich die Hektik als wohl tuend, da sie mir weiteres Nachdenken ersparte. Erst mussten die Hunde und danach die ganze

Mannschaft versorgt werden. Es waren immer noch fast zwanzig Grad minus, als Ulli und Rainer die Hunde ausluden. André und Marco halfen mit, jede Hand wurde jetzt gebraucht.

»So, jetzt haben wir ein wenig Ruhe«, meinte Rainer erschlagen, als alles erledigt war. Man sah ihm die Anstrengungen der letzten Tage deutlich an.

»Hat Katrin dir erzählt, was im Zwinger vorgefallen ist?«, fragte er mich mit bewegter Stimme.

»Ja«, antwortete ich kurz.

»Jetzt müssen wir nur noch die Hunde füttern. Kommst du mit und hilfst mir mit den Wassernäpfen?«

Ich nickte. Trotz der Kürze des Weges fuhren wir mit dem Auto zur Weide, um Wasser und Futter dorthin zu transportieren. Stockdunkel war es. Nur die Scheinwerfer des Autos durchbrachen die Finsternis. Außer einer Taschenlampe, die ich in der Hand hielt, gab es nirgendwo Licht. Dann hörten uns die Hunde – und da brach die Hölle los: ein ohrenbetäubendes Gekreische begann. Ich stand wie erstarrt.

Sie hörten nicht auf! Nervös durch den Wechsel der Umgebung und die lange Autofahrt, versuchte einer den anderen zu übertönen. Auch war es ungewohnt für sie, am Stake-out zu liegen. Sie rissen und zerrten unter furchtbarem Lärm an ihren Ketten. O nein, grauenvoll, einfach grauenvoll hörte es sich an!

Gerade hatte Rainer die ersten vier Hunde der Rangordnung nach gefüttert, als es geschah: Zwei Huskies verhakten sich am Hals mit ihren Stahlketten und verbissen sich ineinander. Die anderen wollten in alter Gewohnheit auf die Beißer los, wurden aber durch ihre Ketten daran gehindert.

Laut fluchend schlug Rainer in der Dunkelheit mit einer Holzlatte auf die Hunde ein, die immer noch ineinander verhakt waren. Plötzlich sah ich, wie sich einer dieser Hunde drehte und ein ersticktes Gurgeln von sich gab. Jetzt stranguliert er sich, dachte ich völlig außer mir. Trotz der Gefahr versuchte ich, die beiden voneinander zu lösen.

»Hör auf, Gila!«, schrie Rainer und stand plötzlich neben mir. Mit ein paar geübten Handgriffen befreite er die beiden schließlich. Gott sei Dank!

Da – ein Schrei durchbrach die Nacht. Rainer!

»Mein Finger! Mein Finger ist ab! Die Biester haben mir meinen Finger abgebissen!«

Nein, nicht das noch!, dachte ich entsetzt. Mit zitternden Fingern richtete ich den Strahl meiner Taschenlampe auf seine Hand. O mein Gott! Das oberste Glied seines rechten Mittelfingers hing nur noch an einem winzigen Hautfetzen und blutete stark.

»Komm, sofort ins Krankenhaus!«, rief ich und warf den Wagen an. Rainer stieg ein. Vorsichtig hielt er seine Hand hoch. Nachdem ich den Finger mit einem Taschentuch umwickelt hatte, brauste ich los. Zum Glück lag das Krankenhaus nur ungefähr fünf Autominuten entfernt. Sofort kam Rainer in den OP.

Ein junger Assistenzarzt hatte Dienst. Von allen Seiten sah er sich den Finger an. »Den müssen wir wohl ganz abnehmen. So ein Hundebiss hat es in sich!«, stellte er fest.

Doch Rainer entschied: »Amputieren können wir immer noch! Annähen bitte!«

»Das kann ich nicht verantworten. Schon wegen der Infektionsgefahr besteht überhaupt keine Heilungschance. Es handelt sich ja schließlich nicht um einen glatten Schnitt, sondern um eine bakterienverseuchte Bissverletzung. Sie bringen sich damit unnötig selbst in Gefahr.«

»Annähen bitte«, meinte Rainer unbeirrt mit schmerzverzerrter Stimme.

Nach langen Diskussionen mit mehreren telefonischen Rückfragen bei seinem Chef nähte der Arzt die Fingerkuppe an. »Das wird sowieso nichts. Aber gut, wenn Sie es besser wissen!« Dann schiente er den Finger und schützte ihn durch einen dicken Verband.

»So, jetzt lasse ich Sie erst einmal auf die Station bringen. In den nächsten vierundzwanzig Stunden hänge ich Sie an einen Infusionstropf mit Antibiotika. Ungefähr in einer Woche können Sie dann wieder nach Hause. Bis dahin haben wir Ihren Finger sowieso abgenommen«, prognostizierte er düster.

»Danke fürs Nähen! Komm, Gila!«, entgegnete Rainer und richtete sich auf. Unter lautem Protest des jungen Arztes verließen wir den OP.

Unterwegs nach Hause sah ich ihn von der Seite an. Trotz der Schmerzen machte er einen zufriedenen Eindruck. Ich konnte mir ein Lachen kaum verbeißen.

»Wie sollte dein Finger im Krankenhaus auch heilen, wo er mit so viel Unglauben und Zweifel angenäht wurde?«

»Eben!«, knurrte er nur. Ich verstand ihn.

Während Rainer im OP war, hatte ich mir Gedanken darüber gemacht, wie es nun mit dem Zwingerbau weitergehen sollte. Rolf, der Mann von Danas Patentante Gabi, wollte uns helfen. Er hatte sich von jeher sehr gut mit Rainer verstanden. Noch vom Krankenhaus aus hatte ich ihn angerufen. Er versprach mir, trotz der späten Stunde für den nächsten Tag eine Notmannschaft zusammenzutrommeln. Die Huskies mussten unbedingt ruhig werden; dieser Lärm war unerträglich.

Zu Hause angekommen, mussten wir zunächst die restlichen Hunde füttern. Innerlich bebte ich vor diesem entnervenden Kreischen, ich konnte Rainer aber nicht allein lassen mit seinem stark schmerzenden geschienten Finger und fuhr mit zur Weide. Panik kam in mir hoch, als die Huskies wieder loslegten.

Es war inzwischen weit nach Mitternacht, als plötzlich ein Auto laut hupend an die Weide heranfuhr. Es war der Jeep des benachbarten Industriellen. Völlig zu Recht beschwerte er sich über den ohrenbetäubenden Lärm. Beschwichtigend versuchte ich ihm die verrückte Situation zu erklären und versprach ihm, dass die Hunde am nächsten Tag mit Sicherheit ruhiger wären.

Wegen des entsetzlichen Lärms nahmen wir sechs Hunde mit nach Hause und sperrten sie für diese erste Nacht in den großen gefliesten Waschkeller ein, wo sie nichts anrichten konnten. Unter markerschütterndem Gejaule kratzten sie an der Kellertür. An Schlaf war nicht zu denken, zumal auch Rainer die ganze Nacht über gegen seine starken Schmerzen ankämpfte.

Trotz der extremen Kälte halfen am nächsten Tag viele mit, den Zwinger zu bauen. Ich schickte einen riesigen Blumenstrauß zu den Nachbarn als Entschuldigung für die nächtliche Ruhestörung.

Ein paar Tage später war die große Weide eingezäunt. Jetzt konnten die Hunde endlich frei herumlaufen.

Und doch blieben sie unruhig. Täglich hagelte es neue Beschwerden. Wir versuchten, den Nachbarn zu erklären, das Geheule sei eine Folge der Umstellung. Sie zeigten Verständnis und wollten abwarten.

»Die Huskies heulen schon wieder«, sagte ich eines Morgens beunruhigt zu Rainer, nachdem ich wieder angerufen worden war.

»Ich fahre jetzt mal rüber zu dem Landhaus«, entschied Rainer und nahm seinen Autoschlüssel. »Ich glaube das einfach nicht. Die Villa liegt viel zu weit entfernt. Ich will mich mal vor Ort davon überzeugen, wie stark der Lärm ist. Bis gleich.«

Betroffen musste er feststellen, dass der Lärm sehr wohl zu den Nachbarn hinüberdrang und durch den Wald und den Wind noch verstärkt wurde. Wir waren völlig ratlos.

»Macht euch keine Sorgen, sondern fahrt erst einmal in Ruhe nach Kanada«, sagte Renate beschwichtigend, deren Haus vom Hundelärm nicht betroffen war. »Vielleicht brauchen die Hunde eine längere Zeit, um sich umzustellen. Wenn ihr zurückkommt, hat sich die Unruhe vermutlich gelegt.«

Tröstend erzählte sie uns, die Nachbarn flögen nach unserer Rückkehr für vier Wochen in Urlaub, sodass wir noch eine weitere Gnadenfrist erhielten.

»Was aber tun wir, wenn die Hunde immer noch einen derartigen Lärm machen?« Ich fühlte mich hilflos.

»Darüber könnt ihr noch nachdenken, wenn ihr wieder zurück seid«, meinte sie beruhigend.

Rainer ließ seine Verletzung täglich von unserem Hausarzt versorgen, der zwar keine Prognose über die Heilung wagen wollte, doch auch unserer Meinung war, mit gesundem Optimismus und starkem Glauben könnte das Fingerglied wieder anwachsen, obwohl der Knochen völlig durchgebissen war.

Mehrmals täglich rief Eva an, drohte Rainer, sich zu Tode zu hungern, falls er nicht zu ihr zurückkehrte, und sorgte damit für gedrückte Stimmung bei uns. Die Versicherungsgesellschaft machte Rainer Schwierigkeiten wegen seines plötzlichen Wohnortwechsels, wollte ihm wegen des Unfalls keine Lohnfortzahlung gewähren und kündigte ihm. Obendrein verklagte ihn Anke noch auf Zahlung der Zinsen für den geliehenen Betrag. Auch die Huskies machten weiterhin fürchterlichen Krach. Und in dieser Stimmung bereiteten wir unsere Reise nach Watson Lake vor.

Welchen Preis mussten wir noch zahlen für unser Zusammenleben? Das Bedürfnis nach Ruhe und Frieden wurde so stark in mir, dass ich die Abreise kaum mehr erwarten konnte.

Eines Abends rief Rainers ältester Sohn an und teilte ihm besorgt mit, Eva sei morgens ins Krankenhaus eingeliefert worden. Seit längerer Zeit habe sie keine Nahrung mehr zu sich genommen, liege jetzt auf der Intensivstation und werde künstlich ernährt. Es gehe ihr sehr schlecht, da sie sich aufgegeben habe.

Bestürzt über diese Nachricht rief Rainer umgehend den behandelnden Arzt im Krankenhaus an. Er erhielt die Auskunft, dass Eva überhaupt keinen Lebenswillen mehr habe. Die nächsten Tage seien äußerst kritisch.

Mein Herz krampfte sich zusammen. Was hatten wir getan! Wenn ihr nun wirklich etwas zustieß – und wir hatten sie auf dem Gewissen? Es heißt immer, jeder Mensch sei für sich selbst verantwortlich, doch was ist, wenn ein Mensch Hilfe braucht und keine klaren Entscheidungen mehr treffen kann, wie es bei Eva der Fall zu sein schien?

Selbst wenn man berücksichtigte, dass sie mit ihrem Verhalten Rainers Rückkehr erzwingen wollte, war sie doch seelisch so geschwächt, dass sie für sich selbst keine Verantwortung mehr tragen konnte.

Gab es ein Zurück? Völlig verstört über diese Nachricht wusste ich keinen anderen Ausweg mehr, als mit Rainer über die Konsequenzen zu sprechen. In sich gekehrt saß er auf der Treppenstufe im Flur, wo er gerade seine Stiefel anzog. Betroffen setzte ich mich zu ihm.

»Rainer, wenn jetzt wirklich etwas passiert, werden wir unseres Lebens nicht mehr froh!«

»Ja, und? Was sollen wir machen?«, fragte er bitter.

»Ich weiß es auch nicht, wirklich nicht«, entgegnete ich hilflos. »Willst du nicht lieber erst einmal zurückgehen zu ihr? Die Hauptsache ist doch jetzt, dass sie über den Berg kommt!«

»Gila, selbst wenn du mich und die Hunde auf die Straße setzen würdest, nie wieder ginge ich zu Eva zurück! Nie wieder!«, stieß er hervor. Damit war das Thema für ihn beendet. Ohne ein weiteres Wort zu verlieren, ging er nach draußen, um die Hunde zu füttern.

Fast täglich hielt Rainer Kontakt mit dem Krankenhaus. Eva wurde immer noch künstlich ernährt. Kurz vor unserer Abreise erfuhren wir dann, ihr Zustand habe sich ein wenig stabilisiert. Sie werde ständig psychologisch betreut.

Plötzlich begann sie, Briefe an Rainer zu schreiben. Mehrmals am Tag rief sie bei uns an und erzählte ihm glücklich, sie schicke sich selbst täglich einen seiner alten Briefe, die sie über lange Jahre aufgehoben hatte, ins Krankenhaus. Für mich war es furchtbar, miterleben zu müssen, was sie durchmachte, auch wenn ich nur bis zu einem gewissen Grad dafür verantwortlich war. In Rainer und mir wurde der Wunsch nach einem friedlichen Leben in Kanada übermächtig. Wir wollten endlich diesem Dilemma entfliehen.

Kapitel 8

> *Der Mensch muss lernen*
> *den Lichtstrahl aufzufangen*
> *und zu verfolgen,*
> *der in seinem Inneren aufblitzt.*
> (Ralph Waldo Emerson)

Im August 1985 wollten wir auswandern, vorher aber in Watson Lake feststellen, welche geschäftlichen Möglichkeiten sich uns auftaten und gegebenenfalls dort auch gleich ein Haus kaufen. Mit unserer großen Familie und obendrein noch dreizehn Hunden mussten wir von vornherein unser neues Zuhause in Kanada kennen.

Oft malten wir uns unsere Zukunft fantasievoll aus, wie es sein würde, dort zu leben, zu arbeiten und endlich den Frieden zu finden, den wir suchten. Beide wussten wir, die Auswanderungsgenehmigung erhielten wir nicht nur aufgrund des vorhandenen Kapitals. Der Glaube an die Verwirklichung unserer Gedanken spielte die entscheidende Rolle.

Ende Februar 1985 traten wir unsere vierzehntägige Reise nach Kanada an.

Endlich saßen wir in der kleinen Maschine, die uns nach Watson Lake bringen sollte. In Edmonton hatten wir übernachtet und waren schon einige Male umgestiegen.

»Wir fliegen verhältnismäßig tief«, bemerkte Rainer, dem es schlagartig besser zu gehen schien, seit wir in Edmonton kanadischen Boden betreten hatten. Fasziniert schaute er aus dem Fenster. Majestätisch erhoben sich unter uns die gewaltigen Rocky Mountains aus der weißen Weite. Nur selten tauchte mal eine kleine Ortschaft aus dem Schnee auf. Ich hing meinen Gedanken nach.

»Ob vielleicht jemand am Flughafen steht und uns erwartet?«, rätselte ich. »Eigentlich müsste doch jemand kommen, meinst du nicht?«

»Hast du denn unsere genaue Ankunft avisiert?«

»In meinem letzten Brief habe ich dem Bürgermeister mitgeteilt, wann wir eintreffen.«

»Dann kommt auch bestimmt jemand, wart's ab«, meinte Rainer und lehnte sich in seinem Sitz zurück, um die Tageszeitung von Edmonton zu studieren.

Außer uns befanden sich inzwischen nur noch wenige Fluggäste an Bord. Jetzt schien das Flugzeug fast die verschneiten Baumwipfel zu streifen. Es setzte zur Landung an! Gebannt starrten wir aus dem Fenster. Voller Erwartung nahm ich die Filmkamera, um diesen spektakulären Augenblick unserer Ankunft in Watson Lake für uns und die Nachwelt festzuhalten.

Als wir uns von unseren Plätzen erhoben, sprach uns eine Dame, die hinter uns gesessen hatte, freundlich an und fragte, ob wir Urlaub machen wollten in Watson Lake.

Ich nickte.

»Dann müssen Sie die Gäste aus Deutschland sein! Ich habe Ihren Brief an den Bürgermeister gelesen. Übrigens, er ist sogar hier an Bord. Sehen Sie, der Herr drüben vor dem Ausgang, das ist er! Hello, Dale!«, rief sie ihm zu. »Hier sind die Gäste aus Deutschland!«

Na, das war ja großartig! Überrascht winkte ich ihm zu. Er hob die Hand zum Gruß und stieg aus.

Als wir die kleine Maschine verlassen hatten, schaute ich mich erwartungsvoll um, erblickte aber nur das verschneite Rollfeld und eine kleine Baracke, auf die die wenigen Fluggäste zusteuerten. Von dort aus würden wir sicherlich in das Flughafengebäude gelangen. Wie abenteuerlich, dachte ich, als ich hinter den anderen herging.

Zugegeben, es dauerte etwas länger, ehe ich begriff: Das war der Flughafen von Watson Lake! Ich schluckte und fragte Rainer: »Siehst du den Bürgermeister irgendwo?«

»Nein«, entgegnete Rainer verwundert, »verschwunden ist er, ohne jede weitere Begrüßung! Er scheint wohl nicht im Dienst zu sein.«

Auch die Dame, die uns angesprochen hatte, war nirgends zu sehen. Außer einem Herrn am Schalter und uns befand sich inzwischen niemand mehr in der Baracke.

Rainer versuchte zu scherzen: »Gila, ich nehme an, du hast der Olympiamünze zu viel Bedeutung beigemessen.« Ich begriff das alles nicht. Na ja, lassen wir das, dachte ich ein wenig enttäuscht. Erst jetzt schaute ich mich um.

»Träume ich, oder ist das wirklich Watson Lake?«, fragte ich Rainer irritiert, der sich eigentümlich ruhig verhielt. Wie zwei begossene Pudel standen wir da. Nachdem ich mich einigermaßen von der Überraschung erholt hatte, fragte ich den Herrn am Schalter nach einem Taxi. Wortkarg verwies er uns aufs Telefon. Wie froh war ich, einen kanadischen Quarter bei mir zu haben, um überhaupt telefonieren zu können.

Der Flughafen wurde hinter uns geschlossen; um uns herum weit und breit nichts als Schnee. Meterhoch lag er auf dem Dach der Baracke und schien diese schier erdrücken zu wollen. Ein eisiger Wind fegte uns um die Ohren, während wir in klirrender Kälte eine geschlagene Dreiviertelstunde auf ein Taxi warteten, das uns, durchgefroren bis auf die Knochen, zu unserem Hotel bringen sollte.

Mein Kinn war eingefroren, von meinen Füßen ganz zu schweigen. Erst beim zweiten Anlauf brachte ich überhaupt einen Ton heraus und krächzte den Taxifahrer an: »Wo können wir hier am günstigsten einen Leihwagen mieten?« Ich hatte keinesfalls vor, nochmals derart lange irgendwo in der Kälte zu stehen.

»Einen Leihwagen?«, bemerkte dieser erstaunt und sah mich verständnislos an. »Was wollen Sie denn damit?«

»Nun«, entgegnete ich, inzwischen leicht gereizt, »wir haben so einiges zu erledigen in Watson Lake. Dazu brauchen wir logischerweise ein Auto.«

»Also, was Sie in Watson Lake zu erledigen haben, können Sie auch zu Fuß schaffen, es sei denn, Sie haben was mit den Beinen. Dann rufen Sie besser ein Taxi. Das ist immer noch preiswerter.«

So kann man auch Geschäfte machen, dachte ich etwas verärgert. Rainer, der vorn saß, sagte keinen Ton. Ich wurde den Verdacht nicht los, dass er grinste – und ich war kurz vorm Platzen! Schwer lag mir noch der herzliche Empfang durch den Bürgermeister im Magen.

Nachdem wir eine Straßenkreuzung passiert hatten, erreichten wir das Hotel. Ich wunderte mich zwar über die ungünstige Lage außerhalb des Ortes, doch erst einmal wollten wir einchecken. Wenigstens die Dame an der Rezeption empfing uns freundlich.

»Herzlich willkommen bei uns in Watson Lake! Nun können Sie sich ausruhen und in unserem Restaurant etwas essen. Sie haben ja noch einiges vor in den nächsten Tagen!«

»Oh«, meinte ich erstaunt, »Sie kennen den Grund unseres Aufenthaltes in Watson Lake?«

»Aber natürlich!«, wandte sie überrascht ein. »Ich habe doch Ihre Briefe gelesen, die Sie geschrieben haben! Dale, der Bürgermeister, hat sie uns gezeigt!«

Mir kam so langsam der Verdacht, dass es in ganz Watson Lake niemanden gab, der unsere Briefe nicht gelesen hatte. Aber gut, wir wollten zuallererst die Koffer hinaufbringen und etwas essen, um uns dann auf den Weg in den Ort zu machen.

Nach dem Abendessen gingen wir los. Wir suchten Watson Lake. Lange brauchten wir nicht, um zu merken, die Straßenkreuzung mit den paar Geschäften und Häusern – das war Watson Lake! Was wollte ich eigentlich noch mehr: Unser Hotel stand doch mitten in der City, wirklich sehr zentral gelegen!

Plötzlich verstand ich auch den Taxifahrer und musste trotz der Riesenenttäuschung über mich lachen, obwohl mir eigentlich zum Heulen zumute war.

»Gila, das ist mein Traum! Hier gefällt es mir! Hier bleiben wir!«, versicherte mir Rainer unterwegs begeistert.

Ich fiel aus allen Wolken. Wie sollten sich hier zwei halbwüchsige Jungen wohl fühlen, die in der Nähe einer Großstadt aufgewachsen waren? Hinter der Kreuzung war die Welt zu Ende. Nicht mal ein Kentucky Fried Chicken Restaurant gab es hier, in dem die herrlichen, in Teig gebackenen Hähnchenteile verkauft wurden, die ich für mein Leben gern aß.

Der nächste Ort war Whitehorse, die Hauptstadt der Yukon Territories, und die lag fünfhundert Kilometer weit entfernt! Außerdem befand sich an der Straße ein gut sortiertes Geschäft für Touristen-Ausrüstungen, dem wir mit unserem Vorhaben vermutlich ein Dorn im Auge wären. Vielleicht gehörte dieses sogar dem Bürgermeister? Ging meine Fantasie mit mir durch? Wie auch immer – ich bliebe nicht hier.

Heftige Diskussionen setzten ein, als ich vorzuschlagen wagte, am nächsten Tag nach Whitehorse weiterzufliegen. Rainer wollte unbedingt bleiben, ich dagegen für kein Geld der Welt! Er merkte, wie ernst es mir damit war. Tief beleidigt sprach er kein Wort mehr mit mir. Doch ich musste von hier weg! Den ganzen Tag über versuchte ich, an ihn heranzukommen, bis er abends endlich bereit war, sich meine Argumente anzuhören.

Am nächsten Tag war er immer noch verärgert, es blieb ihm jedoch nichts anderes übrig, als mitzugehen, um sich nach einem Weiterflug nach Whitehorse zu erkundigen. Erst vier Tage später ging die nächste Maschine. Diese Tage waren verloren, ganz zu schweigen von den Spannungen zwischen uns, die nicht geringer wurden, je länger wir uns in Watson Lake aufhielten.

Den Gedanken an einen Leihwagen verwarf ich, weil dieser wieder nach Watson Lake zurückgebracht werden musste. Da kam ich auf die Idee, mich nach einem Bus zu erkundigen. Und wir hatten Glück! Um Mitternacht fuhr ein Bus nach Whitehorse, der am nächsten Morgen gegen sieben Uhr dort eintreffen sollte.

Wir standen in dem kleinen Laden, die beiden Tickets waren bereits ausgestellt, als ich mit meiner Master Card bezahlen wollte, wie das in Kanada so üblich ist.

»Sorry, Madam, wir nehmen nur Bargeld«, bedauerte der Kassierer.

Ich bat ihn: »Bitte, legen Sie die Tickets zurück. Ich muss

erst zur Bank gehen und Geld holen. Wir kommen gleich wieder.«

Gleich nebenan befand sich die kleine Bank, die glücklicherweise geöffnet hatte.

Mich traf fast der Schlag, als ich hörte, dass die einzige Bank in Watson Lake keine Master Card akzeptierte, und Travellerschecks hatte ich nicht!

Hier stand ich nun in einem kleinen Ort, besser gesagt: an einer Straßenkreuzung mitten in den Rocky Mountains, mit nur ein paar Dollars in der Tasche und einer Kreditkarte, die ohne die richtige Bank nichts wert war. Der nächste Ort lag himmelweit entfernt – unerreichbar, weil wir nicht mal Geld für die Busfahrt dorthin hatten! Rainer genoss die Lage sichtlich.

Wahrscheinlich wären wir in Watson Lake verhungert, wenn mir nicht siedend heiß die beiden Hundertmarkscheine in meiner Handtasche eingefallen wären, die ich als stille Reserve bei mir trug. Meine einzige Hoffnung war, dass man hier schon mal deutsches Geld gesehen hatte und es nicht erst nach Vancouver zur Überprüfung schickte, wie mir das vor Jahren bei meinen Freunden Edith und Gary in Ontario passiert war.

Erleichtert beobachtete ich, wie die Dame die deutschen Banknoten in Dollars einwechselte. Danach konnten wir endlich die Busfahrkarten einlösen.

Nachts schleppten wir die schweren Koffer einen halben Kilometer weit zur Bushaltestelle und warteten wieder in der Eiseskälte auf den Bus. Rainer, immer noch ärgerlich, weil er seinen Traum so schnell aufgeben sollte, sprach nur das Nötigste mit mir.

Die endlos scheinende Busfahrt durch die Dunkelheit verschlief er. Als endlich gegen Morgen die ersten Lichter von Whitehorse auftauchten, weckte ich ihn. Ich war erleichtert, wieder in der Zivilisation gelandet zu sein, denn Whitehorse war immerhin eine Stadt von damals sechzehntausend Einwohnern. Übermüdet bezogen wir ein Hotelzimmer, um noch ein wenig Schlaf nachzuholen.

»Komm, wir sehen uns Whitehorse mal richtig an!«, versuchte ich, Rainer ein wenig aufzumuntern, der nach wie vor sehr wortkarg war.

»Als erstes nehmen wir uns einen Wagen, damit wir mobil sind«, knurrte er und zog seinen Parka an. Froh, Watson Lake entronnen zu sein, hakte ich mich bei ihm ein. Ich war gespannt auf die Hauptstadt der Yukon Territories.

Beim Mittagessen fiel uns ein Plakat ins Auge über ein 700-Meilen-Husky-Rennen, das so genannte ›Yukon Quest‹. In Whitehorse sollten am Sonntag sämtliche bekannten kanadischen Husky-Gespanne mit ihren Schlittenführern an den Start gehen. Urplötzlich erwachte Rainers Interesse an der Stadt.

Am Sonntag war ganz Whitehorse auf den Beinen. Riesige Trucks karrten kubikmeterweise Schnee in die Innenstadt, die für den normalen Verkehr gesperrt wurde.

An sämtlichen Straßenseiten standen die Pick-ups mit den typischen Aufbauten der Hundeboxen. Immer mehr Huskies wurden inzwischen von ihren Hundeführern, den so genannten Mushers, aus den Boxen geholt und unter lautem Geheule in ihre Geschirre gespannt. Es gab ein aufgeregtes Springen und Scharren unter den Hunden, und sie merkten, dass das Rennen bald los ging. Nervös zerrten sie an ihren Geschirren.

Die Mushers begrüßten sich untereinander durch lautes Zurufen. Dicht belagert war auch das Gespann des ältesten Teilnehmers, der schon über achtzig Jahre alt war und dieses Yukon Quest zum wiederholten Male mitmachte.

Rainer taute langsam auf. Das war sein Metier, hier fühlte er sich zu Hause. Er kam gerade vom Auto mit einem Becher Kaffee in der Hand.

»Wo hast du denn den organisiert?«, fragte ich ihn verwundert.

»Möchtest du auch mal?« Er grinste und reichte mir den Becher.

Kanadischer Whiskygeruch schlug mir entgegen, als ich den Deckel öffnete. Ich konnte mir ein Lachen nicht verbeißen bei der Vorstellung an seine heimliche Umfüllaktion im Auto.

Rainer meinte zufrieden: »Siehst du, das öffentliche Alkoholverbot hier in Kanada ist auch kein Problem mehr für mich.«

Die Atmosphäre beim Start des Rennens hautnah mitzuerleben war sehr beeindruckend. Es wurde ein schöner Tag – der erste hier in Whitehorse.

Drei Tage waren bereits vergangen, und es wurde höchste Zeit, dass wir uns um unsere geschäftlichen Pläne kümmerten. Der Bürgermeister von Whitehorse bewies anderes Format als sein Kollege in Watson Lake. Durch ihn bekamen wir die Adresse eines deutschen Geschäftsmannes, der bereits seit dreißig Jahren in Whitehorse ansässig war und nebenbei die Funktion eines Vermögensverwalters ausübte. Unter anderem gehörte ihm ein Reisebüro.

»Er hat sich damals mit den ersten Deutschen nach dem Krieg hier angesiedelt und mitgeholfen, Whitehorse zu der heutigen Metropole des Yukon zu machen«, erklärte uns der Bürgermeister nicht ohne Stolz, als wir uns verabschiedeten.

Das Reisebüro war nicht weit entfernt, und wir trafen ihn auch dort an. Er hieß Gerd, und ich schätzte ihn auf Ende Fünfzig. Auffallend waren seine weiße Haare und der weiße Schnurrbart. Als er von unserem Plan hörte, einzuwandern und ein Haus zu kaufen, fragte er: »So, ihr wollt also im Yukon leben? Das haben schon viele vergeblich versucht. Was lässt euch hoffen, dass ausgerechnet ihr es schafft?« Er schaute uns freundlich und offen an, als würden wir uns schon lange kennen.

Genauso offen antwortete ich: »Unser Glaube daran.«

Ich bemerkte Erstaunen in seinem Gesicht.

»Wollt ihr das Haus nicht lieber erst nach eurer Einreise kaufen?«

Er hatte uns inzwischen – wie in Amerika üblich – angeboten, ihn beim Vornamen zu nennen. Ich erwiderte: »Es geht gar nicht ohne eigenes Haus. Sieh mal, unsere Familie besteht aus fünf Personen. Dazu kommen dreizehn Huskies!«

»Seid ihr denn verrückt, so viele Huskies von Deutschland nach Whitehorse zu bringen? Wir haben doch hier genug davon«, meinte er trocken. Rainer fand das gar nicht komisch.

»Otto, unseren Papagei nicht zu vergessen!«, setzte ich vergnügt hinzu.

»Für den braucht ihr doch kein ganzes Haus!«, lachte er auf. »Aber langsam begreife ich, warum man euch wohl kaum für längere Zeit in einem Hotel aufnehmen würde.«

Er bot uns einen Kaffee an. »Ich glaube, ich habe da etwas Passendes für euch. Ein Makler bietet ein Haus an, außerhalb der Stadt gelegen, etwa zwanzig Kilometer vom Zentrum entfernt.«

»Kennst du das Haus?« Mein Interesse war geweckt.

»Mir persönlich gefällt die großzügige Innenaufteilung sehr gut. Ich glaube, es ist für eure große Familie ideal. Es sind genügend Kinderzimmer vorhanden, und für die Hunde ist das Grundstück mit 110 000 Quadratmetern auch groß genug.«

Er überlegte einen Augenblick. »Ich könnte mit euch nachher mal hinfahren, damit ihr es ansehen könnt. Das Haus ist im Moment noch bewohnt. Wir können also von außen nur einen Blick darauf werfen.« Wir waren überrascht, dass er uns den ganzen Nachmittag widmete.

Bei der Besichtigung erklärte Rainer so spontan, wie ich es vorher noch nie bei ihm erlebt hatte: »Also, mir gefällt es! Ich könnte mich hier wirklich wohl fühlen.«

»Das ist ja was ganz Neues«, grinste ich. »Entscheidungen triffst du doch sonst erst, wenn sie sich gar nicht mehr vermeiden lassen.«

»Hör auf zu lästern, Mädchen. Was gefällt dir nicht an dem Haus?« Er sah mich aufmerksam an.

»Lass uns vorher noch andere Objekte ansehen«, bat ich ihn, als wir wieder in Gerds weißen Mercedes einstiegen.

Am selben Abend lud Gerd uns zu sich nach Hause zum Dinner ein, wo wir seine Frau Ruth kennen lernten, ein herzliches und liebes Wesen. Sie erzählte uns, ihre einzige Tochter besuche zur Zeit in Deutschland ein Jahr lang die Schule. Sie vermisse sie sehr.

Liebevoll deckte Ruth den Tisch, während Gerd die Steaks auf den Grill legte.

»Ich verstehe gar nicht, was ihr hier wollt! Im Yukon könnt ihr es nur aushalten, wenn ihr zweimal im Jahr Urlaub macht, jeweils für ein halbes Jahr!«, scherzte Gerd, legte jedem ein Steak auf den Teller und reichte mir die Schüssel mit den gebackenen Kartoffeln.

»Na, so schlimm wird es wohl nicht sein«, erwiderte ich amüsiert, »denn sonst wärst du sicher auch nicht hier.«

»Ach, weißt du, Gila«, antwortete er bedächtig, »manchmal frage ich mich wirklich, was mich an diesem verrückten Land hier fasziniert. Ist es der Gedanke, gleich nach dem Krieg in die unberührte wilde Natur gekommen zu sein und in Pionierarbeit alles aufgebaut zu haben, der mich hier hält? Zehn Monate Winter, und selbst im Hochsommer Nachtfrost.«

Er schwieg einen Augenblick. »Immer, wenn du das Gefühl bekommst, es nicht mehr auszuhalten, bricht plötzlich der Sommer mit einer solchen Macht über das Land, dass du wirklich glaubst, er entschädigt dich für alles, was du mitgemacht hast.«

Aufmerksam lauschten wir seinen Worten.

»Aber für euch ist es hier im Yukon viel zu kalt«, stellte er danach überzeugt fest. »Da fällt mir Old John, der Trapper, ein. Ich habe ihn damals noch kurz bevor er starb kennen gelernt. Bei seiner Einäscherung war ich dabei. Wie das bei uns hier so üblich ist, öffnet Sam, der Feuerbestatter, zur Kontrolle mittendrin nochmals den Ofen, als ihm Old John auch schon giftig entgegenzischt: ›Mach bloß die Tür zu. Zum ersten Mal ist's mir warm im Yukon!‹«

Gerd erzählte weiter, wie am 17. August 1898 George Carmack, Jim Skookum und Charlie Dawson beim Schrubben ihrer Bratpfanne im Bonanza Creek die ersten Nuggets aus dem Kiesbett fischten. Bis die Kunde vom sagenhaften Goldfund die US-Westküste erreichte, verstrich beinahe ein Jahr. Nur einen Sommer später war Dawson City eine Stadt mit 30 000 Bewohnern, einem Theater, einem Casino, sieben Zeitungen und unzähligen Saloons. Jetzt lebten noch etwa 1400 Menschen in der Kleinstadt, die an der Mündung des Klondike in den Yukon Territories liegt.

»Wenn ihr mal nach Dawson kommt«, sprach Gerd munter weiter, »dann müsst ihr unbedingt in den Sourdough Saloon gehen. Dort wartet der Inhaber auf Cheechkos, das sind Neulinge, die echte Yukoner werden wollen. Dazu müssen sie, einer Legende aus den harten Goldrauschtagen folgend, ein Glas ›Yukon Jack‹ leeren, in dem ein Männerzeh schwimmt.«

»Ein was …?« Ich dachte, ich hätte mich verhört.

»Ein Männerzeh – du hast schon richtig gehört«, warf er trocken ein. »Begonnen hat der bizarre Brauch mit dem abgestorbenen Zeh eines indianischen Trappers, inzwischen ist bereits der achte Zeh in Gebrauch – gespendet von einem Hundeschlittenführer aus Alaska. Manche Leute sind so aufgeregt, die schlucken den Zeh einfach mit runter«, erklärte Gerd. »Akribisch wird darauf geachtet, dass der Zeh auch wirklich eure Lippen berührt. Und wenn der letzte Tropfen ›Yukon Jack‹ in eurem Mund verschwindet, wird euch eine Urkunde ausgestellt. Dann gehört ihr dem exklusiven Klub der ›Sourtoes‹ an.«

Durch Gerds trockenen Humor wurde es ein äußerst geselliger Abend. Langsam sahen wir es als ein Geschenk des Himmels an, mit ihm Kontakt bekommen zu haben, denn selbstlos half er uns in den nächsten Tagen über viele Klippen hinweg.

Tags darauf machte ich einen Termin mit der Handelskammer, um zu fragen, welche geschäftlichen Möglichkeiten sich uns in Whitehorse auftaten.

»Ich bin nicht mehr so sicher«, meinte Rainer skeptisch, »ob wir hier wirklich ein Geschäft für Touristen-Ausrüstungen eröffnen sollten. In der näheren Umgebung habe ich schon zwei gut sortierte Läden gesehen, aber ich bin gespannt, was unser Besuch dort ergib.«

Als er auf dem Bett lag, um sich ein wenig auszuruhen, sagte er nachdenklich: »Wie es meinen Huskies wohl geht? Ob sie noch viel Lärm machen? Und was unsere Kleine wohl zu Hause macht? Ob sie uns sehr vermisst? Meinst du, dass Katrin mit ihr zurechtkommt während unserer Abwesenheit?«

Ich schaute ihn an. Wie gut sah er aus, wenn er so gelöst vor sich hin blickte und alle Spannung aus seinem Gesicht gewichen war! Seine dichten schwarzen Augenbrauen, die sich viel zu oft finster zusammenzogen, bildeten jetzt eine entspannte Linie. Seine Augen schauten verträumt ins Weite. Sanft strich ich ihm mit der Fingerspitze über seine Augenbrauen und kuschelte mich an ihn.

Am nächsten Tag saßen wir einer Dame von der Handelskammer gegenüber.

»Was wir hier dringend brauchen«, stellte sie fest und holte dabei einige Unterlagen aus dem Schrank, »ist ein Möbelgeschäft mit preiswerten Möbeln im nordischen Stil. Das einzige am Ort ist völlig überaltert und durch Krankheit des Besitzers schlecht geführt. Sehen Sie da vielleicht eine Möglichkeit?«

Die Idee war gar nicht schlecht! Sowohl Rainer als auch ich hatten vor längerer Zeit für eine Aussteuerfirma Möbel verkauft. Dazu kam, dass Rainer gern mit Holz arbeitete, sodass wir eventuell sogar eine Fabrikation in unsere Pläne einschließen konnten.

Nach tagelangen reiflichen Überlegungen stand dann unser Entschluss fest: Wir wollten in Whitehorse ein Möbelgeschäft eröffnen und beschlossen, unser Kapital in Form von deutschen Möbeln einzuführen, denn der kanadische Dollar hatte im Februar 1985 den höchsten Stand seit Jahren. So können wir nur gewinnen, dachten wir.

Doch dem Leben kann man nichts abringen – es gibt nur freiwillig ...

Gerds Haus lag hoch am Berg, mit einer faszinierenden Aussicht auf Whitehorse, umgeben von einem Autopark verschiedener deutscher Modelle, die er sich nach und nach angeschafft hatte.

Wir saßen gerade gemütlich vor dem Kamin und sprachen mit Gerd über unsere Pläne, als er plötzlich den Kopf schüttelte.

»Ich bezweifle, dass ihr die Einreisegenehmigung bekommt.«

»Und warum?« Sanft fuhr ich Blacky, seinem Hund, der schwanzwedelnd vor meinen Füßen lag, durch das glänzende Fell.

»Viele Freunde von uns haben bereits versucht, in den Yukon einzuwandern. Sie besaßen noch mehr Kapital als ihr und sind trotzdem gescheitert!«

»Okay, das mag sein«, sagte Rainer. »Aber dann haben sie es sicher anders angepackt als wir oder waren nur mit halbem Herzen dabei.«

Nein, wir ließen uns nicht beirren, denn wir wussten, durch unseren Glauben, verbunden mit unserer Vorstellungskraft, hatten wir diesen Schritt bereits geistig vollzogen. Er musste sich verwirklichen. Es gab gar keinen Zweifel.

»Aber ich will euch trotzdem helfen«, fuhr Gerd fort. »Ich werde euch einen deutschsprachigen Steuerberater empfehlen. Er ist gewiss bereit, für die nötigen steuerlichen Unterlagen zu sorgen, die ihr bei einer eventuellen Firmengründung für die Einreise benötigt. Ich werde einen Termin für euch vereinbaren.« Und mit einem Anflug von Humor setzte er hinzu: »Aber nur, um euch zu beweisen, dass ihr keine Chance habt.«

»Was wirklich zu beweisen wäre«, lächelte ich anerkennend. Für mich war Gerd wie ein Geschenk des Himmels. Ohne seine Hilfe wäre unser kanadischer Traum möglicherweise längst ausgeträumt.

»Übrigens, ihr habt doch heute das Haus auch von innen besichtigt. Wie hat es euch gefallen?«

Rainer antwortete in seiner ruhigen Art: »Vom ersten

Augenblick an war ich von der einsamen Lage und dem großen Grundstück restlos begeistert. Ich habe Gila darum auch nach der Besichtigung gebeten, das Haus zu kaufen.«

»Viel Zeit habt ihr nicht mehr, aber ihr könnt den Preis sicher noch runterhandeln«, meinte Gerd. »Es steht schon längere Zeit zum Verkauf an.«

»So spontan, wie ich auch sonst bin, habe ich doch Bedenken, gleich das erstbeste Objekt zu nehmen«, warf ich zögernd ein, »und so ganz nach meinem Geschmack ist es auch nicht. Es muss einiges repariert werden. Dazu kommt, dass ich mir gern noch andere Objekte ansehen möchte.«

»Gila, die Möglichkeit, so ein wunderbares Grundstück zu kaufen, bietet sich uns nicht wieder«, argumentierte Rainer. »Die Reparaturen stellen nun wirklich kein Problem dar!«

Er hatte Recht. Durch sein handwerkliches Geschick verloren diese Bedenken an Bedeutung.

»Der Makler hat uns gebeten, ein Angebot zu machen. Ich werde erst einmal ein äußerst niedriges Gebot abgeben und mich weiter umsehen«, beschloss ich.

Wie groß war die Überraschung, als der Eigentümer nach kurzer Bedenkzeit auf mein Angebot einging! Jetzt erschien auch mir das Objekt wirklich interessant. Bei dem günstigen Preis entschied ich mich nach kurzer Überlegung für den Kauf. Die Zeit drängte. Meine Bank, an meine Eskapaden bereits gewöhnt, überwies mir telegrafisch die Anzahlung. So kaufte ich das Haus innerhalb von vier Tagen, ohne überhaupt einen Einwanderungsantrag gestellt zu haben.

»Sie haben hervorragende Arbeit geleistet«, stellte ich anerkennend fest, als Fred, der Steuerberater, uns ein paar Tage später die kompletten steuerlichen Dokumente mit allen erforderlichen Informationen übergab, die er nach einer ausführlichen Besprechung mit uns zusammengestellt hatte.

»Ich glaube, das müsste ausreichen«, sagte er bescheiden. »Mal sehen, ob es klappt. Lasst mich wissen, wie es weitergeht in Deutschland.«

An einem der letzten Tage unseres Aufenthaltes gründeten wir unsere neue Firma. Wegen der Finanzierung des Hauses setzten wir uns mit einer Bank in Whitehorse in Verbindung, von der wir direkt nach der Überprüfung der Unterlagen eine vorläufige Darlehenszusage erhielten.

Dann bestellten wir einen Pick-up, einen Transporter mit Vierradantrieb, die einzige Möglichkeit, uns und die Hunde nach der Einwanderung von Edmonton in das ungefähr 2300 Kilometer entfernte Whitehorse zu bringen. Wir waren froh, in der Kürze der Zeit alles erreicht zu haben, was wir uns vorgenommen hatten.

Gerd zeigte sich auch weiterhin äußerst hilfsbereit. Seine Zweifel hatten nach der Einsicht in die Unterlagen des Steuerberaters nachgelassen. Unsere Meinung festigte sich, einen Freund für unser zukünftiges Leben gefunden zu haben, der uns durch seine reichen Erfahrungen im Yukon so manchen Rat geben konnte. Ohne Bedenken erteilten wir ihm sämtliche Kontovollmachten für den Kauf des Hauses und flogen zufrieden nach Deutschland zurück.

Als wir Mitte März reichlich gestresst von unserer Reise zurückkehrten, warteten zu Hause alle gespannt auf Neuigkeiten. Katrin lachte herzlich über die Story von Watson Lake und dessen Bürgermeister, was mir bei dem nötigen Abstand inzwischen auch wieder gelang.

Abends saßen wir im Wohnzimmer gemütlich zusammen und sahen uns die mitgebrachten Fotos an.

Rainer grinste und meinte: »Ihr hättet Gila mal sehen sollen, wie sie geguckt hat, als sie den Flughafen sah und den Taxifahrer nach einem Leihwagen fragte!«

»Jetzt kannst du lachen, nicht?«, konterte ich fröhlich. »Du warst aber ganz schön sauer, als ich dich davor bewahren wollte, dein restliches Leben an einer einsamen Straßenkreuzung der Rocky Mountains zu verbringen, oder?«

Darauf erklärte er wehmütig: »Wenn du wüsstest, wie gerne ich dort geblieben wäre ...«

»Gila, sieh mal! Ich glaube, mein Finger wächst wieder an!«, stellte Rainer nach langen Wochen der Ungewissheit überrascht fest. »Hier bildet sich neue Haut, auch wenn ich noch kein Gefühl in der Fingerkuppe habe!«

Ich schaute mir das Fingerglied an, das Rainer fast täglich mit einer Desinfektionslösung versorgte. Beide waren wir wirklich sehr froh, dass er sich damals nicht hatte beirren lassen.

Kurz nach unserer Rückkehr aus Kanada wurde Eva aus dem Krankenhaus entlassen, aber es ging ihr noch nicht gut. Ihre Kollegen in Köln kümmerten sich voller Anteilnahme um sie.

Inzwischen war die ganze Firma über unsere Auswanderungspläne informiert. Ob wir wollten oder nicht, wir mussten zum eigenen Schutz den Rückzug antreten, indem wir behaupteten, die kommerziellen Möglichkeiten seien in Kanada nicht gegeben. Das klang glaubhaft, denn die Schwierigkeiten bei der Einreise nach Kanada waren allgemein bekannt. Keinesfalls wollten wir uns unseren Traum von Eva zerstören lassen. Deshalb durfte außer Marianne niemand in der Firma erfahren, wie weit sich unsere Pläne bereits konkretisiert hatten.

Gleich nach unserer Rückkehr vereinbarten wir einen Termin bei der kanadischen Botschaft in Bonn. Zwei Wochen später konnten wir dort vorsprechen.

Nachdem die Botschaftsangestellte sämtliche Papiere in Ruhe durchgesehen und ergänzende Fragen gestellt hatte, fragte ich erwartungsvoll: »Wie sehen Sie unsere Möglichkeiten der Einwanderung nach Whitehorse?«

»Ihre Unterlagen einschließlich der steuerlichen Beurteilung sowie der finanzielle Hintergrund sehen viel versprechend aus. Ich glaube kaum«, erklärte sie uns, »dass unter diesen Voraussetzungen Schwierigkeiten bei der Einwanderung zu erwarten sind. Aber bitte«, schränkte sie vorsichtig ein, »erst einmal alles unter Vorbehalt! Ich muss meinem Chef Ihren Antrag unterbreiten und dann die Beurteilung der offiziellen Stellen in Whitehorse abwarten. Unternehmen Sie in der Zwischenzeit nichts. Warten Sie bitte, bis Sie die endgültige Genehmigung in Händen halten!«

Kapitel 9

*In der Liebe versinken
und verlieren sich alle Widersprüche
des Lebens. Nur in der Liebe sind
Einheit und Zweiheit nicht in
Widerstreit.*

(Tagore)

Während unserer Abwesenheit hatten die Huskies genauso viel Lärm gemacht wie zuvor. Es hagelte Anzeigen. Trotz Rückendeckung von Renate ging es so nicht weiter. Wir mussten eine andere Lösung finden.

Lieber Himmel, dachte ich, lass die Huskies Ruhe geben, oder lass uns einen anderen Platz für den Zwinger finden, am besten beides, bitte! Alle müssen zur Ruhe kommen, nicht nur die Hunde.

Ich überlegte, ob ich eine Anzeige aufgeben sollte, in der ich für drei Monate gegen Entgelt nach einer Unterbringungsmöglichkeit für die Hunde suchte, wo sich kein Nachbar gestört fühlte. Es schien mir in diesem Fall das beste zu sein. Ich versuchte es. Vertrauensvoll wartete ich auf eine positive Resonanz.

Als Rainer abends nach Hause kam, berichtete ich froh: »Drei Anrufe habe ich auf die Anzeige erhalten!« Er war bei Udo gewesen, einem befreundeten Husky-Züchter im Ort, der sich während unserer Abwesenheit um die Hunde gekümmert hatte. »Lass uns mal hinfahren und sehen, ob wir den Zwinger dort aufbauen können, ohne dass sich jemand wegen des Lärms beschwert!«

Ging es um die Hunde, so konnte für Rainer nichts gut genug sein, das wusste ich inzwischen. Bei dem einen Angebot schien zu viel Sonne in den riesigen Zwinger, beim anderen gab es zu viel Schatten. Die Wahl fiel dann auf ein junges, tierliebes Pärchen, dessen Haus, ein ehemaliges Tierheim, einsam auf einem großen Waldgrundstück stand.

Die Entfernung von elf Kilometern zu unserem Haus nahmen wir gern in Kauf. So riss Rainer Anfang Mai den Zwinger in der Nähe unseres Hauses ab und baute ihn dort mit großem Aufwand wieder auf. Schlagartig ließ auch unsere starke innere Unruhe nach.

Trotzdem war Rainer in all den Monaten enormen Stimmungsschwankungen unterworfen. Mal riss er alle mit seiner Fröhlichkeit mit, dann wiederum durfte man ihn tagelang nicht ansprechen. Er lebte seine Launen auf Kosten seines Umfeldes aus.

Dabei fällt mir ein Erlebnis ein, an das ich mich noch heute gern zurückerinnere. Bedingt durch den kleinen Bauernhof mit der Tierhaltung war es erforderlich, dass Renates Sohn Dirk ab und zu vor unserem Haus mit dem Trecker Gülle fuhr. Er war gerade fertig mit seiner duftenden Mission, als ein gewaltiges Unwetter aufkam. Unglücklicherweise lief bei der Überschwemmung die Gülle in den Brunnen, der unterhalb unseres Hauses lag und unsere einzige Wasserversorgung darstellte – und Rainer stand gerade unter der Dusche.

Ein Schrei! Nur mit einem Handtuch bekleidet, machte Rainer einen Riesensatz aus der Dusche und rief wütend: »Verflixte Schweinerei! Das ganze Wasser ist versaut! Guck dir das mal an! Ich stinke wie die Pest!«

Mein lautes Lachen machte ihn rasend. Und als ich der Situation auch noch eine positive Seite abgewann, sämtliche Pflanzen abduschte und damit frisch düngte, war's passiert: Er war zutiefst beleidigt.

Etwas später hörte ich, wie Katrin die Haustür aufschloss.

»Hat Eva wieder angerufen, oder was ist mit Rainer los?«, fragte sie mich leise in der Küche, nachdem sie ihm auf dem Flur begegnet war. »Warum spricht er denn wieder kein Wort?«

»Er stinkt.«

»Wer stinkt?«, fragte sie verwundert.

»Rainer. Er riecht nach Gülle«, lachte ich und berichtete

Katrin von seinem Satz aus der Dusche. Jetzt war's vorbei mit Katrins Fassung. Genau wie ich ließ sie ein riesiges Gelächter vom Stapel, in das ich natürlich wieder einfiel.

Da flog die Tür auf. Rainer kam herein, strafte uns mit eisigem Schweigen, packte die Kaffeekanne mitsamt seinem Becher und verschwand. Sein Gesichtsausdruck verriet uns alles: wieder ein paar Tage Funkstille!

»Es kann nur besser werden«, orakelte Katrin, während sie mit Dana auf dem Arm ins Kinderzimmer ging.

Umgehend schickte Renate als Entschädigung ein großes Stück Schinken für Rainer, den er aber demonstrativ ein paar Tage nicht anrührte. Eine ganze Woche lebten wir aus Wasserkanistern, dann hatte sich der Brunnen wieder gereinigt.

Schon frühzeitig hatte ich Renate über unsere geplante Auswanderung im August informiert. Wir wollten ihr damit die Möglichkeit geben, früh genug nach einem neuen Mieter zu suchen.

»Ach Gila, warum kannst du nicht bleiben? Wir werden Schwierigkeiten haben, das Haus wieder zu vermieten!«

Daraufhin erklärte ich ihr, das werde mit Sicherheit der Fall sein, wenn sie sich das weiterhin einrede.

»Wie meinst du das denn? Das verstehe ich nicht!«

»Sieh mal, was du denkst und was du glaubst, verwirklicht sich. Das gilt sowohl für eine negative Erwartungshaltung als auch für gute, aufbauende Gedanken. Du kannst entweder Schwierigkeiten mit der Vermietung deines Hauses befürchten, oder du setzt einfach voraus, dass dieses wunderschöne Haus schnell wieder an gut situierte Leute vermietet wird.«

Ich versuchte ihr klarzumachen, wie wichtig die Kraft des positiven Denkens und der bewussten Gedankenkontrolle für ihr Leben sei: »Es ist unsere Fantasie, die uns handeln lässt. Sie allein entscheidet darüber, ob unsere Handlungen in die richtigen Bahnen gelenkt oder blockiert werden. Mit traurigen, zerstörenden Gedanken ziehen wir Ereignisse gleicher Art an. Kennen wir diese Gesetze, so können wir bewusst gegen diese Befürchtungen angehen.«

Aufmerksam schaute Renate mich an, als ich in meinen Ausführungen fortfuhr: »Weißt du, oft genug gab es auch bei mir schwierige Phasen, in denen ich mir Sorgen machte. Dabei ist es unmöglich, zur gleichen Zeit zwei gegensätzliche Gedanken zu haben. Indem wir einen positiven Gedanken gegen einen negativen ersetzen, können wir versuchen, die Angst zu besiegen. Ich gebe zu, es ist nicht immer leicht, einen negativen Gedanken ›wegzudenken‹, aber es funktioniert, wenn man es trainiert.«

Renate schaute mich fragend an. Ich spürte, dass ich sie nicht überzeugt hatte. Und so war ich auch nicht überrascht, als der erste Mieter, mit dem Renate und Walter vorher in tagelangen Verhandlungen gestanden hatten, eine Stunde vor Unterzeichnung des Mietvertrages zurücktrat, der zweite sogar einen Tag nach der Unterzeichnung.

»Ich hab's ja gewusst!«, seufzte Renate.

»Nein«, entgegnete ich, »du hast es provoziert!«

Ich mochte sie wirklich gern, und so erklärte ich ihr nochmals die Reaktion ihres Unterbewusstseins auf ihren Glauben: »Dein negativer Glaube hat diese Umstände und Ereignisse ausgelöst. Jede vorherrschende, im Rahmen des Möglichen liegende geistige Vorstellung verwirklicht sich.«

»Du meinst, wir hätten schon einen Mieter, wenn ich nicht immer an einer Vermietung gezweifelt hätte?«, fragte sie unsicher.

»Ja«, erwiderte ich überzeugt. »Im Prinzip ist es wie bei einem Computer. Weißt du, wie er funktioniert?«

»Eigentlich schon. Ich habe jahrelang in der EDV gearbeitet. Es ist aber schon einige Zeit her«, erwiderte sie. »Wieso fragst du?« Sie sah mich mit ihren hellen Augen aufmerksam an.

»So ähnlich steuert das Unbewusste unser Verhalten, entsprechend den gespeicherten Programmen. Es speichert sämtliche Informationen, die du im Verlauf deines Lebens bewusst aufgenommen hast. Dazu, untrennbar miteinander verbunden, die dabei ausgelösten Gefühle. In deinem Fall ist es die Befürchtung, ja sogar die Angst, das Haus nicht vermieten zu können und finanzielle Einbußen zu erleiden.«

Am nächsten Tag meldete Renate eine Geschäftsfrau aus Bielefeld an, die gern mit ihrem Lebensgefährten in das Haus einziehen wollte. Ich ging auf sie zu und blieb überrascht stehen, als ich in ihr eine ehemalige Klassenkameradin wieder erkannte.

Als Geschäftsführerin zweier Schuhgeschäfte lebte sie, wie sie sagte, in recht guten finanziellen Verhältnissen. So hatte sie große Chancen, meine Nachfolgerin zu werden.

Sie machte auf uns einen recht guten Eindruck. Abends allerdings tauchte dann ihr Lebensgefährte auf. Er trug einen Mops unterm Arm und war offensichtlich stark alkoholisiert, jedenfalls konnte er kaum noch sprechen. Liebevoll nannte sie ihn ›Schnucki‹, während er zärtlich ›Fanny‹ zu ihr sagte. Unter diesen Namen gingen sie in die weitere Geschichte ein.

Fanny, so klein wie rund, besaß eine herzerfrischende Art, mit Menschen umzugehen, während Schnucki einfach nur schön war. Mit seinen großen blauen Augen schaute er verhangen in die Welt, die er, wie uns später klar wurde, nur im Alkoholnebel ertragen konnte.

Nachdem sie einige Tage später dann wirklich den Mietvertrag unterschrieben hatten, erkundigte sich Fanny interessiert bei mir: »Sag mal, hat Katrin eigentlich schon eine neue Stelle?«

»Sie kümmert sich gerade darum.«

»Sie könnte doch bei uns im Haushalt arbeiten. Wir brauchen dringend jemanden. Frag sie doch mal, ob sie daran interessiert ist!«

Katrin war angetan von diesem Vorschlag und sagte nach einiger Überlegung zu. Sie war froh, übergangslos eine neue Stelle in einer ihr vertrauten Umgebung zu bekommen.

Heilfroh waren auch Renate und Walter, endlich einen

solventen Mieter gefunden zu haben, obwohl Schnucki auf uns alle einen eher schillernden Eindruck machte. Fanny dagegen schaffte durch ihre resolute fröhliche Art spielend den Ausgleich. Ihre Energie war nicht zu bremsen.

Täglich wurden bereits von diversen Firmen neue Sachen für das Haus angeliefert. Selbst der Garten wurde neu bepflanzt. Eigentlich hatte Fanny schon zu einem früheren Zeitpunkt ein Haus gesucht, weil sie ihr eigenes ab August verkauft hatte. Deshalb bat sie mich, in der Zwischenzeit ein paar Möbel in unserem großen Keller unterstellen zu dürfen. Den Gefallen konnten wir ihr tun, denn für Ende Juni waren die Container angekündigt, in denen unsere Möbel nach Kanada transportiert werden sollten. So wäre Platz genug im Haus.

Inzwischen bestellten wir die Möbel, die wir nach Kanada einführen und dort verkaufen wollten, obwohl wir bis auf ein paar schriftliche Rückfragen der kanadischen Botschaft nichts weiter gehört hatten. Zwei große Container benötigten wir für diese Möbel und unsere Haushaltsgegenstände, die ungefähr fünf Wochen unterwegs sein sollten. Wir wollten lieber hier als in Whitehorse für einige Zeit auf unsere Möbel verzichten.

Da der Umzug ohne fremde Hilfe kaum zu schaffen war, dachte ich darüber nach, wer uns in Whitehorse helfen könnte. Katrin fiel mir ein.

»Sag mal, was hältst du davon, uns in Whitehorse zu helfen?«, fragte ich sie am nächsten Morgen. »Flug und Aufenthalt übernehmen wir, und dein Gehalt läuft weiter. So kannst du vier Wochen in Kanada verbringen, ohne dass es dich etwas kostet. Wenn du zurückkommst, kannst du bei Fanny deine Arbeit aufnehmen. Na, wie denkst du darüber?«

Mit Begeisterung nahm Katrin meinen Vorschlag an. Obendrein hatte Rainer Michael, einen Husky-Freund aus der Eifel, um Hilfe gebeten, der seinen Urlaub dafür einsetzen wollte. Damit hatten wir genug Hilfe für die ersten Wochen, in denen viel geschafft werden musste.

Des öfteren rief Eva an, der es immer noch nicht gut ging. Rainers Stimmung sackte dann stets auf den Nullpunkt. An eine Aufnahme ihrer alten Tätigkeit war vorläufig nicht zu denken. Für die daraus entstehenden finanziellen Probleme gab sie Rainer die Schuld.

Meine ganze Hoffnung legte ich in die Zukunft. In Kanada würden diese bedrückenden Stimmungen, denen Rainer hier ständig ausgesetzt war, verschwinden, dessen war ich sicher.

Eines Nachmittags klingelte das Telefon. Ich hob ab.

»Kanadische Botschaft in Köln«, meldete sich eine Dame. »Wir haben nur eine kurze Frage: Haben Sie in der Zwischenzeit die Einreisepapiere von uns erhalten?«

»Wer ist dort?«, fragte ich zurück. Meine innere Stimme signalisierte mir Vorsicht!

»Die kanadische Botschaft in Köln!«

»Kann ich gleich zurückrufen?«, fragte ich vorsichtig, nachdem ich sie um ihren Namen und Telefonnummer gebeten hatte.

Sehr schnell stellte ich fest, dass dieser Anruf getürkt war, denn es gab weder eine kanadische Botschaft in Köln, noch stimmten die Telefonnummer und der Name. Mit an Sicherheit grenzender Wahrscheinlichkeit steckte Eva dahinter, obwohl es nicht ihre Stimme war.

Ich atmete erleichtert auf. Wir waren noch einmal mit einem blauen Auge davongekommen!

Im Mai wurden die besten Mitarbeiter unserer Firma zu einer fünftägigen Flugreise nach Korfu eingeladen. Der Verkaufsleiter der Kölner Direktion zeigte sich nicht gerade begeistert über meine Anwesenheit, zumal Eva als seine beste Mitarbeiterin nicht mitfliegen konnte. Er machte mich für die ganze Misere verantwortlich.

Trotz dieser Missstimmung genoss ich die Reise sehr. Erstaunlicherweise hatte ich bereits nach kurzer Zeit starke Sehnsucht nach Rainer. Sicher, er machte uns mit seinen starken Gefühlsschwankungen sehr zu schaffen, trotzdem vermisste ich ihn als Mann und Partner.

Voller Freude auf ihn kehrte ich sonntags vom Flughafen Hannover nach Hause zurück, als André mich sofort mit der Neuigkeit empfing: »Wir hatten Besuch!«

Ausgesprochen müde von den kurzen Nächten, wollte ich mich heimlich nach oben in mein Bett schleichen, als Rainer fortfuhr: »Eva war da.«

Wieder hellwach, hörte ich mir Rainers Bericht an.

»Am Samstag, nach deinem Abflug, waren Dana und ich gerade bei den Hunden, als plötzlich Evas Auto am Zwinger auftauchte. Mich traf beinahe der Schlag!«

»Wie hat sie denn den Weg gefunden?«

»Nun, sie kannte ja unsere Adresse und fuhr erst zu unserem Haus, in der sicheren Annahme, dass du auf Korfu bist. Als dort niemand öffnete, ging sie zu Renate, gab sich als meine Schwester aus und sagte, sie wolle mich besuchen. Renate nahm an, ich sei bei den Hunden, und bat ihre Tochter Andrea, Eva im Auto zum Zwinger zu begleiten.«

Später machte sich Renate die größten Vorwürfe, dass sie Eva den Weg zu den Hunden überhaupt erklärt hatte, doch dieser Situation war wirklich niemand gewachsen. Noch heute staune ich darüber, dass Andrea, im Glauben, es handle sich um Rainers Schwester, unterwegs nicht über unsere bevorstehende Auswanderung gesprochen hat. Keiner hätte es dem zehnjährigen Mädchen verdenken können, zumal sie wusste, dass wir zu Rainers Schwester einen herzlichen Kontakt unterhielten.

Zu allem Überfluss war auch noch Achim aufgetaucht, als Rainer mit Eva nach Hause zurückkehrte, sodass der arme Rainer von allen Seiten attackiert wurde. Eva nutzte die Gelegenheit meiner Abwesenheit, um Rainer nochmals ins Gewissen zu reden, was aber zu keinem Resultat führte.

Im selben Monat bestellten wir einen Audi mit kanadischer Sonderausrüstung, den wir in Kanada zoll- und steuerfrei einführen konnten. Ende Mai wurden Achim und ich ohne Komplikationen geschieden. Die Kinder wollten bei mir bleiben. Damit gab es keine Diskussionen um das Sorgerecht.

Der Juni wurde noch hektischer als der Mai. Ein weiteres Seminar fand statt. Gerd, unser kanadischer Freund, besuchte uns. Der komplette Haushalt und die gesamten neuen Möbel mussten für die Container seesicher verpackt werden – und wir hatten immer noch keine Einreisegenehmigung.

Das Seminar war wieder ein voller Erfolg. Eine Aussage von Herrn Ilse ist mir dabei deutlich in Erinnerung geblieben: »Ein Verkäufer mit der Einstellung, alle Kunden seien schwer zu überzeugen und verhielten sich ihm und seinem Produkt gegenüber negativ, wird vermehrt von seinem Unterbewusstsein zu solchen Menschen hingeführt, die dieser Vorstellung entsprechen.«

Wie sehr sprach er mir damit aus dem Herzen. Ich musste unwillkürlich an die Zeit zurückdenken, als Rainer meine Nachbearbeitungen erledigte und wirklich nur Negatives erlebte.

»Ein anderer Verkäufer mit einer positiven Einstellung zu seinen Kunden und seinem Produkt wird ebenso häufig zu Menschen mit der dementsprechenden Einstellung geführt.«

Zum Thema Gedankenübertragung stellte Marianne eine Frage: »Wie kann man sich dagegen wehren, wenn nun jemand versucht, seine negativen Gedanken und Empfindungen auf einen anderen Menschen zu übertragen, und dieser sie empfängt? Ich kann doch nicht hilflos den Gedanken anderer Menschen ausgeliefert sein?«

»Denken Sie an das Grundgesetz: Gleiches zieht Gleiches an – Ungleiches stößt sich ab«, erwiderte Herr Ilse. »Wenn Sie ein sehr positiver Mensch sind, wird Ihre Ausstrahlung auch so sein. Auch wenn jemand anders Sie noch so sehr hasst, es kann nicht an Sie heran und wird abgestoßen! Das Interessante dabei ist, dass diese zu Ihnen ausgesandte negative Energie, wenn sie von Ihnen abgestoßen wird, nur eine einzige Möglichkeit hat: Sie muss den gleichen Weg zurückgehen, den sie gekommen ist. Das heißt, sie trifft den Absender. Schon die Bibel sagt: Wer das Schwert ergreift, wird durch das Schwert umkommen! Sehen Sie, ich lese die Bibel heute mit ganz anderen Augen und begreife, welche naturgesetzliche Wahrheit dahintersteckt!«

Abends saßen Marianne und ich zusammen bei mir zu Hause. Gemeinsam ließen wir die Themen des Seminars Revue passieren.

»Wenn unser Verstand etwas anderes als das Unbewusste will, siegt fast immer das Unbewusste«, sagte ich. »Interessant, nicht? Deshalb lohnt es sich auch nicht, dagegen zu kämpfen, sondern es ist besser, die falschen Programme unwirksam zu machen und durch richtige zu ersetzen. Denn der ständige Kampf gegen den ›inneren Schweinehund‹ kostet viel Kraft, die uns dann für die eigentliche Arbeit nicht mehr zur Verfügung steht. Misserfolg braucht nun mal mehr Kraft als Erfolg.«

»Das stelle ich auch immer wieder bei den Mitarbeitern fest«, erwiderte Marianne. Durch ihre Position hielt sie täglich Kontakt mit den Kollegen. »Tausend Gründe gibt es, wenn kein Umsatz gemacht wird, doch Erfolg ersetzt jedes Argument.«

Rainer war inzwischen zu uns gestoßen. Während er Whisky kraulte, bemerkte er auf einmal trocken: »Die glücklichsten Menschen sind diejenigen, die regelmäßig Erfolgserlebnisse haben. Mir ist es lieber, in der Woche drei Anträge zu vermitteln, als einmal im Jahr eine Lokomotive zu verkaufen.«

Ich musste unwillkürlich lächeln über den Vergleich. Dann aber dachte ich: Wo sind seine Erfolgserlebnisse, die er so nötig braucht? Er hat weder die wöchentlichen Aufträge, noch die Lokomotive. In Kanada wird alles anders, sagte ich mir, dort kann er zeigen, was in ihm steckt. Ich hatte inzwischen erkannt, dass nicht die gesellschaftliche Position, Wohlstand oder Macht Maßstäbe für den Erfolg eines Menschen sind, sondern das Verhältnis zwischen dem, was er als Persönlichkeit sein könnte und dem, was er wirklich aus sich macht, entscheidend ist. Und nichts gibt mehr Schwung, mehr Kraft, mehr Mut zu neuen Taten, als die Entwicklung der eigenen Persönlichkeit. Nichts macht erfolgreicher als der Erfolg.

Noch im Juni mussten unbedingt die Flüge gebucht werden. Alle außer mir sollten Mitte August fliegen. Katrin wollte die ersten vier Wochen in Whitehorse bleiben. Deshalb hatte ich vor, erst Anfang September nachzukommen, um in Deutschland unseren Haushalt aufzulösen. Und dann musste ich noch ein Au-Pair-Mädchen suchen, das mindestens ein Jahr mit uns in Kanada leben wollte.

Es erforderte sehr viel Fingerspitzengefühl und außerordentliches Organisationstalent, dreizehn Hunde nach Kanada zu transportieren. Nach tagelangem Hin und Her bekamen wir endlich die Flugbestätigung für uns und die Hunde – eine Meisterleistung von der Leiterin des Reisebüros, meiner Bekannten Edeltraud.

Sie gab mir die Buchungsdaten durch: »Die Hunde müssen aus Kapazitätsgründen auf zwei Flugzeuge verteilt werden. Michael muss aus dem Grunde mit einer anderen Maschine fliegen. Ich schicke dir die Tickets zu. Übrigens: Seit wann habt ihr eigentlich die Einreisegenehmigung?«

»Seit wann? Nun, die Papiere kommen noch«, antwortete ich überzeugt. Es entstand ein längeres Schweigen.

»Gila, hat dir eigentlich schon mal jemand gesagt, dass du einem den letzten Nerv rauben kannst?«

»Ja«, sagte ich vergnügt.

»Na, dann weißt du's ja!«

Die Container sollten bereits in den nächsten Tagen kommen. Von der kanadischen Botschaft hatten wir aber immer noch keine Nachricht, und so fragte ich vorsichtig telefonisch nach.

Die Sachbearbeiterin meinte freundlich: »Seit langem warten wir auf die Antwort aus Whitehorse. Davon ist alles abhängig!«

»Ob es hilft, wenn ich mal telefonisch in Whitehorse nachhake?«, schlug ich vor. »Wir möchten gern die Kinder im September einschulen und müssen alle Vorbereitungen bis dahin treffen.«

»Versuchen Sie es ruhig«, meinte sie. »Wir können das aus Kostengründen nicht machen, wir wickeln alles über Telex ab. Vor Wochen bereits haben wir die Anfrage nach Whitehorse übermittelt und warten genau wie Sie auf die Antwort.«

»Dauert das immer so lange?«

»Nein, nicht immer«, antwortete die Dame der Botschaft. »Bitten Sie den Beamten in Whitehorse, ein kurzes Telex mit der entsprechenden Stellungnahme an uns zu schicken. Dann ist alles okay!«

Dann sprach ich beiläufig über meinen Plan, vierzehn Tage später als die anderen zu fliegen.

»Gut, dass Sie das erwähnen«, sagte sie, »denn ich muss Sie darauf aufmerksam machen, dass die Kinder nur mit Ihnen als Hauptantragstellerin einwandern können.«

»Also muss ich doch mit der Familie fliegen?«, fragte ich bestürzt, weil ich die Buchung der Flüge bereits in Händen hatte.

»Nicht unbedingt. Ihre Kinder können mit Herrn Gerlach fliegen und sich ohne Sie in Whitehorse als Besucher aufhalten, aber die Einwanderung selbst muss von einem anderen Land aus geschehen.«

»... und was machen wir jetzt?«

»Das ist kein Problem«, beruhigte sie mich. »Skagway in Alaska liegt ungefähr einhundertundsechzig Kilometer von Whitehorse entfernt. Wenn Sie zwei Wochen später nachkommen, müssen Sie mit den Kindern der Form halber nach Skagway fahren, um von dort aus offiziell einzuwandern.«

Der Beamte in Whitehorse war über meinen Anruf sehr verwundert. Aber er kannte den Vorgang und versprach mir, die Unterlagen sofort abzuschicken und gleichzeitig der kanadischen Botschaft in Deutschland eine Bestätigung per Telex zu geben. Endlich erfuhr ich, wenn auch nur telefonisch, von unserer Einreisegenehmigung. Wir hatten's geschafft!

»Telefonische Zusage aus Whitehorse!«, jubelte ich Rainer zu, der gerade von seinen Hunden nach Hause gekommen war, und wurde von einem überglücklichen Menschen durch die Luft gewirbelt.

In Tages- und Nachtarbeit packten wir sämtliche Möbel und Haushaltsgegenstände in Luftpolsterfolie ein. Es waren hektische Tage, bis endlich zwei riesige Container, vollbepackt bis unters Dach, den Hof verließen.

Von jetzt an war unser Haushalt ein einziges Provisorium! Fanny machte ihre Ankündigung wahr, einige Möbel in unserem leeren Keller abzustellen. Betroffen stellten wir fest, dass sie darunter wohl ihren kompletten Haushalt zu verstehen schien. Ich musste tief durchatmen, als plötzlich ein antikes weißes Klavier mit vier rosa Lampenschirmchen in unserem Esszimmer stand! Allerdings hatte uns Fanny einige Möbel zur Überbrückung zur Verfügung gestellt; so nahm ich das Klavier in Kauf.

Kurze Zeit später erhielten wir von der Botschaft die Unterlagen für die medizinische Untersuchung bei einem Arzt in Düsseldorf.

»Kanada, wir kommen!«, rief Dana fröhlich aus, als wir morgens losfuhren, und hatte die Lacher auf ihrer Seite.

Hungrig kehrten wir abends nach Hause zurück. Während der Rückfahrt hatten Rainer und die beiden Jungen bereits eifrig darum gelost, wer das vom Vorabend übrig gebliebene Kotelett und den Rest Kartoffelsalat essen durfte.

Als wir in unsere Einfahrt einbogen, kamen uns Fanny und Schnucki winkend in ihrem Auto entgegen. Sie schienen wohl noch etwas ins Haus gebracht zu haben, da sie zwei Tage später in Urlaub fliegen wollten.

André ging ins Haus und öffnete erwartungsvoll die Kühlschranktür.

»Hey, wo ist denn das Kotelett?«, rief er erbost. »Der Kartoffelsalat ist auch weg!«

Das Feuer im Kamin brannte noch, Rainers Whiskyflasche war leer. Und wir dachten, die beiden wollten nur ein paar Sachen unterstellen!

Rainers Reaktion möchte ich hier gar nicht beschreiben. Zum ersten Mal bekam ich ein ungutes Gefühl bei den beiden. Ich sah aber noch keine Veranlassung, Renate über den Vorfall zu informieren, um sie nicht zu beunruhigen. Das alles ging nur uns etwas an. Aber dieses Ereignis machte mich sehr nachdenklich.

Udo, der Husky-Züchter aus unserem Ort, hatte uns tagelang beim Packen geholfen. Als Dank dafür luden wir ihn und seine Frau Marion am Samstagabend in ein kleines Restaurant zum Essen ein. Der Besitzer kannte mich gut. Während er uns zu unserem Tisch begleitete, bat er mich um ein Gespräch unter vier Augen. Verwundert folgte ich ihm. Er fragte mich, ob ich die Dame kenne, die in unser Haus einzöge.

»Sie ist eine Geschäftsfrau aus Bielefeld.«

»Geschäftsfrau aus Bielefeld?«, wiederholte er mit einem ironischen Unterton. »Was betreibt sie denn für ein Geschäft?«

Langsam wurde ich stutzig. Jetzt wollte ich wissen, was er meinte.

»Vorgestern Abend hat die Dame, die, wie sie sagte, in euer Haus einzieht, eine stattliche Anzahl von Leuten zum Essen mitgebracht, angetrunken in meinem Hotel übernachtet und ist am nächsten Morgen in einer Nacht- und Nebelaktion abgehauen, ohne die Zeche zu zahlen!«

Ungläubig schaute ich ihn an. Betroffen berichtete ich ihm, sie sei morgens in Urlaub gefahren und somit im Augenblick nicht zu erreichen.

In den Tagen darauf überschlugen sich die Ereignisse. Walter brachte in Erfahrung, dass die von Schnucki ausgeschriebenen Schecks für den Urlaub nicht gedeckt waren; das Reisebüro hatte bereits die Kripo eingeschaltet. Seit Monaten war für die beiden Läden, deren Waren bereits konfisziert waren, keine Miete mehr gezahlt worden. Ihre bei uns untergestellten Möbel, einschließlich des antiken Klaviers, sollten vor der Pfändung geschützt werden.

Renate stand kurz vor einem Nervenzusammenbruch.

Ich musste meine ganze Kraft aufwenden, um ihr klarzumachen, welches Glück sie hatte, dass alles noch rechtzeitig aufgedeckt worden war.

Mit Spannung erwarteten wir die Rückkehr der beiden aus dem Urlaub. Aber es schien ihnen auf Mallorca zu gefallen, denn sie verlängerten ihren Urlaub um eine Woche.

Nach ihrer Rückkehr rief Fanny bei mir an und erklärte aufgebracht, alles sei ein furchtbares Missverständnis. Um vom Thema abzulenken, meinte sie besorgt, Schnucki habe sich im Urlaub eine schwere Virusinfektion zugezogen. Er liege in Düsseldorf im Krankenhaus in Quarantäne.

Als Schnucki drei Wochen später wieder genesen war, schaute er etwas klarer in die Welt. Außerdem hatte er abgenommen, was ihm nicht schlecht stand. Aus zuverlässiger Quelle erfuhren wir, dass die Einhaltung seiner Quarantäne sogar durch Stahlgitter vor dem Fenster gesichert worden war ...

Die Zeit drängte. Ich bot Renate an, eine Anzeige zu entwerfen, in der ich alle Vorzüge des herrlichen Hauses aufzählte. Innerhalb von drei Tagen wurde ein Mietvertrag mit seriösen Leuten gemacht.

Zwei Wochen vor unserem Abflug rief Gerd aus Whitehorse an.

»Gila, es gibt Schwierigkeiten mit der Finanzierung eures Hauses. Euer Eigenkapital für die Anzahlung soll zwar von eurem Konto von der Bank in Whitehorse am ersten August an den Verkäufer überwiesen werden, aber laut Kaufvertrag ist in zwei Tagen der gesamte Betrag fällig, und die Bank will nun den Kredit nicht rausrücken, weil ihr noch nicht in Kanada seid.«

»Aber wieso macht die Bank denn auf einmal Schwierigkeiten?«, fragte ich ungläubig.

»Um die ganze Sache nicht platzen zu lassen und vor allem, damit die Anzahlung nicht verfällt«, fuhr Gerd unbeirrt fort, »habe ich die Hypothek auf meinen Namen aufnehmen müssen. Stell dir vor, jetzt bin ich stolzer Hausbesitzer!«

Das konnte doch nicht wahr sein! Wir besaßen die vorläufige Darlehenszusage der Bank. Außerdem hatten wir sämtliche Anträge schon vor langer Zeit unterschrieben wieder zurückgeschickt. Der restliche Betrag lag bereits seit April auf derselben Bank! Da konnte es doch keine Probleme geben!

»Du brauchst dir keine Sorgen zu machen, es ist alles in Ordnung. So schnell bin ich auch noch nicht an ein Haus gekommen!« Er lachte trocken und meinte, es hätte wirklich keine andere Möglichkeit bestanden.

Was hätten wir nur ohne Gerd gemacht? Ich war ihm so dankbar. Für mich war sein Verhalten die Bestätigung dafür, wie richtig es war, ihm eine Vollmacht zu erteilen.

Anfang August trafen endlich die langersehnten Dokumente ein. Am Sonntag, dem 18. August, war der große Tag der Abreise gekommen. Samstag abends nahmen wir Abschied von unseren Freunden und Bekannten mit einer kleinen rustikalen Abschiedsfeier in Fannys Möbeln.

Dieter, Medizinstudent im sechsten Semester, war auch gekommen; ein bemerkenswerter junger Mann, der Marco über Jahre hinweg Gitarrenunterricht gegeben und die Beaufsichtigung seiner Schularbeiten übernommen hatte. Er war bereits ein so reifer Mensch, dass ich ihn nach Danas Geburt gebeten hatte, für sie die Patenschaft zu übernehmen. Nun bedauerte er natürlich zutiefst, sein Patenkind in Zukunft kaum noch zu sehen.

Hilfsbereit hatte uns Udo angeboten, alle Huskies in seinem Hunde-Transporter zum Flughafen nach Düsseldorf zu bringen. Für Otto, unseren Papagei, bekamen wir trotz wiederholter Versuche über das maßgebliche Amt in Ottawa keine Einreisegenehmigung. Ich überließ ihn einem befreundeten Ärztehepaar, das bereits drei Papageien besaß. Ein besseres neues Zuhause hätte Otto nicht finden können.

Bereits Wochen zuvor hatte ich Rainer immer wieder daran erinnert, die Transportkäfige für die Hunde zu bauen. Aus unerfindlichen Gründen ließ er sich jedoch Zeit damit bis zum letzten Abend, und so musste er mit Michael, der erst nachmittags aus der Eifel eingetroffen war, eine Nachtschicht einlegen.

Die Abreise auf dem Düsseldorfer Flughafen war denkwürdig: dreizehn heulende Huskies, Katrin und Ulli, André, Marco, Michael, Rainer und Dana – unzählige Koffer, Schlafsäcke, dreizehn Hundenäpfe und ein riesiger Sack Hundefutter!

Nach all dem Trubel freute ich mich sehr auf die zwei Wochen allein zu Hause. Ich beneidete die Truppe nicht, die nach dem langen Flug in dem Ford Pick-up mit einem riesigen Hundeaufsatz die weite Strecke bis nach Whitehorse quer durch die Rocky Mountains hinter sich bringen musste. Und dann noch die in Whitehorse eingetroffenen Container, die ausgepackt werden mussten …

»Als erstes baue ich mit Michael den Zwinger«, sagte Rainer kurz vor dem Abflug zu mir. »Danach verlegen wir die Küchenfliesen und bauen die Küche auf. Wenn du dann kommst, ist alles fertig.«

Die Huskies wurden mit viel Aufwand und Mühe in die beiden Flugzeuge verstaut. Schon wurde der Flug aufgerufen. Zärtlich nahm ich von Dana Abschied. Zum ersten Mal gab ich sie aus meiner Obhut, wenn auch nur für zwei Wochen. Sie schien davon noch nichts zu spüren und freute sich auf das, was vor ihr lag.

»Adieu«, sagte Rainer leise, »wir haben's geschafft, Gila, wir haben's wirklich geschafft! In Kanada sehen wir uns wieder. Pass auf dich auf!«

»Versprochen«, flüsterte ich ihm liebevoll ins Ohr. Fest umschlungen nahmen wir Abschied voneinander.

Wie Rainer mir drei Tage später am Telefon berichtete, war die ganze Mannschaft nach dem langen Flug völlig übermüdet in Edmonton eingetroffen. Während sie noch auf Michaels Maschine mit den restlichen sechs Hunden warteten, wollte sich Rainer um den Pick-up kümmern, doch weit und breit war kein Ford auf dem vereinbarten Platz zu sehen. Stunden vergingen, während die Huskies mit ihrem Geheule dem normalen Ablauf im Flughafen eine besondere Note verliehen.

Es war Sonntag, und der Ford-Händler telefonisch natürlich nicht zu erreichen. So übernachtete Rainer auf seinem Parka vor dem Flughafen inmitten von dreizehn Schlittenhunden, Michael zusammengerollt auf einer Bank im Flughafen, Katrin mit den Kindern im Hotel. Am nächsten Tag stellte sich dann heraus: Gerd hatte schlichtweg vergessen, den Händler zu benachrichtigen, dass dieser den Ford am Sonntag zum Flughafen bringen musste.

Hatte ich wirklich mit zwei Wochen Ruhe gerechnet, so sollte ich mich gewaltig geirrt haben. Die Haushaltsauflösung brachte eine enorme Unruhe. Am Wochenende holte eine Spedition Fannys Möbel wieder ab – und Eva beobachtete die Szene aus einiger Entfernung, allerdings ohne mein Wissen. Ich wunderte mich zwar über das fremde Auto, das dort den ganzen Tag über am Wald parkte, brachte es aber keineswegs mit Eva in Verbindung.

Zwei Tage später berichtete mir Rainers Schwester, es sei Eva gewesen, die zusammen mit einer Kölner Kollegin das hektische Treiben bei uns beobachtet hätte, ohne sich jedoch einen Reim darauf machen zu können.

Jetzt war es höchste Zeit, ein Au-Pair-Mädchen zu suchen, das mich nach Kanada begleitete. Ich gab eine Annonce auf, worauf sich der Vater eines jungen Mädchens meldete.

»Meine Tochter Antje interessiert sich sicher für den Job«, erklärte er. »Sie wohnt zur Zeit in Hamburg. Es wird ihr gut tun, wenn ihr mal frischer Wind um die Ohren weht. Wann startet das Unternehmen denn?«

»Nächste Woche.«

»So schnell schon? Dann wird es am besten sein, wir vereinbaren so bald wie möglich einen Termin.«

Erwartungsvoll sah ich dem Treffen mit Antje entgegen. Sie wirkte sehr sympathisch mit ihrem hellblonden Haar und den strahlend blauen Augen. Den Vorschlag, bereits nächste Woche zu starten, nahm sie begeistert auf. Damit war auch dieses Problem gelöst.

Sonntag morgens nahm ich Abschied am Grab meiner Eltern. Ich genoss die Stille des Friedhofs, setzte mich auf die Bank in der Nähe des Grabes und atmete tief die frische Waldluft ein. Sehr selten hielt ich mich hier auf. Menschen, die mir etwas bedeuten, trage ich in meinem Herzen. Es ist für mich nicht wichtig, wo ihre Körper begraben liegen.

Dies ist nun der Abschied von Deutschland, dachte ich wehmütig – von dem Land, in dem meine Wurzeln sind. Hier bin ich geboren, hier bin ich aufgewachsen. Warum gehe ich eigentlich fort? Hier lässt es sich doch gut leben.

Aber ich verließ Deutschland nicht, weil ich hier nicht leben konnte, sondern weil es ein Land gab, in dem ich lieber leben wollte – mit Rainer.

Kapitel 10

> *Schicksal*
> *Eine Schlittenspur hält dicht am Boden*
> *sehend und blind ist der Vorgänger –*
> *wie der Nachfolger.*
> *Automatischer Zug*
> *geschleift und verfolgt –*
> *wenige verlassen die Bahn*
> *des ganz gewöhnlichen Lebens.*
> *(Maria Gornikiewicz)*

Am Montagmorgen um zehn Uhr nahm ich noch am obligatorischen Montagsmeeting in der Direktion teil und verabschiedete mich für meinen ›Urlaub‹.

»Mach's gut, Gila!«, sagte Marianne und nahm mich in die Arme. Ihre schwarzen Augen schimmerten feucht. »Dieter ist schon da, um dich zum Bahnhof zu bringen. Mach's gut!«, rief sie winkend hinterher.

Kurze Zeit später half mir Dieter, sämtliche Koffer im Abteil des Zuges zu verstauen. Mit einem letzten deutschen Bratwürstchen in der Hand verabschiedete ich mich herzlich von ihm, der uns seit Jahren ein Stück unseres Weges begleitet hatte.

»Alles Gute für eure Zukunft und viel, viel Glück!«, rief er mir zu. Dann setzte sich der Zug nach Frankfurt in Bewegung, wo Antje mich bereits erwartete. Nun ließ ich meine Heimatstadt wahrhaftig für immer hinter mir. Voller Wehmut dachte ich noch, ob ich Dieter, Bielefeld und die deutschen Bratwürstchen wohl jemals wieder sehen würde …

Als ich mit meinen sämtlichen Koffern auf dem Frankfurter Flughafen eintraf, rief mir Antje fröhlich zu: »Hallo, hier bin ich!«

»Hast du schon lange gewartet?«

»Mein Flugzeug ist vor ungefähr einer Stunde gelandet.

Meine Güte, das hätte ich mir vor einer Woche auch nicht träumen lassen, dass ich heute in Vancouver und morgen sogar in Alaska bin!« Lachend schüttelte sie den Kopf.

Während des langen Fluges nach Vancouver dachte ich an Rainer, und ein Gefühl starker Freude überkam mich. Ich flog einer neuen Welt, einem neuen Leben entgegen, einem Leben voller Liebe und Frieden mit ihm. In ein paar Stunden sollte ich ihn wieder sehen, seine Nähe und Zärtlichkeit genießen, wenn auch vorerst nur für eine Nacht. Rainer war nach Vancouver geflogen und erwartete uns dort. Er hatte den Audi, der inzwischen per Seefracht eingetroffen war, in Empfang genommen und wollte sich am nächsten Tag auf die unendlich weite Strecke durch die Rockies nach Whitehorse begeben.

Als Antje nach der Erledigung der Einwanderungsformalitäten auf dem Flughafen Vancouver die liebevolle Begrüßung zwischen Rainer und mir mitbekam, standen ihr vor Rührung Tränen in den Augen.

»Sowas habe ich noch nie gesehen, wirklich nicht!«, meinte sie, und ihre blauen Augen schimmerten verträumt. »Wie sehr muss er Sie lieben!«

Ja, das Gefühl hatte ich auch.

In Vancouver herrschten sommerliche Temperaturen. Bizarr hoben sich die Rocky Mountains von dem strahlend blauen Himmel ab. Eine wunderbare Stadt. Gern hätte ich die Umgebung noch ein wenig genossen. Doch anderntags wurde es nach der Erledigung der Zollformalitäten für den Audi schon wieder höchste Zeit, das Flugzeug nach Whitehorse zu erreichen.

Kurz vor dem Abflug bat mich Rainer um Geld für die lange Autofahrt nach Whitehorse.

Erstaunt sah ich ihn an. »Hast du nichts mehr? Du hast doch erst vor vierzehn Tagen Geld von der Bank geholt, und wir hatten ausgerechnet, dass es für mindestens sechs Wochen reichen müsste.«

»Davon ist nichts mehr übrig. Es ist alles fürs Essen in den ersten zwei Wochen draufgegangen.«

»Ihr könnt doch unmöglich alles verbraucht haben!«, entgegnete ich fassungslos.

»Gila, wenn ich es dir sage, so kannst du mir's glauben! Bitte, ich brauche das Geld wirklich für die Fahrt!«

»Warum hast du mir das nicht eher gesagt?«, fragte ich ihn irritiert. »Dann hätten wir hier noch etwas von der Bank holen können. Ich habe nicht viel bei mir.«

Betroffen übergab ich ihm die letzten Dollars. Er wurde ärgerlich und reklamierte, das sei zu wenig, um mit dem Wagen nach Whitehorse zu kommen.

Die Stewardess winkte uns zu und rief: »Wenn Sie noch mitfliegen wollen, müssen Sie rennen, das Flugzeug startet bereits!«

Es tat mir Leid. Ärgerlich blieb Rainer zurück. Über Funk meldete die Stewardess noch zwei Passagiere, in allerletzter Sekunde erreichten wir das Flugzeug.

»Das war aber schlimm, nicht?«, sagte Antje im Flugzeug und schaute mich mitleidsvoll an. Ihre Rührung vom Vortag hatte einen starken Dämpfer bekommen. Ich schwieg und versuchte während des Fluges den Ärger zu vergessen und mich auf mein neues Zuhause zu freuen. Trotzdem blieb ein Missklang zurück.

»Herzlich willkommen in eurer neuen Heimat!« Gerd und Ruth begrüßten uns fröhlich am Flughafen in Whitehorse. Antje hatte schon vorsichtshalber im Flugzeug einen warmen Pullover übergezogen. Ein nordischer Wind pfiff uns um die Ohren. Deutlich spürten wir den Unterschied von mindestens zehn Grad zu den sommerlichen Temperaturen in Vancouver.

»Die ganze Mannschaft wartet schon gespannt auf eure Ankunft«, sagte Ruth lächelnd. »Dana konnte kaum noch schlafen.«

Während der Fahrt sah ich mich glücklich um, war überwältigt von den schneebedeckten Bergen und dem unendlichen blauen Himmel. Eine raue Urlandschaft empfing mich. Sie war zwar noch fremd, doch ich konnte mir schon vorstellen, hier zu Hause zu sein. Mit dem langen kalten

Winter von September bis Mai wollte ich mich anfreunden, in der Hoffnung, dass die Beziehung zwischen Rainer und mir stimmte. Er sollte hier seinen Seelenfrieden finden. Sein Leben musste ausgeglichener werden.

Jetzt, Anfang September, war hier schon Herbst. Ich hatte den Yukon und das Haus vorher nur bei Schnee gesehen. Welch ein beglückendes Gefühl, die geschlängelte Einfahrt in den belaubten Wald einzubiegen! Da lag das Haus, inmitten einer wildblühenden Herbstwiese auf einer großen Lichtung, umgeben von etwa 100 000 Quadratmetern Wald.

Direkt an unserem Grundstück vorbei führte eine Straße zu den ›Takhini Hot Springs‹. Zu allen Jahreszeiten sprudelt hier sechzig Grad heißes Wasser aus dem Boden, das auf vierzig Grad abgekühlt und in ein riesiges Becken geleitet wird. Selbst im Winter war das anliegende Restaurant gut besucht. Bei hohen Minustemperaturen konnte es dann passieren, dass nach dem Tauchen im heißen Wasser die Nässe in den Haaren gefror – ein irrer Anblick!

»Meine Gila ist wieder da!« Dana tanzte begeistert um mich herum. Ich nahm sie auf den Arm und drückte sie lange an mich.

Danach sah ich mich voller Erwartung um. Aber die Hunde lagen noch am Stake-out, das Wohnzimmer war voll gepackt mit Sachen aus dem Container. Als ich mit Dana auf dem Arm in die Küche kam, sah ich mit einem Blick, dass sämtliche Küchenschränke falsch montiert waren. Die Dunstabzugshaube verdeckte das halbe Fenster, der Herd und die Spüle waren an einem anderen Platz angeschlossen, als auf der Zeichnung vorgesehen.

»Wie habt ihr denn die Küche aufgebaut?«, fragte ich Katrin bestürzt.

»Das ging nicht anders. Die Oberschränke passten nicht. Deshalb stimmte der ganze Plan nicht mehr.«

»Katrin, wenn die Maße des Hauses auf der Zeichnung stimmen, dann passen auch die Schränke! Miss bitte mal nach!«

Jetzt stellte sich heraus, dass sie die Maße der Oberschränke nur geschätzt und Rainer vor dem Aufbau falsche Maße angegeben hatte. Sie gab zu, nicht nachgemessen zu haben. Rainer hatte daraufhin den ganzen Plan umgeworfen und die Küche anders aufgebaut.

Noch am selben Abend begannen Michael, Katrin und ich, die Küche umzubauen. Bis spät in die Nacht hinein arbeiteten wir, denn am nächsten Tag wurde der Installateur erwartet.

Todmüde sank ich gegen Morgen ins Bett, doch an Schlaf war nicht zu denken. Die Huskies machten einen ohrenbetäubenden Lärm! Eine läufige Hündin lag, von den anderen getrennt, unter meinem Schlafzimmerfenster und jaulte markerschütternd.

Hoffentlich ging das nicht so weiter! Ich bekam höchstens eine Stunde Schlaf. Die Kinderzimmer lagen auf der anderen Seite des Hauses. Ich beneidete alle um ihren festen Schlaf, als ich morgens wie gerädert aufstand. Tagsüber verhielten sich die Hunde erstaunlich ruhig, sicher um sich von der nächtlichen Anstrengung auszuruhen und Kraft zu schöpfen für die Heulerei der nächsten Nacht.

Von Katrin hörte ich beim Frühstück die Story ihrer Ankunft. Gerd hatte nicht nur vergessen, den Ford zum Flugplatz zu ordern, sondern auch, wie versprochen, Strom und Wasser anschließen zu lassen. Nicht mal die Toilette konnte benutzt werden, ganz zu schweigen von der Heizung. Im August fror es nachts schon bis zehn Grad minus. Die Wassernäpfe der Hunde wiesen morgens eine dicke Eisschicht auf, während es tagsüber manchmal noch recht warm war. Zwei Tage dauerte dieser Zustand, bis endlich Abhilfe geschaffen wurde.

In der nächsten Nacht machten die Hunde den gleichen höllischen Lärm. Ohnmächtig hörte ich dem Radau zu. Durch den Mangel an Schlaf war ich am nächsten Tag völlig erschöpft.

Am Donnerstag, als Rainer mit dem Audi eintreffen sollte, war ich total fertig. Aber ich freute mich sehr auf ihn und machte mir ernsthaft Gedanken, ob das Geld wohl gereicht hatte.

Michael und ich hatten beim Aufbau der Küche Maßarbeit geleistet. Bis auf ein paar Kleinigkeiten war sie fertig, als Rainer gegen Mittag gänzlich übermüdet von der endlos langen Fahrt eintraf.

Er kam in die Küche, sah die umgebauten Schränke und fragte entgeistert: »Was soll das denn?«

Bevor ich ihn überhaupt begrüßen konnte, musste ich ihm schon auseinandersetzen, warum wir die Kücheneinrichtung umgebaut hatten. Im Nu verdüsterte sich sein Gesicht. Kommentarlos drehte er sich um und verschwand nach draußen.

Michael schaute mich verwundert an.

»Er ist wahrscheinlich todmüde und völlig erschlagen, doch das Geld scheint gereicht zu haben, sonst wäre er hier wohl nicht angekommen«, stellte ich nüchtern fest. Abends wartete ich auf Rainer, als ich zu Bett ging. Umsonst. Er zog es vor, bei seinen Hunden zu übernachten.

Nur zum Essen kam er. Bis auf Michael, der bereits zwei Tage nach Rainers Eintreffen wieder nach Hause flog, schnitt er alle anderen demonstrativ. Antje reagierte sehr betroffen; Katrin und ich sahen uns nur an. Nichts hatte sich geändert.

Ich sah das unberührte Bett neben mir und dachte traurig: Geht das denn immer so weiter? Hatte ich wahrhaftig geglaubt, sein häufiger Stimmungswechsel würde sich in Kanada ändern? Ich ahnte, dass das nicht sein letzter Ausbruch gewesen war, und rätselte, wie lange er es wohl nachts ohne mich aushielte. Er schaffte es wahrhaftig eine ganze Woche.

Und als er dann durchgefroren und mit eiskalten Füßen zu mir ins Bett kroch, flüsterte ich ihm ins Ohr: »War's zu kalt draußen?«

»Sei still!«, drohte er nur und nahm mich zum ersten Mal seit meiner Ankunft in Whitehorse wieder in die Arme.

Seitlich neben dem Eingang zur Küche befand sich ein großer eiserner Yukon Stove – ein Ofen, der das ganze Haus beheizte. Holz gab es für Jahre genug, nicht nur auf unserem Grundstück. Es konnte überall geschlagen werden wegen der gewaltigen Buschfeuer im Yukon, die viele abgestorbene Bäume zurückließen.

Außer unserem Schlafzimmer hatte das geräumige Haus noch drei große Kinderzimmer. Sämtliche Zimmer waren mit hochflorigem Teppichboden ausgestattet; nur in der Wohnküche hatte Rainer in der Zwischenzeit die im Container mitgebrachten Fliesen verlegt.

Rainers Vorliebe, möglichst viele Huskies im Haus zu halten, war mir bekannt. Deshalb hatte ich mir bereits beim Kauf des Hauses von ihm versprechen lassen, dass sie bis auf Whisky draußen blieben; es sei denn, ein Hund sei krank.

An diese Vereinbarung musste ich ihn dauernd erinnern. Ständig flitzten zwei oder drei Hunde in der Küche herum, veranstalteten Wettrennen durchs Wohnzimmer und machten selbst vor den Betten nicht halt. Es wurde derart viel Dreck hereingetragen, dass ich kaum noch dagegen ankam. Der frisch gereinigte Teppichboden sah nach einer Woche katastrophal aus, und ich fing an, kribbelig zu werden, wenn ich einen Hund im Haus sah.

»Sieh dir das mal an!«, schimpfte ich. »Jetzt streiten sie sich um die besten Plätze auf der Couch. Das geht doch nicht. Rainer, bring sie bitte wieder raus!«

Er reagierte so, als hätte ich ihn gebeten, selbst draußen zu bleiben.

Nachts machten sie weiterhin enormen Krach. Irgendetwas musste Rainer unternehmen. Ich wollte endlich wieder einmal durchschlafen. Doch seine Reaktion bestand darin, sämtliche Hunde vom Stake-out zu befreien. Sie jagten los und kehrten erst nach Stunden zurück. Trotzdem ließ er sie weiterhin frei herumlaufen. Von nun an waren sie ständig unterwegs. Sie schienen ihre Freiheit zu genießen.

»Sag mal, wann baust du eigentlich den Zwinger?«, fragte ich ihn eines Abends, als wieder mal ein Husky fehlte. »Das ganze Material liegt draußen herum.«

»Gila, das ist die Freiheit für meine Hunde, die ich meinte. Diese Freiheit brauchen sie. Den Zwinger können wir immer noch bauen. Siehst du, wie sie laufen und glücklich sind? Übrigens, wie würdest du auf Englisch übersetzen: ›Hier bin ich Hund, hier darf ich's sein‹?«

Diese Frage meinte er wirklich ernst.

Selbst mein Argument, die Hunde seien durch die am Grundstück vorbeiführende Straße gefährdet, schien ihn nicht groß zu beirren. Er wandte ein: »Ich überlege noch, ob der Zwinger überhaupt gebaut werden muss.«

Der nächste Schreck folgte bald: Das Geld zerrann uns zwischen den Fingern. Das Leben im Yukon war teuer. Die durchschnittlichen Lebenshaltungskosten lagen dreißig Prozent höher als im kanadischen Durchschnitt. Dazu kam, dass wir noch keinen Cent verdient hatten. Die große Familie musste ernährt werden, die Hunde brauchten Futter; alles war dreimal teurer als in Deutschland.

Die ersten beiden Wochen nach meiner Ankunft benötigte ich, um zusammen mit Katrin und Antje das Haus in Ordnung zu bringen. Danach erst wollte ich mich nach einem geeigneten Standort für unser Geschäft umsehen. Der zweite Container mit den zum Verkauf bestimmten Möbeln musste noch ausgeladen werden.

Rainer sprach nur das Nötigste mit den beiden Mädchen, die abends gemeinsam das Nachtleben von Whitehorse auskundschafteten. Antje hielt er im Haushalt sowieso für unfähig, und mit Katrins fröhlicher, unkomplizierter Art kam er überhaupt nicht zurecht. Kurz vor ihrer Abreise gestand sie mir: »Gila, ich hielt es einfach abends bei euch nicht aus. Und alles nur wegen Rainers mieser Stimmung.«

Zwei Tage vor Katrins Rückflug kamen nachmittags zwei Huskies jaulend nach Hause getaumelt, gespickt mit riesigen Stacheln, die aus ihren Rachen, Schnauzen und Pfoten ragten. Sie hatten wohl unliebsame Bekanntschaft mit einem Stachelschwein gemacht. Unbeholfen versuchten sie, mit den Vorderpfoten die Stacheln von ihren Schnauzen abzustreifen, und heulten dabei vor Schmerzen.

Rainer nahm sich den ersten vor, gab ihm zwei Beruhigungspillen und hielt ihn fest, während ich mit einer Zange unter Aufbietung aller Kräfte die Stacheln, die wie Widerhaken im Fleisch der Hunde festsaßen, einzeln herauszog. Manche hatten eine Länge von zehn Zentimetern. Bei jedem Stachel, den ich entfernte, jaulten die armen Tiere laut auf. Schlimm, wie sie litten und bluteten!

Erleichtert stellte Rainer hinterher fest: »Na, das machen sie nicht noch mal!«

Am nächsten Mittag mussten wir mit den beiden Huskies trotzdem zum Tierarzt, um die letzten Stachelspitzen aus der Schnauze unter Vollnarkose entfernen zu lassen.

Beim Tierarzt war Rainer inzwischen Dauergast. Unerklärlicherweise lahmten die meisten Huskies. Ich nahm an, dass sie auf einem ihrer Ausflüge irgendetwas Undefinierbares gefressen hatten. Auf die Frage nach dem Zwinger reagierte Rainer inzwischen allergisch. Er schien nicht einsehen zu wollen, dass sie dort sicherer untergebracht waren und trotzdem ihren Auslauf hatten.

Eines Nachts lag ich wieder wach im Bett. Ohnmächtig hörte ich dem Heulen der Huskies zu. Wieder war eine Hündin läufig geworden. Rainer schlief trotz des Gejaules tief und fest. Sollte ich ihn aufwecken, damit er die Hunde beruhigte? Auf mich hörten sie nicht. Das konnte doch so nicht weitergehen!

Ich dachte daran, dass Katrin am nächsten Tag nach Deutschland zurückfliegen wollte, in die Welt, die ich hinter mir gelassen hatte. Meine Gedanken schweiften zurück. Wie hatte Eva wohl auf die Auswanderung reagiert, von der sie bis zum letzten Tag höchstens etwas geahnt, aber nichts Konkretes gewusst hatte?

Fühlte ich mich glücklich hier mit Rainer? Fast zwei Wochen waren vergangen seit meiner Ankunft. Seither hatte es nur Ärger, Schlaflosigkeit, Hektik und hohe Geldausgaben gegeben – und Unvernunft, die Hunde betreffend. Wo war unsere Liebe, unser Gefühl füreinander geblieben?

Ein Ausspruch von Prentice Mulford fiel mir ein:

»Der Gemütszustand, in dem wir uns am häufigsten befinden, bildet eine Kraft, die Ereignisse für oder gegen uns lenkt. Unsere vorherrschende Stimmung hat mehr mit Erfolg oder Fehlschlag jedes Unternehmens zu tun, als irgendetwas sonst – mehr als Arbeitskraft, Intelligenz, Scharfsinn und Fleiß. Wenn du helle Dinge denkst, ziehst du helle Dinge an dich heran.«

In meiner Lage hieße das: Wenn ich ärgerliche Gedanken hege, ziehe ich dunkle Dinge an – Ereignisse, die gegen uns gerichtet sind. Ich wusste doch, dass es nicht möglich war, zwei verschiedenen Gedanken gleichzeitig Raum zu geben. Und niemand außer mir selbst kann bestimmen, was ich denke.

Das Denken ist mit einem Stuhl vergleichbar, auf dem nur einer sitzen kann. Ist es von Sorgen besetzt, bleibt für gute Wünsche kein Platz. Daraus folgte doch: Durch bewusstes, kontrolliertes Denken entscheide ich selbst über Erfolg oder Misserfolg. Lieber Gott, wo war meine Kraft, mit guten, konstruktiven Gedanken gegen den Ärger anzugehen?

Ich überlegte: Was tat Rainer eigentlich für ein friedliches Zusammenleben? Gewiss würde die erste Zeit schwer sein, das wussten wir. Das große Arbeitspensum ließ uns kaum Zeit füreinander. Doch der Gedanke an die Arbeit machte mir nichts aus. Etwas anderes belastete mich: Mit einer mir fremden Hilflosigkeit erkannte ich plötzlich, dass ich mich auf Rainers Mitarbeit kaum verlassen konnte. Er dachte und plante in eine ganz andere, mir fremde Richtung.

Mit Beklemmung spürte ich, dass sich Rainers Vorstellungen von einem Leben in Kanada ganz extrem von den meinen unterschieden. Er sah Kanada als das Land der unbegrenzten Freiheit für sich und seine Huskies an. Ich dagegen betrachtete es als neue Heimat, in der wir durch das Geschäft eine Existenzgrundlage aufbauen wollten, jederzeit bereit, länger und mehr zu arbeiten als in Deutschland.

Ich war todmüde. Mir fehlte Schlaf. Inzwischen hatte das Heulen der Huskies wieder eingesetzt – ein lautes und durchdringendes Gejaule, das auf Rainer wie Schwanengesang wirken musste. Gereizt weckte ich ihn auf.

»Hör dir das mal an! Für dich scheint das Heulen da draußen wohl Schuberts Unvollendete zu sein, dass du so tief schläfst, oder?«

Ob er über diese Bemerkung oder die Situation an sich verärgert war, konnte ich nicht feststellen, denn er blieb am nächsten Morgen bei Katrins Abflug dem Flughafen fern. Sie fragte nicht, warum er sich so verhielt. Ich hätte ihr auch keine Antwort geben können.

Dankbar verabschiedete ich mich von ihr, die unsere Familie nun nach fast einem Jahr verließ. Urplötzlich überkam mich das heiße Verlangen, mit ihr zurückzufliegen. Nachdenklich sah sie mich an und meinte: »Gila, ich wünsche dir viel Kraft, um hier durchzuhalten!«

Ende September war es schon empfindlich kalt geworden. Die Bäume verloren ihr Laub, das Gras färbte sich gelb. Wie pures Gold leuchteten die hohen Gipfel der Rocky Mountains im Sonnenschein. Eine mächtige Faszination ging von diesem Land aus. Wenn bloß alles andere gestimmt hätte!

Eines Morgens traf der erste Brief von Marianne ein, und plötzlich empfand ich das starke Bedürfnis, ihre Stimme zu hören. Sie spürte meine Verzweiflung am Telefon, ermutigte mich jedoch durchzuhalten.

»Gila, wirf bloß nicht schon nach vierzehn Tagen die Flinte ins Korn! Warte erst einmal ab, bis euer Geschäft läuft! Es muss sich doch alles erst einspielen. Wenn es dann immer noch nicht besser geht, solltest du wirklich überlegen, ob du mit der Auswanderung einen Fehler gemacht hast!«

Das Gespräch mit ihr tat mir gut. Hier in Whitehorse war in den vergangenen vierzehn Tagen wirklich das Gefühl, eine falsche Entscheidung getroffen zu haben, immer stärker geworden, ausgelöst durch Rainers Verhalten und seine dauernden Missstimmungen. Aber Marianne hatte vielleicht recht. Erst einmal wollte ich abwarten, bis er durch die Geschäftseröffnung eine Aufgabe hatte.

Ein paar Tage später meldete ich André und Marco in der Schule an. Von ihren Mitschülern wurden sie herzlich aufgenommen. Unmittelbar vor unserer Grundstückseinfahrt stoppte der Schulbus. Wie praktisch das war, zeigte sich später im November, als das Thermometer minus zweiundfünfzig Grad anzeigte.

Eines Abends kam Paul, unser Nachbar, zu uns herüber. Er saß gern abends mit Rainer zusammen, wobei er manchmal vergaß, dass er selbst noch ein Zuhause hatte. Eindringlich warnte er Rainer an diesem Abend ein paarmal vor den riesigen Timberwölfen.

»Du musst die Hunde unbedingt einsperren«, sagte er. »Durch die Kälte im November wagen sich die Wölfe in die Nähe der Häuser und reißen nicht nur Hunde und Pferde, sondern sie greifen auch Menschen an. Vor einigen Jahren haben sie bei extremer Kälte und Futtermangel sogar ein kleines Kind auf einem Hof angefallen und getötet!«

Mit Schrecken dachte ich an Dana, die bisher unbefangen auf unserem Grundstück spielte. Doch Rainer lachte nur.

»Mein lieber Paul, ich habe mich jahrelang mit der Geschichte der Wölfe beschäftigt, schon weil meine Huskies halbe Wölfe sind. Noch nie hat man beweisen können, dass Wölfe Menschen angreifen. Das stimmt einfach nicht!«

Die Diskussionen wurden fortgesetzt. Ich wusste nicht, wem ich Glauben schenken sollte. Einerseits hatte ich inzwischen festgestellt, dass Paul manchmal ein wenig dick auftrug, andererseits spürte ich, dass Rainer mir mit seiner Behauptung die Angst nehmen wollte. So blieb ein beklemmendes Gefühl, wenn ich an die Wölfe dachte. Nicht ohne Respekt hatte ich vor kurzem in dem Pelzgeschäft ›Timberline‹ die großen Wolfsfelle gesehen.

Ich kannte Pauls Sitzfleisch, ging kurze Zeit später ins Bett und versuchte zu schlafen. Ohne Erfolg, denn das Gejaule setzte wieder ein.

»Hier bin ich Hund, hier darf ich's sein!«, knurrte ich. Rainers durchdringender Pfiff ließ die Huskies dann wirklich für eine Weile verstummen. O heiliger Friede!

Ich hatte mich zu früh gefreut. Als ich gerade eingeschlafen war, legten sie erneut los. Unten im Wohnzimmer war alles still, Paul war wohl schon gegangen. Wo war Rainer? Trotz der Kälte schien er draußen in der Nähe seiner Hunde zu schlafen, in weiche Whiskywolken und seinen dicken Daunenschlafsack gehüllt.

Aus dem Wohnzimmer hörte ich ein Scharren: Laika, die läufig wurde. Rainer hatte sie ins Haus geholt, weil sie draußen zu viel Krach machte. Vor Müdigkeit völlig erschlagen, öffnete ich das Schlafzimmerfenster und versuchte, selbst einen markanten Pfiff loszulassen. Mein klägliches Pfeifen schien die Huskies nur noch mehr anzustacheln.

Jetzt war ich's endgültig leid. Lieber Gott, bitte, gib mir einen ruhigen Platz, wo ich endlich mal schlafen kann, irgendwo in Whitehorse außerhalb der Hörweite der Hunde. Nein, hier ging's nicht mehr! Wütend griff ich nach meinem Oberbett und dem Kopfkissen. Weg, bloß keinen Husky mehr hören!

Stockdunkel war's unten im Wohnzimmer. Vollbepackt mit Bett und Kissen hatte ich keine Hand mehr frei, den Lichtschalter zu betätigen, aber den Weg zur Haustür kannte ich im Dunkeln. Vorsichtig tastend setzte ich einen Fuß vor den anderen, nur Dunkelheit um mich herum.

Da – mit meinem ganzen Gewicht trat ich voll auf etwas Weiches. Laika? Ich schrie vor Schreck laut auf, fiel lang hin! Doch das weiche Etwas schrie genauso entsetzt und versuchte aufspringend, sich in Sicherheit zu bringen! Rainer war es, den ich erwischt hatte, nicht Laika.

Lieber Himmel, war ich erschrocken! Mein Herz hämmerte laut. Mit zitternden Knien sammelte ich in der Dunkelheit mein Bettzeug auf und stolperte in die Küche. Rainer schlief sofort weiter. Der Whisky zeigte seine Wirkung. Ich brauchte einige Zeit, ehe ich mich wieder beruhigt hatte und überhaupt in der Lage war, mit meinen Decken nach draußen zum Auto zu gehen und loszufahren.

Hoch über Whitehorse auf einem Plateau hielt ich an, aber trotz der ungewohnten Ruhe bekam ich auch im Auto keinen Schlaf. Es wurde empfindlich kalt, und unbequem war es auch. Völlig übernächtigt fuhr ich morgens voller Grimm wieder nach Hause. Rainer lag in seinem Bett und schien zu schlafen. Todmüde schlich ich mich in mein Bett. Nicht leise genug, denn Rainer streckte blinzelnd seinen Arm nach mir aus und fragte: »Na, wieder da?«

Geeignete Geschäftsräume zu finden war das Wichtigste überhaupt. Einige Läden in der City standen leer, die Monatsmieten waren jedoch kaum erschwinglich. Ähnlich ging es uns mit anderen Angeboten. Es blieb nur noch die Möglichkeit, auf einen Außenbezirk auszuweichen, dafür aber mehr in die Werbung zu investieren.
    Rainer, der seine Interessen mehr und mehr auf die Huskies verlagerte, bemerkte eines Mittags unruhig: »Hast du die Hunde gesehen? Es sind nur noch drei am Haus. Wo die anderen bloß sind?«
    »Sie werden schon wiederkommen, aber hoffentlich ohne Stacheln im Maul.« Fast täglich war einer der Hunde mit der Schnauze voller Stacheln nach Hause gekommen. Rainers Hoffnung, dass sie aus Erfahrung lernen würden, hatte ihn getrogen. Wo spürten sie bloß die vielen Stachelschweine auf? Ich war es so leid, bis Mitternacht Stacheln zu ziehen und nachts vor Hundelärm nicht schlafen zu können.
    Abends waren die Hunde immer noch nicht zurück. Rainer wurde unruhig, nahm den Ford und suchte sie. Nach einiger Zeit kamen Smoky und Kavik allein zurück. Mit Kavik schien alles in Ordnung zu sein, doch Smoky, einen sanften braunen Huskyrüden, hatte es böse erwischt. Der Kopf, die Schnauze und die Pfoten saßen wieder voller Stacheln.
    Antje rief bestürzt: »Nein, nicht schon wieder!« Jedes Mal war sie tapfer bei der Prozedur des Stachelziehens dabeigeblieben, hatte die Hunde gestreichelt und ihnen sanft zugeredet.

Furchtbar war Smokys Zustand! Seine Schnauze stand sperrangelweit auf wegen der riesigen Stacheln, die im Rachen saßen. Da sah ich Rainers Auto in unsere Einfahrt einbiegen. Er erblickte die Bescherung und wetterte los: »Meine Güte, Smoky, lernst du es denn nie!«

Er zog den Husky zu sich heran, der vergeblich versuchte, selbst mit den Pfoten die Stacheln zu entfernen. Wieder machten wir uns ans Werk, und diesmal zählte ich sie: Es waren 308 Stacheln. Unbeschreiblich, wie der arme Kerl litt!

Gegen zwei Uhr morgens waren wir fertig, und ich taumelte in mein Bett. Rainer schlief im Wohnzimmer bei Smoky, dem es sehr schlecht ging. Am nächsten Morgen erkannten wir den Hund kaum wieder. Sein Kopf sah aus wie ein Luftballon. Seine Augen konnte man kaum noch erkennen, so stark waren sie zugeschwollen.

Nachdenklich stand ich am Schlafzimmerfenster und schaute hinaus über das verschneite Land. Langsam entwickelte sich bei mir ein gewaltiger Zorn auf Rainer, der in seiner Liebe zu den Hunden deren Freiheitsbedürfnis völlig falsch einschätzte und ihnen damit so viel Schaden zufügte. Er schien gar nicht zu merken, wie er mit seinem rücksichtslosen Verhalten auch den Menschen um sich herum den Lebensraum beschnitt.

Abends waren alle Huskies bis auf drei wieder zu Hause. Am nächsten Morgen fehlten sie immer noch. Statt sich um geschäftliche Dinge zu kümmern, begab sich Rainer erneut auf Hundesuche. Die Termine an dem Tag, um endlich geeignete Räume zu finden, konnte ich nur mit Gerd wahrnehmen. Wir mussten unbedingt unser Geschäft eröffnen.

Immer noch keine Spur von den Hunden, als ich nachmittags nach Hause kam! Rainer stellte die düstere Prognose: »Da ist etwas passiert!«

Jetzt machte auch ich mir Sorgen, denn über Nacht war noch kein Husky weggeblieben. So schlimm sie sich auch als Meute anhörten oder aufführten, so gern hatte ich doch jeden einzelnen von ihnen.

»Nichts!«, meinte Rainer abends verzweifelt, als er von seiner Suche zurückkam. »Alles abgesucht! Ich bin zu sämtlichen Stellen gefahren, wo sie sein könnten. Ohne Erfolg!«

Als am nächsten Tag immer noch keiner von den dreien aufgetaucht war, bat er Paul voller Verzweiflung, zusammen mit ihm, André und Marco in unserer Nachbarschaft nachzufragen, ob irgendjemand eine Spur von den Hunden gesehen hatte.

Wieder waren sie den ganzen Abend unterwegs und suchten Indian Village ab, das große Indianer-Reservat in der Nähe von Whitehorse.

Nachts kamen sie schweigend nach Hause und brachten zwei tote Hunde mit. Wie wir erfuhren, waren die Hunde bereits zwei Tage zuvor erschossen worden, als sie eine Ziege rissen.

Tevka, der Anführer der drei, war offensichtlich nicht getroffen worden und hatte nach den Schüssen das Weite gesucht. Wir spürten, dass auch ihm etwas zugestoßen sein musste, denn sonst wäre er während der vergangenen zwei Tage längst nach Hause gekommen.

Nachts begrub Rainer seine Hunde, leise vor sich hin schluchzend. Einer von ihnen hieß Yukon …

Voller Trauer und Verzweiflung streifte Rainer anderntags durch die endlosen Wälder, um Tevka zu suchen. Abends kam er mit dem toten Hund über der Schulter zurück. Tevka wies keine Schussverletzung auf. Er war an einem Wolfsköder eingegangen.

Rainer litt unsäglich. Keiner wagte ihn zu fragen, wo und wie er ihn gefunden hatte, niemand machte ihm einen Vorwurf, dass drei Hunde sterben und die anderen furchtbar leiden mussten, bevor der Zwinger endlich gebaut werden sollte.

»Warum willst du den Zwinger ausgerechnet hier am Haus aufbauen, Rainer? Setz ihn doch ein paar hundert Meter zurück«, bat ich ihn, als ich sah, wie er kurz nach dem Tod der Huskies mit André direkt unter dem Küchen- und

Wohnzimmerfenster ein paar Pflöcke in den Boden rammte. Ich dachte an die Situation, wenn eine Hündin läufig würde. Unter unserem Schlafzimmer würden sich dann wieder die sehnsuchtsvollen Töne aller Husky-Generationen zu einem wände- und fensterdurchdringenden Klangchaos vereinen.

Doch er ließ sich bei seiner Arbeit überhaupt nicht stören, als ich ihn darauf ansprach.

»Wahrscheinlich bin ich der einzige Mensch, der hier ein Bedürfnis nach Schlaf hat, und zwar von Mitternacht bis morgens um sieben Uhr. Ich dachte schon, Schlafen sei out. Es gibt hier wirklich zahllose Möglichkeiten, kein Auge zuzutun. Soll ich sie mal aufzählen?«

Er schwieg, während André ein Grinsen unterdrückte und sich weiterhin bemühte, die Pflöcke in den gefrorenen Boden zu treiben.

»Kennst du eigentlich die nächtlichen Schreie einsamer Esel auf Korfu?«, fragte ich ihn mit einem letzten Anflug von Humor. »Weißt du, einer war direkt an die Garagentür unseres Hotels angebunden. Karin, meine Kollegin, erschrak fürchterlich, als sie mich im Morgengrauen hohläugig und mit einem Obstmesser in der Hand auf dem Flur entdeckte. Dabei wollte ich dem Esel nicht die Kehle, sondern nur seinen Strick durchschneiden, um nach drei schlaflosen Nächten endlich Ruhe zu haben.«

Es nutzte nichts.

»Gila, ich will meine Hunde laufen sehen, sie um mich wissen und das Gefühl haben, mitten unter ihnen zu sein, wenn ich aus dem Fenster schaue. Kannst du das nicht verstehen?« Er sah mich verärgert an.

Mir wurde unbehaglich zumute unter seinem Blick. »Das Grundstück ist doch riesig«, argumentierte ich. Schon der Gedanke an die schlaflosen Nächte voller Hundelärm verschaffte mir eine Gänsehaut. Ich brauchte unbedingt meine Nachtruhe. Nein, ich verstand ihn wirklich nicht!

Nach heftigen Diskussionen einigten wir uns schließlich darauf, den Zwinger wenigstens zehn Meter zurückzusetzen; auf mehr ließ Rainer sich partout nicht ein. Hatte ich wirklich gehofft, er würde den Zwinger wegen des Lärms woanders aufbauen?

Über die toten Huskies wurde nicht mehr gesprochen. Eine Woche später war der Zwinger fertig, wodurch die nächtliche Prozedur des Stachelziehens entfiel. Jetzt gab es wieder Abende für uns, an denen wir gemütlich beisammensaßen und Schach spielten.

Ich glaube, meine tiefen Gefühle für Rainer spielten die entscheidende Rolle, den Kampf hier in Whitehorse noch nicht verloren zu geben. Trotz aller Schwierigkeiten merkte ich, wie viel er mir bedeutete. Aber durch die Probleme hatten wir kaum noch Zeit füreinander gefunden. Sämtliche aus Deutschland mitgebrachten Bücher blieben ungelesen. Und gerade deren Hilfe hätten wir beide dringend gebraucht.

Sicherlich ist durch meinen Bericht ein etwas negativer Eindruck von Rainer entstanden. Er konnte aber auch ganz anders sein: ein zärtlicher und empfindsamer Partner, den beiden Jungen ein guter Freund und Dana ein wunderbarer Vater. Er war ein kluger Mensch, las gern und hatte, wie ich, ein Faible für gute Gespräche. In Deutschland vergaßen wir oft die Zeit und unterhielten uns bis spät in die Nacht hinein, immer mit dem Gefühl, einander zu verstehen.

Dort waren seine negativen Gedanken an mir abgeprallt. Nur selten hatte ich mich in meiner Fröhlichkeit beirren lassen. Hier aber war ich derart gereizt durch den Mangel an Schlaf, dass mir auffiel, wie empfänglich ich inzwischen auch für seine skeptischen Gedanken wurde. Die Erkenntnis, dass sich seine Stimmungen eher verschlimmerten als verbesserten, kam noch hinzu.

Durch offene Gespräche hatten wir bisher immer wieder Brücken zueinander schlagen können. Aber jetzt zerstörten seine Ausbrüche des öfteren diese neu aufkeimenden Empfindungen. Hier in Whitehorse hatte ihm bisher einfach die Kraft und die Zeit gefehlt, zielbewusst gegen seine negativen Strömungen anzugehen, und mir ging es ebenso.

Eines Abends saßen wir zusammen mit Ruth und Gerd bei uns zu Hause beim Essen.

»Gerd, es ist inzwischen Anfang Oktober, und wir haben immer noch keine monatlichen Zahlungen für das Haus vorgenommen«, sagte ich. »Du solltest uns mal genau ausrechnen, wie hoch der Betrag ist, den du von uns bekommst.«

Bereits des öfteren hatte ich ihn auf eine genaue Abrechnung der Hypothek angesprochen. Zwar kannte ich die ungefähre Höhe des von der Bank im Februar errechneten monatlichen Betrages, doch wollte ich gern Klarheit haben, um die aufgelaufenen Summen auszugleichen. Er meinte jedoch, das eile nicht so, wir sollten erst einmal unser Geschäft eröffnen.

»Es muss doch eine Möglichkeit geben, einen geeigneten Ort für unser Geschäft zu finden!« Ich war entmutigt, weil wir tagelang erfolglos unterwegs gewesen waren. »Ich setze doch voraus, dass man hier in Whitehorse an Investitionen deutscher Geschäftsleute interessiert ist. Dann müsste man sie doch wenigstens bei ihrem Vorhaben unterstützen!«

»Ich glaube, du solltest nochmals mit dem Bürgermeister sprechen«, warf Gerd ein. »Er kennt euch doch inzwischen.« Auch Gerd hatte bereits sämtliche geschäftlichen Verbindungen für uns angezapft, aber ohne Erfolg.

Gleich am nächsten Tag sprach ich mit dem Bürgermeister, der meiner Bitte großes Verständnis entgegenbrachte. Er bot mir Hilfestellung durch einen Sachbearbeiter an, der sämtliche zu vermietenden Läden in Whitehorse kannte.

Und wirklich: Mit seiner Hilfe fanden wir nach einer Woche passende Räume, allerdings, wie vermutet, nicht in der City, sondern zehn Kilometer von Whitehorse entfernt im Geschäftszentrum des kleinen Vorortes Porter Creek.

Nachdem ich die Räume besichtigt hatte, berichtete ich erleichtert: »Wir zahlen nur die Hälfte der Miete, die in der Innenstadt verlangt wird. Allerdings entstehen uns zu Anfang mehr Kosten für die Werbung. Ich glaube aber, wenn wir erst einmal bekannt sind durch die Auswahl an europäischen Möbeln, werden wir auch die Kundschaft in der Stadt animieren, zu uns zu kommen.«

»Wie kommt es, dass dieses Gebäude schon so lange leer steht?«, wandte Rainer ein.

»In ungefähr zwei bis drei Monaten soll die Halle verkauft werden. Das heißt, wir bekommen nur eine feste Option für zwei Monate. Danach müssen wir uns eine andere Örtlichkeit suchen«, erzählte ich, froh, überhaupt einen Laden gefunden zu haben. »Oberstes Gebot ist jetzt erst einmal für uns, Geld einzunehmen. Wir müssen durch den Winter kommen. In der Zwischenzeit können wir uns dann in Ruhe um etwas anderes kümmern.«

»Morgen fahre ich mal hin und sehe mir den Laden an«, sagte Rainer.

Die große Halle in Porter Creek mit den riesigen Fenstern bot sich als Ausstellungszentrum geradezu an. Sie musste allerdings erst gründlich gereinigt werden. Der Boden der riesigen Halle war eine Katastrophe. Drei Tage lang schrubbte ich ihn, mit Händen voller Blasen und starken Rückenschmerzen, bis man schließlich die ursprüngliche schwarze Farbe erkennen konnte.

»Warum hilft dir Antje nicht?«, fragte Rainer, als ich mich abends zu Hause erschlagen in den Sessel fallen ließ.

»Antje will ich für diese Arbeit nicht einsetzen. Sie nähme bestimmt das nächste Flugzeug zurück nach Deutschland.«

Sicherlich hätten wir eine Putzkolonne beauftragen können. Ich merkte aber, wie knapp das Geld wurde, zumal die Zollgebühren für die eingeführten Möbel weit höher ausfielen als erwartet. Obendrein mussten die gesamten Möbelrechnungen durch einen Broker übersetzt und spezifiziert werden – Kosten, die vorher nicht einkalkuliert waren.

Ich sprach nicht gerne mit Rainer über unsere ungünstige finanzielle Lage, denn sie war unter anderem dadurch entstanden, dass ich Eva und ihm nach dem Verkauf meines Hauses einen hohen Betrag geliehen hatte. Das Geld war grundbuchmäßig abgesichert und in unserem Finanzplan für die Auswanderung enthalten. Eva wollte es monatlich zurückzahlen. Aber als unsere Beziehung aufgedeckt war, musste sie alle Hypothekenzahlungen einstellen, mit der Konsequenz, dass ihr Haus versteigert werden sollte. Daher konnte ich die Hoffnung aufgeben, dieses Geld jemals wieder zu sehen.

Da die Kinder offiziell erst mit mir von Alaska aus einwandern konnten, planten wir diese Fahrt für den folgenden Sonntag. Patty, Pauls Frau, und ihre kleine Tochter Joy wollten gern mitfahren. So war der Audi vollbesetzt, als wir uns auf den Weg machten.

Es war eine bizarre Landschaft, durch die wir fuhren, kaum, dass uns mal eine Menschenseele begegnete. Wir passierten den Yukon, den Fluss, der diesem rauen Land seinen Namen gegeben hatte.

»Sieh mal, André, wie leuchtendes Gold«, schwärmte ich und staunte über das intensive Farbspiel der Sonnenstrahlen auf den Berggipfeln. Es war Spätherbst, jeden Tag konnte der Winter einsetzen.

Nach einiger Zeit erreichten wir in schwindelnder Höhe einen kleinen Gebirgspass. Bäume und Sträucher wurden spärlicher. Steine und Geröll schienen das letzte Grün zu schlucken. Gewaltige Schluchten taten sich neben uns auf. Unwillkürlich erinnerte mich die Umgebung an die Bilder einer Mondlandschaft. Ich war bemüht, den Wagen sicher über die schmale Straße zu steuern und nicht nach links in die Tiefe zu blicken.

In einer Kurve passierte es dann: Mitten auf der engen Fahrbahn lag ein kleiner Felsbrocken. Zu Tode erschrocken entschied ich: Zu spät zum Halten! Nicht ausweichen – drüber!

Ein starkes Rütteln und Knirschen – dann ein gewaltiger Schlag, der uns aus den Polstern riss! Mit zitternden Knien hielt ich an. Links neben mir der gähnende Abgrund! Mein Herz raste.

Erst jetzt merkte ich, dass Danas gebutterte Popcorns

sowohl in Pattys Kragen als auch in meinem Ausschnitt lagen. Dana schrie wie am Spieß, wegen des Schreckens – und ihrer leeren Popcorntüte.

»Mein Gott, was haben wir für Glück gehabt!«, murmelte Patty dankbar und drückte Joy fest an sich.

»Der Benzintank muss abgerissen sein«, sagte ich mit schwacher Stimme. »André, sieh mal bitte unter dem Wagen nach.«

Kurze Zeit später klang seine Stimme dumpf unter dem Auto hervor: »Also, der Benzintank ist okay, soweit ich das feststellen kann.«

Aber woher kam der Knall? Marco rollte den Felsbrocken zur Seite. Erleichtert stellte ich fest, dass kein Benzin auslief, und schlug vor: »Lasst uns mal sehen, ob der Audi noch fährt.« Ganz vorsichtig und mit dem Gefühl von tausend Schmetterlingen im Bauch setzte ich die Fahrt fort.

»Mit der Technik scheint alles in Ordnung zu sein«, meinte Marco froh. »Der Motor läuft jedenfalls noch. Stell dir mal vor, wir wären alle im Abgrund gelandet …!«

»Nein, Marco, genau das stelle ich mir nicht vor«, unterbrach ich ihn, »weil ich euch heil nach Hause bringen möchte.«

Ich sandte ein Dankgebet gen Himmel, dass wir nur mit dem Schrecken davongekommen waren. Zu Hause stellte Rainer fest, dass der Benzintank durch den gewaltigen Schlag zwar in den Innenraum gedrückt worden, aber trotzdem nicht gerissen war. Hatten wir nur Glück gehabt, oder sollte es wieder eines dieser Zeichen des Schicksals sein, die mich später eine einsame Entscheidung treffen ließen?

Nun, da wir endlich den Platz für unser Geschäft gefunden hatten, konnten wir den zweiten Container mit den neuen Möbeln entladen.

André hatte gerade an einem Tisch festgestellt, dass die Tischplatte total verkratzt war, als wir nach Entfernen der Luftpolsterfolie auch bei den anderen Möbeln eine äußerst unangenehme Entdeckung machten. Viele Möbel waren beschädigt. Kurze Zeit später hatten wir alles aus dem Container entladen. Rainer kontrollierte, wie gravierend die Beschädigungen waren, und meinte dann entmutigt: »Damit habe ich nicht gerechnet. Ich nehme an, das ist auf dem Transport von Vancouver nach Whitehorse passiert.«

»Kannst du die Macken irgendwie beseitigen?«, fragte ich ihn mit einem Anflug von Resignation.

Rainer antwortete skeptisch: »Der Schaden ist beträchtlich. Hätten wir doch bloß die Fracht trotz der hohen Prämie versichern lassen. Jetzt müssen wir ungefähr ein Viertel der Möbel weit unter Preis verkaufen.«

Ich schüttelte stumm den Kopf. Läuft denn hier alles verkehrt?, dachte ich hilflos und säuberte beharrlich einen Schrank, während sich meine Gedanken ähnlich im Kreise bewegten wie meine Hand.

Bereits Tage zuvor hatten wir Werbung übers Radio gemacht, sodass der Tag der Geschäftseröffnung beachtliche Umsätze erbrachte. Fast ein Drittel der Ausstellung wurde in der ersten Woche verkauft. Nach Meinung der Käufer war unsere Idee richtig, preiswerte, stabile und geschmackvolle Möbel nach Whitehorse zu bringen. Gott sei Dank kam jetzt Geld in die Kasse. Unsere Reserven waren bis auf einen kleinen Rest zusammengeschmolzen.

Noch in Deutschland hatte ich vorsichtshalber eine weitere Sendung Möbel bestellt, die ich jetzt abrufen wollte, um für den Weihnachtsverkauf gerüstet zu sein. Eine Schwierigkeit tat sich allerdings auf: Gleich nach dem Abruf musste die neue Sendung in Deutschland bezahlt werden, das eingenommene Geld brauchten wir aber unbedingt zum Leben.

»So schaffen wir es nicht«, stellte ich besorgt fest. »Ich muss mit der Bank über eine Finanzierung sprechen. Als Sicherheit können wir immerhin den Audi anbieten oder eine Hypothek auf das Haus aufnehmen, falls es erforderlich werden sollte. Was hältst du davon?«

Rainer, der sich meistens aus allen finanziellen Sachen heraushielt, stimmte zu.

»Lass mich erst mal ein Vorgespräch führen«, fuhr ich fort. »Dann werden wir sehen, was wir an Sicherheiten brauchen. Ich mache gleich einen Termin.« Umgehend setzte ich mich mit unserer Bank in Whitehorse in Verbindung.

Ich war wie vor den Kopf geschlagen, als die Bank eine Finanzierung rigoros ablehnte, mit der Begründung, wir seien noch nicht lange genug im Lande. Wenn wir Geld hätten, bekämen wir welches! Völlig unlogisch. Hier im Yukon schienen besondere Gesetze zu gelten. Für unsere weitere Existenz brauchten wir aber unbedingt Kapital.

»Finanziell wird es jetzt eng bei uns«, stellte ich verzweifelt fest. »Ständig treffen neue Rechnungen ein, die bezahlt werden müssen und die unsere Einnahmen auffressen!«

Wo war das ganze Geld geblieben? Ich durfte gar nicht nachrechnen. Zwar konnten wir das Haus größtenteils billig mit Holz beheizen, dennoch hatten wir hohe Stromkosten. Auch der Unterhalt der Familie und der Hunde verschlang viel Geld. Durch den ständigen Mangel an Schlaf und die Hektik am Tage fand ich kaum Zeit, in Ruhe unsere Finanzen zu kalkulieren. Das Gefühl, einen großen Fehler begangen zu haben, wurde von Tag zu Tag stärker. Alles schien sich gegen uns verschworen zu haben.

Wie sollte es weitergehen? Mein Bedürfnis nach finanzieller Sicherheit wegen der großen Verantwortung wurde immer drängender. Mehr und mehr nahm bei mir der Gedanke Gestalt an, nach Deutschland zurückzukehren, wo ich durch meine Tätigkeit im Außendienst finanziell abgesichert wäre. Ich war überzeugt davon, dass mich meine Versicherungsgesellschaft trotz meiner Kündigung gern wieder aufnahm. Andererseits konnte ich doch nicht alles im Stich lassen: Rainer, das Haus, die finanziellen Verpflichtungen, das Geschäft! Unmöglich! Ich muss durchhalten!, sagte ich mir.

Aber hatte ich nicht gelernt, auf Zeichen zu achten? Heute, mit dem nötigen Abstand, sehe ich es so, dass ein gütiges Schicksal mich davor bewahren wollte, noch

Schlimmeres mitzumachen, bevor ich endlich erkannte: Whitehorse ist nicht der Platz, den mir das Leben zugedacht hat. All die negativen Ereignisse sollten mir endlich zeigen: Hier liegt nicht meine Bestimmung. Die Zeichen waren deutlich genug und eigentlich nicht mehr zu übersehen.

Anfang Oktober setzte starker Schneefall ein. Schlagartig ließ der Umsatz nach. Je mehr Schnee fiel, desto weniger Kunden kamen aus der Stadt zu uns, bis sie schließlich ganz ausblieben.

Tagelang waren wir allein im Geschäft. Die verkauften Möbel konnten nicht durch neue ersetzt werden, sodass die Ausstellung nach den ersten umsatzstarken Tagen ziemlich geschrumpft war. Wie sehr trauerte ich nun meiner Versicherungstätigkeit nach, bei der ich durch meinen Einsatz das Einkommen selbst bestimmen konnte!

Antje und ich wechselten uns täglich im Geschäft ab. Rainer blieb zu Hause; zu seinen Hunden hatte er einen besseren Kontakt als zu den Kunden. Er schien meine Gedanken über eine Rückkehr nach Deutschland zu spüren, denn eines Abends, als ich die katastrophale finanzielle Lage erwähnte, sagte er plötzlich: »Solltest du wirklich darüber nachdenken, nach Deutschland zurückzugehen, so kann ich nur sagen: Du bist verrückt! Was haben wir nicht alles auf uns genommen! Haben wir nicht bisher sämtliche Schwierigkeiten gelöst? Andere würden ein Vermögen dafür hinblättern, um in diesem Land leben zu können. Du beschäftigst dich doch wohl nicht ernsthaft mit dem Gedanken, oder?«

Als ich schwieg, schüttelte er den Kopf und fuhr fort: »... und damit du Bescheid weißt: Ich bleibe hier! Mich kriegt man nur als Leiche aus dem Yukon! Und wenn du zurückgehst, bedeutet das die endgültige Trennung!«

Zu Dingen, die anderen gehörten, hatte Rainer ein großzügiges Verhältnis: Ohne groß zu fragen, nahm und gebrauchte er sie. Doch wehe, wenn irgendjemand seine persönlichen Sachen auch nur anrührte oder gar beschädigte!

Eines Sonntag nachmittags nahm ich mir vor, endlich den Keller aufzuräumen. Ich wollte das Werkzeug, das seit unserer Ankunft draußen vor der Tür lag, auf einem Regal ordnen. Die Nässe hatte bereits bei zwei elektrischen Geräten für Kurzschlüsse gesorgt.

Bevor ich die Regale an die Wand dübelte, ging ich zum Zwinger und fragte Rainer: »Welche Bohrer soll ich für die Regale nehmen?«

»Bloß nicht die Holzbohrer! Die machst du bei der Betonwand kaputt. Soll ich es nicht lieber machen?«

»Nein, lass mal, ich schaffe das schon allein«, entgegnete ich, während ich einen großen Becher mit heißem Kaffee für ihn auf einen Holzpfahl des Zwingers stellte.

»Danke«, meinte er und trank einen Schluck, »ich möchte gern erst die Unterschlüpfe für die Hunde fertig haben.«

Er arbeitete gerade an Holzställen, die er nach vorn hin offen ließ, um so den Huskies die Möglichkeit zu geben, sich vom Rudel zurückzuziehen. Damit konnten sie notfalls das eigene Terrain verteidigen.

»Mist, der Bohrer ist hin«, murmelte ich kurze Zeit später. Ich hatte wohl doch den verkehrten erwischt. Na ja, ärgerlich genug, dachte ich, aber es ist nun mal geschehen.

Wir saßen gerade beim gemeinsamen Abendessen, als ich von meiner Dummheit berichtete. Kaum hatte ich es ausgesprochen, da sprang Rainer auf und schrie mit einem wilden Ausdruck im Gesicht, dass der Bohrer sein Eigentum sei; er habe ihn bezahlt.

Erschrocken und auch verletzt sah ich ihn an. Dann nahm ich einen Geldschein aus meinem Portemonnaie und legte ihn demonstrativ vor ihn auf den Tisch.

Doch das reizte ihn noch mehr. Gefährlich leise sagte er daraufhin: »Mit Geld kannst du wohl alles kaufen.«

Danach herrschte peinliches Schweigen am Tisch. Dana fing an zu weinen, während André, Antje und Marco betreten auf ihre Teller blickten. Jetzt reichte es mir! Aufgebracht verließ ich die Küche und ging nach draußen. Ich brauchte frische Luft! Was konnte ihn derart gereizt haben? Warum reagierte er nur so wütend?

Eingeschüchtert kam Antje mit ihrer Tasche nach draußen, weil ich ihr vor dem Essen versprochen hatte, sie zu den Hot Springs zu fahren. Schweigend startete ich den Audi. Unterwegs sah sie mich verstört an und schüttelte verständnislos den Kopf. »Das war ja entsetzlich! Das halte ich nicht mehr lange aus!«

Sie war erst zwanzig Jahre alt, doch trotz ihrer manchmal etwas blauäugigen Art entwickelte sie sich zu einer angenehmen Persönlichkeit. Langsam hatte sich eine gewisse Vertrautheit zwischen uns beiden aufgebaut.

»Du hast Recht, Antje. So geht das wirklich nicht weiter. Irgendetwas muss passieren!«

Am nächsten Tag bat mich Rainer zwar geknickt um Verzeihung, aber das machte die Sache nicht ungeschehen. Wieder ein Teil des Puzzles, das kurz vor seiner Vollendung stand.

Es lag bereits hoher Schnee, als wir endlich mit Gerd einen Termin wegen der monatlichen Belastung für das Haus vereinbaren konnten.

Rainer und ich saßen in seinem Büro. Ein heilloses Durcheinander unerledigter Vorgänge bedeckte seinen Schreibtisch. Lange kramte er in seinen Unterlagen und suchte seine Kontoauszüge.

»So, da sind sie!«, sagte er, warf einen Blick über seine randlose Brille auf die Rechenmaschine und tippte ein paar Zahlen ein. Der Betrag, den er uns dann ausrechnete, machte exakt das Doppelte der damals von der Bank ausgerechneten monatlichen Belastung aus.

»Wie kommt denn diese Summe zustande?«, fragte Rainer entgeistert.

Auch ich schüttelte zweifelnd den Kopf. »Nein, Gerd, das kann nicht sein! Die Bank hatte uns seinerzeit eine weit geringere Belastung ausgerechnet, die für uns akzeptabel und tragbar war. Du hast dich sicher vertan. Rechne noch mal nach!«

Erneut ging er die Belege durch, meinte dann aber: »Gila, die Zahlen stimmen. Mir ist wirklich so viel abgezogen worden. Wir können die Bank ja mal anrufen.«

Immer noch der festen Überzeugung, das Ganze müsse ein Irrtum sein und werde sich gleich aufklären, rief ich an.

»Die Beträge stimmen, die wir abgebucht haben«, meinte die junge Dame erstaunt, als ich die Höhe der Belastung reklamierte. Mir wurde heiß und kalt.

»Sehen Sie, der Grund für die hohe Belastung liegt darin, dass neben den Zinsen eine ebenso hohe Tilgung bei der Finanzierung vereinbart worden ist.«

»Aber von wem denn?«, fragte ich fassungslos.

»Ja, jetzt erinnere ich mich!«, meinte Gerd plötzlich. »Bei der Übernahme der Finanzierung habe ich keine Hypothek auf das Haus bekommen können. Das Haus ist ›rural property‹, liegt außerhálb der City. Deshalb habe ich auf meinen Namen ein persönliches Darlehen aufnehmen müssen mit der kurzen Laufzeit von zehn Jahren im Gegensatz zur Hypothek, die fünfundzwanzig Jahre mit niedriger Tilgung läuft!«

Jetzt erst, Mitte Oktober, fiel Gerd diese Transaktion ein, obwohl er doch von Anfang an unsere scharfe Kalkulation der monatlichen Belastung kannte.

Völlig aufgewühlt von diesem Gespräch wusste ich spätestens jetzt: Genau diese Erfahrung hatte ich noch gebraucht, um das Kapitel Whitehorse zu schließen. Plötzlich erkannte ich das fertige Puzzle. In jenem Augenblick fiel für mich die Entscheidung, Whitehorse zu verlassen. Hier gehörte ich nicht hin. Keine zehn Pferde konnten mich hier noch halten!

Erstaunlicherweise verließ ich Gerds Büro nach diesem Vorfall nicht erschüttert, sondern geradezu erleichtert und wie von einem enormen Druck befreit. Wohl oder übel musste ich Rainer, der sich sehr ruhig verhalten hatte, unterwegs meinen Entschluss mitteilen.

»Rainer, bitte versteh, was ich dir jetzt sage! Meine Entscheidung steht nun fest. Ich gehe zurück nach Deutschland. Sieh mal, über kurz oder lang bricht bei dieser enormen Belastung alles über uns zusammen, wenn ich hier im Yukon bleibe. Die Sache mit dem Haus hat mir den Rest gegeben.«

Mit finsterem Gesichtsausdruck stieß Rainer hervor: »Ich habe schon lange gemerkt, wie du gegen den Yukon ankämpfst. Alles passt dir hier nicht. Für alles machst du den Yukon verantwortlich. Es ist nun mal anders hier als in Deutschland. Schon vor Tagen, als du von der Bank nach Hause kamst, habe ich dir angesehen, dass du am liebsten sofort den Kram hingeschmissen hättest. Ich weiß, dass dir deine Bank in Deutschland einen roten Teppich ausrollt, wenn du wiederkommst. Nur – hier im Yukon ist es anders! Begreif das endlich!«

Zornig schwieg er eine Weile, bat mich aber gleich darauf wieder mit weicher Stimme: »Gila, bleib, bitte! Wie soll es denn ohne dich weitergehen?«

Wie auf einem sinkenden Schiff musste ich eine Entscheidung treffen; sollte ich mich zusammen mit ihm ins Verderben stürzen oder die Kinder und mich in Sicherheit bringen? Rainer erkannte das rettende Ufer nicht und schwamm in die falsche Richtung. Entweder schwimme ich mit ihm, dachte ich, dann gehen wir beide unter, oder ich rette mich ans Ufer und lasse ihn allein untergehen.

Für ihn schien mit meiner Entscheidung eine Welt zusammenzubrechen. Aber nochmals sagte er fest, sein Platz sei im Yukon, und versuchte mit Macht, mir meinen Entschluss auszureden. Alles wollte er ändern, wenn ich bei ihm bliebe. Doch ich besaß kein Vertrauen mehr zu seinen Versprechungen. Zu oft hatte er sie nicht gehalten.

»Du gehst also einfach weg aus meinem Leben.«

Wie Peitschenhiebe trafen mich seine Worte. Stumm blickte ich geradeaus auf die verschneite Straße. Schweigend erreichten wir gegen Mittag unser Haus an der Hot Springs Road.

»Ich möchte nichts essen«, sagte Rainer ruhig, als er sah,

dass ich eine Kleinigkeit zubereitete. Er schloss die Tür hinter sich und ging hinaus zu seinen Huskies. Auch ich brauchte jetzt dringend ein wenig Ruhe, um zu einer ganz klaren Entscheidung zu kommen.

Mit einer Tasse Kaffee setzte ich mich ins Wohnzimmer und dachte nach. Wollte ich wirklich ohne ihn leben? Was geschah mit uns, wenn ich nach Deutschland zurückkehrte? Stellte dieser Entschluss nicht automatisch das Aus für unsere Beziehung dar? Musste ich mich zwischen ihm und Deutschland entscheiden?

Wieso eigentlich Deutschland? Ich traf die Entscheidung nicht für Deutschland, sondern für die Sicherheit, meine Familie ernähren zu können. Würde ich hier im Yukon bleiben, falls wir finanziell durch ein monatliches gutes Einkommen abgesichert wären? Ja, dachte ich, wenn ich mich auf Rainers Hilfe verlassen könnte, bliebe ich.

In dem Augenblick wurde mir klar, dass ich Rainer aufgeben musste, um nicht mit in den Sog der finanziellen Unsicherheit und den Wust unbezahlter Rechnungen zu geraten, den er in Deutschland für normal gehalten und hinterlassen hatte. Das war nicht mein Leben. Ich musste die Achtung vor mir selbst behalten, keinem anderen etwas schuldig zu bleiben, auch auf Kosten unserer Beziehung.

Verbittert nahm Rainer meine Entscheidung zur Kenntnis.

»Wir müssen mit beiden Jungen darüber reden, um sie auf die neue Situation vorzubereiten«, sagte ich leise, als wir nebeneinander in gedrückter Stimmung auf der Couch saßen.

Resigniert meinte er, das sei auch für ihn einfacher.

Lange Zeit schwiegen wir. Endlich fragte er traurig: »Und wie geht's in Deutschland für euch weiter?«

»Ich werde eine Wohnung suchen, die groß genug für uns alle ist«, antwortete ich. »Außerdem werde ich mir Gedanken machen müssen, ob ich zu Herrn Fuchs in die neue Firma überwechseln oder den Gang nach Canossa antreten und zurück zu meiner alten Gesellschaft gehen soll.«

»Hast du wirklich den Mut, dort wieder anzufangen?« Rainer sah mich erstaunt an.

»Ich bin mir noch nicht sicher, Rainer. Diese Entscheidung muss ich später treffen.«

André und Marco reagierten äußerst betroffen, als sie von meinem Entschluss erfuhren. Doch sie erklärten übereinstimmend, dass sie auf jeden Fall in Whitehorse bleiben wollten. Das war eine völlig neue Perspektive. Rainer war überrascht von der Reaktion der beiden und anfangs etwas skeptisch, entschied dann aber nach reiflicher Überlegung: »Gut, wenn ihr unbedingt hier bleiben wollt, müssen wir ein Konzept erarbeiten, wie es ohne eure Mutter geht. Und wehe!«, drohte er ernst, »wenn einer dagegen verstößt! Wir müssen es eben schaffen, solange es geht. Und noch was, Gila, ich brauche von dir schriftlich, dass ich die beiden mal kräftig in den Hintern treten darf, wenn es nötig ist.«

André lachte. Er wurde im November 18 Jahre alt, war von kräftiger Statur, hatte dunkles Haar und schöne braune Augen. Einnehmend an ihm war sein sympathisches Lachen, mit dem er seine oft durchbrechende Härte wieder ausglich. Seine Leistungen in der Schule ließen in der letzten Zeit zu wünschen übrig, und nur mit Schwierigkeiten hatte er sich in Deutschland auf dem Gymnasium im Gegensatz zu den Vorjahren über die Runden retten können.

Mit welchem Recht erwartete er, dass die Schule und alles, was damit zusammenhing, sich ihm gegenüber entgegenkommend verhielt, wenn er es nicht selbst tat? Er musste auch noch lernen, dass vor dem Nehmen das Geben kommt. Da er dieses Gesetz selten beachtete, bekam er oft Schwierigkeiten.

Kurz vor der Auswanderung hatten wir eines Abends zusammen in der Küche gesessen und das Thema berührt, dass man einen Ofen erst heizen müsse, bevor er Wärme abgäbe.

»André, eines der simpelsten Erfolgsgesetze lautet: Wir müssen geben, um etwas zu bekommen. Je mehr wir für andere tun, umso besser wird es uns selbst gehen. Sieh mal, du möchtest doch auch, dass deine Mitmenschen dich und deine Leistungen anerkennen. Also sei auch ihnen gegenüber großzügig mit Lob und Anerkennung. Niemand möchte, dass man ihm jede Schwäche, jeden Fehler vorhält. Also bemüh dich nach Kräften, sie bei den anderen weitgehend zu übersehen und dafür das Positive in ihnen anzusprechen.«

André hatte mir nachdenklich zugehört und dann gemeint: »Leicht ist es aber nicht immer, über alles hinwegzusehen!«

»Wenn jemand für dich und deine Probleme Verständnis haben soll, so musst du ihm selbst erst Verständnis entgegenbringen! Wenn du möchtest, dass andere dir bei der Erreichung deiner Ziele behilflich sind, dass sie Gutes für dich tun, so musst du, wo immer es dir möglich ist, etwas Gutes für andere tun. Es gibt keinen besseren Weg, dir selbst zu helfen, als anderen Menschen behilflich zu sein.«

André zeigte sich nicht sehr überzeugt und fragte: »Meinst du, das steht in einem unmittelbaren Zusammenhang miteinander?«

»Du weißt doch, Gedanken sind Kräfte. Missgünstige Gedanken schaden dem Menschen, dem sie gelten, aber vor allem dir selbst! Liebevolle Gedanken aber wirken auf dich und andere aufbauend. Du kannst wirklich nichts Besseres für dich tun, als dafür sorgen, dass möglichst viele Menschen gut von dir denken.«

Hier in Whitehorse geschah daraufhin etwas Erstaunliches! Seine Klasse nahm ihn freundlich auf, und seine Lehrer akzeptierten ihn. Plötzlich bekam er wieder Spaß an der Schule, und dem entsprachen seine Leistungen.

Freundschaften bedeuteten ihm von jeher sehr viel, doch er war wählerisch. Es dauerte lange, bis er jemanden als Freund annahm. Aber dann stellte er sich mit seiner ganzen Kraft vor den anderen, um ihn zu schützen.

Marco dagegen – ein Bruder Leichtfuß! Er nahm alles auf die leichte Schulter und sah nie Probleme; die überließ er anderen. Während André in allem Beständigkeit und

Zuverlässigkeit zeigte, wechselte Marco seine Freunde am laufenden Band. Unwahrscheinlich schnell konnte er sich für etwas begeistern, verlor aber genauso schnell wieder das Interesse. Das Sprichwort ›Krause Haare, krauser Sinn‹ schien auf ihn zugeschnitten zu sein.

Was auch immer passierte, er war nie beleidigt, und man konnte ihm in seiner sympathischen Art auch nicht lange böse sein. In der Schule waren seine Leistungen mäßig, was ihn weniger störte als die Lehrer und uns.

Beide Jungen akzeptierten Rainer, trotzdem litten sie genauso stark unter seinen Launen wie ich. Aber sie sahen Rainer als ihr Vorbild an und respektierten ihn mehr als mich. Mich störte das keineswegs; im Gegenteil, ich stellte mit Freude fest, wie er auf sie einging.

Deshalb wusste ich die beiden bei ihm in guten Händen, sonst hätte ich mich wohl kaum auf diese Regelung eingelassen. Beide wollten erst ihre Schulausbildung in Kanada abschließen, bevor sie an eine Rückkehr dächten.

Abends machten wir eine Bestandsaufnahme unserer Finanzen und entwickelten einen monatlichen Plan. Keinen Cent durften wir zu viel ausgeben. Obwohl ich Rainers leichte Hand in Geldsachen kannte, klang sein Plan realistisch. Ich musste einfach Vertrauen zu ihm haben!

Der Rest der Möbel sollte verkauft werden. Dann wollte er sich so schnell wie möglich eine Arbeit suchen, um für den Lebensunterhalt aufzukommen. Jetzt stellte sich die kurze Laufzeit des Mietvertrags plötzlich als Vorteil heraus.

Trotzdem blieb die Stimmung gedrückt. Selbst wenn die Geschäftskosten wegfielen, war die hohe monatliche Belastung durch das Haus mit den gewaltigen Unterhaltskosten für Familie und Hunde für ihn allein nicht tragbar. Darum erklärte ich mich bereit, ihn wenn möglich finanziell aus Deutschland zu unterstützen.

Dieses sachliche Gespräch lenkte uns aber nicht von unseren Gefühlen ab, denn so sehr ich auch Erleichterung empfand, in Deutschland wieder Zukunftsaussichten zu haben, so schwer wurde es mir ums Herz, Rainer aufzugeben. Zu viel hatten wir miteinander durchgemacht.

Ihm schien es ähnlich zu gehen. Obwohl er anfangs meiner Entscheidung zugestimmt hatte, bat er mich immer wieder mit weichen Worten zu bleiben, mich dagegen zog es mit aller Kraft nach Deutschland zurück.

»Ich muss mit dir reden!«, sagte ich eines Morgens zu Antje. Wir saßen allein am Frühstückstisch, während Rainer den Zwinger säuberte.

»Hör zu, Antje«, ich atmete einmal tief durch, »im November werde ich nach Deutschland zurückkehren. Die Gründe dafür brauche ich dir sicher nicht zu erläutern, du hast ja alles hautnah miterlebt. Das Ganze tut mir Leid für dich. Trotzdem kannst du gern hier bleiben, wenn du möchtest.«

Betroffen blickte sie mich an und meinte: »Etwas Ähnliches habe ich mir schon gedacht. Ich habe mich sowieso immer gewundert, woher du die ganze Kraft nimmst.« Tränen traten in ihre Augen, als sie weitersprach: »Jetzt kann ich es dir ja sagen: Ich habe mich auch schon nach einem Rückflug erkundigt. Viel länger hätte ich es hier nicht mehr ausgehalten«, gestand sie schluchzend. »Kann ich denn wenigstens mit dir zusammen zurückfliegen?«

»Ja, sicher. Du kannst sogar André noch gültiges Rückflugticket benutzen. Wir müssen nur darauf achten, dass wir bei der Umbuchung beide Namen angeben«, erwiderte ich tröstend. Erst jetzt kam mir die Endgültigkeit meiner Entscheidung zum Bewusstsein.

Am nächsten Tag gaben wir Gerd meinen Entschluss bekannt. Er reagierte sehr betroffen, warf mir fehlenden Kampfgeist vor und stellte sich schützend vor Rainer. Doch als er merkte, dass er meine Entscheidung damit nicht mehr beeinflussen konnte, schwenkte er um und sicherte Rainer jegliche geschäftliche Unterstützung zu, was ich wiederum sehr fair fand.

Sieben Wochen waren seit meiner Ankunft vergangen, als Gerd, immer noch sichtlich irritiert, unsere Daten in den Computer eingab, um für Mitte November die Rückflüge zu buchen. Da bekam er die Information, dass schon zwei Tage später drei Plätze in einer Maschine frei seien. Ich traute mich nicht, Rainer anzusehen, als ich mich für die Buchung der Plätze entschied.

Kein Wort sprach Rainer mit mir auf dem Weg nach Hause, und auch ich schwieg beklommen. Ich dachte daran, dass ich dringend eine Entscheidung wegen meiner Tätigkeit in Deutschland treffen musste. Gefühlsmäßig tendierte ich mehr zu meiner alten Firma als zu Herrn Fuchs, aber keinesfalls wollte ich in der Bielefelder Direktion arbeiten. Bielefeld sollte jedoch in Reichweite bleiben, weil meine sämtlichen Kontakte dorthin gingen.

»Das beste wird sein, ich gehe in die Direktion Hannover«, überlegte ich, als ich mit Rainer in der Küche saß, während der Yukon Stove eine wohlige Wärme ausstrahlte. Auf der letzten Weihnachtsfeier hatte ich den neuen Verkaufsleiter von Hannover, Herrn Machmann, kennen gelernt. Er hatte einen guten Eindruck auf mich gemacht.

»Wie – zu Herrn Machmann?«, fragte er gedehnt.

Ich wunderte mich über den eigenartigen Ausdruck, der plötzlich in sein Gesicht getreten war. »Du kennst ihn, nicht wahr? Er hat doch seine Ausbildung bei euch in Köln gemacht.«

Rainer schwieg. Er schien gegen alles negativ eingestellt zu sein, was mit meiner Rückkehr zu tun hatte. Aber ich konnte mich des Gefühls nicht erwehren, dass er mich lieber in der Bielefelder Direktion gesehen hätte.

Dann nahm er mich fest in seine Arme, sah mir traurig in die Augen und sagte leise: »Gila, es kann doch nicht alles aus sein zwischen uns! Kannst du nicht wiederkommen?«

Seit ich wusste, dass uns nur noch zwei Tage blieben, wurde mein Herz immer schwerer. In manchen Augenblicken zweifelte ich, ob es richtig war, ihn endgültig zu verlassen. Wenn er jetzt in Ruhe während meiner Abwesenheit zum Nachdenken kam und die Fehler einsah, sich änderte, vielleicht hatten wir doch noch eine Chance, und es musste nicht alles zu Ende sein.

»Wiederkommen? Wie meinst du das?«, fragte ich daher leise.

»Na ja«, fuhr er geknickt fort, »du arbeitest erst einmal für ein paar Monate in Deutschland, und dann kommst du zurück.«

Der Vorschlag beschäftigte mich, und ich wälzte den Gedanken hin und her. Wollte ich überhaupt zurückkommen? Wenn ja, wie wäre es, wenn ich die Firma von vornherein davon in Kenntnis setzte, den Sommer über im Yukon zu bleiben und ein paar Monate Urlaub zu machen, aber generell von Oktober bis Mai in Deutschland zu arbeiten? War dieser Vorschlag geschäftlich überhaupt zu vertreten? Würde man sich darauf einlassen? Fragen, die mir blitzschnell durch den Kopf wirbelten.

Es war eigenartig. In dieser hoffnungslosen Phase des Abschieds erschien mir plötzlich sein Vorschlag wie ein Silberstreif am Horizont. Sicher konnte ich in Deutschland genug Geld verdienen, um mir mehrere Monate Urlaub im Jahr erlauben zu können.

Konnten wir nicht das Haus in Whitehorse verkaufen und beispielsweise in Vancouver unseren Traum von einem friedlichen Leben in Kanada verwirklichen? Das Zusammenleben ist doch kein Fertighaus, sondern ein Gebäude, an dem ständig konstruiert und repariert werden muss.

Er spürte, wie ich nachdachte, und plötzlich erschien mir dieser Gedanke wirklich als die Lösung des Problems. Vergessen waren der Hundelärm, Rainers Launen, seine Unzuverlässigkeit! Ich sah nur die Möglichkeit, nach Deutschland zu gehen und ihn trotzdem nicht aufgeben zu müssen.

Er hielt mich immer noch in seinen Armen. Wieder spürte ich, welche körperliche Kraft und Anziehung von ihm ausging. Wie viel hatten wir miteinander durchgestanden! Das konnte doch nicht alles vorbei sein! Ich kuschelte mich an ihn und sagte leise: »Okay, wir suchen eine Möglichkeit. Nur, ob ich wiederkommen kann, hängt letzten Endes auch von den Verhandlungen ab, die ich noch mit der Firma führen muss. Ahnst du eigentlich, wie schwer es mir fällt, dich zu verlassen? Das war keine Entscheidung von ein paar Minuten! Vor Mai kann ich aber mit Sicherheit nicht zurückkommen.«

Glücklich meinte er: »Egal, wie lange es dauert. Hauptsache, ich weiß, du kommst wieder!«

Sofort nach dem Gespräch rief ich den Boss der Versicherungsgesellschaft in München an. Er zeigte sich von meinen Anruf sehr überrascht, gab mir dann aber nach kurzer Zeit grünes Licht für die Aufnahme einer Tätigkeit in Hannover. Selbst die Urlaubsregelung schien ihm unter gewissen Voraussetzungen annehmbar.

Am letzten Tag unternahmen wir mit Dana einen langen Spaziergang durch den hohen Schnee.

»Rainer, du kannst dir gar nicht vorstellen, wie froh ich bin, wieder finanziell sichere Aussichten zu haben«, sagte ich erleichtert.

»Wie willst du eigentlich die Betreuung von Dana regeln, wenn du arbeitest?«

Ich überlegte kurz. »Für Dana werde ich, sobald ich eine Wohnung habe, einen Kindergartenplatz suchen, damit sie endlich mit gleichaltrigen Kindern zusammen spielen kann. Nachmittags brauche ich ein Kindermädchen, aber das wird wohl klappen.«

Rainer schwieg.

Niemanden wollte ich vorher über unsere Ankunft informieren und mir während des Fluges erst einmal Gedanken machen, wie es in Deutschland weitergehen sollte. Ich besaß weder Wohnung noch Auto, auch keine dementsprechenden Geldreserven, nur mich selbst und einen guten Namen, aber das war mir Kapital genug.

Abends vor dem Abflug zählte ich das Gepäck. Erschrocken stellte ich fest, dass es zusammen mit Antjes Sachen zwölf Koffer waren, dazu drei Reisetaschen als Handgepäck! Alles, woran mein Herz hing und was der Haushalt entbehren konnte, hatte ich eingepackt, um es mir nicht neu anschaffen zu müssen.

So kam die letzte Nacht.

Da lagen zwei Menschen stumm nebeneinander und keiner von beiden schlief. Reden konnten wir auch nicht mehr miteinander. Lange lag ich wach und starrte aus dem Fenster auf das im Nebel zerfließende Licht des Mondes. Dies alles ist nicht wirklich, dachte ich, es spielt überhaupt keine Rolle, was ich sage oder denke, weil es in Wahrheit gar nicht stattfindet.

Wollte ich wahrhaftig wiederkommen? Das war ein treuloser Gedanke. Rainer, ich schwöre es, ich komme wieder. Gegen Morgen erst fiel ich in einen unruhigen Halbschlaf. Kurz vor sechs Uhr wachte ich auf, merkte aber, dass Rainers Bett schon längere Zeit leer sein musste.

Beim Frühstück meinte André trocken: »Ist mal 'ne ganz neue Erfahrung, so ein halbes Jahr ohne dich.« Das vierte weiche Brötchen landete auf seinem Teller, und er reklamierte: »Warum kann es hier nicht so herrliche knusprige Brötchen geben wie in Deutschland!«

Ich gab mich betont locker, als ich feststellte: »Also, hungern musstest du hier mit Sicherheit noch nicht«, und versuchte krampfhaft, mir meine Wehmut und Traurigkeit nicht anmerken zu lassen. Zum letzten Mal schmierte ich den beiden die Schulbrote. »Ist ja nur für ein paar Monate! Ihr schafft das schon in eurem Dreimännerhaushalt!«

Kurze Zeit später verabschiedete ich mich innig von den beiden Jungen, doch leicht war mir dabei nicht ums Herz.

Auch Marco war anfangs sehr still, versuchte dann aber, seine Betroffenheit mit einer lockeren Bemerkung zu überspielen. »Vielleicht haben wir uns dann so daran gewöhnt, ohne dich auszukommen, dass wir es später gar nicht abwarten können, bis du wieder fährst.« Und als er von André einen Rippenstoß bekam, meinte er schulterzuckend: »Kann doch sein, oder?«

Schweigend trug Rainer mein Gepäck herunter, ließ Antjes schwere Koffer aber demonstrativ oben an der Treppe stehen. Sie konnte das nicht verstehen. Ungläubig schüttelte sie den Kopf und sagte leise: »Das müsste ich fotografieren, das glaubt mir sonst keiner!«

Wir nahmen den Pick-up für das ganze Gepäck. Wehmütig warf ich einen Blick zurück auf das Haus und die Huskies, von denen ich vorher Abschied genommen hatte, und stapfte durch den hohen Schnee zum Wagen.

Rainer sprach während der halbstündigen Fahrt zum Flughafen kein Wort. Im alten Flughafengebäude angekommen, brachten wir unter größten Anstrengungen sämtliche Koffer zum Schalter. Als ich sie aufgeben wollte, meinte der Mann am Schalter kopfschüttelnd: »Tut mir Leid, Madam. All diese Koffer kann ich unmöglich bis Düsseldorf freigeben. Sie können sich schon glücklich schätzen, wenn ich sie ohne Mehrpreis bis Vancouver durchgehen lasse.«

Mein ganzer Charme nützte nichts. Er weigerte sich standhaft und versah die Koffer nur bis Vancouver mit entsprechenden Etiketten. Normalerweise brauchten die Koffer bei einem Anschlussflug mit Aufenthalt von ein paar Stunden nur einmal aufgegeben zu werden. Doch was war bei uns schon normal? Zweieinhalb Personen mit 15 Gepäckstücken, ein Alptraum, nicht nur für ihn!

Jetzt hieß es Abschiednehmen, wahrscheinlich für mehr als sieben lange Monate.

»Komm bloß wieder!«, flüsterte Rainer mir leise ins Ohr. Lange hielt er mich umarmt, würdigte die arme Antje aber keines Blickes, als ob er sie für meine Abreise verantwortlich machte.

Dana freute sich auf den Flug. Da sie das einzige Kind war, wurden wir zuerst aufgerufen und über die vereiste Bahn zu der kleinen Maschine geleitet. Wie versteinert stand Rainer am Zaun und sah schweigend zu uns herüber. Er rührte sich nicht. Über zwanzig Minuten harrte er in der Eiseskälte aus. Dann startete die Maschine durch und hob schließlich ab. Immer kleiner wurde er, bis er, nur noch ein dunkler Punkt, vorläufig aus meinem Leben verschwand.

Kapitel 11

*Auf dem Weg in die Irre
ist Rückschritt
Fortschritt*
(J. V. Stummer)

Leicht war mir zumute wie schon lange nicht mehr, als wir Vancouver entgegenflogen, trotz der Reise ins Ungewisse. Noch immer wusste niemand von unserer Rückkehr, nicht einmal Marianne.

Zwei Stunden später erreichten wir Vancouver. Unbändige Freude erfasste mich, als ich vom Flugzeug aus den satten grünen Rasen erblickte.

Antje schien dasselbe zu empfinden wie ich und schwärmte: »Sieh mal, das wunderbare grüne Gras! Das erste Grün seit langer Zeit! Siebzehn Grad – ein tolles Klima! Hier bekämen die Eskimos Hitzefrei!«

Unser Flugzeug war gelandet. Ich atmete ein paar Mal tief durch. Alles sah so sauber und gepflegt aus. Nicht erst jetzt wurde mir bewusst, in welcher Unordnung wir gelebt hatten. Ich dachte an meine verzweifelten Versuche, Ordnung und Sauberkeit im Haus zu schaffen. Es war einfach nicht möglich gewesen. Nun gut, es war vorbei – vorerst.

Antje wartete am Fließband auf die Koffer, während ich zwei Gepäckwagen besorgte. Nur mit äußerster Mühe gelang es uns, acht Gepäckstücke auf meinem und den Rest samt Handgepäck auf Antjes Wagen unterzubringen. Sie hatte vermutlich Schwierigkeiten mit ihrem Karren und blieb zurück. Inzwischen steuerte ich mit der ganzen Bagage zum Air-Canada-Schalter, um sie erneut aufzugeben.

Dana saß oben auf den Koffern, von mir festgehalten, und hatte ihren Spaß an der Sache. Jetzt erst bemerkte ich, dass Antje fehlte.

»Wie viel Personen?«, wollte die Dame am Schalter routinemäßig wissen, als sie die vielen Koffer sah. Antje war immer noch nicht in Sicht.

»Drei«, sagte ich kleinlaut und lächelte sie freundlich an. Sie zählte die Koffer und stellte fest: »Das sind zwei zu viel! Tut mir Leid, ich muss das Übergewicht berechnen.«

Nein, das nicht auch noch! Nervös erwiderte ich: »Das geht nicht. Soviel Geld habe ich nicht mehr.«

Sie starrte mich an wie eine Erscheinung vom anderen Stern und fragte erstaunt: »Sie kommen aus Whitehorse? Wenn Sie in Urlaub waren, warum haben Sie so viel Gepäck bei sich? Übrigens: Wo ist denn das dritte Flugticket?«

Alle Spannungen der letzten Tage, die kurze Nacht fast ohne Schlaf, das alles schien jetzt seinen Tribut zu fordern. Ich spürte etwas hochkommen in mir, das ich nur zu gut kannte. Verzweifelt kämpfte ich gegen die Tränen an, als ich leise entgegnete: »Vor zwei Monaten sind wir ausgewandert. Ich fliege jetzt mit meiner Kleinen zurück und besitze nur noch das, was sich in den Koffern befindet. Ich kann doch nicht alles hier lassen.«

Da passierte es! Ich bekam furchtbares Mitleid mit mir selbst: ein Schlucken, ein Schluchzen, und der Rest ging in einem Weinkrampf unter.

»O Gott, das ist ja schlimm! Nun beruhigen Sie sich mal, das kriegen wir schon irgendwie hin, aber hören Sie auf zu weinen!«, bemerkte sie voller Mitgefühl. »Wo ist denn die dritte Person?«

Suchend blickte sie sich um. Da entdeckte sie Antje, die uns inzwischen gefunden hatte, mit den vielen anderen Koffern. In der gleichen behutsamen Art, wie Psychiater mit gefährlichen Patienten umzugehen pflegen, fragte sie, das Schlimmste als normal voraussetzend: »Und das gehört wahrscheinlich auch noch dazu?«

Immer noch schluchzend, konnte ich nur nicken, während Dana vergeblich versuchte, mich zu trösten. Es muss wohl ein herzzerreißender Anblick gewesen sein, denn Antje schluchzte aus lauter Sympathie mit.

Ohne Mehrkosten traten dann alle Koffer den Flug nach Düsseldorf an.

Während des zwölfstündigen Fluges machte ich mir Gedanken, wo wir mit dem vielen Gepäck bleiben sollten. Ohne weiteres konnten wir ein paar Tage bei Marianne wohnen. Gabi, Danas Patentante, war im Gegensatz zu Marianne nicht berufstätig. Sie würde sich sicher gern während meiner anstehenden Wohnungssuche um Dana kümmern. Von Düsseldorf aus wollte ich sie benachrichtigen.

Am nächsten Tag gegen Mittag landeten wir. Antje und ich mussten uns nun trennen. Sie wollte nach Hamburg weiterfliegen und konnte mir noch helfen, den zweiten Gepäckkarren zum Bahnsteig zu schieben. Dann nahmen wir voneinander Abschied.

Ohne die Hilfe einiger Fluggäste wäre es mir kaum gelungen, die unzähligen Koffer in die S-Bahn einzuladen, die uns zum Hauptbahnhof nach Düsseldorf brachte. Hier stand ich nun, Dana im Arm, inmitten von dreizehn Gepäckstücken, und musste feststellen, dass der Zug nach Bielefeld von einem anderen Gleis abfuhr.

Mir war heiß, auch Dana hatte rote Bäckchen. Ende Oktober zeigte das Thermometer in Düsseldorf noch 21 Grad an – und wir in unseren warmen Wintersachen aus dem Yukon!

Ich rief einen Gepäckträger. Mit ungläubigem Staunen betrachtete er mein Gepäck. »Kommen noch mehr Personen?«

Als ich seine Frage verneinte, erkundigte er sich hochinteressiert, woher wir kamen. Bereitwillig gab ich ihm Auskunft.

»Aus dem Yukon kommen Sie?« Er kämpfte mit sich, bis die Neugierde siegte. »Damit kann ich nun wirklich nichts anfangen. Wo liegt das denn?«

»In der Nähe von Alaska. Ist Ihnen das ein Begriff?«

»Alaska habe ich schon mal gehört, ja! Da gibt es doch Eskimos.«

Mit Sicherheit waren wir sein interessantester Fall seit langem. Darum machte er auch keine Anstalten, uns zu verlassen, nachdem er uns und das ganze Gepäck zu dem betreffenden Bahnsteig gebracht hatte. Ich gab ihm ein reichliches Trinkgeld. Daraufhin versprach er, mir beim Einladen in den Zug zu helfen.

Ich musste noch Gabi benachrichtigen. Mit Dana an der Hand ging ich zur nächsten Telefonzelle auf dem Bahnsteig. Glücklicherweise meldete sie sich gleich.

»Gabi? Hier ist Gila! Frag bitte jetzt nicht viel. Dana und ich stehen auf dem Bahnhof in Düsseldorf. Können wir ein paar Tage bei euch bleiben, bis wir eine Wohnung gefunden haben?«

Sie schien die Nachricht wohl ausgesprochen ruhig aufzunehmen und fragte, wann wir in Bielefeld ankämen. Zwei Stunden später wollte sie uns zusammen mit Rolf vom Bielefelder Bahnhof abholen.

Ein paar Minuten später lief der Intercity ein. Es war wirklich ein Segen, dass der Gepäckträger uns mit den Koffern half. Kurz bevor der Zug abfuhr, rief er mir noch hilfsbereit zu: »Ich rufe in Bielefeld an. Dann steht schon ein Gepäckwagen für Sie bereit.«

Sämtliche Koffer waren hinter- und übereinander auf dem Gang des Zuges aufgestapelt. Die Mitreisenden hatten größte Schwierigkeiten, zu ihren Abteilen zu gelangen. Ein junger Mann zwinkerte mir freundschaftlich zu: »Billiger Umzug, wie?«

Durch die Zeitverschiebung schlief Dana während der ganzen Fahrt. Gegen siebzehn Uhr lief der Zug in Bielefeld ein. Vorher hatte ich ein paar Mitreisende gebeten, beim Ausladen zu helfen, denn der Intercity hielt nur kurz. Noch keine zwei Monate war es her, dass ich für immer von Bielefeld Abschied genommen hatte.

»Bielefeld Hauptbahnhof – Bielefeld Hauptbahnhof« klang es hohl aus dem Lautsprecher. Es war wie Musik in meinen Ohren. Mein Herz klopfte, als ich die Zugtür öffnete. Zuerst setzte ich Dana, die krampfhaft ihr Püppchen festhielt, auf dem Bahnsteig ab. Schneller als erwartet standen sämtliche Koffer neben uns, während ich mich suchend, mit Dana an der Hand, nach Gabi und Rolf umschaute.

Da bemerkte ich eine Gruppe von Leuten, die in einiger Entfernung zusammengestanden hatten und sich plötzlich in meine Richtung in Bewegung setzten. Es waren mindestens sechs Personen.

Überrascht war ich, als sie vor mir stehen blieben. Eine Dame mit einem Häubchen auf dem Kopf, offensichtlich von der Bahnhofsmission, hielt eine Kaffeekanne mit Tasse in der Hand, eine andere Dame eine Kanne Suppe. Hinter den beiden standen der Bahnhofsvorsteher, ein Bahnhofspolizist und zwei Gepäckträger mit überdimensionalen Gepäckwagen.

»Du Eskimofrau aus Alaska?«, fragte mich die Dame der Bahnhofsmission vorsichtig und versuchte, ihre Frage mit Zeichensprache zu untermalen.

Sie war äußerst überrascht, als ich verdutzt meinte: »Wer bin ich?«

»Sie spricht Deutsch!«, rief sie dem Bahnhofspolizisten zu. Es dauerte etwas länger, bis ich begriff, dass diese Abordnung mir galt! Als ich ihr nochmals versicherte, der deutschen Sprache weitgehendst mächtig zu sein, erzählte sie mir aufgeregt, man habe den Bahnhofsvorsteher vor zwei Stunden aus Düsseldorf benachrichtigt, eine Eskimofrau aus Alaska reise an mit unzähligen Koffern und einem Kleinkind, aber ohne weitere Angehörige, und müsse versorgt werden.

Aha, das erklärte den Kaffee und die Suppe! Der Bahnhofsvorsteher hatte daraufhin die verantwortlichen Stellen benachrichtigt und alle verfügbaren Beamten zusammengetrommelt, die dieses Ereignis dokumentieren sollten.

Der Bahnhofspolizist grinste viel sagend. Einige Mitreisende blieben interessiert stehen. Sie dachten wahrscheinlich, ich würde verhaftet. Einer der beiden Gepäckträger hatte meine Sympathie, als er bedauernd feststellte: »Nur dreizehn Gepäckstücke ...!«

Inzwischen waren auch Gabi und Rolf eingetroffen, und ich hörte, wie Rolf zu Gabi sagte: »Siehst du, ich hab' dir doch gesagt: Wo der Menschenauflauf ist, muss Gila sein!«

Herzlich fiel die Begrüßung aus. Beide hatten eine angenehme Art, nicht viel zu fragen. Doch ungläubig starrte Rolf die Koffer an und fragte entgeistert: »Das sind doch wohl nicht alles deine?«

»Nein«, sagte ich matt und war zu keiner Diskussion mehr fähig, »Dana gehört auch einer.«

Um die beiden Missionsdamen nicht zu enttäuschen, trank ich einen Becher heißen Kaffee, bat aber darum, auf die Suppe verzichten zu dürfen. Wegen des Gepäcks musste Rolf seinen Schwager telefonisch um Verstärkung bitten.

Müde erreichten wir Gabis kleines Haus. Wie froh war ich, endlich im Bett zu liegen! Dana schlief tief und fest neben mir auf der Couch. Bevor ich einschlief, dachte ich an Rainer. Er wusste nicht, wo wir uns aufhielten. Aber das war im Augenblick auch nicht wichtig. Ich brauchte erst einmal Abstand zu Whitehorse.

Am nächsten Tag gab es viel zu tun. Zuerst musste ich mich um einen Wagen kümmern, damit ich mobil war für die Wohnungssuche. Meine Bank räumte mir großzügig einen Dispositionskredit ein, so brauchte ich mir wenigstens keine Sorgen um die Neuanschaffungen zu machen.

»Stell dir vor«, berichtete ich Gabi abends froh, »der Autohändler, bei dem wir damals unseren Audi gekauft haben, hat mir heute Nachmittag seinen Firmenwagen angeboten, für den ich nur eine Pauschale für sieben Monate zahlen muss!«

»Wie kommt er denn dazu?«

»Ich habe ihm erklärt, dass ich bei ihm einen gebrauchten Wagen mit der Option kaufen wollte, ihn im Mai nächsten Jahres ohne Kauf eines Neuwagens wieder zurückzugeben. Da kam ihm die Idee mit dem Firmenwagen.«

Nachdem ich Dana zu Bett gebracht hatte, saß ich mit Gabi und Rolf gemütlich in ihrem Wohnzimmer zusammen und erzählte von Whitehorse.

Nachdenklich fragte Gabi: »Was glaubst du? Waren all die negativen Ereignisse dort nur zufällig, oder steckt etwas anderes dahinter?«

Lange überlegte ich, ehe ich antwortete: »Sieh mal, wenn Ereignisse zusammenfallen, spricht man zwar von Zufall, weil man sich eingesteht, dass man die Dinge nicht durchschaut. Aber das erklärt nichts. Oft leugnen wir, was wissenschaftlich nicht erklärbar ist. Wenn Zufall Ursachen hat, kann man ihn auch beeinflussen durch das, was man tut, denkt und wünscht. Ich bin sicher, ich habe durch mein Denken und Empfinden die Ereignisse dort beeinflusst. Obendrein hatte ich in letzter Zeit immer das Gefühl, geleitet zu werden, um den richtigen Weg zu finden.«

Bereits zwei Tage später fand ich durch eine Anzeige eine kleine Wohnung auf einem Bauernhof in der Nähe von Hannover. Dana konnte vormittags den Kindergarten besuchen, während sie nachmittags bei der Vermieterin blieb, die sich damit gern ihr Haushaltsgeld aufbesserte. Ich fing an, mich wieder wohl zu fühlen; alles lief wie am Schnürchen.

Dankbar nahm ich Abschied von Gabi und Rolf, die uns so gastfreundlich aufgenommen und keine Unbequemlichkeit gescheut hatten. Eine Woche lang tapezierte ich die neue Wohnung, legte Teppichboden und richtete sie ein. Nachts fiel ich todmüde ins Bett. Ich war einfach zu erschlagen, um intensiv an Whitehorse zu denken.

Eines Abends rief mich meine Nachbarin aufgeregt ans Telefon.

»Kommen Sie schnell herunter! Ein Gespräch für Sie! Das scheint von weit her zu kommen, wahrscheinlich Ihr Mann aus Kanada!«

Rainer! Das erste Mal, dass er mich erreichte. Sicher hatte er meine Telefonnummer von Gabi bekommen.

»Gila, warum hast du dich nicht gemeldet?«, fragte er vorwurfsvoll. Seine Stimme zitterte.

»Ich musste Abstand haben, zu uns, zu unserer Verbindung, zu Whitehorse. Ich konnte noch nicht mit dir sprechen. Außerdem ist mein Telefon noch nicht angeschlossen«, erwiderte ich mit Tränen In den Augen.

»Mädchen, wenn du wüsstest, wie sehr ich dich vermisst habe! Ich kann und will ohne dich nicht mehr leben. Weißt du eigentlich, wie sehr ich dich liebe? Es ist furchtbar hier ohne dich. Gestern wollte ich mich in irgendeiner Bar trösten. Doch nach dem ersten Bier ging ich nach Hause. Ich hatte Heimweh nach dir. Ich glaube, ich verstehe jetzt, warum du fortgehen musstest.«

Eine gewaltige Woge von Sehnsucht nach ihm erfasste mich. Komisch, dachte ich, jetzt, wo ich seine Stimme höre, schwappen meine Gefühle wieder über. War es Abstand, den wir brauchten, um unsere Liebe zu erleben? Es war eigenartig! Ich hatte das starke Gefühl, zusammen konnten wir nicht leben, aber getrennt schon gar nicht! Wie sollte das bloß weitergehen?

Völlig aufgelöst ging ich nach dem Gespräch in meine Wohnung. Ich schrieb einen langen Brief an ihn, in dem ich meinen Empfindungen freien Lauf ließ. Kurze Zeit später erhielt ich einen Brief von Rainer, in dem er die gleichen Gedanken an mich niedergeschrieben hatte.

Die Zeit in Deutschland war voller Harmonie. Dana war versorgt, und meine Arbeit lief auch gut. Ich fand endlich wieder Zeit, in meinen Büchern zu lesen, deren Inhalt mir bisher so viel gegeben hatte.

Eine denkwürdige Aussage des großen amerikanischen Philosophen Prentice Mulford fand ich in einem seiner Bücher:

»*Menschen, die vom Missgeschick verfolgt scheinen, können die besten Menschen sein, aber sie merken absolut nicht, wohin das Schicksal sie haben will. Wo Leid ist, ist Irrtum! Wo Schmerz ist, muss immer etwas falsch sein! Die Schmerzen, die wir leiden, stammen aus dem gleichen Wachstum des Geistes, der uns immer härter und härter gegen das anpresst, was des Elends Ursache ist, damit wir sie doch endlich merken sollen und diesen Schmerz als Beweis nehmen dafür, dass wir auf einen Abweg geraten sind und heraus müssen, koste es was es wolle!*«

Bei meiner Entscheidung, Whitehorse zu verlassen, war ich meiner inneren Stimme gefolgt. Wer weiterkommen will, muss ›des Elends Ursachen‹ ausschalten.

Deutlich wurde mir jetzt bewusst: Der Mensch kann noch so viel träumen, seine Gedanken können noch so intensiv auf ein heiß ersehntes Ziel ausgerichtet sein, an das er auch gelangen wird – wenn das Schicksal ihm eine andere Bestimmung zugedacht hat, wird er schnell merken: Das erreichte Ziel ist falsch! Du musst umkehren!

Will man das jedoch nicht einsehen, erhält man weiterhin falsche Ergebnisse. Und zwar solange, bis man zur Umkehr bereit ist. Der eine begreift es eher, der andere später und zahlt den entsprechenden Preis dafür. Über unserem Willen steht eine Macht, die für alle Gutes will: das Gesetz des Ausgleichs. Leid und Kummer sind Zeichen dafür, dass der Mensch den Weg der Harmonie verlassen hat.

Prentice Mulford drückt es folgendermaßen aus:

»Diesem Ausgleich kann sich keiner entziehen, so hoch er auch steht, so sehr er sich auch sichert. Immer wird er unerwartet dort gepackt, wo er verwundbar ist, bis der Ausgleich vollzogen oder bis er die Stimme der ewigen Gerechtigkeit vernimmt. Verlange, was du ersehnst, als dein Eigentum! Trotzdem sei dein Verlangen weise und auf das Wohl aller gerichtet!«

Warum war unser Abenteuer Kanada gescheitert? Mit meiner positiven Geisteshaltung hatte ich doch alles gegeben, um es zu einem Erfolg werden zu lassen! Wo lag nur der Fehler?

Eigentlich brauchte ich niemanden zu fragen, denn ich konnte mir die Antwort selbst geben. Ich hatte das Wichtigste außer Acht gelassen, das Gesetz der Einheit allen Lebens, das aussagt: Wenn ich mich auf Kosten anderer bereichere, ist Leid in irgendeiner Form die Folge.

Hatte ich diese Worte damals im Seminar bewusst überhören wollen oder den Sinn dieser Wahrheit noch nicht erkennen können? Die ehrliche Antwort lautete, dass ich dieses Gesetz für meine Beziehung zu Rainer nicht hatte gelten lassen wollen.

Bringen wir Leid und Kummer über andere, so prallen sie auf uns zurück, oft in Augenblicken, in denen wir es überhaupt nicht erwarten. In dem Maße, in dem wir anderen Menschen Böses wünschen, schaden wir uns selbst. Gewiss leidet auch der andere darunter, doch wir wecken schlimmere Kräfte, die wir unbewusst anziehen und die uns gleichermaßen schaden. Doch alles, was wir frohen Herzens für andere tun, wird uns zum Segen.

Briefe voller tiefer Gefühle gingen hin und her. Keine Disharmonie trübte diese Zeit, vergessen waren Stress und Ärger. Eine große Sehnsucht trat an deren Stelle.

Kurz nach meiner Ankunft in Deutschland fuhr ich eines Sonntags mit Dana zu Rainers Mutter in die Eifel, um ihr von dem Leben in Whitehorse zu erzählen. Gerade als wir eingetroffen waren, rief Rainer bei ihr an. Seine Mutter, eine feine alte Dame in den Achtzigern, übergab mir aufgeregt den Hörer.

Er meinte fröhlich: »Meine Mutter freut sich sicher, wenigstens euch beide so schnell wieder zu sehen!«

Ich merkte, dass Rainer etwas auf dem Herzen lag.

»Gila, ich habe eine Riesenidee! Weihnachten fällt in diesem Jahr so günstig, dass es mehr Feiertage als Arbeitstage gibt. Was hältst du davon, wenn ihr beiden Weihnachten zu uns nach Whitehorse kommt? Das wäre riesig! Ich weiß zwar, wir schwimmen nicht im Geld, doch das müssen wir ganz einfach dafür übrig haben.«

Auch mir war der Gedanke schon gekommen, ich hatte ihn aber wegen der Kosten schnell wieder verworfen. Wäre es nicht tatsächlich eine gute Idee, Weihnachten wieder mit allen zusammen zu sein? Dazu kam Rainers Geburtstag kurz vor den Feiertagen.

»Bis Mai sind es noch endlose Monate«, fuhr Rainer fort, »ich halte es einfach nicht mehr aus ohne dich. Gila, wenn du wüsstest, wie sehr du mir fehlst! Denkst du mal drüber nach?« Seine Stimme klang welch und voller Zärtlichkeit.

Ich versprach es ihm.

In den nächsten Tagen festigte sich der Gedanke bei mir, meine Familie Weihnachten zu besuchen; vor allem, da sich durch meine Tätigkeit hier in Deutschland meine Finanzen langsam besserten.

Und dann rief ich Rainer eines Abends an, um ihm meinen Entschluss mitzuteilen. Überglücklich meinte er mitten im Gespräch. » Noch was, Gila. Bitte, erklär mich nicht für verrückt und hör mir jetzt mal ganz genau zu. Lachst du mich auch nicht aus, wenn ich dich um etwas bitte?«

»Mal sehen«, antwortete ich vorsichtig.

»Ich wünsche mir etwas ganz Besonderes von dir zu Weihnachten!«

O Gott, der nächste Husky, dachte ich und geriet schon in Panik, bevor er es aussprach. Nein – alles, bloß das nicht!

»Was denn? Mach's nicht so spannend!« Ich hielt den Atem an.

»Gila, ich meine es ganz ernst: Ich möchte ein Baby!«

»Ein was?«, fragte ich entgeistert. »Was hast du eben gesagt?«

Ich hatte mich nicht verhört, und er war von dem Gedanken nicht mehr abzubringen.

»Weißt du, damals bei Dana hast du mir die Entscheidung aus der Hand genommen. Diesmal, Gila, möchte ich derjenige sein, der sie trifft. Ich schreibe dir noch dazu! Und noch etwas: Ich liebe dich. Auch das ist ein Grund dafür!«

Aufgewühlt dachte ich noch lange über das Gespräch nach. Sollten wir wirklich noch ein Baby bekommen? In welche Unsicherheit wuchs es hinein? Im Yukon wollte ich nicht bleiben, doch wenn nicht dort, wo dann? Wäre Rainer bereit, den Yukon zu verlassen und nach Vancouver zu gehen? Wie schnell könnten wir unser Haus in Whitehorse verkaufen? Welchen Beruf wollte Rainer ausüben, und wie sollte die Familie ernährt werden?

So viele Fragen auf einmal, über die ich mir erst Klarheit verschaffen musste, bevor ich überhaupt bereit war, mich näher mit dem Gedanken an ein Baby auseinanderzusetzen. Andererseits musste ich Rainer Recht geben. Die Entscheidung für Dana hatte ich wirklich allein getroffen, was er mir trotz seiner innigen Gefühle für die Kleine nie so richtig verzeihen konnte. Sowohl die Zeit der Schwangerschaft als auch die ersten fünfzehn Monate in Danas Leben fehlten ihm völlig.

Nach seiner Aussage am Telefon wollte er ganz einfach diese Zeit miterleben: ein Baby zu erwarten, die Geburt, die Zeit danach. Es sprach einiges für ihn: Er war ein guter Vater, sehr geduldig mit Kindern und nahm sich viel Zeit für Dana. Es war schön zu beobachten, wie er mit ihr umging, ihr sein Wissen auf eine Art vermittelte, die ihresgleichen suchte. Eine tiefe Dankbarkeit erfasste mich, wenn ich den beiden zuschaute.

Sicherlich wäre es wunderbar, die Zeit vor- und nachher bewusst mit einem Partner zu erleben, sich gemeinsam auf ein Baby zu freuen und die Verantwortung dafür teilen zu können. Wenn wir beide wirklich noch ein Kind haben wollten, durften wir nicht mehr länger warten. Ich war inzwischen fast 39 und Rainer knapp zehn Jahre älter.

Und doch gab es auch so viel, was dagegen sprach. Wie sollte das gehen, wenn ich im Januar aus dem Yukon zurückkam und bis Mai in Deutschland arbeiten wollte, dann aber wieder bis Oktober in Whitehorse blieb? Ich wusste darauf keine Antwort und war froh, dass diese Entscheidung nicht sofort getroffen werden musste. Dachte ich aber anfangs noch, sein Wunsch sei vielleicht einer Whiskylaune entsprungen, so lehrten mich die nächsten Tage etwas anderes. Sooft er anrief oder schrieb – das Thema blieb.

Rainers Briefe an mich glichen wundervollen Erzählungen, wenn er auch sonst kein Mensch vieler Worte war. Mühelos konnte er in seinen Briefen aus dem Innersten seiner Seele schöpfen, was in krassem Widerspruch zu seiner manchmal recht kernigen Art stand.

Eines Morgens kam ein Eilbrief von ihm, adressiert an Dana. Es ist der einzige, den ich aufbewahrt habe.

21.11.85

Meine liebe kleine Miss Dana,
jetzt bist du schon wieder viele Tage und Wochen in Deutschland. Ich vermisse dich sehr und bin immer ein bisschen traurig, wenn ich daran denke, dass du so weit weg bist. Ich freue mich, wenn ich deine Stimme durchs Telefon höre, aber das ist immer nur so kurz.
Darum habe ich gedacht, ich schreibe dir einen Brief da kann ich dir ein bisschen länger etwas erzählen von André und Marco, von unserem Haus, und von den Doggies und wie es jetzt hier aussieht. Gila wird dir sicher alles ganz genau vorlesen. Also, zuerst etwas von Marco. Er hat jetzt eine richtige Freundin, ein sehr hübsches und liebes Mädchen, sie heißt Natascha. Sie telefoniert oft mit Marco. Das sieht dann sehr lustig aus. Marco kann noch nicht so gut Englisch sprechen. Alles, was er nicht sprechen kann, versucht er dann mit Händen, Armen und Beinen zu erklären. Wenn du das sehen könntest, würdest du sicher herzlich lachen.
Freitags geht Marco mit Natascha immer ins Kino in Whitehorse. Die nächsten 2 Wochen wird er aber wahrscheinlich nicht gehen können, weil er sein ganzes Geld schon ausgegeben hat. Er wollte ja erst alles Geld sparen, um sich ein Motor-Dreirad zu kaufen, aber er hat einfach nicht widerstehen können und für das meiste Geld Süßigkeiten gekauft.
Der große André hatte vorige Woche Geburtstag, und ich habe ihm eine Pelzmütze geschenkt, damit seine Ohren nicht frieren, wenn es draußen kalt ist. Am Sonntag war er froh, dass er die Mütze hatte. Wir haben den ganzen Tag Holz für unseren Ofen geholt. Es hat viel geschneit und war sehr kalt. Zweimal in der Woche macht André in Whitehorse Bodybuilding und hebt dann ganz viele schwere Gewichte, damit er viele dicke Muskeln bekommt. Das hat ihm etwas geholfen, als er an den letzten Abenden das viele schwere Holz für den Ofen klein gehackt hat. Marco hat gestern über das Essen geschimpft, weil es ihm jeden Tag so gut schmeckt und er darum

viel zu viel isst. Er hat gesagt: ›Wenn Rainer weiter so gut kocht, werde ich bald genauso dick wie André.‹
Die Doggies sind jetzt alle im Zwinger, nur Whisky ist im Haus. Laika darf nachts ins Haus. Sie bellt sonst die ganze Nacht, weil sie weiß, dass es im Haus wärmer als draußen ist. Draußen liegt jetzt viel Schnee, die Bäume tragen alle ein dickes weißes Schneekleid, das sieht ganz wunderschön aus. Manchmal ist es hier jetzt sehr kalt. Aber wenn man sich dick warm anzieht, kann man gut draußen sein, vor allem, wenn die Sonne scheint und der Himmel strahlend blau ist.
Den Hunden macht die Kälte nichts aus, du weißt ja, was sie für einen dicken Pelz haben. Nachts schlafen sie im Barn (Stall), dort habe ich ein Hundehaus für sie gebaut und viel Stroh reingelegt, damit sie es nachts ein bisschen warm haben.
Es dauert jetzt nicht mehr lange, dann ist Weihnachten, und das Christkind kommt. Du weißt ja, dass du dir zu Weihnachten etwas wünschen kannst, etwas, was du gerne haben möchtest, und wenn du immer ganz lieb bist, erfüllt das Christkind deinen Wunsch. Vielleicht kannst du deinen Wunsch Gila sagen, sie schreibt es mir dann, und ich spreche hier mit dem Kanada-Christkind.
So, und jetzt will ich dir sagen, was ich mir zu Weihnachten wünsche. Es sind 2 ganz dicke Wünsche. Der eine Wunsch ist, dich und unsere Gila bald Weihnachten wieder hier zu haben, euch ganz fest in die Arme nehmen zu können, euch ganz viele Küsschen und Küsse geben zu können und euch jeden Morgen Saft für Dana und Kaffee für Gila ans Bett bringen zu können. Das wünsche ich mir ganz fest, und ich glaube, diesen Wunsch wird mir das Christkind auch erfüllen.
Der andere Wunsch ist ein ganz besonderer Wunsch. Ich wünsche mir, dass Gila den gleichen Wunsch hat wie ich, dass sie ein Baby bekommen möchte – ein Schwesterchen oder Brüderchen für Dana. Fragst du Gila mal?
Frag Gila ganz einfach: Gila, möchtest du noch ein Baby haben? Und wenn sie ja sagt, dann flüsterst du es mir Weihnachten ganz laut ins Ohr Machst du das? Okay, das war dann alles, was ich dir heute schreiben wollte.

Ich schicke dir ganz viele liebe Grüße und Küsse, und gib Gila ein Küsschen von mir!
Ich habe dich sehr lieb,

Dein Rainer

Ich glaube heute noch, dass er Dana sehr lieb hatte. Ausschlaggebend für meinen Entschluss, noch ein Kind zu bekommen, war dann nach langen Überlegungen auch dieser Brief an Dana. Dazu kam die Erkenntnis, dass ich Rainer im Grunde genommen nicht die Erfahrung nehmen durfte, die er damals bei Dana nicht machen konnte.

Allerdings wollte ich eine Bedingung an diese Entscheidung knüpfen: Er musste bereit sein, den Yukon zu verlassen und mit uns nach Vancouver zu ziehen.

Sorgen machte ich mir eigentlich kaum, wie es weitergehen sollte, denn ich hatte Vertrauen in mein Leben. Ich hielt mich für stark genug, das Baby zusammen mit Rainer zu erziehen. Ganz fest vertraute ich auf eine Lösung unserer Probleme.

Eines hatten wir alle in Kanada vermisst: deutsche Brötchen. Das brachte mich auf eine Idee: Warum sollte ich nicht lernen, Brötchen zu backen? Zum Gaudi der ganzen Belegschaft bat ich unseren Bäcker, mir zu zeigen, wie man Brötchen bäckt. Er staunte nicht schlecht, als er die Hintergründe dieser Backaktion erfuhr. Am nächsten Morgen stand ich dann, mit weißer Schürze bewaffnet, um sechs Uhr in der Backstube und lernte Brötchenbacken.

Es kam der Tag, an dem ich voller Erwartung, Dana an der Hand, mit vielen Weihnachtsgeschenken und einem Kilo Backhilfsmittel im Koffer nach Whitehorse flog.

In Vancouver übernachteten wir. Verzaubert sahen wir, wie die Stadt im Weihnachtsglanz strahlte. Sämtliche Bäume waren mit Tausenden von kleinen Lichtkugeln und bunten Lichterketten geschmückt. Ein traumhafter Anblick!

Die Temperatur in Vancouver betrug acht Grad. Auch in Whitehorse war es nicht mehr so kalt. Nachdem im November Temperaturen von unter minus fünfzig Grad geherrscht hatten, waren sie in einer einzigen Nacht durch gewaltige Fallwinde auf minus zwei Grad gestiegen und hatten sich bis jetzt gehalten. Über drei Wochen wollte ich in Whitehorse bleiben. Eine unbändige Freude erfasste mich, wenn ich an Rainer und die Kinder dachte.

Planmäßig landete die Maschine am nächsten Tag in Whitehorse. Mein Herz klopfte, als Rainer auf uns zustürmte. Auf diesen Moment hatten wir seit zwei Monaten gewartet, und jetzt war er endlich da! Überglücklich nahm er uns beide in die Arme.

Ich erschrak. Wie dünn er geworden war! Richtig abgemagert sah er aus. Der schwarze Vollbart, den er trug, tat ein übriges.

»Lass dich ansehen!«, sagte ich besorgt, als ich in seinen Armen lag. »Lieber Himmel, wie viel hast du abgenommen?«

»Ach, so ungefähr zwanzig Pfund«, antwortete er verlegen.

»Das hättest du lieber mir überlassen sollen.« Ich lachte, konnte mein Erschrecken aber nicht ganz verbergen.

»Jetzt seid ihr da. Jetzt geht's mir wieder gut, Gila! Kommt, steigt ein, ihr beiden.« Er hob Dana auf die Vorderbank des Pick-ups. Wie freute ich mich auf die beiden Jungen, als wir eine halbe Stunde später in die Einfahrt unseres Hauses einbogen!

»Hi Mom!«, rief André und nahm mich herzlich in die Arme.

»Da bist du ja wieder.« Marco grinste. »Und ich hatte schon gehofft, dich erst im Mai wieder zu sehen!«

Das gesamte Haus war aufgeräumt und auf Hochglanz gebracht. Zur Feier des Tages wartete ein lieb zubereitetes Fondue auf uns. Wie viel Mühe hatte sich Rainer gemacht!

Nach dem Abendessen räumten die beiden Jungen die Küche auf, während Dana ihrem Whisky ein paar Zopfspangen verpasste.

Rainer und ich saßen am Tisch. Er sah mir in die Augen

und hielt meine Hand fest, als wollte er sie nie mehr loslassen. »Ich freue mich auf dich«, sagte er in seiner ruhigen Art. »Zu lange habe ich dich vermisst. Wie lange bleibt ihr?«

»Bis Mitte Januar.« Liebevoll streichelte ich seine Hand. »Oh, das ist gut!«

Seine Augen bekamen den warmen Glanz, den ich so liebte.

Am nächsten Tag stapfte ich mit ihm durch den hohen Schnee zum Zwinger. Nach der stürmischen Begrüßung durch die Hunde entdeckte ich zu meiner Überraschung zwei mir unbekannte Huskies im Zwinger. Scheu wichen sie vor mir zurück. Auf meine Frage hin gestand mir Rainer, er habe sie kurz nach meinem Abflug gekauft. Schweigend sah ich ihn an. Einige Male hatte er mir am Telefon erklärt, er wisse nicht, wie er die Hypotheken zahlen und Essen für die Jungen auf den Tisch bringen sollte. Ein Anflug von Ärger über so viel Unvernunft kam in mir auf.

Nein, dachte ich, nicht darüber ärgern, wohl wissend, dass ich Negatives anziehen würde wie ein Magnet, wenn ich mich in einer Missstimmung befand. Sogleich versuchte ich, liebevolle Gedanken dagegenzusetzen. Es sollte doch eine Zeit voller Verständnis und Harmonie miteinander werden.

Ganze zwei Wochen dauerte dieser friedliche Zustand. Dann traten die ersten Disharmonien auf, trotz vieler Versuche von beiden Seiten, zueinander zufinden. Dabei ging es immer wieder um Kleinigkeiten. Für Rainer schienen sie jedoch eine große Bedeutung zu haben.

Ich erkannte, dass wir unterschiedliche Prioritäten für unser Leben setzten. Er maß vielen Dingen einen völlig anderen Wert bei als ich. Ob seine oder meine Gedanken richtig waren, wer wollte das beurteilen? Konnte ich überhaupt noch Verständnis und Toleranz für Rainers Handlungen aufbringen, seitdem ich festgestellt hatte, dass diese uns nicht weiterbrachten, sondern zurückwarfen?

Die beiden neuen Huskies waren nur ein Beispiel. Für

ihn schienen sie ein schwacher Ersatz für die verlorenen Hunde zu sein; für mich aber stellten sie die bittere Erkenntnis dar, dass Rainer für unser weniges noch vorhandenes Kapital keine Verantwortung tragen konnte.

In Gedanken ließ ich Rainers Leben an mir vorbeiziehen und musste feststellen, dass er wie vom Pech verfolgt schien. Stets lief er vor Entscheidungen davon. Schwierige Situationen waren Probleme für ihn, deren Lösung er zur Seite legte, bis irgendjemand anders sie für ihn löste, was dann meist voll auf seine Kosten ging.

Seine negative Einstellung bestätigte sich immer wieder durch die Misserfolge, die er erzielte. Schon deshalb war ich nicht bereit, mich seinem Denkmuster anzupassen. Wie sollte ich meinen Weg verlassen, wenn ich von seiner Richtigkeit überzeugt und mit den Ergebnissen zufrieden war? Ihm schien es allerdings genauso zu gehen, nur erschien ihm eben sein Weg immer als der richtige. Für die Ergebnisse aber machte er die Verhältnisse verantwortlich.

Deshalb bestanden zwischen uns manchmal so unterschiedliche Auffassungen, dass es auch ihm schwer fallen musste, mich zu verstehen. Er spürte meine konstante Ablehnung seiner negativen Gedanken, was ihn außerordentlich zu reizen schien. So musste es trotz unserer so sehr erhofften Harmonie wieder zu den gefürchteten Ausbrüchen bei ihm kommen.

Es kam Heiligabend.

»Mom, deine Brötchen sind Klasse«, meinte André anerkennend und schenkte bereits dem sechsten seine uneingeschränkte Aufmerksamkeit. »Kannst du nicht tausend auf Vorrat backen, bevor du wieder nach Deutschland zurückkehrst?«

»Ich backe ja schon täglich annähernd siebzig Brötchen, von denen abends kaum eins übrig ist«, erwiderte ich und brachte die frisch gebackene Schwarzwälder Kirschtorte in Sicherheit. »Die wird erst am ersten Weihnachtstag angeschnitten!«

Nach der Bescherung saßen wir alle um den Weihnachtsbaum. Rainer berichtete, wie der arme Whisky auf die arktischen Temperaturen reagiert hatte.

»Gila, stell dir vor: Eines Nachts fiel das Thermometer schlagartig um fast zwanzig Grad auf minus zweiundvierzig Grad. Whisky raste morgens munter aus der Haustür, machte nach ein paar Metern erschrocken eine Vollbremsung und versuchte entsetzt, alle vier Pfoten gleichzeitig von dem eisigen Boden hochzuziehen, was ihm natürlich nach dem Gesetz der Schwerkraft gar nicht gelingen konnte. Wie eine Ballerina tänzelte er auf zwei Beinen zurück zum Haus! Das hättest du sehen müssen!«, lachte er. »Man kann es gar nicht beschreiben! Ich habe Tränen gelacht!«

Und André feixte: »Von diesem Augenblick an beschränkte Whisky seine Aktivitäten außerhalb des Hauses auf ein Minimum. Er schien sich wohl wieder an seinen Abstecher von damals in den Teutoburger Wald zu erinnern.«

Dann aber wurde Rainer ernst und berichtete über die Wolfsrudel, die zwei Wochen zuvor die gesamte Nachbarschaft heimgesucht und dabei fünfundzwanzig Hunde gerissen hatten. Selbst der sanfte Chow-Chow vom Nachbarn, der oft die Huskies besucht hatte, musste dran glauben und wurde nie mehr gesehen.

»Eines Morgens bemerkte ich Unruhe zwischen den Huskies. Sie fingen an zu heulen, während sie sich in dem riesigen Gehege aufgeregt an einer Stelle versammelten.«

Ich hörte mit wachsender Spannung zu.

»Stell dir das Bild vor: Noch in Morgenmantel und Pantoffeln lief ich vor die Tür, um nach der Ursache des Lärms zu sehen. Sekunden später jaulte unsere Nancy, die sich außerhalb des Zwingers aufhielt, laut auf. Was meinst du, wie schnell ich draußen war! Und was sehe ich? Zwei fremde Hunde lagen auf dem Boden und hielten die jaulende Nancy gepackt. In meiner Wut zog ich die Schlappen aus und schlug die beiden damit in die Flucht. Erst als sie Nancy fallen ließen und blitzschnell das Weite suchten, merkte ich an ihrer enormen Größe und an ihren gelben Augen, dass ich mit meinen Pantoffeln Timberwölfe geohrfeigt hatte.«

Trotz der Gefährlichkeit der Situation musste ich lachen, als ich mir das kuriose Bild vorstellte. »Und was war mit Nancy?«

»Sie kam mit einem furchtbaren Schrecken davon. Von da an habe ich sie eingesperrt.«

Danach berichtete Rainer, wie es ein paar Tage später Whisky an den Kragen gegangen war. Bei gemäßigten Temperaturen hatte er sich wieder vor das Haus getraut. Eines Morgens hörte Rainer ein gellendes Gejaule. Geistesgegenwärtig sprang er zur Garderobe, packte sein Gewehr, stürzte nach draußen und schoss warnend in die Luft. Er konnte gerade noch ausmachen, wie zwei riesige graue Schatten Whisky erschreckt fallen ließen und sich davonmachten.

Wie von der Tarantel gestochen schoss Whisky ins Haus und jaulte markerschütternd. Am ganzen Leibe zitterte der arme Kerl wie Espenlaub und blutete aus zwei Kopfwunden. Doch auch er überlebte. Nur Rain, Tevkas Bruder, der seit dessen Tod nicht mehr von Rainers Seite wich, war den Wölfen zum Opfer gefallen, weil Rainer ihn nicht im Zwinger hielt. Er blieb verschwunden. Pauls Warnung vor den riesigen Timberwölfen war also doch berechtigt gewesen.

Nach dem Abendessen saßen wir gemütlich zusammen. Dana spielte selbstvergessen mit ihrem Truck, den Rainer ihr zu Weihnachten geschenkt hatte. André hatte Marco zu einer Partie Schach aufgefordert, als Rainer sich zu mir auf die Couch setzte. Schwups, war auch Dana da.

»Ich murks dich jetzt!« Rainer zog Dana auf seinen Schoß und nahm sie in den Schwitzkasten.

»Hör auf, Rainer!«, rief ich. »Du tust ihr ja weh!«

»Ach was«, meinte er fröhlich und warf die vor Freude kreischende Dana in die Luft. »Ich murkse sie doch nur.«

»Was ist das überhaupt für ein Wort?«, lachte ich. »Das erinnert mich so an abmurksen.«

»Murksen ist ganz was anderes«, sagte er vergnügt, »sieh mal, das ist murksen«, wobei er Dana durchkitzelte.

»So, jetzt sag mir mal, wie es weitergehen soll«, bat ich

ihn, nachdem er Dana ins Bett gebracht hatte. Liebevoll hatte er seinen Arm um mich gelegt. »Bis auf ein paar Möbel hast du also alles verkauft, und der Laden ist geschlossen.«

Er erklärte mir optimistisch: »Sei unbesorgt! Ich habe eine Arbeitsstelle in Aussicht. Der Bescheid muss jeden Tag kommen, und dann kann ich sicher bald anfangen. Fred, der Steuerberater, weiß auch etwas für mich in der Nähe von Vancouver. Übrigens«, sagte er und zündete sich eine Zigarette an, »sollen wir für das Haus einen Makler einschalten? Was meinst du?«

»Ja, ich glaube schon, dass das besser ist. Den können wir auch gleich mal fragen, ob er für uns in der Nähe von Vancouver ein Haus hat. Lasst uns in den nächsten Tagen mal hinfahren!«, schlug ich vor. Ich freute mich, dass er eine Arbeit in Aussicht hatte, die ihm Hoffnung gab auf eine sichere Zukunft in Kanada.

Ja, ich liebte ihn. Dazu kam, dass wir uns beide nach langen Gesprächen für das Baby entschieden hatten. Selbst wenn ich in einigen Wochen wieder nach Deutschland flog und im Mai nach Whitehorse zurückkehrte, blieben uns die letzten vier Monate, in denen ich ihn an meiner Seite wusste und wir uns gemeinsam auf das Baby freuen konnten.

Danas großes Kinderzimmer war zu unserem Schlafzimmer hin offen. Seit unserem Einzug hatte sich Rainer vorgenommen, eine Trennwand einzubauen, damit jeder seinen Bereich für sich hatte. Aber wie so oft, war es bei der guten Absicht geblieben.

Dana hatte zwar einen festen Schlaf, doch in dieser Nacht geschah es dann. Ihr Kopf tauchte vorwitzig aus ihrem Bettchen. Sie sah uns beide in meinem Bett und rief verschlafen: »Hach, Rainer, jetzt murkst du die Gila auch, nicht?«

»Siehst du, das hast du nun davon«, murmelte ich verlegen und rollte mich zur Seite, während Rainer krampfhaft versuchte, sein Lachen im Kopfkissen zu ersticken.

Apropos, ersticken! Wie ich anfangs schon mal erwähnte, beheizten wir das ganze Haus während der gemäßigten Temperaturen mit dem in der Küche stehenden Yukon Stove. Durch den breiten zum Obergeschoss führenden Schornstein wurden auch die oberen Stockwerke warm, vorausgesetzt, der Ofen wurde abends noch mal mit Holz nachgefüllt.

In einer der folgenden Nächte hatte ich einen furchtbaren Traum. Ich spürte eine unbeschreibliche Beklemmung. Leute liefen um uns herum, riefen mir etwas zu, aber ich war wie gelähmt, weil ich entsetzliche Angst verspürte. Ganz entfernt im Nebel hörte ich ein unheimliches Heulen. Ich dachte an die Huskies, doch es war ein anderes Geräusch, durchdringender, lauter, gefährlicher.

Warum nur hörte es nicht auf? Ich will schlafen, dachte ich. Erneut wurde alles vom Nebel verschluckt. Da war es wieder! Was war das bloß? Es wurde stärker und stärker, bis es in mein Bewusstsein drang. Ich versuchte die Augen zu öffnen, doch alles versank wieder im Nebel. Aber das furchtbare Geräusch blieb.

Da – jetzt war es ganz nah! Mit enormer Anstrengung öffnete ich die Augen. Alles war so unwirklich! Ich versuchte zu atmen und wachzuwerden. Woher kam dieser beißende Qualm, den ich plötzlich auf der Zunge schmeckte und der mir fast die Besinnung raubte? Woher dieser entsetzliche Ton, der durchs ganze Haus drang?

Ich wollte aufstehen, hatte aber kaum noch Kraft. Luft! Ich brauchte Luft! Dicker blauer Qualm stand im gesamten Schlafzimmer!

»Rainer!«, schrie ich aus Leibeskräften. Er reagierte nicht. Ich schüttelte ihn wild. »Rainer!«, schrie ich noch mal. Keine Reaktion. »Wach auf, bitte! Es brennt! Die Feuerwehr ist schon da!«

Es dauerte lange, ehe er überhaupt reagierte. Endlich war er wach, sprang völlig benommen aus dem Bett und rief: »Gila, um Gottes willen, das ist der Rauchmelder! Das ganze Haus ist voller Rauch! Der Ofen! Sieh nach den Kindern, schnell! Ich öffne Fenster und Türen!«

Ich hatte Mühe, die Kinder zu wecken. Obwohl alle Türen geschlossen waren, stand der blaue Rauch bereits in allen Zimmern.

Nachdem Rainer die Fenster und Türen aufgerissen hatte, stellte er als erstes den Rauchmelder ab, den ich im Traum zuerst für die Hunde und dann für die Feuerwehr gehalten hatte.

Ich zitterte am ganzen Leibe. Wir alle wussten, hätte der Rauchmelder keinen Alarm gegeben, wäre keiner von uns wieder aufgewacht! Selbst ich, mit einem sehr leichten Schlaf, war schon halb ohne Besinnung, trotz Rauchmelder!

Wie konnte das überhaupt geschehen? Wie gewöhnlich hatte Rainer abends den Ofen mit Holz gefüllt, ihn aber offenbar nicht fest verschlossen. Vermutlich hatte von innen ein Holzbalken gegen die Tür gedrückt. Der ganze Rauch war in das Wohnzimmer gedrungen und hatte sich dann über die offene Treppe den Weg ins Obergeschoss gesucht.

»Wir wären alle tot, Gila«, bemerkte Rainer betroffen, »wenn du den Rauchmelder nicht gehört hättest, und hätten nicht das Geringste gemerkt! Ich wäre trotz des Alarms nicht aufgewacht, das weißt du!«

Es dauerte lange, ehe der Rauch abgezogen war. Dann erst gingen wir wieder zu Bett, ließen aber alle Fenster offen. Oft störte mich mein leichter Schlaf, doch wie dankbar war ich jetzt dafür!

Lieber Gott, ich danke dir für diese wunderbare Rettung und bitte dich inständig darum, mir ein Zeichen zu geben, wenn wieder solch eine lebensbedrohende Situation eintreten sollte. Noch mal brauchst du es mir nicht zu zeigen, dass ich hier nicht hingehöre. Ich habe verstanden und verspreche dir, den Yukon zu verlassen!, dachte ich, ehe ich in Rainers Arm beruhigt wieder einschlief.

Am ersten Weihnachtstag schlug Rainer vor, mit Dana und den Hunden eine Schlittenfahrt zu unternehmen. Für mich war es das erste Mal, dass ich mit ihm zusammen auf dem Hundeschlitten fuhr. Es war herrlich!

»Sieh mal dort! Sind das etwa Wolfsspuren?«, fragte ich Rainer voller Respekt, der hinter mir auf dem Schlitten stand, und machte ihn auf die riesigen Pfotenabdrücke aufmerksam. Deutlich konnte man sie in dem frischen Schnee erkennen.

»Ja«, sagte Rainer, »das sind Timberwölfe, die sich wohl über Nacht in der Nähe unseres Hauses aufgehalten haben.«

Als er mein Erschrecken spürte, meinte er belustigt: »Ich habe die Abdrücke vorhin auch schon bemerkt, wollte dich aber nicht beunruhigen, weil ich deine Zuneigung zu den Wölfen kenne.« Fest drückte er meine Hand.

»Tevka und Yukon fehlen mir«, stellte er wenig später wehmütig fest, als er merkte, wie stark die Hunde im Geschirr zogen und sich anstrengten. »Anvik, der jetzt führt, ist zwar ein guter Rudelführer im Zwinger, doch nicht unbedingt ein guter Leithund«, erklärte er. »Unser Tevka war beides. So einen Hund bekomme ich nicht so schnell wieder.«

Im Dezember ging erst gegen elf Uhr morgens die Sonne auf und bereits gegen zwei Uhr nachmittags wieder unter. Der Anblick dieses Schauspiels ungemein intensiver Pastellfarben faszinierte mich jedes Mal. Nie vorher hatte ich ein derart zartes Rosa gesehen, das sich in der dunkler werdenden Bläue des Himmels verlor. So fein sich die Farbtöne nachmittags am Himmel zeigten, so intensiv rot war der Morgenhimmel, wobei sich die hohen Berge als dunkle Silhouette vor der Glut des Himmels abhoben.

»Sieh mal, Gila! Nordlichter! Dort – in allen Farben!« Rainer deutete gen Himmel. Inzwischen hatte uns die einsetzende Dunkelheit überrascht, als wir uns mit den Kindern auf dem Heimweg von einem Picknick im Schnee befanden.

»Wie Irrwische! Sieh mal, wie sie tanzen!«, meinte André, stieg aus dem Ford und blickte zum Himmel. Täglich überraschte uns die wilde Natur mit neuen Schauspielen – ein hartes, raues, aber wunderbares Land! Warum musste es nur so schwierig sein, unsere große Familie in diesem Land zu ernähren?

»Was meinst du, Mama Gila«, fragte Rainer eines Abends kurz vor unserem Rückflug, »ob es mit dem Baby geklappt hat?«

Irgendwie mochte ich es, wenn er ›Mama Gila‹ zu mir sagte, und lachte.

»Warum nicht? Gewissheit werden wir aber erst haben, wenn ich in Deutschland bin.«

»Rufst du mich gleich an?« Er schaute mir zärtlich in die Augen.

»Nur, wenn's Drillinge werden.«

»Gar nicht schlecht.« Er lächelte vergnügt. »So bekommen wir die Gründung unserer Dynastie eher in den Griff.«

»Unsere Dynastie?«

»Wir fangen doch erst an, eine richtige Familie zu gründen.« Er grinste. »Du glaubst doch wohl nicht, dass es bei diesem einen Baby bleibt? Ich habe schon mit Marco gesprochen und ihm ein Motorrad versprochen, wenn er dich überzeugen kann, mich zu heiraten.«

»… und du glaubst, ich heirate dich?«

»Ist das nicht ein irrer Zustand?« In komischer Verzweiflung schüttelte er den Kopf. »Du kannst und willst nicht, und ich will und kann nicht. Na warte, wenn ich erst geschieden bin!«

Am Freitagmittag wollten Dana und ich mit dem Flugzeug Whitehorse verlassen, damit wir abends gegen sechs Uhr den Anschlussflug von Vancouver nach Düsseldorf nehmen konnten.

Wir waren gerade dabei, die Koffer einzuladen, als Ruth uns telefonisch mitteilte, dass der Mittagsflug gestrichen sei.

Bestürzt dachte ich: Wenn heute Mittag keine Maschine fliegt, müssen wir in Vancouver zweimal übernachten, da der nächste Flug nach Düsseldorf erst am Sonntag geht.

Eine völlig neue Situation! Rainer lachte vergnügt, ihm gefiel das. Er glaubte, uns noch einen Tag länger bei sich zu haben.

Ich überlegte, was sich aus dieser verfahrenen Geschichte machen ließe. Feststand, dass Dana und ich die Abendmaschine nach Düsseldorf nicht mehr erreichten. Der nächste Flug ging aber erst am Sonntagmittag um zwei Uhr.

Plötzlich kam mir eine Idee. Rainer hatte sowieso vor, in zwei Wochen nach Vancouver zu fliegen, um sich dort an der Sunshine Coast in Powell River einige Häuser anzusehen.

»Was hältst du davon, uns beide heute Abend nach Vancouver zu begleiten?«, fragte ich ihn. »Wir könnten zusammen nach Powell River fahren, um nach einem geeigneten Objekt Ausschau zu halten.«

Nach einigem Hin und Her wegen der Hunde war Rainer schließlich einverstanden, und so flogen wir abends zu dritt nach Vancouver.

Mit Gutscheinen der Fluggesellschaft ausgestattet, bezogen wir nachts unser Hotel.

Als wir am nächsten Morgen mit einem Leihwagen losfuhren, empfand ich wieder, wie sauber und grün diese wunderbare Stadt wirkte. Und dann das milde Klima! Ja – hier konnte ich leben!

Während der Autofahrt durch Vancouver machte ich Rainer auf die herrliche Aussicht aufmerksam, die sich uns oft genug bot. Bestürzt musste ich jedoch feststellen, wie er immer schweigsamer und verschlossener wurde. Krampfhaft überlegte ich, ob ich ihn irgendwie geärgert hatte.

»Was ist?«, fragte ich vorsichtig.

»Diese Stadt macht mich krank!«, stieß er bitter hervor. »Ich kann hier nicht atmen, geschweige denn leben. Merkst du nicht, wie furchtbar hier alles ist? Aber nein, du siehst nur das Schöne!«

Ich zuckte zurück. Das war's also! Wie schwer machte er sich das Leben, indem er immer andere Maßstäbe und Prioritäten setzen musste! Ein derart bewusstes Negativdenken bei so viel beeindruckender Schönheit war mit Sicherheit fehl am Platze.

Ich schwieg, denn ich wusste, dass er auf nichts mehr reagieren würde. Diese Regungen kannte ich. Ich konnte sie nur mildern, wenn ich ihn in Ruhe ließ. Aber es war bedrückend. Wie sollten wir hier leben, wenn er es wirklich so empfand?

Schweigend trafen wir gegen Mittag am Horseshoe Bay ein. Rainer erkundigte sich nach der nächsten Fähre nach Powell River. Wir erfuhren, dass vor zehn Minuten eine abgefahren war und die nächste erst wieder in zwei Stunden ging.

Da standen wir nun! Völlig zwecklos, auf die nächste Fähre zu warten, denn wir hätten für die Besichtigung irgendwelcher Objekte kaum Zeit gefunden. Was nun?

»Komm, Rainer, wir ändern unsern Plan! Die Sunshine Coast schaffen wir heute nicht mehr. Was hältst du davon, wenn du morgen nach unserem Abflug allein nach Powell River fährst und erst am Dienstag wieder nach Whitehorse zurückfliegst? So hast du genug Zeit, dir alles anzusehen und in Ruhe Kontakte aufzunehmen.«

»… und meine Huskies?«

»Wir rufen André an, damit er die Hunde weiter versorgt. Wir können doch die andere Route nehmen, nach Whistler ins Skigebiet fahren und dort eventuell übernachten, sodass wir morgen Mittag wieder pünktlich am Flughafen sind.«

Er sah ein, dass das wohl die beste Lösung war, und so fuhren wir weiter in Richtung Whistler.

Wieder eine weite unberührte Landschaft um uns herum. Linker Hand konnten wir Vancouver Island erkennen, als wir die kurvenreiche Strecke entlang der Küste durch die Coast Mountains fuhren. Überall bemerkten wir die vor Steinschlag warnenden Schilder. Seitlich der Straße lagen Felsbrocken unterschiedlicher Größe, die man bereits von der Fahrbahn entfernt hatte. Unwillkürlich musste ich an die unheilvolle Fahrt nach Skagway denken und bat Rainer, sein Tempo zu drosseln.

Nach einigen Stunden erreichten wir Whistler, ein bekanntes Wintersportgebiet in den Coast Mountains. Riesige Hotels türmten sich rechts der Straße.

»Sollen wir hier übernachten?«, fragte ich Rainer, der mit Dana an der Hand einen Abhang hochgeklettert war und Ausschau hielt.

»Nein«, erwiderte er kurz, »hier gefällt es mir nicht!«

Wir hatten schon etliche Kilometer hinter uns, als die breite Straße immer enger wurde. Irgendwann war sie ganz zu Ende, und wir standen vor einem Lebensmittelgeschäft.

»Hier sind wir verkehrt!«, stellte ich fest und blickte irritiert auf die Karte, die auf meinem Schoß lag.

»Zeig mal her!«, bat Rainer, hielt den Wagen an und versuchte, den Weg auf der Karte zu erkennen.

»Komisch, hier gibt's aber sonst keine Straße! Ich fahre mal ein Stück zurück, vielleicht haben wir eben eine Abfahrt verpasst!«

Wir wendeten und suchten die Route, auf der wir weiterfahren konnten. Aber außer der einen Straße war weit und breit keine zu sehen. So fuhren wir zurück zu dem Geschäft, wo wir uns erkundigen und mit Proviant eindecken wollten.

»Wir haben uns vermutlich verfahren und suchen den Weg nach Lillooet«, sprach Rainer den Besitzer an.

»Nein, nein! Sie sind schon richtig!«, erklärte dieser schlichtweg. »Die Straße ist hier zu Ende! Täglich kommen mehr und mehr Touristen. Alle fragen nach dem Weg, und da habe ich mir gedacht: Ich mache aus der Not 'ne Tugend und baue mein Geschäft hierhin.«

Sprachlos sah ich Rainer an. Eigentlich war es zum Lachen, wenn ich aber an den langen Rückweg zur nächsten Ortschaft dachte ...

Rainer gab sich jedoch nicht geschlagen, nahm die Karte und entgegnete: »Das gibt's doch gar nicht. Es muss eine Möglichkeit geben, von hier aus nach Lillooet zu fahren, ohne den langen Umweg. Sehen Sie, hier auf der Karte ist doch ein Weg eingezeichnet. Wo führt der hin?«

Der Mann entgegnete: »Der würde Ihnen zwar ein paar Stunden ersparen, doch das ist ein schmaler Bergpfad, der nur im Sommer passierbar ist, und dann auch nur von Einheimischen. Im Winter ist er gesperrt und liegt voller Felsbrocken. Machen Sie sich keine Hoffnungen, den Weg können Sie nicht fahren!«

Doch er kannte Rainer nicht.

»Komm, Gila«, meinte er, »wir versuchen es! Wir können immer noch umkehren, wenn es nicht geht!«

Der Händler warnte uns nochmals eindringlich, den Weg zu nehmen. Er sei wirklich lebensgefährlich.

Jetzt schaltete ich mich ein. »Nein, Rainer, lass uns umkehren, auch wenn es fast hundert Kilometer sind bis zur nächsten Abzweigung. Unser Leben riskiere ich nicht!«

Rainer entgegnete fest, er wolle es wenigstens versuchen. Wenn wir dadurch einige Stunden sparen könnten, so wäre es die Sache wert. Falls es nicht ginge, kehrten wir um.

»Gut, ich bin einverstanden, dass wir uns den Weg ansehen, aber mehr auch nicht«, erwiderte ich zögernd. Ich wollte ihn nicht unbedingt wieder verärgern. »Aber denk dran, gleich wird es dunkel! Viel Zeit haben wir nicht mehr.«

Kopfschüttelnd sah uns der Ladenbesitzer nach, wie wir in den Wagen stiegen und zu dem Bergpfad fuhren. Überall standen Warnschilder, aber Rainer schien sie zu ignorieren. Das war etwas für ihn! Hier wurde er gefordert! Ich erinnerte mich an eine Aussage von ihm, er würde immer versuchen, das größtmögliche Risiko einzugehen.

Ständig fuhren wir Slalom um die überall herumliegenden Felsbrocken. Der Weg wurde immer schmaler und war völlig unbefestigt. Als wir wieder einem Felsbrocken ausweichen mussten, kamen wir gefährlich nahe mit dem Auto an den klaffenden Abgrund. Kein halber Meter trennte mich von ihm!

Panische Angst ergriff mich. Nach dem Ereignis mit dem Yukon Stove hatte ich darum gebetet, vor Gefahr beschützt zu werden. Jetzt war ich schon wieder in Lebensgefahr!

»Rainer, wenn du jetzt nicht auf der Stelle umkehrst,

steige ich mit Dana aus und fahre mit einem Taxi nach Vancouver. Das mache ich nicht mehr mit! Nur wegen des Risikos, das du erleben möchtest, bringst du eine ganze Familie in Lebensgefahr. Nein!« Ich schüttelte verärgert den Kopf. »Ich denke überhaupt nicht daran, weiter mitzufahren! Gleich wird es dunkel. Bemerkst du einen Felsbrocken zu spät, so liegen wir im Abgrund! Ohne uns, mach, was du willst, wir steigen aus!«

Es war das erste Mal, dass ich richtig zornig wurde. Bisher hatte ich alles mitgemacht. Aber jetzt war's vorbei! Erstaunt sah mich Rainer an, versuchte trotzdem noch zu argumentieren, er schaffe das schon.

Als er aber sah, wie ich die Tür aufmachte und mit Dana aussteigen wollte, drehte er wütend um. Nachdem er mindestens ein dutzend Mal vor- und rückwärts gefahren war, um zu wenden, befanden wir uns endlich auf dem Rückweg.

In der Zwischenzeit war es stockdunkel geworden. Ich schickte ein Dankgebet gen Himmel, dass er mir diesen Zorn zur rechten Zeit eingegeben hatte. Zu sehr steckte mir die Erfahrung mit dem Ofen noch in den Knochen.

Bei Nacht und Nebel erreichten wir Lillooet.

»Wie eine Geisterstadt«, sagte ich leise, um die auf dem Rücksitz schlafende Dana nicht zu wecken. Mir schlug diese gespenstische Stimmung aufs Gemüt. Der Nebel hüllte alles in Watte.

»Hier scheint's überhaupt keine Hotels zu geben«, brummte Rainer. Ich sah ihm an, wie müde er war. Im Schritttempo rollten wir durch die stillen Straßen.

Keine Menschenseele war uns während der langen Fahrt begegnet. Wir hatten kaum miteinander gesprochen. Rainer schien der Gedanke, den Yukon zu verlassen, stark zu bedrücken. Dazu kamen die Abschiedsstimmung und das Wissen, einander erst in ungefähr fünf Monaten wieder zu sehen. Und dann noch die mögliche Schwangerschaft – wirklich eine außergewöhnliche Lage, in die wir uns hineinmanövriert hatten.

Endlich fanden wir ein Hotel, das noch geöffnet hatte.

Während Rainer die Formalitäten erledigte, trug ich die schlafende Dana auf unser Zimmer.

»Bin ich müde!« Ich gähnte und spürte die Auswirkungen der langen Fahrt. »Morgen müssen wir früh aufstehen. Hoffentlich ist dann der Nebel verschwunden.«

Rainer sagte leise: »Es ist besser, wir fahren etwas früher von hier los, wer weiß, was uns unterwegs noch erwartet! Vielleicht endet der Highway wieder unmittelbar vor einem Souvenir-Geschäft. Das glaubt dir keiner, wenn du das jemandem in Deutschland erzählst!« Er beugte sich lange über Danas Bett und lauschte ihren regelmäßigen Atemzügen.

Ich kuschelte mich in seinen Arm, um einzuschlafen.

»Was meinst du, wird's wieder ein Mädchen?«, flüsterte er.

»Wäre gar nicht schlecht«, murmelte ich, »und jetzt schlaf gut!«

Früh brachen wir am nächsten Morgen nach Vancouver auf. Nachmittags wollte Rainer dann nach Powell River weiterfahren. Wegen der schlechten Straßen dauerte die Fahrt weit länger als erwartet. Nur mit Mühe erreichten wir gegen Mittag den Flughafen, und entsprechend hektisch fiel der Abschied aus. Ich war heilfroh, dass dadurch für eine wehmütige Stimmung keine Zeit mehr blieb.

»Pass auf dich auf!«, konnte mir Rainer gerade noch zurufen, denn unser Flug war bereits zum letzten Mal aufgerufen worden. Mit Dana an der Hand verschwand ich eiligst durch die Passkontrolle. Das war's wieder für fünf Monate …

Zu Hause in Deutschland fand ich in der Post eine Einladung meiner Firma, acht Tage Urlaub im Senegal zu verbringen, die einmal pro Jahr stattfindende Reise für erfolgreiche Mitarbeiter. Das Reiseziel wechselte; im Jahr zuvor hatten wir eine Woche auf Korfu verbracht.

Wie freute ich mich auf diese Reise! Ein paar Tage Entspannung, einfach alles geschehen lassen – aus dem kalten Yukon in die heiße Sonne Afrikas. Wunderbar! Ohne

Schwierigkeiten konnte Dana während dieser Zeit bei meiner Vermieterin bleiben, an der sie inzwischen sehr hing.

Seit Tagen kreisten meine Gedanken um die Frage, ob ich ein Baby erwartete. Und dann war es soweit: Endlich hatte ich frohe Gewissheit. Mit freudigem Herzklopfen rief ich Rainer in Whitehorse an.

»Hallo, Gila, wie geht's dir?«
»Uns geht's gut.«
»… uns?«
»Ja, uns«, lachte ich übermütig, »du hast richtig gehört.«
»Also doch!«, sagte er mit einem eigenartigen Unterton in der Stimme. Irrte ich mich, oder schwang eine Spur von Enttäuschung mit? Was war los?
»Hast du daran gezweifelt?« Sein Schweigen irritierte mich, denn ich hatte eine völlig andere Reaktion erwartet. »Sag mal, was ist los? Freust du dich gar nicht?«, fragte ich konsterniert.
»Doch, Gila, ich freue mich. Nur na ja, ich bin nach Powell River gefahren. Nein, das ist nicht der Ort, wo ich leben könnte. Das ganze Jahr über kein Schnee!«
»Aber das wussten wir doch vorher«, antwortete ich vorsichtig. »Und jetzt …?«
»Gila, ich kann dir nur eines sagen: Ich bleibe im Yukon. Ich gehe nicht nach Vancouver. Mich kriegt keiner heraus aus dem Yukon. Vancouver und Powell River waren ein einziger Alptraum für mich.«

Ich hatte das Gefühl, dass der Boden unter meinen Füßen schwankte. Das konnte doch nicht wahr sein!
»Rainer, wir waren uns doch einig, den Yukon zu verlassen! Jetzt willst du dich wieder anders entscheiden! Was soll das?«, warf ich aufgewühlt ein.
»Ich kann nicht anders. Es tut mir Leid!«, erwiderte er fest.

Mir saß ein Kloß im Hals. Ich konnte nichts mehr sagen und legte auf. Tausend Gedanken wirbelten mir durch den Kopf. Ich wusste gar nicht, an was ich zuerst denken sollte: das Baby, die Jungen mit Rainer im Yukon, Dana und ich hier in Deutschland! Lieber Himmel, dachte ich nur, lass das alles nicht wahr sein!

Nachdem ich mich einigermaßen gefasst hatte, rief ich Marianne an und berichtete ihr aufgelöst von dem Baby und dem Gespräch mit ihm.

Selten habe ich sie so wütend erlebt wie bei diesem Telefonat. Zornig schimpfte sie über Rainers Egoismus. Ich wusste, sie redete mir nicht nach dem Mund. Sie kannte uns beide und versuchte immer, objektiv zu bleiben. Darum tat es mir gut, ihre Reaktion zu erfahren.

Bei dem Gespräch mit Rainer war etwas in mir zerbrochen. Deutlich wurde mir jetzt bewusst, dass er sich in allen Situationen bisher ähnlich verhalten hatte. Traurig ließ ich die letzten fünf Jahre an mir vorbeiziehen und erkannte viele Parallelen. Immer setzte er seine eigenen Interessen über unsere Beziehung.

Fast alles hatten wir verloren durch die Entscheidung, in den Yukon zu gehen, aber dafür trug ich selbst die Verantwortung. Ich hätte ja nicht mitzugehen brauchen, sondern mich durchsetzen sollen. Genau das hatte ich nicht getan. Es half gar nichts: Nur ich selbst war für meine Misere verantwortlich.

Ausgerechnet an jenem Tag erhielt ich Besuch von Achim. Er nahm auf meiner Couch Platz und fragte nach Dana.

»Sie ist im Kindergarten«, antwortete ich, noch immer überrascht über sein Auftauchen. »Ich bin froh, dass sie endlich die Möglichkeit hat, mit gleichaltrigen Kindern zu spielen.«

»Ach, übrigens«, sagte er beiläufig, »der Tip mit den Aktien war super! Hat viel gebracht.«

»Ja, mir auch.«

»Scheint aber alles weg zu sein, oder? Es ist ja wohl nicht die größte Wohnung, die du dir erlauben kannst«, stellte er fest, als er sich bei mir umsah, »wenn du unser Haus mal dagegen hältst.«

Ich ging in die Küche und kochte Kaffee, um ihn vom Thema abzulenken. Aber er ließ nicht locker.

»Sag mal, wo ist eigentlich dein ganzes Geld geblieben? Was ist davon noch übrig? Im Grunde genommen nur der Anteil, der im Haus in Whitehorse steckt, neben dem Wert des Audis. Alles andere ist wahrscheinlich in den Yukon geflossen – oder? Wärst du eigentlich auch ohne Rainer nach Kanada gegangen?«

Er hatte Oberwasser. Es war seine Stunde. Ich ließ ihn gewähren.

»Ja, nur nie in den Yukon, wo alles dreißig Prozent teurer ist. Wenn ich an die immensen Transportkosten denke für alles, was wir mitgenommen haben – und dann die Flugkosten für alle!«

»Hab' ich's dir nicht gesagt?«

Er hatte ja Recht. Wäre ich allein nach Kanada gegangen, so hätte ich mir sicher einen anderen Partner gesucht, auf den ich mich verlassen konnte. Jedenfalls keinen, der sich ständig auf der Suche nach ausgerissenen Huskies befand.

Doch ich hütete mich, meine Gedanken in Achims Gegenwart auszusprechen. Dennoch musste ich neidlos anerkennen, dass er sein Geld aus dem Hausverkauf besser angelegt hatte als ich. Oh, wie traurig war ich auf einmal!

Ich erinnerte mich plötzlich wieder an die Kernsätze des Seminars: Das Leben will Fortschritt, Wohlstand, geistige und persönliche Entwicklung, keinen Rückgang. Wenn die Verbindung mit Rainer zu einem derart krassen Abbau unserer Finanzen führte, musste etwas falsch sein.

Nach Achims Besuch bekam ich einen richtigen Katzenjammer. Eines wurde mir so klar wie nie zuvor: Bei Rainer hatte ich auf Sand gebaut. Ich konnte es drehen und wenden, wie ich wollte: Ich musste einen Schlussstrich unter unsere Verbindung ziehen.

So schrieb ich nieder, was mich bedrückte, und versuchte Klarheit zu gewinnen. Ich schrieb einen offenen, unbequemen Brief an Rainer, in dem ich ihm vorwarf, die Situation mit dem Baby auszunutzen. Kurz vor meinem Abflug in den Senegal erreichte mich ein Brief von ihm voller ähnlicher Vorwürfe.

Gut, dass ich ein paar Tage Urlaub vor mir hatte.

Kapitel 12

> *Das Vertrauen, das wir zu uns selbst*
> *haben, bewirkt den größten Teil des*
> *Vertrauens, das wir in andere setzen.*
> *(La Rochefoucauld)*

Auf dem Frankfurter Flughafen gab es eine sympathische Begrüßung mit den anderen Mitarbeitern.

»Wie schön, dich wieder zu sehen!« Karin, eine Kollegin mit Herz und Format aus Osnabrück, mit der ich schon in Korfu ein Zimmer geteilt hatte, strahlte und nahm mich in die Arme.

»Gut, dass Alaska dich nicht geschluckt hat! Da gehörtest du auch gar nicht hin, meine Liebe!« Sie lachte. »Jetzt freu dich auf den Senegal, denn die Sonne ist doch viel schöner als der ewige Winter! Ob wir wohl wieder einen Esel erledigen müssen?«

Ihre gute Laune war ansteckend. Karin war die einzige Mitarbeiterin, zu der ich auch privat noch Kontakt gehalten hatte; wir schätzten einander sehr. Einige Kollegen sprachen mich ganz unbefangen auf meine private Situation an, und ich antwortete im gleichen lockeren Ton.

Um mein Gepäck einzuchecken, stellte ich mich in die wartende Schlange und nahm dann meine Unterlagen in Empfang. Mit meinen Gedanken war ich schon in Afrika – als ich plötzlich zur Salzsäule erstarrte. O mein Gott, dachte ich, bitte, lass es nur einen Traum sein! Aber es war Wirklichkeit. Mitten unter den Kölner Mitarbeitern stand – Eva!

Sie flog wahrhaftig mit! Was nun? Meine Gefühle spielten verrückt. War es die Überraschung, die mich lähmte, war es die Scham Eva gegenüber oder die Erkenntnis, dass jetzt dieser Urlaub wohl nichts mit Erholung zu tun haben würde? Wie sollten wir es acht Tage nebeneinander aushalten?

Von Karin erfuhr ich, dass sie bereits vor meiner Rückkehr aus Kanada eingeladen worden war, weil sie im letzten Jahr wegen unserer privaten Situation an der Korfu-Reise nicht teilgenommen hatte.

Auch sie schien mich bemerkt zu haben, schaute aber bewusst in eine andere Richtung. Sie hatte sich stark verändert. Dünn war sie geworden, wodurch ihre Größe noch mehr betont wurde. Ihr von Natur aus dunkelblondes, stets hoch gestecktes Haar trug sie jetzt weißblond, modisch auf Schulterlänge geschnitten, und ihr Gesicht zeigte deutliche Spuren des durchlittenen Elends.

Es dauerte lange, bis ich wieder einigermaßen klar denken konnte. Hatten wir beide die Kraft, mit der Situation fertig zu werden? Musste ich nicht eher damit rechnen, dass sie, nach allem, was sie durchgemacht hatte, die Nerven irgendwann verlor?

Wir nahmen unsere Plätze im Flugzeug ein. Erst langsam kam ich wieder zur Ruhe.

Die Tage im Senegal, auf die ich mich so sehr gefreut hatte, wurden ein regelrechter Alptraum. Durch die Schwangerschaft kämpfte ich ständig gegen Übelkeit an. Den wahren Grund behielt ich allerdings für mich; ich hatte Angst, dass die Neuigkeit wie ein Lauffeuer zu Eva drang.

»Gila, was ist los mit dir?«, fragte Karin und sah mich forschend an. »Warum ist dir immer so übel? Kommt das von der ungewohnten Ernährung?«

Selbst ihr wollte ich die Lage noch nicht erklären.

Auch der Kummer mit Rainer ließ mir keine Ruhe. Mir ging es seelisch und körperlich miserabel. Die ständigen Begegnungen mit Eva, wenn auch stets in Begleitung anderer Kollegen, taten ihr übriges.

Ich wurde das Gefühl nicht los, dass wir beide wie auf der Lauer lagen. Schon wegen der Anwesenheit der anderen grüßten wir uns flüchtig und gingen weiter. Irgendwie verspürte ich die ganze Woche über den starken Drang, mit ihr zu reden, schob diesen Gedanken aber vor mir her.

An einem der letzten Tage vor dem Rückflug sollte ein Tagesausflug in einen Kral der Ureinwohner Senegals stattfinden. Da ich wegen meiner Schwangerschaft keine Gelbfieberimpfung erhalten hatte, wollte ich im Hotel bleiben. Plötzlich nahm mich der Boss zur Seite.

»Was ist eigentlich mit Ihnen los? So haben wir Sie noch nie erlebt! Das kann doch nicht nur daran liegen, dass Frau Gerlach anwesend ist? Dieser Situation müssten Sie doch spielend gewachsen sein, nachdem Sie alles andere mit Bravour gemeistert haben. Frau Gerlach hätte viel mehr Grund, sich abweisend zu verhalten, doch sie hält sich hervorragend. Sie aber schließen sich von allem aus. Sollte es Ihnen nicht gut gehen, so erklären Sie mir das bitte!«

Okay, dachte ich, soll er's wissen, und klärte ihn mit wenigen Worten auf. Zuerst war er sprachlos, dann meinte er völlig irritiert: »Es ist etwas sehr Schönes, ein Baby zu bekommen!«

»Wem sagen Sie das!«, versicherte ich ihm – und mir wurde wieder übel.

Am Tag der Abreise, als wir unsere Pässe an der Rezeption abholten, begegnete mir Eva allein. Meinem Gefühl gehorchend, ging ich ohne groß zu überlegen auf sie zu und sagte mit klopfendem Herzen: »Eva, ich wollte dich wenigstens begrüßen. Ich bin so froh, dass es dir wieder gut geht.«

Sie fuhr zurück. Ihre dunklen Augen funkelten böse. »Du? Du willst mich begrüßen?!« Sie wandte sich um und ließ mich stehen.

Gut, dachte ich erleichtert, das war's dann! Die Spannung der letzten Tage fiel von mir ab. Ich hatte getan, was ich tun musste.

Nach diesem Ereignis hielt ich es einfach nicht mehr aus und entschloss mich, Rainer in Whitehorse anzurufen. Ich wollte ihm etwas Liebes sagen, denn der Zustand der Ungewissheit war entsetzlich für mich – für ihn sicher auch.

»Hallo?« Da war Rainers vertraute Stimme!

»Rainer? Ich rufe aus dem Senegal an. Geht's dir gut?«

»Gila, wie schön, dass du anrufst! Wie habe ich mich nach dir gesehnt! Warum hast du dich nicht schon früher gemeldet? Mädchen, ich habe mir solche Sorgen um dich gemacht! Wie geht es dir und dem Baby? Sag was, schnell!«

»Na ja, dem Baby geht's gut und mir miserabel. Übrigens: Eva ist auch hier!«

»Was sagst du da?«, fragte er entgeistert. »Wieso denn das? Sie hat doch im letzten Jahr gar keinen Umsatz gemacht! Ach, erzähl mir das lieber in Deutschland! Gila, ich freue mich über deinen Anruf, sehr sogar. Jetzt geht's mir besser!«

Mir auch, nachdem ich endlich wieder mit ihm gesprochen hatte.

Während des Rückflugs hatte ich gegen eine starke Übelkeit anzukämpfen. Erst nach Stunden, als der Zug in Hannover einlief, fühlte ich mich wieder wohler. Bevor ich Dana vom Kindergarten abholte, sah ich zu Hause die Post durch, entdeckte ein Telegramm aus Whitehorse und las:

POWELL RIVER OKAY – STOP – DOCH ZWEI
BEDINGUNGEN – STOP – HEIRAT UND
DEMOKRATIE IN UNSERER EHE – STOP

RAINER

Ein paar Tage später besuchte mich Marianne, die an einer Tagung in Hannover teilgenommen hatte. Abends saßen wir gemütlich zusammen in meinem kleinen Wohnzimmer.

»Meinst du, Rainers ständige Stimmungsschwankungen ändern sich damit?«, fragte sie mich vorsichtig, nachdem ich ihr sein Telegramm gezeigt hatte.

»Ich hoffe es von ganzem Herzen. Es kann doch nicht immer so weitergehen. Er muss vor allem die Fähigkeit entwickeln, mit sich selbst und den anderen gut auszukommen.«

»Aber genau damit hat er Schwierigkeiten!«

»Sieh mal, wenn wir uns selbst nicht mögen, mögen wir auch die anderen nicht«, warf ich ein.

»Ich hatte stets das Gefühl, Rainer meidet die Menschen«, meinte Marianne. »Er zieht sich zurück. Manchmal denke ich, er verhält sich wie ein Schiff, das vom Kurs abgekommen ist und ohne Kompass auf wilder See treibt.«

»Hoffen wir, dass er sich endlich über seine Ziele im klaren ist und herausfindet, was er will«, stellte ich nachdenklich fest und war mir nicht ganz sicher, ob Rainer die Möglichkeit, mit uns in Powell River zu leben, wirklich als Chance sah.

Seit ein paar Tagen litt Dana unter einer fiebrigen Erkältung, weshalb ich sie ausnahmsweise neben mir im Doppelbett schlafen ließ. Als es ihr dann wieder besser ging, bettelte sie inständig: »Gila, lass mich doch weiter bei dir schlafen, bitte!« Ich gab nach.

Eines Mittags hatte ich Koteletts gebraten, für die Dana eine Vorliebe besitzt. Ich musste ihr versprechen, das letzte für sie zum Abendessen übrig zu lassen. Völlig unterschätzt hatte ich dabei jedoch meinen Heißhunger. In der Hoffnung, Dana habe es bis abends vergessen, aß ich das Kotelett mit viel Genuss.

Aber ich kannte meine Tochter nicht: Abends führte sie ihr erster Weg an den Kühlschrank. Schuldbewusst sah ich, wie sie verzweifelt ihr Kotelett suchte. Nun musste ich Farbe bekennen, aber zum besseren Verständnis nahm ich sie in den Arm und versuchte, ihr zu erklären: »Dana, du weißt doch, dass wir ein Baby bekommen. Sieh mal, das Baby hatte so einen Hunger auf das Kotelett. Da musste ich es einfach aufessen!«

Fassungslos starrte sie mich an. »Das Baby?« Jetzt fing sie an zu weinen. »Sag dem Baby, dass ich mein Kotelett wiederhaben will. Huhu, mein Kotelett!«

Gerade versuchte ich sie zu trösten, da läutete das Telefon. Es war Rainer, der sofort das Geschrei im Hintergrund bemerkte.

»Was ist denn bei euch los?«, fragte er erstaunt, und als ich ihm kurz den Sachverhalt erklärte, bat er mich lachend: »Gib mir mal Dana ans Telefon!«

Er fand schnell die richtigen Worte, und kurz darauf gab

mir Dana getröstet den Hörer zurück. Sofort wechselte er das Thema. Ich merkte, wie bedrückt seine Stimme plötzlich klang.

»Gila, ich bekomme die Arbeit doch nicht. Wir haben große finanzielle Schwierigkeiten. André jobbt nach der Schule bei McDonald's, damit wenigstens ein bisschen Geld reinkommt. Es ist kaum noch was zum Leben da. Ich weiß nicht mehr weiter! Ich glaube, wir müssen den Audi verkaufen.«

Ich schwieg. Also hatte ich mit meiner Vermutung richtig gelegen.

»Finanziell könnt ihr momentan von mir keine Hilfe erwarten«, sagte ich, »weil die ersten beiden Monatseinkommen von der Gesellschaft unerwartet auf das Storno-reserve-Konto gebucht worden sind, wahrscheinlich als Absicherung gegen eine erneute Auswanderung. Nun erwartet meine Bank von mir, dass ich zuerst das Minus auf meinem Konto abbaue!«

»Auch das noch!«

Obwohl ich mich sehr auf den Verkauf des Hauses in Whitehorse konzentrierte, schienen meine Gedanken in dieser Zeit nicht so stark zu sein, um etwas bewegen zu können. Halbe Sachen haben nun mal keinen Erfolg.

Wenn ich nun wie geplant im Mai nach Whitehorse zurückginge, wie sähe es dort finanziell aus? Wäre das Haus verkauft? Rainer schien nicht viel dafür zu tun. Wie suchte er überhaupt Arbeit? Machte er nicht die Wahl einer Stelle davon abhängig, noch genug Zeit für die Hunde zu haben?

Die Pflege der Hunde kostete ihn täglich mindestens drei bis vier Stunden, dazu kam die Versorgung des Haushaltes. Konnte er überhaupt Arbeit finden, da er doch mit dem Status eines Arbeitgebers nach Kanada eingewandert war? Diese Gedanken schossen mir blitzschnell durch den Kopf.

»Rainer, hör jetzt bitte gut zu! Verwirf den folgenden Vorschlag nicht gleich, sondern denk mal in Ruhe darüber nach, ob wir wirklich zusammenleben können. Ohne Einkommen haben wir in Kanada keine Chance. Hier in

Deutschland können wir gemeinsam die Familie versorgen.«

»Ja, und? Was willst du damit sagen?«

»Ich weiß, wie sehr du am Yukon hängst, aber überleg mal, ob es nicht besser ist, ihr kommt zurück und übergebt den Verkauf des Hauses einem Makler. Mit dem Kapital und dem Geld, das wir in Deutschland verdienen, sind wir gemeinsam in der Lage, neu aufzubauen. Mit genügend Kapital können wir dann nach Kanada zurückkehren, wann immer wir wollen.«

»Meinst du das ernst?«

»Ja, Rainer, ich meine es sehr ernst. Wir haben uns beide auf die Zeit gefreut, wenn das Baby unterwegs ist. Nur so können wir sie gemeinsam erleben. Hier in Deutschland kannst du leichter Arbeit finden, Geld verdienen und genug sparen für eine Rückkehr, wann immer das sein mag!«

»Du meinst, ich soll zurückkommen nach Deutschland?«, fragte er abwehrend.

»Darin sehe ich die einzige Möglichkeit, in finanzieller Sicherheit zusammenzuleben. Du brauchst dich jetzt nicht zu entscheiden. Nimm dir Zeit, denk über alles nach, und dann triff deine Entscheidung, wie es weitergehen soll! Ich kann inzwischen hier ein Haus suchen, bis ihr zurückkommt.«

»Und wieso geht es nicht anders?«

»Sag mir, wie! Sieh mal, wenn ich im Mal aufhöre zu arbeiten und wirklich wie geplant nach Whitehorse zurückfliege, mit dir umziehe nach Vancouver oder nach Powell River, vorausgesetzt, das Haus ist bis dahin verkauft, wie geht's dann weiter?«

Als er schwieg, fuhr ich fort: »Im September kommt das Baby. Welches Einkommen haben wir dann? Was ist, wenn das Haus noch nicht verkauft ist? Kannst du mir garantieren, dass du bis dahin eine Arbeit hast? Es geht doch um die Existenz einer ganzen Familie!«

Rainer schwieg lange. Dann kam die Antwort: »Darüber muss ich nachdenken. Ich melde mich wieder!«

Zwei ganze Tage ließ Rainer sich Zeit mit seiner Antwort. Dann rief er an und teilte mir in kurzen Worten mit, er käme Ende März mit Marco und den Hunden zurück. André habe sich entschieden, in Whitehorse zu bleiben und die Schule abzuschließen, um sein Abitur zu machen. Bei McDonald's verdiene er genug Geld, um sich selbst zu versorgen.

Er hat wirklich gesagt, er kommt zurück! Wie viele Kämpfe er wohl mit sich ausgefochten haben mochte! Nur jetzt nicht viel fragen, seine Entscheidung einfach hinnehmen, dachte ich überrascht.

Nach diesem Anruf fiel eine riesige Last von mir. Nun sah ich endlich den Weg, dass wir gemeinsam als Familie in einigermaßen gesicherten Verhältnissen leben konnten.

»Kannst du die Flüge für mich, Marco und die Hunde in Deutschland buchen?«, bat mich Rainer tags darauf.

»Ja«, sagte ich zögernd. »Wann genau wollt ihr fliegen?«

»Wenn es geht, Ende März«, erwiderte er mechanisch. Ich wurde das Gefühl nicht los, dass er nur noch funktionierte. Hin und her überlegte ich, wie ich das Geld für die Flüge auftreiben sollte.

Unerwartet rief Karin nachmittags an. Irgendwie schien sie meine Sorgen zu spüren.

»Lass mich dir helfen«, meinte sie weich. »Ich kann den Betrag gut entbehren. Du zahlst mir das Geld zurück, wenn du in drei Monaten deine Bonuszahlung erhältst.«

Wie lieb sie war! Dankbar nahm ich ihre spontane Hilfe an.

Ein paar Tage später rief Rainer wieder an.

»Gerd hat mir das Angebot gemacht, den Audi zu kaufen, als er von meiner Entscheidung erfahren hat. Der Preis ist Verhandlungssache. Was hältst du davon?«

Ich stimmte zu, bat Rainer aber, den Audi keinesfalls zu billig abzugeben, da er erst ein halbes Jahr alt war und mit seiner exklusiven Ausstattung einen hohen Marktwert in Kanada besaß.

»Schickst du mir bitte eine Vollmacht für den Verkauf?«
»Ja, okay«, erwiderte ich. »Den Rückflug habe ich übrigens auf den dreiundzwanzigsten März gebucht.«
»Aha«, meinte er kurz.

Da die Huskies von der einzigen Fluggesellschaft, die Whitehorse anflog, nicht nach Vancouver transportiert werden konnten, mussten Rainer und Marco noch einmal die anstrengende Fahrt mit dem Ford Pick-up nach Vancouver durch die Rocky Mountains auf sich nehmen.

Neben Hunden und Gepäck sollten noch drei große Kisten mit Haushaltsartikeln, Porzellan und Lampen im Wagen untergebracht werden. Rainer wollte sie in Vancouver verschiffen.

»Und was machst du dann mit dem Pick-up?«, fragte ich.

»Der bleibt bei Gerds Freund in Vancouver stehen; er hat mir angeboten, ihn später für uns zu verkaufen. Ich glaube schon, dass ich mich auf ihn verlassen kann.«

Nachdem er einen Augenblick geschwiegen hatte, sagte er leise: »Gib Dana einen Kuss von mir, und flüstere ihr ins Ohr, dass wir bald kommen.«

»Mache ich. Wir freuen uns sehr auf euch. Bis bald!«

Zum ersten Mal hatte er seit seiner Entscheidung, den Yukon zu verlassen, wieder etwas Gefühl gezeigt.

Jetzt galt es, ein passendes Haus für uns alle zu finden, wobei die Huskies wiederum die größte Schwierigkeit darstellten. Ich gab eine Zeitungsanzeige auf. Ein wunderschönes altes Bauernhaus wurde mir angeboten, zwar klein, doch sehr gemütlich. Es war vor einem halben Jahr völlig renoviert worden und hatte 20 000 Quadratmeter Grund, viel Platz für die Hunde.

Ich hatte beschlossen, den Umzug trotz meiner Schwangerschaft allein zu bewerkstelligen und Rainer mit dem fertig eingerichteten Haus zu überraschen. Mit einem Dachgepäckträger transportierte ich sämtliche Möbel zum Haus, das ungefähr zwanzig Kilometer von meiner Wohnung entfernt lag. Sogar die Couchgarnitur schaffte ich auf diese Art und Weise hinüber.

Durch den Hinweis auf die Schlittenhunde in der Anzeige wurde Andreas, ein Husky-Züchter in unserem Ort, auf uns aufmerksam und rief mich an. Er freute sich über unseren Umzug in seinen Ort und bot mir an, Rainer mit den Hunden vom Flughafen Hannover in seinem Husky-Transporter abzuholen. Ich nahm sein Angebot dankbar an und wollte ihn am Samstag am Flughafen treffen.

Bevor Rainer mit Marco zu der strapaziösen Fahrt aufbrach, teilte er mir enttäuscht mit, Gerd habe für den Audi nur einen minimalen Betrag auf den Tisch gelegt. Er habe keine andere Wahl gehabt, als Gerd den Wagen für den Preis zu überlassen.

»Gerd meint, im Yukon sei der Wagen ohne Vierradantrieb wegen der arktischen Verhältnisse so gut wie unverkäuflich«, rechtfertigte er seine Entscheidung. »Weißt du, in Vancouver wäre ich ihn schnell losgeworden, doch wie sollte ich ihn dorthin schaffen? Von dem Geld habe ich Gerd die Hypothekenzinsen für sechs Monate im Voraus gezahlt. Damit ist vom Verkaufspreis allerdings kaum noch etwas übrig geblieben.«

Ich schwieg betroffen. Plötzlich erkannte ich, wie hilflos wir Gerd die ganze Zeit über ausgeliefert waren. Nicht zum ersten Mal hatte ich den Verdacht, dass er unsere missliche Lage zu seinem Vorteil ausgenutzt hatte.

Am Tag nach dem Umzug, als Rainer und Marco eintreffen sollten, wachte Dana morgens in ihrem neuen Kinderzimmer auf und rief laut: »Gila, meine Augen sind zugefroren! Komm mal schnell!«

Ich ging zu ihr und sah, dass ihre Augen völlig zugeschwollen waren. Jetzt fielen mir auch die rauen aufgesprungenen Händchen und die kleinen Pickel in ihrem Gesicht auf, aber ich maß der Sache keine große Bedeutung bei, cremte sie behutsam ein, und wirklich, tagsüber wurde es besser.

Um siebzehn Uhr sollte die Maschine aus Frankfurt landen. Kurz vorher hatte ich mich mit Andreas in der Halle des Flughafens verabredet. Ein etwas untersetzter junger Mann mit widerspenstigen dunklen Haaren kam auf mich zu.

Lachend begrüßte er mich: »Hallo, ich bin Andreas. Die ›Aktion Husky‹ kann starten.«

Endlich war es soweit. Als erster kam Marco auf mich zu. Erschöpft, aber fröhlich grinste er mich an. Er schien in der Zwischenzeit die Zweimetergrenze überschritten zu haben.

»Ja, Mom, für die nächste Ohrfeige brauchste 'ne Leiter!«

Und dann kam Rainer. Wie sah er aus! Nur mit Mühe erkannte ich ihn. Sein Gesicht wirkte ausgezehrt, und um seine Augen lagen dunkle Schatten. Zu allem Überfluss trug er eine riesige Bärenfelljacke, die seine Schultern noch breiter erscheinen ließ. Mit seinen langen schwarzen Haaren sah er aus wie Yeti, der Schneemensch.

Zärtlich zog er mich an sich. Lange hielt er mich festumschlungen und ließ mich erst los, als die ersten Huskies in ihren Käfigen aus dem Flugzeug gerollt wurden. Einzeln wurden sie von den Stewardessen herangefahren und heulten zum Vergnügen der Passagiere auch gleich los. Gemeinsam verfrachteten wir die Hunde in den Transporter. Ein Husky fehlte, welcher, konnte ich nicht gleich erkennen.

»Es sind ja nur zehn Hunde!«

»Nancy habe ich in Vancouver lassen müssen«, erwiderte Rainer bitter. »Sie liegt schwer krank im Hundehospital. Schon unterwegs ging es ihr sehr schlecht. Ich weiß nicht mal, was sie hat. Die Freunde von Gerd kümmern sich um sie. Gleich wenn wir zu Hause sind, muss ich in Vancouver anrufen, wie es ihr geht.«

Als wir daheim angekommen waren, kümmerten sich die beiden Männer zuallererst um die Huskies. Einer nach dem anderen wurde an den Stake-out gelegt und versorgt. In den nächsten Tagen wollte Rainer dann den Zwinger bauen.

Voller Sorge rief er in Vancouver an, worauf Gerds Freund ihm mitteilte, Nancy sei kurz nach ihrer Einlieferung in die Tierklinik verendet.

Er war viel zu traurig und zu müde, um sich zu dem gemütlich eingerichteten Haus zu äußern, das jetzt unser Zuhause sein sollte.

Ich hatte mir so sehr gewünscht, jetzt, da Rainer endlich da war, etwas zur Ruhe zu kommen und die gemeinsamen Wochen zu genießen. Doch es kam anders. Am nächsten Morgen wurden die Pickel bei Dana stärker. Ihre aufgesprungenen Händchen fingen sogar an zu bluten.

Woher kommt bloß dieser Ausschlag?, dachte ich besorgt und zeigte Rainer Danas Händchen. Die Ursache musste mit dem Haus zusammenhängen, denn erst seit der Nacht des Umzugs waren diese Erscheinungen aufgetreten.

»Ich fahre mit ihr zur Kinderärztin«, sagte Rainer kurz entschlossen.

Nach dem Besuch bei der Ärztin zuckte er hilflos mit den Schultern. »Sie hat eine Neurodermitis festgestellt und Dana eine Kamillensalbe verschrieben, die zwar Linderung bringt, aber nicht heilt.«

Danas Gesichtchen sah inzwischen völlig entstellt aus. Auch zwischen den Fingern hatten sich dicke, bei jeder Bewegung aufspringende Borken gebildet. Wie konnten wir ihr bloß helfen? Plötzlich erinnerte ich mich daran, dass Krankheiten einen geistigen oder seelischen Ursprung haben.

Was war bei Dana los? Rainer kümmerte sich liebevoll um sie. Marco hing an ihr. Sie wurde von allen geliebt. Wo lag das Problem? Ich gab mir die größte Mühe, konnte aber nichts erkennen. Wir mussten versuchen, die Ursache bei ihr selbst zu suchen.

Morgens war die Haut aufgekratzt, während sie tagsüber eigenartigerweise nicht juckte und zu heilen schien. An der Salbe konnte es nicht liegen. Sowohl morgens als auch abends cremten wir sie ein. Sollte das Problem nur nachts auftreten? Mir fiel auf, dass Dana in der Nacht des öfteren auf die Toilette musste, aber erst, seit Rainer wieder da war. Jedes Mal kam sie zu uns ins Schlafzimmer. Danach brachte ich sie dann wieder ins Bett.

Eines Nachts weinte sie ganz jämmerlich, sodass ich sie mit in mein Bett nahm. Kaum war sie eingeschlafen, wurde sie von einem furchtbaren Juckreiz gepackt. Ich hielt ihre Händchen fest, denn sie versuchte mit unheimlicher Kraft, sie im Schlaf wieder aufzukratzen.

Da kam mir eine Idee: Sollte ihr Problem darin bestehen, dass Rainer jetzt neben mir schlief, während sie vorher wochenlang bei mir schlafen durfte? Der Gedanke ließ mich nicht los. Gleich am nächsten Morgen sprach ich mit ihm darüber.

»Das kann sein. Mir ist auch schon aufgefallen, dass sie tagsüber gar keine Last hat mit ihren Händchen. Aber wie sollen wir das lösen?«

»Wir stellen ab sofort für eine gewisse Zeit ihr Kinderbett neben meinem Bett auf. Dann sehen wir ja, ob das irgendwelche Auswirkungen auf ihren Ausschlag hat«, schlug ich vor.

Dana war von der Idee begeistert. Wir hatten ihr jedoch von vornherein klargemacht, dass das eine zeitlich begrenzte Aktion sei. Wie erstaunt waren wir am nächsten Tag: keine Kratzspur an den Händen, keine Spuren im Bett!

Kurz und gut, Danas Ausschlag heilte innerhalb von ein paar Tagen völlig ab. Ihre Haut wurde wieder so weich und glatt wie vorher.

Nun richtete ich ihr Kinderzimmer besonders hübsch her, kaufte nette Kleinigkeiten, pflückte mit ihr zusammen Blümchen, bis sie eines Abends selbst den starken Wunsch verspürte, in ihrem Zimmer zu schlafen. Damit war das Problem gelöst.

Hätte ich nicht über das Wissen der Seminare verfügt, wäre ich gar nicht auf den Gedanken gekommen, Ursachenforschung zu betreiben. Kein Arzt machte uns darauf aufmerksam, dass der Ausschlag seelisch bedingt sein könnte. Wie viel Leid und Schmerzen könnten gelindert werden, wenn die Ärzte dem seelischen Bereich des Kranken mehr Aufmerksamkeit schenken würden.

Eine Woche später hatte Rainer den Zwinger fertig. Seit er sich wieder in Deutschland aufhielt, war eine starke Veränderung in ihm vorgegangen. Mit Marco redete er eigenartigerweise überhaupt nicht mehr. Ich erfuhr, dass Marco auf der Autofahrt nach Vancouver versehentlich einen Husky hatte entwischen lassen, den sie erst nach langer Suche wieder einfangen konnten. Wie ein personifizierter Vorwurf lief Rainer durch das Haus. Kaum dass er in dieser ersten Woche mal ein freundliches Wort herausbrachte.

Fragte ich ihn nach dem Grund seiner Verfassung, schwieg er. Wenn ich abends von der Arbeit nach Hause kam, verzog er sich manches Mal schweigend auf die Veranda und brütete im Dunkeln vor sich hin. Kam ich zu ihm mit der Bitte, sich zu uns zu setzen, ging er zu Bett. Nie wurde ich das Gefühl los, etwas falsch gemacht zu haben. Immer mehr kam bei mir die Empfindung auf, dass irgendetwas nicht mit ihm stimmte.

»Renate und Walter kommen am Sonntag«, rief ich Rainer eines Morgens fröhlich aus der Küche zu, als er zum Zwinger gehen wollte.

Er blieb kurz stehen, dann schloss er wortlos die Tür und ging nach draußen.

Sonntags begrüßten die beiden ihn in ihrer gewohnten Herzlichkeit. Doch er starrte nur vor sich hin. Es schien eine große Belastung für ihn zu sein, sich mit ihnen zu unterhalten.

Beim Kaffeetrinken versuchte Renate, die Distanz zu überbrücken, und bemerkte unbekümmert: »Also, Rainer, ich finde es prima, dass ihr wieder hier seid. Auch wenn es für euch nicht so schön ist. Kanada war doch viel zu weit.«

Als Rainer weiterhin schwieg, setzte sie hinzu: »Und dann noch euer Baby! Du freust dich doch sicher darauf.«

Wie auf Kommando stieß er hervor: »Das war viel zu früh!«

Ohne ein weiteres Wort verließ er das Wohnzimmer.

Walter zuckte mit den Schultern, warf uns einen verständnislosen Blick zu und folgte ihm.

Eine Weile herrschte betretenes Schweigen zwischen uns, bis Renate betroffen fragte: »Was sollte das denn, Gila? Ist etwas nicht in Ordnung?«

»Ach, Rainer geht's überhaupt nicht gut! Er ist nur noch ein Schatten seiner selbst!«

»Du hast Schwierigkeiten mit ihm, nicht?«

Ich nickte hilflos. Gern hatte ich die beiden um mich, doch sie litten bereits nach kurzer Zeit unter der bedrückenden Atmosphäre und verabschiedeten sich noch vor dem Abendbrot. Sie nahmen Marco für ein paar Tage mit in seine alte Heimat, wo er Freunde besuchen wollte.

Kurz vor seiner Rückkehr nach Deutschland hatte Rainer mich gebeten, für ihn bei verschiedenen Firmen wegen einer Tätigkeit nachzufragen. Einige Absagen hatte ich zwar erhalten, aber die Personalchefin einer Stahlfabrik in unserer Nähe war nicht abgeneigt, ihn einzustellen, und hatte deswegen schon etliche Telefonate mit mir geführt.

»So wie Sie mir die Fähigkeiten Ihres Mannes schildern, stehen die Chancen gar nicht schlecht«, hatte sie mir erklärt. »Wir suchen dringend gute Mitarbeiter. Natürlich kann ich erst eine endgültige Entscheidung treffen, wenn wir uns persönlich kennen gelernt haben.«

Daraufhin hatte sich Rainer bei ihr vorgestellt.

»Na, wie war's?«, fragte ich ihn erwartungsvoll, als er nach dem Gespräch zu mir in die Küche kam. Finster blickte er mich an, während er sich schweigend einen Kaffee einschenkte.

»Eine Knochenmühle ist das!«, schimpfte er plötzlich los. »Weißt du, wie viel Stunden ich dort arbeiten muss? Natürlich kann ich sofort anfangen, aber der Stundenlohn ist nicht der Rede wert! Dafür arbeite ich nicht!«

»Rainer, du weißt doch, wie nötig wir das Geld brauchen! Davon kannst du die Miete und die Belastung für die Hunde tragen. Überleg doch mal!«

Wieder dieses irritierende Schweigen.

»Irgendwann im Juli muss ich wegen des Babys aufhören zu arbeiten«, sagte ich mit Nachdruck. »Wie sollen wir sonst finanziell die nächsten Monate überbrücken?«

Plötzlich brach es aus ihm hervor: »Erzählst du eigentlich überall bei den Leuten solche Lügen, dass wir Kanada verlassen hätten, weil die finanziellen Möglichkeiten dort nicht gegeben seien?«

Wie versteinert stand ich vor ihm. Er sprühte beinahe Funken, als er den massiven Vorwurf wiederholte. Damit brach eine Auseinandersetzung zwischen uns aus, die es in sich hatte.

Während dieses Streites erkannte ich, dass Rainer nicht unsere Entscheidung, in den Yukon zu gehen, sondern nur mich allein für das Scheitern unserer Pläne verantwortlich machte. Immer wieder brach es aus ihm heraus: Hätte ich den Yukon nicht verlassen, so wäre alles gut gegangen. Nichts anderes zählte für ihn. Welten schienen plötzlich zwischen uns zu liegen.

Er machte auch vor Beleidigungen nicht halt. Bis in die Seele getroffen, konnte ich nur noch flüstern: »Bitte, pack deine Hunde und geh!«

Wild stieß er hervor: »Und wohin soll ich gehen?«

Ich erstickte beinahe. Furchtbar! So etwas Verletzendes hatten wir noch nie miteinander erlebt. Weg, nur weg! Wie gehetzt lief ich nach draußen, setzte mich ins Auto und fuhr los.

Irgendwo auf einem Feldweg hielt ich an. So ging es nicht weiter, wirklich nicht! Was war nur mit uns geschehen? Warum hatten sich unsere Gefühle füreinander so verändert? Was könnte ihn derart gereizt haben, dass er sich so verhielt? Zum Glück war Dana noch im Kindergarten, sodass sie von dieser Szene nichts mitbekam.

Es dauerte lange, bis ich wieder einigermaßen gefasst war und nach Hause fahren konnte. Mit einem dumpfen Gefühl betrat ich das Wohnzimmer. Rainer lag auf der Couch. Er schien zu schlafen. Leise setzte ich mich neben ihn, streichelte zart über sein Haar und meinte: »Sag mal, war das nötig?«

Demonstrativ drehte er seinen Kopf zur anderen Seite, doch ich ließ nicht locker. Ich musste mit ihm reden.

»Rainer, es tut mir Leid, was ich vorhin gesagt habe. Das war nicht fair. Wenn du die Tätigkeit dort nicht annehmen willst, okay, dann lass es! Nur, was willst du denn sonst machen? Ohne deine Mithilfe wird es finanziell eng.«

Einige Zeit verging, ehe er wieder bereit war, sich mit mir zu unterhalten. Doch dann erklärte er mir kurz, er wolle lieber im Außendienst arbeiten.

»Im Außendienst?«

Er nickte schwach.

Ich wusste, dass Rainer kein Außendienstler war. Nur mit Mühe konnte er sich von den Hunden lösen. Schon darum hatte ich ihm von dem Anruf des befreundeten Verkaufsleiters aus Kiel bewusst nichts erzählt. Kurz vor Rainers Rückkehr hatte er mir den Vorschlag gemacht, Rainer als Direktionsbeauftragten einzustellen. Nach reiflicher Überlegung hatte ich abgelehnt. Sollte ich nun doch mit Rainer über diese Möglichkeit reden?

»Kannst du dich noch an Herrn Michels aus Kiel erinnern?«, fragte ich ihn. »Vor gar nicht langer Zeit rief er bei mir an, fragte mich, wann du zurückkämst und bot mir an, dich eventuell als Direktionsbeauftragten einzustellen!«

»Warum sagst du mir das jetzt erst?«, fragte er finster. »Gilt das Angebot noch?«

Während ich mich etwas schwerfällig von der Couch erhob, um die Telefonnummer herauszusuchen, schlug ich ausweichend vor: »Ruf ihn doch mal an.«

Die Aufregung steckte mir immer noch in den Knochen, ihm sicherlich auch. Umso mehr erstaunte mich seine Reaktion, als er plötzlich aufsprang, zum Telefon ging und sich für den nächsten Tag mit Herrn Michels bei uns zu Hause verabredete.

Einen Tag später drehte sich das Gespräch zwischen Herrn Michels und Rainer zuerst um die Zeit in Kanada und die Huskies, bis das Thema schließlich auf den Außendienst kam.

»Herr Gerlach, Sie wissen sicherlich, dass wir erst ab Juni einen Mitarbeiter für den Raum Hannover suchen, da sich die Geschäftsstelle noch im Aufbau befindet. Jetzt, im April, sollten Sie mit unserem Assekuranz-Produkt erst einmal wieder im direkten Außendienst vertraut werden«, fuhr Herr Michels fort, »ehe Sie ab Juni die neue Position einnehmen können. Trauen Sie sich das zu?«

»Warum nicht?«, antwortete Rainer knapp.

Ich sah ihn an. Wie sehr wünsche ich dir, dass du selbst daran glaubst, dachte ich skeptisch.

Nachdem Herr Michels gegangen war, setzte ich mich zu Rainer an den Küchentisch, um mit ihm zu reden: »Meinst du, dass diese Aufgabe richtig ist für dich? Du hast immer eine Aversion gegen den Außendienst gehabt, und es geht dir zur Zeit wirklich nicht gut. Machst du dir nicht etwas vor, wenn du diese Tätigkeit annimmst?«

Schweigend hörte er mir zu.

»Solltest du nicht erst einmal wieder zu dir selbst finden, damit du die Kraft hast, deine Schwellenangst zu überwinden? Die Vorstufe zum Erfolg ist Begeisterung. Ohne eigenes Feuer kannst du keines bei anderen entfachen. Wir merken doch beide, wie schlecht es dir momentan geht.«

Längere Zeit schwiegen wir.

»Augenblicklich geht es mir wirklich nicht gut«, sagte Rainer schließlich leise und durchbrach die lähmende Stille. »Ich habe gemerkt, welch panische Angst ich manchmal vor Menschen empfinde, und muss dann einfach allein sein.« Resignierend setzte er hinzu: »Das ist nicht in Ordnung, Gila, ich kann's aber nicht ändern!«

Seine Worte überraschten mich. Bisher hatte er stets versucht, mir das Gefühl zu vermitteln, mein Vertrauen zu den Menschen sei wirklichkeitsfremd. Zum ersten Mal nahm er überhaupt zu dem Thema Stellung. Seine Hilflosigkeit rührte mich.

»Wenn du wirklich den tiefen Wunsch verspürst, deine Einstellung zu den Menschen ändern zu wollen, dann findest du auch Hilfe«, sagte ich leise und nahm seine Hand.

»Wäre es nicht gut, wenn du mal einen Termin bei einem Psychotherapeuten machtest?«

»Meinst du wirklich, das wird mir helfen?«

»Nicht daran zweifeln, Rainer«, fuhr ich fort. »Irgendwo liegt bei dir ein Trauma vergraben, das die Ursache deiner Aggressionen ist.«

Erloschen war der warme Glanz in seinen Augen, den ich immer so geliebt hatte an ihm. Zusammengesackt saß er vor mir, nur noch ein Schatten seiner selbst. Er hatte kaum zugenommen, trotz des guten Essens. Alt und verfallen sah er jetzt aus. Er war wirklich krank.

Am nächsten Tag machte ich einen Termin bei einem Therapeuten für Anfang Juni aus. Leben heißt Lieben, hatte ich Rainer oft gesagt. Sollte er damit die Chance bekommen, seine Umwelt in Frieden zu akzeptieren? Jetzt gab es wieder Hoffnung für uns. Ein schwerer Stein fiel mir vom Herzen.

Ein paar Tage später begann Rainer seine Tätigkeit bei Herrn Michels. Täglich fuhr er zur Einarbeitung nach Kiel; jedes Mal hatte er einen anderen Husky bei sich im Auto.

Nach der ersten Schulungswoche arbeitete er allein in dem ihm zugewiesenen Gebiet. Aber ganz gleich, wie er es auch anpackte, der Erfolg blieb aus. Anfangs fuhr er noch regelmäßig in sein Gebiet, doch von Woche zu Woche wurde es weniger. Umso mehr Zeit verbrachte er jetzt bei seinen Huskies. Immer dringender schien er die Nähe der Hunde zu brauchen.

Kapitel 13

> *Die Rücksicht auf das Recht des anderen –*
> *das ist der Friede.*
>
> *(Benito Juarez)*

»Tschüs, ihr beiden«, sagte Rainer eines Morgens zu Dana und mir, bevor er mit Andreas zu einem Segeltörn auf dem Steinhuder Meer aufbrach. »Bis heute Abend! Mal sehen, ob wir Glück mit dem Wetter haben.«

Seine gute Stimmung an diesem Morgen machte mich froh.

»Pass gut auf dich auf!« Ich gab ihm einen Kuss, und auch Dana schlang liebevoll ihre Ärmchen um ihn.

»Ach, übrigens, Rainer, wo hast du die Papiere und Unterlagen aus Whitehorse hingelegt?«

»Die sind im Büro. So, jetzt muss ich aber los. Tschüs, Miss Dana!«, rief er ihr winkend zu, als er seinen Wagen startete.

Die Aprilsonne meinte es gut an diesem Morgen. Ich trug das Kaffeegeschirr von der verglasten Veranda, die wir zum Esszimmer umfunktioniert hatten, in die Küche. Mir ging es gut. Nur mit der morgendlichen Übelkeit hatte ich noch zu kämpfen. Darum nahm ich erst am späten Vormittag in aller Ruhe mein Frühstück ein. Ich muss mir unbedingt Umstandskleider kaufen, dachte ich, als auch beim zweiten Rock der Reißverschluss streikte.

Nun wollte ich mir Zeit nehmen für die Bürosachen. Ich holte mir eine Tasse Kaffee, setzte mich an meinen Schreibtisch und fing an, den Stapel Rechnungen und Dokumente von Whitehorse aus Rainers Mappe zu sortieren. Da fielen mir unter den Belegen einige lose Seiten auf, eng beschrieben mit Rainers klarer, schöner Schrift. Erstaunt nahm ich sie hoch und fing an zu lesen …

Whitehorse – 23. Oktober 1985

Sie ist weg.
Sie ist wirklich geflogen. Wie geht es bloß weiter ohne sie? Ich sitze an ihrem Schreibtisch, denke: Es ist alles nur ein böser Traum – gleich steht sie wieder neben mir.
Immer noch spüre ich ihren weichen vollen Körper, als ich sie voller Wehmut vor dem Flughafen zum letzten Mal für sieben Monate in den Arm nahm – für sieben Monate!
Traurigkeit war in ihren Augen und noch etwas, das nur schwer zu deuten war, jedoch keine Reue. Dann war es soweit. Ein letzter Kuss, und schon war sie mit der Kleinen im Flugzeug. Ich wurde das miese Gefühl nicht los, sie konnte es nicht abwarten, Whitehorse Adieu zu sagen …

»Lieber Himmel, das scheint ein Tagebuch zu sein«, murmelte ich betroffen. Sollte ich weiterlesen? Durfte ich überhaupt weiterlesen, ohne Rainers Vertrauen zu verletzen?

Meine Hände zitterten. Gab mir das Schicksal hier vielleicht den Schlüssel für sein depressives Verhalten in die Hand? Oder wollte er, dass ich seine Gedanken erfuhr, und hatte mir diese Seiten bewusst unter die Papiere gelegt? Ich kannte ihn zu gut, um zu wissen, dass er mich nie direkt darum gebeten hätte, diese Zeilen zu lesen. Unschlüssig legte ich die Blätter aus der Hand.

Entweder musste ich ihm helfen können oder das Risiko in Kauf nehmen, vielleicht etwas in meinem Verhältnis zu Rainer zu zerstören. Magisch wurde ich wieder von seinen Zeilen angezogen, und mit klopfendem Herzen las ich weiter …

… wie soll das gut gehen, wie soll ich es nur diese lange Zeit ohne sie aushalten – ohne Frau überhaupt? Ich darf nicht daran denken. Ganz schön mutig von ihr, mich so lange Zeit hier allein zu lassen.
Ausgerechnet zum Machmann nach Hannover will sie. Wo der sowieso ein Auge auf sie geworfen hat! Als ob ich es

nicht gesehen hätte letztes Jahr auf der Weihnachtsfeier! Wie ein balzender Hahn ist er um sie herumstolziert und wollte sie anmachen. Sie meinte natürlich, ich bildete mir das nur ein.

Und sie? Nie würde sie sieben Monate ohne einen Mann leben können, ich kenne sie doch! Nicht mal ein paar Wochen hatte sie es ausgehalten. Wenn ich an die Sache mit diesem René denke …! Oh, was habe ich auf einmal für eine Wut!

Lange habe ich vorhin in der Kälte gestanden, bis das Flugzeug verschwunden war. Dieses furchtbare Gefühl, sie für immer verloren zu haben! Wieder mal ist einer meiner schönsten Träume geplatzt! Ich habe mich vollständig auf sie verlassen! Nun bin ich verlassen genug.

Und dann die Kleine! Es gab mir einen Stich, als ich Dana an Gilas Hand fröhlich ins Flugzeug steigen sah. Auch sie war ihrer Entscheidung ausgeliefert.

Wie konnte es Gila überhaupt fertig bringen, unsere Familie so abrupt auseinanderzureißen? Auf Antje hätte ich gerne verzichtet. Na ja, die Sache ist gelaufen.

Nur dass Gila wirklich flog, daran habe ich im Traum nicht gedacht. Warum denn bloß? Warum hat sie so schnell aufgegeben? Wieder ihre Art, vorschnell etwas zu entscheiden und genauso schnell zu handeln, wie ich es oft bei ihr kritisiert habe. Ganz offensichtlich völlig unüberlegt! Ihre Aktionen bringen mich manchmal zur Verzweiflung. So furchtbar viel hängt gerade von dieser Entscheidung ab. Meine ganze Hoffnung ist begraben. Alles liegt in Scherben.

Der Yukon – mein Traum! Gemeinsam haben wir mit der Kraft unserer Gedanken alles erreicht: unsere Einwanderung nach Kanada! Und das bedeutet ihr jetzt überhaupt nichts mehr! Nein, ich verstehe sie nicht. Geld, das ist es, was bei ihr im Vordergrund steht. An seiner eigenen Sicherheit kann man auch ersticken, Gila.

Ach was – sie soll zurückkommen, so schnell wie möglich. So vertraut ist sie mir, in allem. Ihre braunen Augen, ihre kleinen festen Hände, die ich so sehr mag, ihre lustige, doch manchmal etwas unsichere Art mir gegenüber, ihre mollige

Wärme und ihr ständiger Kampf gegen ein paar Pfunde zu viel. Jedes Mal wird wieder das Verlangen in mir wach, mit ihr zu schlafen. Seit ich sie damals kennen lernte, reizte mich das. Warum biss ich eigentlich bei ihr so lange auf Granit? Wundenlecken nennt man das. Wenn ich noch daran zurückdenke, als ich ihr zum ersten Mal gegenüberstand ...

Etwas Besonderes ging von ihr aus. Dunkle Augen aus einem braun gebrannten fröhlichen Gesicht strahlten mich an, als sie lachte. Schlank war sie nicht gerade, aber ob das zu ihrem Typ gepasst hätte? Ich mag Frauen, die was auf den Rippen haben. Doch, ja, sympathisch war sie schon, das musste man ihr lassen. Und dann kam die Einladung nach Bielefeld. Mein erster Gedanke damals war, wie lange es wohl dauern würde, bis wir miteinander schliefen ...
Dann die Schiffsreise nach Kopenhagen, zwei Jahre später Zum allerersten Mal spürte ich auf dieser Reise, dass sich unsere Freundschaft irgendwie verändert hatte. Warum sah ich sie plötzlich anders – so, wie ein Mann eine Frau sieht? Ihre lebendige Stimme, ihre Augen! Wir hatten so manches Wochenende, so manchen Kurzurlaub zusammen mit den Kindern verbracht. Nichts war geschehen.
Eine gute Freundin war doch auch eine Frau, oder? Merkwürdig, dieses Gefühl für sie. Keine Reaktion von ihr. Meine Gedanken damals: Ist sie wirklich so ein Eisblock?
Sie ist jemand, der das Leben anpackt, sich ihm stellt, sich nicht treiben lässt. Sie sagt einfach alles so, wie sie es meint, das ist es! Alles, was mich in der letzten Zeit so an ihren Worten geärgert hat, waren lauter kleine Wahrheiten, die trafen und wehtaten. Sie hat Recht. Es kommt mir vor als hätte ich wirklich immer nur gewartet, gezaudert und alles vor mir hergeschoben.
Du musst deine Sachen anders anpacken – mit ein bisschen mehr Auftrieb, weißt du?, hatte sie gesagt. Immer wieder muss ich an diese Worte denken, an die Kraft, mit der sie sich ihr Leben zurechtschmiedet, und komme mir dagegen vor wie ein träger Teigkloß. So ein Mist!

Schneebeladene Wolken, gewaltiger Mount Grizzly! Mein Gott, wie liebe ich dieses raue, wilde Land! Nie würde ich hier weggehen – nie!
Meine Huskies! Wie sie vorhin voller Freude laut aufheulten! Und wie klar sich ihre schwarzweißen Masken gegen den Schnee abhoben! Anvik, der neue Chef des Rudels seit Tevkas Tod, mit seinen etwas verhangenen hellblauen Augen!
Meine Hunde! Frei toben sie hier im Schnee herum. Das hier ist ihre Welt, hier sollen sie sich zu Hause fühlen. Warum kann Gila das bloß nicht begreifen? Eine wilde Zärtlichkeit erfasst mich immer wenn ich dieses Bild in mich aufnehme. Gila, das ist die eine Seite, meine Huskies und der Yukon die andere.

Während ich mir diese Worte von der Seele schreibe, glaube ich, sie ist immer noch hier. Gleich wird sie aus dem Wohnzimmer in die Küche wirbeln. Nein, sie ist und bleibt weg für lange Zeit. Wie meinte Gerd so treffend? – Whitehorse will never be the same, when Gila comes. Dieser Wirbelwind aus Bielefeld bringt uns hier alles durcheinander.
Gerd, wie Recht hast du gehabt!
Diese eisige Kälte in mir! Ah, der Whisky tut gut. Gleich geht's mir viel besser. Irgendwie kann ich es immer noch nicht fassen: Gila ist nicht mehr da, Dana, meine Kleine, beide weg! Mein Gott, wie soll ich es bloß aushalten? Noch ein Schluck.
Was empfinde ich eigentlich für sie? Ist es Liebe? Sehnsucht, jetzt, wo sie nicht mehr da ist? Wieder holt mich die Erinnerung ein ...
Sie ist eine erfahrene Geliebte. Nein, ich kann mich nicht daran erinnern, dass sie sich mir jemals verweigert hätte, und ich hatte oft Lust auf sie. Ich mag die Weichheit ihres Körpers. Überhaupt mag ich Frauen, die weich und warm sind. Keine, die aussehen wie eine Hundehütte, in jeder Ecke ein Knochen. Immer habe ich versucht, in ihr ein Gefühl für die Schönheit ihres Körpers zu erwecken. Dass eine Frau aus mehr als ihren Hüften besteht, an den Gedanken hat sie sich nie so ganz gewöhnen können.

Manchmal denke ich, ihre Unsicherheit rührt wohl aus ihrer Beziehung zu Achim, ein gehemmter Typ. Bloß nicht auffallen, war seine Devise. In seiner bequemen Art merkte er gar nicht, was sie ihm alles abnahm. Er wird sich halb totlachen, wenn Gila wiederkommt.
Ach, was interessiert er mich! Ich habe ihn schon richtig eingeschätzt. Ihm fehlte einfach die Gebrauchsanweisung für diese Frau. Sie tanzte ihm wirklich auf der Nase herum.
Ist es der Alkohol, der plötzlich wieder Erinnerungen an andere Frauen weckt? Einmal hatte ich Gila die Sache von Brigitte erzählt, die meiner Ehe schon damals beinahe ein Ende gesetzt hätte. Sie wollte ein Kind von mir. Ich wurde verdammt vorsichtig. Und da war Schluss.
Whisky, mein Junge, mit dir habe ich keine Probleme. Du kommst wenigstens nach einer Woche wieder, wenn du mal abhaust. Bei Gila dauert's sieben Monate! So ein Mist! Wie müde bin ich auf einmal ...

Whitehorse, 24. Oktober 1985

Heute ist ein mieser Tag. Die ganze Zeit über muss ich an Gila und die Kleine denken. Ich halte es einfach nicht mehr aus, ich muss sie anrufen, unbedingt! Sie ist jetzt bestimmt schon bei Marianne angekommen. Gleich werde ich mit ihr sprechen können – gleich!
Ich habe angerufen, und Marianne hat erschrocken gefragt, ob was los wäre. Nein, nein, mal abgesehen davon, dass Gila weg ist, ist alles okay. Verdammt, sie ist weder bei Marianne, noch hat sie dort Bescheid gesagt. Marianne will sofort am Bahnhof nachfragen, wann der nächste Zug aus Düsseldorf eintrifft.
Noch zweimal habe ich heute bei Marianne angerufen.
Nichts! Wo steckt sie bloß? Wo kann sie sonst noch hingehen? Naja, sie wird morgen anrufen, mit Sicherheit. Zwei Briefe habe ich an sie geschrieben und weiß nicht einmal, wohin ich sie schicken soll ...

Whitehorse, 28.10.85

Sie hat immer noch nicht angerufen. Warum bloß? Immer wieder zucke ich zusammen, wenn das Telefon geht – diese verflixte party line! Zweimal kurz, für den linken Nachbarn – wieder nicht für mich! Sowas Blödes, vier Familien auf eine Leitung zu legen! Dieses ewige Gequatsche! Über Stunden hinweg ist die Leitung blockiert. Warum ruft Gila nicht an? Eben ist mir der Kragen geplatzt. Mayday – Mayday!, habe ich in den Hörer geschrien, absoluter Notfall! Ha – am anderen Ende legten sie geschockt auf! Hatte einen glücklichen Moment erwischt!

Whitehorse, 29.10.85

Immer noch nichts von Gila. Na warte, mich so schmoren zu lassen! Was sagt sie immer: Energie sucht ihren Weg. Na also, auch meine.
Come on, boys: Anvik, Laika, Kavik, Smoky, Nancy, Rain, Kujuk – wir haben sturmfreie Bude. Kommt rein, Gila ist weg. Ja, ihr Doggies, das tut gut! Nun lauft mal schön! Ja, jetzt dürft ihr auf die Couch und auch ins Bett. Keiner wirft euch wieder raus! Seht ihr es hat doch auch Vorzüge, allein zu sein. Jetzt geht's mir besser. Da, das Telefon – Gila? Einmal kurz – einmal lang. Rechter Nachbar! O Mann!
Gila macht, was sie will, ich auch! Schon immer habe ich davon geträumt, mit den Hunden im Gespann von Whitehorse nach Dawson City zu fahren! 14 Tage werden wir wohl brauchen auf dem zugefrorenen Yukon. Ich mach's – bestimmt!
Na warte! Hatte sie gesagt, wir müssten sparen? Aber nicht auf meine Kosten! Viel brauche ich nicht zum Leben. Ich bin glücklich hinter meinen Hunden auf dem Schlitten. Verdammt, Eva hat den alten nicht mehr rausgerückt.
Eben habe ich bei Gary in Ontario einen neuen Schlitten bestellt und ihm von dem Tod der Huskies erzählt. Shit – sagte er nur und schwieg.
Zum Glück war Edith nicht in der Nähe und wollte Gila spre-

chen. Mir war nicht danach, die ganze Geschichte noch mal durchzukauen. Okay, sie ist weg. Es ist ihre Entscheidung – basta!
Hoffentlich habe ich noch genug Geld für Garys Scheck ...

Whitehorse, 30.10.85

Mein Magen ist wie zugeschnürt. Seit Gilas Abflug habe ich kaum noch etwas gegessen. Es geht mir verdammt schlecht. Gerade erst hat Marianne mir gesagt, dass Gila mit Dana bei Gabi ist. Und sie hat sich noch immer nicht gemeldet!
Habe bei Gabi angerufen. Gila ist schon wieder weg und hat eine Wohnung in Hannover bezogen. So schnell geht das bei ihr, wie immer! Gerade hab' ich mich an was gewöhnt, schon stürmt das nächste auf mich ein. Sie wirbelt durchs Leben mit einem Tempo, das anderen kaum Zeit lässt mitzuhalten.
Die Nächte hier ohne sie sind fade. Ich schlafe in ihrem Bett, bilde mir ein, ihre Wärme zu spüren. Über ihrem Bett hängt die Karte mit der weißen Möwe.
Jonathan, Jonathan – was hast du nur angerichtet!

1. November 1985

Gerd war heute da. Der hat sich vielleicht gewundert! Whisky auf der Ledercouch, Smoky und Laika in den Sesseln!
Ha, das müsste Gila sehen! Er wollte gleich ein Foto machen. Das sollte er mal lieber lassen.
Er wollte wissen, ob sie sich schon gemeldet hätte. Nee, eben nicht. Das macht mich selber ganz verrückt. Seit genau 8 Tagen und 8 Stunden kein Wort von ihr!
Drei Briefe habe ich ihr schon geschrieben und kann sie nicht abschicken, weil ich nicht mal ihre Anschrift weiß.

Wir haben wohl ziemlich was geschluckt gestern Abend, und ich hatte wieder nichts gegessen. Darum habe ich ihm wohl so viel erzählt – von meinem Gefühl, das anfangs mehr Leiden-

schaft als Liebe war. Wenn ich sie länger nicht sah, ging es auch ganz gut ohne sie – wenn ich nur meine Huskies hatte. Aber damals, bei der Verabschiedung von Fuchs, traf es mich wie ein Blitz. Seitdem weiß ich, es geht nicht ohne sie, obwohl mir ihr Dickschädel oft genug zu schaffen macht. Erst seit damals fühle ich mich sicher, mit ihr leben zu können. Auch mit ihrer vorschnellen Art, Dinge zu entscheiden.
Gerd hat mich verstanden, er hat wohl auch seine Schwierigkeiten mit ihrem Dickkopf.
Und nun ist sie weg! Wie gern würde ich jetzt wie die Huskies meine Sehnsucht in die Nacht hinausheulen!

Und dann hatte ich die Idee!
Sie sollte noch ein Kind kriegen, das wär's! Gerd hat's nicht gleich gecheckt und meinte, sie hätte doch schon welche, und wie das überhaupt gehen sollte wegen der Entfernung.
Sie muss Weihnachten kommen! Ja, der Gedanke ist geradezu genial. Mein alter Schwung kommt zurück. Dann muss sie bleiben, Gerd wird schon sehen. Wenn ich bloß ihre Telefonnummer wüsste!

Den ganzen Tag über habe ich an das Gespräch von gestern gedacht. Ja, das ist die Lösung. Jetzt geht's mir besser. Ab sofort ist meine Nachtruhe wieder gesichert …

Ich saß an meinem kleinen Schreibtisch und starrte nach draußen, an dem Kirschbaum vorbei ins Leere. Erst jetzt merkte ich, wie mir Tränen über die Wangen liefen. Ich wischte sie fort. Dana sollte sie nicht sehen.

Nein, ich wollte Rainer nicht erzählen, dass ich diese Seiten gelesen hatte. Ich spürte genau, das war nicht der Schlüssel zu seinem eigentlichen Problem.

Nur, wie er auf den Gedanken mit dem Baby kam, das war mir neu. Er hatte mir in Whitehorse zwar gestanden, dass dieser Gedanke in einer Whiskylaune entstanden war, jedoch hinterher sofort betont, dass nach wie vor der intensive Wunsch dahinterstände.

Und trotzdem hatten mich diese Seiten beim Lesen eigenartig berührt. Erinnerungen kamen in mir hoch, die unsere Beziehung wieder in einem anderen Licht erscheinen ließen.

Gib nicht auf, Gila, dachte ich, wenn er eine Therapie macht, wird alles besser, ganz sicher! Nur so können wir es schaffen. Das ist der einzige Weg. Rainer muss lernen, die Menschen zu lieben, sie nicht zu scheuen oder gar zu verachten. Er muss lernen zu geben, nicht nur zu nehmen.

Ich legte die Seiten in die Mappe zurück unter seine Papiere. Sollte er mich fragen, ob ich sie gelesen hätte, so wollte ich ihm von der Sache erzählen, sonst nicht ...

Ungefähr eine Woche später fuhr Rainer mit mir zur Ultraschalluntersuchung.

»Es wird ein Junge«, sagte ich leise zu ihm, als er vor dem Krankenhaus auf mich wartete.

»So?« Das war seine einzige Reaktion. Betroffen stellte ich fest, dass das Baby ihn kaum noch interessierte. Nicht nur während der Fahrt nach Hause, auch in den Stunden danach machte er einen völlig unbeteiligten Eindruck.

In den nächsten Tagen wurde er immer verschlossener. Er verbrachte jede freie Minute bei seinen Huskies, ein unhaltbarer Zustand! Marco ging er ganz aus dem Weg.

Fröhliche Augenblicke gab es fast gar nicht mehr in seinem Leben. Bei allem, was er tat und wie er uns ansah, ging eine tiefe Traurigkeit von ihm aus. Nur Dana gegenüber schien er sich nicht verändert zu haben.

Die gesamte finanzielle Belastung ruhte nun auf meinen Schultern. Wegen der Schwangerschaft konnte ich nicht mehr so intensiv arbeiten wie gewohnt. Obwohl ich erst im fünften Monat war, war ich schon so rund, dass einige Kunden meinten, mein Baby müsse sicher bald kommen.

Wie sollte ich bloß die nächsten Monate überstehen?

Herr im Himmel, bat ich oft, bitte, gib mir eine Lösung für dieses Problem! Wir müssen das Geld für Rainers Therapie aufbringen. Zeig mir den Weg, bitte!

Ende April hatte ich einen Termin für ihn erhalten, den wir zusammen wahrnehmen wollten. Eigenartigerweise sprach Rainer nicht mehr davon. Fing ich davon an, so wich er mir aus. Ich ließ diesen Termin erst einmal auf uns zukommen.

Eines Abends war Rainer zu Andreas gefahren. Dana lag bereits im Bett, und Marco saß mit ein paar Freunden in seinem Zimmer, das sich im Anbau unseres Hauses befand.

Die Ruhe tat mir gut. Mit meinem Flickzeug setzte mich ins Wohnzimmer und legte meine Füße hoch. Gerade wollte ich eine aufgeplatzte Naht am Ärmel von Rainers Jacke nähen, als ein zusammengefaltetes Schriftstück aus der Innentasche fiel. Arglos hob ich es auf und warf einen Blick darauf. Ich glaube meinen Augen nicht zu trauen.

Eindeutig handelte es sich hierbei um einen Vertrag zwischen Gerd und Rainer, aus dem hervorging, dass Rainer neben den restlichen Möbeln aus der Ausstellung meine Stereoanlage, einen neuen dänischen Kaminofen und mein Solarium, das ich vor ungefähr zwei Jahren gekauft hatte, für einen Spottpreis an Gerd verkauft hatte.

Was sollte dieser Vertrag? Er konnte doch nicht einfach meine Sachen verkaufen, ohne mir etwas davon zu sagen? Warum hatte er das getan? Ich fühlte mich hintergangen und konnte keinen klaren Gedanken mehr fassen.

Kurze Zeit später kam Rainer nach Hause. Ich zeigte ihm den Vertrag und fragte ihn verstört: »Warum hast du das gemacht? Wieso hast du mir nichts davon erzählt? Du kannst doch nicht einfach meine Sachen verkaufen! Und dann zu dem Preis!«

Erschrocken versicherte er mir: »Ach, Gila, ich wollte es dir immer schon sagen, aber ich habe es ganz einfach vergessen.«

»Das nehme ich dir nicht ab, Rainer. Nein, das glaube ich dir einfach nicht! Du weißt, wie ich an den Sachen hänge. Erstens kannst du sie gar nicht verkaufen, weil sie dir überhaupt nicht gehören, und zweitens ist alles dreimal so viel wert!« Aufgebracht schüttelte ich den Kopf und forschte weiter: »Wo ist denn das Geld geblieben?«

Er erwiderte unsicher, Gerd habe ihm diesen Vorschlag

gemacht; er habe so viel bezahlen und noch fünf neue Hundekäfige in Vancouver für den Flug kaufen müssen, sodass er gezwungen gewesen sei, das Angebot anzunehmen.

»Morgen schreibe ich Gerd, dass ich das Solarium zurückhaben möchte!«

Ärgerlich ließ ich ihn stehen und ging ins Schlafzimmer. Mein Verdacht, von Gerd wie eine Weihnachtsgans ausgenommen zu werden, verstärkte sich. Ein ungutes Gefühl beschlich mich, als ich an unser Haus dachte, das auf Gerds Namen eingetragen war.

Während ich diese Zeilen schreibe, wird mir bewusst, wie sehr ich die ganze Situation aus meiner Sicht schildere, meine Gefühle und Schlussfolgerungen einbringe, ohne überhaupt mal darüber nachzudenken, wie Rainer seine Lage empfunden haben muss.

Seinen Traum Kanada sah er in weiter Ferne verschwinden, seine Hoffnungen und Pläne musste er begraben. Unser Baby, das er sich anfangs so gewünscht hatte, sollte in ein paar Monaten geboren werden. Dazu kam, dass wir uns finanziell nur mit Mühe über Wasser hielten. Fünf Huskies hatte er verloren; und dann noch die Arbeit, die ihm keinen Spaß machte und gegen die er sich innerlich sträubte.

Nur seine Hunde akzeptierten ihn ohne Vorbehalt, übten keinerlei Kritik und liebten ihn bedingungslos. War es nicht irgendwie erklärlich, dass er der Wirklichkeit entfloh und jede freie Minute bei seinen Huskies verbrachte?

Eine Woche später sollte wieder ein Seminar stattfinden, doch Rainer wehrte sich mit Händen und Füßen, daran teilzunehmen. Alles Reden half nichts. Je eindringlicher ich ihn darum bat, desto ablehnender wurde seine Haltung. Es war traurig, gerade ihm hätten diese beiden Tage gut getan.

Je länger ich über den Grund seines ablehnenden Verhaltens nachdachte, umso stärker erkannte ich die Wahrheit des Gesetzes: Gleiches zieht Gleiches an – Ungleiches stößt einander ab! Rainer spürte, welch tiefe Kluft zwischen seinen jetzigen Empfindungen, seiner Lebenseinstellung und der Aussage des Seminars lag. Ihm fehlten die Kraft und die Bereitschaft, die positiven Erkenntnisse daraus aufzunehmen und umzusetzen.

So fuhr ich ohne Rainer zur Direktion nach Hannover, wo das Seminar diesmal stattfinden sollte.

Obwohl erst neun Monate seit dem letzten Seminar vergangen waren, schienen mir Jahre dazwischenzuliegen, so viel hatte sich inzwischen ereignet.

Auch in meinem Bewusstsein war eine Veränderung vorgegangen durch die Erkenntnis, dass nicht alles im Leben eines Menschen erfolgreich geplant werden kann, wenn das Schicksal etwas anderes mit ihm vorhat. Diese Erfahrung hatte mich einen hohen Preis gekostet.

Bereits zum vierten Mal erlebte ich das Seminar mit, und trotzdem nahm mich die Thematik wieder gefangen. Wie viel Details waren mir inzwischen verloren gegangen, die nun durch das eigene Leben und Erleben eine tiefere Bedeutung erhielten!

Von jeher wurde zu Beginn die Maslowsche Pyramide erklärt, in die der amerikanische Wissenschaftler die körperlichen und seelischen Grundbedürfnisse eines Menschen eingeordnet hat. Mir fiel auf, dass ich diesem Thema in den vorherigen Seminaren kaum Bedeutung beigemessen hatte, jedenfalls nicht die, die sie für mich inzwischen durch das Zusammenleben mit Rainer bekommen hatte.

»Mit den seelischen Bedürfnissen ist es genauso beschaffen wie mit den körperlichen«, stellte Herr Ilse fest. »Nicht oder nicht ausreichend befriedigt, werden wir krank oder sterben! Das heißt doch: Keiner kann auf Dauer allein leben und gesund bleiben. Er muss krank werden!

Das bedeutet nichts anderes, als dass wir uns gegenseitig lebensnotwendig brauchen. Irgendwie sind alle Menschen miteinander verbunden. Meinen Sie nicht auch: Das, was man so notwendig braucht, sollte man doch ungeheuer behutsam und liebevoll behandeln?«

Ich erkannte, dass das Grundbedürfnis nach Sicherheit und Zugehörigkeit zu den Menschen seiner Umwelt bei Rainer überhaupt nicht vorhanden war. Im Gegenteil, beides lehnte er rigoros ab! Warum ließ er für sich andere Gesetze gelten? Was hatte ihn so anders programmiert, dass er die Menschen mied, als habe er Angst vor ihnen?

Abends saßen wir in einer kleinen Diskussionsrunde mit Herrn Ilse zusammen und sprachen angeregt über die Seminarthemen.

»Durch Hypnose ist es doch beispielsweise möglich, an Informationen aus dem Unterbewusstsein heranzukommen«, warf eine Kollegin ein, worauf der Seminarleiter entgegnete: »Richtig! In unserem Unterbewusstsein ist alles gespeichert, was wir jemals gesehen, gehört, gerochen, gefühlt und geschmeckt haben. In der Hypnose passiert nichts anderes, als dass der bewusste Verstand lahm gelegt und das Unbewusste ohne Umweg angesprochen wird. Es hat nicht nur die Fähigkeit, alles zu bewahren, was es jemals aufgenommen hat, es hat sehr wohl bis zu einem gewissen Grad auch die Möglichkeit, Zukünftiges zu erfassen. Diesen direkten Zugriff zu unserem Unterbewusstsein kann man allerdings auch ohne Hypnose trainieren. Menschen, die damit vertraut sind, sind den anderen weit voraus!«

»Sicherlich durch die Intuition?«, fragte ich.

»Ja. Es ist doch eine hervorragende Sache, zum Beispiel für einen Unternehmer: Trends zu erkennen, die in die Zukunft weisen und auf die er seine Entscheidungen einstellen kann«, antwortete der Seminarleiter. »Es macht mich immer etwas traurig, wenn ich daran denke, dass wir modernen Menschen zwar in der Lage sind, zum Mond zu fliegen, Atome zu spalten und zu fusionieren, aber über uns selbst so gut wie nichts wissen, jedenfalls die meisten von uns!«

»Hätte ich dieses Seminar nicht besucht«, meinte ein Kollege, »so stünde ich Ihren Gedanken ebenso ahnungslos gegenüber.«

Nachdenklich zog Herr Ilse an seiner Pfeife und sagte: »Vor einiger Zeit unterhielt ich mich mit einem jungen Mann, der mir erzählte, er ginge nach Australien. Hier in Deutschland könne er nicht mehr leben. Das große Abenteuer, die große Freiheit gebe es eben nur in Australien. Damals sagte ich ihm: Junge, das größte Abenteuer, das du jemals erleben kannst, bist du selbst!«

Es kam der 23. April 1986. Dieses Datum ist wie eingebrannt in meiner Erinnerung. Ich hielt die enorme Spannung, in der Rainer und ich uns befanden, einfach nicht länger aus. So konnte es nicht mehr weitergehen. Wir rieben uns nur noch gegenseitig auf.

Während ich bereit war, über alles zu reden, verschloss Rainer sich immer mehr und hielt sich fast nur noch im Hundezwinger auf. Ich musste Gewissheit haben und wollte versuchen, ein offenes Gespräch mit ihm zu führen. Ich würde ihn bitten, endgültig Stellung zu beziehen und über seine Zukunftsvorstellungen zu sprechen, notfalls indem ich ihn provozierte.

Die Sonne schien durch die Tüllgardine des kleinen Bürofensters und malte bizarre Schatten auf die weißen Büromöbel. Ich nahm das Bild in mich auf, wie er mir in dem kleinen Vorraum unseres Wohnzimmers gegenüberstand: seine braune Hose, das khakifarbene Hemd, das gemusterte Sakko, das seine breiten Schultern hervorhob. Er war eigentlich nur noch ein Schatten seiner selbst. Der Ausdruck in seinen Augen ließ die Mauer vermuten, die er in der Zwischenzeit vor sich aufgebaut hatte.

»Rainer, ich möchte dich jetzt bitten, mir zuzuhören«, begann ich, äußerlich gefasst und bemüht, Gelassenheit zu zeigen, innerlich jedoch in einer unerträglichen Spannung. Ruhig sprach ich die Gedanken aus, die mich seit langem beschäftigten.

»Was ich dir jetzt sage, meine ich völlig ernst: Wir wissen beide, hier ist nicht dein Zuhause; du bist nicht glücklich hier und hältst dich nur gezwungenermaßen in diesen Räumen auf.«

Er schaute mich groß an, während ich weitersprach.

»Ich bitte dich jetzt um etwas, was für beide das beste ist: Geh zurück in den Yukon! Dein Rückflugticket ist noch bis Anfang Juni gültig. Gib uns damit die Möglichkeit, friedlich auseinanderzugehen. Du brauchst deinen Frieden, und ich meinen!«

Jetzt war es heraus! Gespannt sah ich ihn an: Wie würde er reagieren? Schweigend standen wir uns gegenüber. Seine Augen bekamen einen eigentümlichen Ausdruck. Ohne ein Wort zu sagen, ließ er mich stehen, setzte sich in sein Auto und verschwand.

Mit zitternden Knien setzte ich mich auf meinen Bürostuhl. Es hatte mich Kraft gekostet, in der Weise mit ihm zu sprechen. Doch was erwartete ich? Rechnete ich im Ernst damit, dass er gehen würde, obwohl in vier Monaten das Baby zur Welt kam? Nein, gewiss nicht! So viel Mensch und Mann musste er sein, dass er seine wachsende Familie nicht verließ.

Er würde bestimmt gleich wiederkommen und sagen: »Gila, lass uns nächste Woche zusammen zur Therapie fahren! Dann wird alles gut.«

Ja, tröstete ich mich, dann wird alles gut.

Ungefähr zwei Stunden waren seit dem Gespräch vergangen. Ich hatte mich gerade draußen vorm Haus auf die Bank in die Sonne gesetzt und trank eine Tasse Kaffee, da bog Rainers Auto in unseren Waldweg ein und machte kurz vor dem Haus halt. Er stieg aus und setzte sich zu mir.

»Magst du auch einen Kaffee?«, fragte ich ihn in der Hoffnung, er habe sich inzwischen abreagiert. Er nickte. Eine Zeit lang schwiegen wir. Aber dachte ich anfangs noch, er sei beleidigt gewesen, so wurde ich nun eines Besseren belehrt, als er leise sagte: »Gila, ich habe für den dreiundzwanzigsten Mai gebucht!«

Bis ins Mark getroffen, versuchte ich, mir meine Emotionen nicht anmerken zu lassen. Meine Hand zitterte, als ich die Kaffeetasse zum Mund führte. Es dauerte eine Weile, bis ich mich wieder einigermaßen in der Gewalt hatte und die in dem Moment völlig belanglose Frage stellen konnte: »Was ist denn das für ein Tag?«

»Ein Freitag – in vier Wochen«, erwiderte er rau.

»Gut«, sagte ich fest, »dann ist das ja in Ordnung!«

Von meinem Schweigen sichtlich irritiert, bat er mich leise: »Gila, wenn ich mir eine feste Arbeit suche im Yukon und genug Geld verdiene, kannst du mit den Kindern nicht später nachkommen?«

»Nein, Rainer, nicht noch mal!«, wandte ich verstört ein. »Lassen wir's dabei!«

Eine erstaunliche Wandlung ging von diesem Tag an in Rainer vor. Durch diese Entscheidung wurde er ein völlig anderer Mensch. Jetzt, da keiner mehr etwas vom anderen erwartete, trat plötzlich die längst verloren geglaubte Harmonie in unsere Beziehung. Er war wieder der zärtliche Mann und Partner, den ich so begehrt hatte und liebte, ausgeglichen und fröhlich! Seine einzige Sorge war: Wie konnte er das Geld für die Flüge der Hunde aufbringen? Hin und her überlegte er, fand aber keine Lösung.

Seit dem Gespräch hatte ich versucht, das Positive an dieser Entscheidung zu sehen, und hatte es schließlich auch gefunden. Ganz klar gab mir Rainer mit seiner blitzschnellen Buchung zu verstehen, was ihm wichtiger war als unsere Beziehung und unsere wachsende Familie: die Hunde und der Yukon! Deutlicher konnte er es mir nicht zeigen. Wahrscheinlich hätte er ohne unser Gespräch die nächsten Monate noch ausgehalten. Doch was konnte ihm Besseres passieren, als dass ich ihn freundlich, ruhig und ohne Zorn aufforderte zu gehen? Somit übernahm ich doch wieder die Verantwortung für diese Entscheidung. Er musste nur noch reagieren.

Da fing ich langsam an zu begreifen, dass die Sache mit Rainer nun wirklich für mich ihr Ende gefunden hatte. Ich erinnerte mich wieder an den Grund, warum ich seinem Wunsch nach einem Baby nachgegeben hatte: ihn die Erfahrung machen zu lassen, sich ganz bewusst für ein Kind zu entscheiden und Vater zu werden – ein Erlebnis, um das ich ihn damals bei Dana gebracht hatte.

Aber sein Entschluss machte mir nun klar, dass er mit dieser Chance und der daraus sich ergebenden Art zu leben gar nicht umgehen konnte. Genau diese Erkenntnis brauchte ich noch, um das Kapitel Rainer endgültig abzuschließen. Sie hatte mir gefehlt, wie ein letztes Mosaiksteinchen! Und trotz meiner momentan fast aussichtslosen finanziellen Situation versuchte ich, voller Kraft und Zuversicht in die Zukunft zu schauen.

»Wir kommen am Sonntag, Gila«, sagte Marianne schlicht und einfach am Telefon. Ihre Freundschaft gab mir in dieser Zeit das gute Gefühl, nicht allein zu sein.

»Und wie soll es jetzt weitergehen?«, fragte sie mich besorgt, als wir nachmittags mit Dana einen weiten Spaziergang durch die Felder machten. Rainer und Friedel, Mariannes Mann, marschierten in einiger Entfernung voraus. »Die teure Miete für das Haus, und dann das Baby! Wie willst du das alles allein schaffen? Du mutest dir zu viel zu. Es ist das erste Mal, dass ich Angst um dich habe!«

»Das brauchst du nicht«, beruhigte ich sie. »Du wirst sehen, ich schaffe es! Allerdings sind die nächsten Monate nicht leicht für mich. Erst wenn der Kleine geboren ist, bin ich finanziell in der Lage, ein Hausmädchen einzustellen und wieder voll tätig zu werden. Um meine Finanzen brauche ich mir dann keine Sorgen mehr zu machen. Und was das Haus angeht, so muss ich es wegen der Kündigungszeit noch ein halbes Jahr behalten.«

Schweigend gingen wir eine Weile nebeneinander her und hingen unseren Gedanken nach.

»Sieh mal, ich bin froh, dass Rainer und ich einen Weg gefunden haben, die letzte Zeit miteinander in Harmonie zu leben, und das ist gut so! Das Thema Trennung wird kaum erwähnt. Nur so behalten wir unseren Frieden für die restlichen Tage.«

»Wie willst du die nächste Zeit überstehen?«, fragte Marianne voller Anteilnahme.

»Tiefer als bis zur Talsohle kann man nicht sinken. Wer im Leben auf einem Tiefpunkt angelangt ist, hat immerhin den Trost, dass es nur noch besser werden kann«, entgegnete ich mit einem Anflug von Galgenhumor.

»Wenn ich bloß auch so denken könnte! Ich kenne meine Schwierigkeiten und trauere stets der Vergangenheit nach«, sagte Marianne nachdenklich. »Bei mir dauert es lange, bis ich ein Problem einigermaßen bewältigt habe.«

»Nur mit der Einstellung, nach vorn zu schauen, meine Kraft in die Zukunft zu investieren, nicht der Vergangenheit nachzutrauern, kann ich die Angst bezwingen«, entgegnete ich. »Ich vertraue meinem Leben und habe jetzt erkannt, dass man auch still und friedlich von einer großen Liebe Abschied nehmen kann.«

Abends rief Gerd aus Whitehorse an. Rainer hatte ihn telefonisch informiert, weil der in Vancouver stehende Pick-up wegen des Transportes der Hunde nun nicht mehr verkauft werden sollte. Meine knappe Antwort, Rainer sei nicht da, er möge bitte später zurückrufen, schien ihn zu irritieren, und er fragte unsicher: »Warum bist du so kurz, Gila?« Er spürte meine Ablehnung.

»Gerd, darüber möchte ich am Telefon mit dir nicht diskutieren, zumal es viel zu teuer ist für dich. Vielleicht schreibe ich dir mal, warum ich verärgert bin!«

Er schien genau zu wissen, worum es ging, denn schon mit dem nächsten Satz ging er in die Defensive und erklärte, er habe die Möbel und das Solarium gar nicht kaufen wollen. Rainer sei nur so furchtbar knapp gewesen, dass er ihm habe helfen müssen.

»Rainer besaß lediglich eine Vollmacht, den Audi zu veräußern. Er kann dir nur etwas verkaufen, was ihm gehört. Du weißt genau, was ihm und was mir gehört«, sagte ich mit fester Stimme und fuhr fort: »Die Möbel kannst du von mir aus behalten, Gerd, doch das Solarium gibst du zurück. Sobald ich finanziell in der Lage dazu bin, schicke ich dir einen Scheck und bitte dich, es Rainer wieder auszuhändigen!«

Und nachdem ich einmal tief Luft geholt hatte, ging ich aufs Ganze: »Wenn wir schon mal beim Thema sind, möchte ich gern von dir wissen, was du dir dabei gedacht hast, für den Audi nur knapp die Hälfte des eigentlichen Marktwertes auf den Tisch zu legen!«

Aufgebracht reagierte er: »Den Audi? Du glaubst doch nicht im Ernst, ich hätte den Audi haben wollen! Du weißt doch, wie viel Autos ich habe! Ich wollte Rainer bloß die Umstände ersparen, sich in der ganzen Hektik des Aufbruchs in Vancouver auch noch um den Verkauf kümmern zu müssen! Es war ein reiner Freundschaftsdienst für euch! Er steht bei mir nur herum, mehr konnte ich wirklich nicht dafür bezahlen!«

Er merkte mir an, was ich von diesen Transaktionen hielt und versicherte mir nochmals, nur aus Freundschaft gehandelt zu haben. Ich hatte allerdings so meine Bedenken und beendete das Gespräch mit ein paar knappen Sätzen.

Nun waren die Würfel gefallen. Rainer gab seine Tätigkeit für Herrn Michels ganz auf. In Gedanken war er bereits wieder im Yukon.

Seine Verabredung mit dem Therapeuten, auf die ich so viel Hoffnung gesetzt hatte, sagte er ab.

»Rainer, machst du dir eigentlich schon mal Gedanken, wovon du im Yukon leben wirst? Wie geht es weiter, wenn du völlig ohne Ersparnisse und ohne Aussicht auf eine Arbeit zurück nach Kanada gehst? Wie willst du die Flüge für die Huskies bezahlen? Oder wie willst du das Geld zurückzahlen, falls irgendjemand bereit ist, es dir zu leihen?«, fragte ich ihn eines Abends ruhig, als wir nebeneinander auf der Couch saßen.

»Ich weiß nur eins, Gila, sobald ich wieder im Yukon bin, geht alles in Ordnung! Glaub mir, dort lösen sich alle Probleme!«, antwortete er vergnügt.

»Ist das nicht völlig unrealistisch? Denk mal an die Kosten für die lange Fahrt von Vancouver nach Whitehorse mit den Hunden! Wovon willst du in der ersten Zeit leben? Du weißt, wie teuer das Leben im Yukon ist! Unser Haus steht zum Verkauf an. Wo willst du leben mit den Huskies, wenn es plötzlich verkauft wird?«

»Ach, Mädchen!« Er lachte unbekümmert. »Bis dahin habe ich Arbeit. Wenn ich bloß erst mal wieder im Yukon bin! Alles wird gut, du wirst schon sehen! Mach dir um mich keine Gedanken! Ich hab' nur eine Sorge: Woher bekomme ich das Geld für die Flüge?«

»Willst du Whisky nicht hier lassen? Er ist bei uns gut aufgehoben. Im Winter ist es doch viel zu kalt für ihn mit seinem kurzen Fell!«

Im Nu verdüsterte sich sein Gesicht. »Eher würde ich ihn erschießen!«, stieß er hervor, stand abrupt auf und verließ das Wohnzimmer.

Was sollte denn diese Bemerkung?, dachte ich irritiert. Wollte er damit sagen, die Hunde bedeuteten mir nichts? Er schien überhaupt nicht zu begreifen, dass meine Aversionen sich nicht gegen die Hunde selbst richteten, sondern einzig und allein gegen den hohen Stellenwert, den er ihnen in seinem Leben einräumte. Mit aller Selbstverständlichkeit verschaffte er seinen Hunden Privilegien auf Kosten seiner Familie. Das war es, was mich störte, nicht die Hunde. Im Gegenteil: Es waren wunderbare Tiere, jedes eine Persönlichkeit für sich. Fast alle trugen schwarzweiße Masken mit einem Fell wie Seide und hatten hellblaue Augen, nur Kavik und Smoky hatten sanfte braune Augen.

Oft spielte Dana vor dem großen Zwinger. Sie half Rainer gern beim Füttern, und er hatte seinen Spaß daran, dass sie jeden Hund beim Namen kannte. In Whitehorse war sie morgens nach dem Frühstück zu den Hunden gegangen, als sie noch alle am Stake-out lagen, hatte jeden einzelnen von ihnen gestreichelt und begrüßt. Die Hunde respektierten sie, wenn Rainer bei ihr war; allein durfte sie allerdings nicht in den Zwinger.

Der Tag der Abreise rückte näher. Rainer hatte zwar für alle Hunde gebucht, doch ständig rief das Reisebüro an, er möge die Flüge bezahlen, sonst werde man sie kostenpflichtig stornieren.

Eines Abends war er darüber so verzweifelt, dass er ernsthaft in Erwägung zog, allein in den Yukon zu fliegen und die Huskies für ein paar Monate bei Andreas zu lassen. Sobald er Arbeit hatte, wollte er Geld schicken, damit die Hunde nachkommen konnten. Ich hatte das Gefühl, er litt Höllenqualen.

Andreas, ein patenter Bursche und allein stehend, konnte Rainer sicher besser verstehen. Eines Abends saß er mit uns auf der Veranda beim Grünkohlessen, als Rainer die Unterbringung der Hunde bei ihm als letzte Möglichkeit erwähnte.

»Keine Schwierigkeit, Rainer«, meinte Andreas locker. »Du lässt die Huskies bei mir und schickst mir später aus dem Yukon das Geld für den Flug. Ich setze dir die Doggies dafür ins Flugzeug.«

Als ich das Geschirr von der Veranda in die Küche trug, hörte ich Rainer im Hinausgehen vor sich hin murmeln: »Wenn ich bloß das Geld irgendwo auftreiben könnte ...«

»Sag mal, brauchst du eigentlich gar nicht zu arbeiten?«, neckte ich Andreas, nachdem ich mich wieder zu den beiden gesetzt hatte und hörte, dass sie sich für den nächsten Tag verabredeten. Als Hundeführer bei der Polizei besaß er außer seinen eigenen Huskies noch einen Suchhund, um vermisste Personen aufzuspüren.

Jetzt berichtete Andreas von seinem neuen Auftrag. Seine Erzählungen rissen wieder alle vom Hocker.

»Die nächsten Tage habe ich frei. Seit letzter Woche ist ein Opa aus dem Altersheim vermisst gemeldet. Zuletzt ist er von Spaziergängern in einem bestimmten Waldstück gesehen worden. Weißt du, nun ist es mein Job, ihn mit dem Hund zu finden!«

»Ja, und warum suchst du ihn nicht?«, fragte ich, ein wenig verwundert über seine Fröhlichkeit.

»Gila, im Vertrauen: ich habe ihn schon längst! Gestern habe ich ihn gefunden, ziemlich weit abgelegen unter einem Baum, wo ihn mit Sicherheit so leicht keiner vermutet. Ich lasse ihn erst einmal in Ruhe dort liegen. Verwandte hat er sowieso nicht mehr. Ob nun zehn oder hundert Brummer um ihn herumschwirren, macht den Opa auch nicht wieder lebendig! So finde ich ihn erst übermorgen. Siehst du, jetzt habe ich ein paar Tage Urlaub!«

Sein lautes herzliches Lachen steckte an, und belustigt fragte ich ihn, ob er mir da nicht einen Bären aufgebunden habe. Doch er war so ein verwegener Typ, dass ich ihm die Geschichte ohne weiteres zutrauen konnte.

Danach versuchte er, unsere Fantasie zu beflügeln und uns plastisch auszumalen, wie er Smoky Tag und Nacht als Deckrüden einsetzen wollte, bis er für alle Hunde die Flüge verdient hätte. Ja, es tat schon gut, ihm zuzuhören, um von unseren eigenen Problemen durch seine Lockerheit ein wenig abgelenkt zu werden.

Je näher der Abflugtermin rückte, umso unruhiger wurde Rainer wegen der Bezahlung der Flüge. Kurz vor seinem Abflug kam ihm dann die Idee, ob er nicht Gerd um die vorläufige Übernahme der Flugkosten für die Hunde bitten könnte. Später in Whitehorse wollte er ihm das Geld dann zurückzahlen.

»Was meinst du, Gila, soll ich ihn anrufen?« Aufmerksam sah er mich an.

»Wenn du davon überzeugt bist, dass du das Geld später aufbringen kannst, dann versuch's!«, antwortete ich ausweichend.

Umgehend rief er in Whitehorse an. Gerd war einverstanden. Noch heute sehe ich Rainer vor mir, wie er den Hörer auflegte, glückstrahlend zu mir kam, mich ganz fest in den Arm nahm und mit Tränen in den Augen sagte: »Gila, meine Huskies! Meine Hunde! Ich bin ja so glücklich! Du kannst dir wirklich nicht vorstellen, wie froh ich bin, dass ich meine Hunde mitnehmen kann! Ist das nicht herrlich? Ist das nicht wunderbar? Sag doch was!«

Unfähig, irgendwas zu erwidern, entzog ich mich ihm und ging, so schnell es mein Zustand zuließ, die schmale Treppe nach oben ins Schlafzimmer, um Abstand von ihm zu bekommen. Nein, ich konnte seine Anwesenheit in diesem Augenblick nicht ertragen.

Seine Hunde …! Und was war mit seinen Kindern?

Noch etwas bedrückte mich: Ich musste Rainer klarmachen, dass unsere Verbindung mit dem Tag seiner Abreise für immer beendet sein würde. Kein Anruf, kein Brief! Nichts wollte ich mehr akzeptieren, um endlich meinen Seelenfrieden zu finden.

Seit Rainers Buchung hatte ich mich oft gefragt, wie ich mein Leben nach der Geburt des Kleinen einrichten sollte. Ich war nicht der Typ, der auf Dauer allein leben wollte. Das wusste ich mit Bestimmtheit. Aber hatte irgendjemand Rainer mal die Konsequenzen klargemacht, sollte er finanziell im Yukon nach ein paar Monaten Schiffbruch erleiden? Was passierte, wenn er nach Deutschland zurückkehrte und damit rechnete, mit mir und den Kindern leben zu können? Er musste begreifen, dass es vorbei war!

Diese offenen Fragen belasteten mich, obwohl ich, selbst wenn Rainer mich jetzt darum gebeten hätte, ihn nie wieder als Partner akzeptieren konnte. Das Kapitel war beendet. Zu oft hatten wir an eine neue Chance geglaubt. Ich musste mit ihm darüber sprechen.

»Seit langem bedrückt mich eine Frage. Wie wirst du eigentlich damit fertig, dass es sicher mal einen anderen Mann in meinem Leben geben wird, der deine Kinder aufzieht?«

Mit der Frage schien ich ihn am Lebensnerv getroffen zu haben. Abrupt stand er auf und verließ ohne ein Wort das Zimmer.

Am letzten Sonntag vor Rainers Abreise besuchte uns Anne, eine Bekannte von früher, mit ihren Kindern.

Rainer saß draußen auf der Bank in der Sonne und las ein Buch. Ab und zu hob er den Kopf, als wenn er das Gelesene tief in sich aufnehmen wollte. Schweigend schaute er in die Ferne. Er konnte nicht wissen, dass ich ihn beobachtete, während ich mit Anne im Wohnzimmer saß.

»Wie wirst du mit dem Gedanken fertig, dass Rainer geht?«, fragte sie mich direkt. Sie wollte mir das Gefühl geben: Hier ist jemand, der dich versteht. Wenn du willst, so sprich darüber!

»Ich denke, es ist besser, den Abschied zwischen Rainer und mir abzukürzen«, antwortete ich. »Am Freitagmorgen gegen neun Uhr wird Rainer mit den Hunden endgültig das Haus verlassen. Andreas, ein Bekannter hier aus dem Ort, hilft ihm dabei.«

Ich schwieg eine Weile.

»Ich habe mir vorgenommen, am Donnerstagmittag mit Dana wegzufahren. Wir werden irgendwo in einem Hotel übernachten und erst heimkehren, wenn Rainer abgeflogen ist. Er wird es verstehen. Das ist das Allerbeste! Ich erinnere mich mit Grauen an die letzte Nacht in Whitehorse, als wir beide wie erstarrt nebeneinander lagen, obwohl wir wussten, dass wir uns wieder sehen würden. Bis jetzt habe ich die Kraft aufgebracht, in Harmonie mit ihm zu leben. Doch es ist besser, ohne Abschied zu gehen.«

»Komm doch zu mir!«, sagte Anne. »Wenn du die Kleine vom Kindergarten abgeholt hast, fährst du los und bleibst die Nacht über bei mir. Es ist besser, jemanden um sich zu haben, als fremd und allein in einem Hotel zu bleiben. Mach nicht den Fehler und fahr irgendwohin, wo du niemanden kennst! Du bist deinen Gedanken und Gefühlen hilflos ausgeliefert.«

Eigentlich hatte sie recht.

»Du brauchst dich jetzt noch nicht zu entscheiden«, fuhr sie fort, als sie merkte, wie ich überlegte. »Ruf mich einfach an, bevor du kommst.«

»Ja«, sagte ich, »einverstanden.«

Unsere letzten gemeinsamen Tage waren angebrochen. Meine Gedanken konzentrierten sich auf die Stunde des Abschieds. Ich war in einer eigenartig traurigen Stimmung. Das Gefühl der endgültigen Trennung lag mit der klaren Erkenntnis der richtigen Entscheidung in Widerstreit. Einerseits war es beklemmend zu wissen, dass wir uns nie wieder sehen würden, andererseits empfand ich darüber eine gewisse Erleichterung.

Am Mittwoch vor seiner Abreise fuhr Rainer zu seiner Mutter nach Aachen, um Abschied von ihr zu nehmen. Bei der Gelegenheit sollte er am Donnerstag den Leihwagen beim Autohändler in der Nähe von Bielefeld abgeben und wollte dann mit dem Zug weiter nach Hannover fahren.

Mein Entschluss, zu Anne zu fahren, stand inzwischen fest. Nur Marco wusste von meinem Vorhaben. Gegen zwölf Uhr holte ich Rainer vom Hauptbahnhof Hannover ab. Ich wusste, dass die letzten Stunden mit ihm angebrochen waren – er nicht.

Unbefangen erzählte er von dem Besuch bei seiner Mutter, während ich die meiste Zeit schwieg. Zu sehr beschäftigte mich die bevorstehende Trennung und meine heimliche Aktion nach dem Mittagessen.

Auf dem Weg holten wir Dana vom Kindergarten ab. Zu Hause bereitete ich das letzte gemeinsame Mittagessen zu und wusste, gleich danach würde ich mit Dana zu Anne fahren. Ich spürte, wie meine innere Unruhe wuchs.

Nach dem Essen war es dann soweit. Ich wandte mich an Dana, nahm sie an die Hand und meinte locker: »Komm, wir fahren mal in die Stadt und kaufen noch schnell etwas ein!«

»Hast du was vergessen?«, wandte Rainer ein und blickte mich fragend an.

»Ja, ich muss noch etwas erledigen. Bis gleich!«, erwiderte ich mit klopfendem Herzen und sah ihn nicht an. Ich hatte Blei an den Füßen, als ich die wenigen Schritte vom Haus zum Auto zurücklegte. Eine Ewigkeit schien es zu dauern.

Rainer ging hinüber zum Zwinger, um den Huskies frisches Wasser zu bringen. Ganz intensiv nahm ich dieses Bild nochmals in mich auf und wusste, ich sah ihn zum letzten Mal.

Damit war unsere fünfjährige wilde Beziehung zu Ende.

Kapitel 14

> *Alles Menschliche will Dauer –*
> *Gott will Verwandlung.*
> *(Ricarda Huch)*

Erst als ich mit dem Auto über den langen schmalen Waldweg fuhr und das an der Straße liegende Tor erreichte, atmete ich mehrmals tief durch und versuchte, meine Gedanken und Gefühle wieder zu ordnen. Die über eine Stunde dauernde Fahrt zu Anne tat mir gut, während Dana ganz begeistert war, als sie hörte, was wir vorhatten.

Anne empfing uns liebevoll. »Schön, dass ihr da seid!« Sie hatte gerade einen duftenden Butterkuchen aus dem Backofen geholt. »Extra frisch für euch gebacken!«

Abends tat sie alles, um mich auf andere Gedanken zu bringen. Spät gingen wir zu Bett, doch ich schlief kaum. Unablässig waren meinen Gedanken bei Rainer. Sicherlich empfand auch er eine große Erleichterung, die letzte Nacht allein zu sein und die Trennung ohne Abschied zu vollziehen.

»Danke«, sagte ich nur, als ich mich am Freitagmorgen von Anne verabschiedete. »Wenn ich mir vorstelle, dass ich diese Stunden im Hotelzimmer oder unter fremden Leuten hätte verbringen müssen ...«

Während der Fahrt nach Hause ergriff mich eine beklemmende Furcht vor dem verlassenen Haus. Ich war froh über Danas munteres Geplapper, das mich ein wenig ablenkte. Nach ungefähr einer Stunde verließen wir die Autobahn. Nur noch ein paar Kilometer. Wenig später bogen wir in die Einfahrt ein.

Leer gähnte mir der Zwinger entgegen, mitleidlos starrten mich die Hundehütten an. Nur weg hier, dachte ich. Im Haus holte mich dann die Verlassenheit endgültig ein. Rainers Sachen waren verschwunden. Ein riesiger Katzenjammer überkam mich, als ich sein leeres Bett sah.

Dana spielte draußen und merkte glücklicherweise nicht, wie elend mir zumute war. Tränen liefen mir übers Gesicht. Der ganze Kummer der letzten Zeit musste heraus, und ich wehrte mich nicht dagegen. Es tat mir gut.

Schrill unterbrach das Telefon meine Trauer. O Gott, lass es nicht Rainer sein! Nein, das wäre nicht gut, dachte ich. Zögernd hob ich ab.

Aufatmend vernahm ich Mariannes Stimme. Es wurde ein langes Gespräch. Sie spürte, wie mir zumute war, und bot mir an zu kommen. Nein, ich musste mit diesen Gefühlen allein fertig werden.

»Hat Rainer nach mir gefragt?«, erkundigte ich mich vorsichtig bei Marco, als er mittags von der Schule kam.

»Nein«, erwiderte Marco, »er hat sich nur heute Morgen kurz von mir verabschiedet, bevor ich zur Schule ging.« Also hatte Rainer verstanden.

Zwei Tage dauerte dieser bedrückende Zustand. Aber danach ging es mir von Tag zu Tag besser.

Wieder allein, fand ich abends Zeit für meine Bücher, aus denen ich Kraft schöpfen konnte. Ich wollte ganz einfach nicht mehr an die Vergangenheit denken. Meine ganze Aufmerksamkeit gehörte der Gegenwart und der Zukunft. Ich wusste, es stand mir noch einiges bevor.

Ein paar Tage später bekam ich überraschenden Besuch von Marianne. Nach dem Abendbrot brachten wir Dana ins Bett und setzten uns ins Wohnzimmer.

»Weißt du, Marianne«, sagte ich, »jetzt, da ich das Ende meiner Beziehung zu Rainer als unvermeidbar erkannt habe, suche ich den Grund dafür, dass unsere Verbindung gescheitert ist. Trotz einiger widriger Umstände sehe ich die Hauptursache im Geistig-Seelischen.«

»Wie meinst du das?« Sie blickte mich fragend an.

»Erinnerst du dich an die Erkenntnis, dass unser Unbewusstes zwischen realen Eindrücken aus der Umwelt und intensiven geistigen Vorstellungen nicht unterscheidet? Beide werden in gleicher Weise gespeichert – völlig kritiklos. Alle geistigen Vorstellungen, ob sie uns letztlich schaden oder nützen, werden gespeichert!«

»Ja, richtig. Aber was willst du damit sagen?«

»Du weißt doch: Nichts kann materiell existieren, was nicht vorher geistig geschaffen wurde. Dieses gilt auch für unsere Lebensumstände. Das Leben eines Menschen ist ein getreues Spiegelbild seiner vorherrschenden Gedanken, die sich darin verwirklichen.

Sieh mal, jeder Gedanke, den ich mir immer wieder einpräge, sinkt in mein Unterbewusstsein ein, bis er zum unerschütterlichen Glauben wird. Dann hat dieser Gedanke Macht und beginnt, sich zu verwirklichen. Und so war es auch mit unserer Auswanderung.«

»Gila, das verstehe ich ja alles. Aber du hast doch nie daran gedacht, dass eure Beziehung scheitert. Warum also ist es geschehen?«

»Nicht erst jetzt erkenne ich, dass ich mir rücksichtslos etwas genommen und dadurch vieles zerstört habe. Auf Leid aufzubauen konnte einfach nicht gut gehen. Die Rechnung dafür musste ich bezahlen, und zwar in jeder Beziehung!«

»Ja, aber was hättest du denn besser machen können?«

»Ich hätte vor einer Entscheidung darüber nachdenken sollen, ob ich mit meinem Plan anderen Menschen schade oder ihnen wehtue. Daran hätte ich erkannt, dass es der falsche Weg war. Nutzt dein Plan jedoch anderen Menschen und dir selbst, so kannst du davon ausgehen, dass Segen auf ihm ruht. Die Einwanderung selbst musste zunächst gelingen wegen der intensiven geistigen Vorstellungen, die wir beide hatten.«

»Das stimmt«, nickte sie bestätigend, »damit habt ihr beachtliche Kräfte mobilisiert.«

»Aber unsere Beziehung war von Anfang an zum Scheitern verurteilt. Nicht dadurch, dass Rainer und ich uns auf eine Beziehung eingelassen haben, sondern wie das Ganze abgelaufen ist – dass wir Eva drei Jahre hinter's Licht geführt haben. Denk mal daran, wie sie gelitten, was sie durchgemacht hat. Selbst wenn Rainer sich schon vorher innerlich von ihr gelöst hatte, musste sie den Glauben an eine Freundschaft gänzlich verlieren, und das ist ein hoher Preis, den sie gezahlt hat.«

»Nicht nur sie, Gila, du auch!«, stellte Marianne fest. »Denk mal daran, was du alles bezahlt hast.«

»Sicher, aber ich habe die Sache ausgelöst – und was meine finanzielle Lage angeht, die alles andere als rosig ist, so trauere ich meinem verlorenen Vermögen nicht nach. Ich sehe es als den Preis an, den ich für die gesammelten Erfahrungen zahlen musste.«

Noch lange, nachdem Marianne gegangen war, beschäftigte mich unser Gespräch, und ich stellte mir die Frage: Muss ich nicht sogar dankbar sein für den Mut und die Kraft, die Verbindung zu Rainer bis zur bitteren Neige ausgelebt zu haben? Hätte ich sie irgendwann vorher abgebrochen, so wäre die starke Sehnsucht mit Sicherheit wieder aufgetreten, die mich stets erfasste, wenn er nicht da war. Ein für alle Mal war das nun vorbei. Ich konnte im Grunde nur froh darüber sein.

Auf der anderen Seite musste ich einsehen: Selbst, wenn ich alle guten Gedanken mobilisierte, kam ich nicht umhin zuzugeben, dass der jetzige Zustand ziemlich ungewöhnlich war. Ich hatte ganz allein drei Kinder zu versorgen, wobei mich mein Bauchumfang ständig daran erinnerte, dass das vierte in ein paar Monaten auf die Welt kommen würde. Dazu kam meine finanzielle Misere. Mein Leben musste wieder Stabilität gewinnen, schon wegen meiner familiären Verantwortung.

Doch es war nicht so sehr der Gedanke an die Verantwortung, der mich bewegte. Vielmehr kam plötzlich die Frage auf: Wie wäre die Geschichte wohl ausgegangen, wenn ich einem Menschen begegnet wäre, der genug Kraft gehabt hätte, alles gemeinsam mit mir zu planen und zu tragen?

Ein verwegener Gedanke schlich sich in mein Bewusstsein: Wenn ich die Chance nochmals bekäme, in Kanada zu leben, würde ich sie wahrnehmen wollen? Aber wie sollte das möglich sein mit vier Kindern, relativ wenig Geld und ohne berufliche Existenz?

Auch ohne jetzt schon eine Antwort auf diese Frage zu bekommen, wusste ich intuitiv um die Konstruktivität meiner Gedanken, hatte ich doch inzwischen erfahren, dass Geister, die man ruft, ganz realen Charakter haben, und Gedanken sich verwirklichen, wenn man ihnen nur oft genug die nötige Beachtung schenkt.

Jetzt, da ich an die Grenzen meiner Kraft stieß, war ich wieder bereit, die Verantwortung für unser gemeinsames Leben an eine höhere Macht abzugeben. Durch meinen festen Glauben an das Gute fühlte ich, dass ich die Kraft haben würde, mein Leben wieder zu meistern, wenn der Kleine erst mal geboren war.

Wohl aus der Not heraus kam mir in den folgenden Tagen und Wochen immer wieder der Gedanke, mein Schicksal nicht einfach so hinzunehmen, sondern etwas zu verändern.

Wollte ich mir damit beweisen, dass Kanada doch mein Land war? Dass nur andere Voraussetzungen für ein Leben dort herrschen mussten?

Ja, ich glaube, das war's. Ob ich es allerdings wirklich wollte, war mir noch nicht ganz klar. Ich brauchte noch einige Zeit, ehe ich merkte, dass der Wunsch und meine Sehnsucht, doch wieder in Kanada zu leben, immer stärker wurden. Wohlgemerkt, nicht nach Rainer oder Whitehorse, nein, das Kapitel war endgültig abgeschlossen. Irgendwie erfasste mich das starke Gefühl, einfach loszulassen, die Verantwortung vertrauensvoll abzugeben und in Sicherheit zu leben. Aber wie, das wusste ich noch nicht. Doch auch hier beflügelte mich wieder die Hoffnung: Wer das Ziel im Auge hat, braucht nur die Mittel zu seiner Verwirklichung herbeizusehnen.

Bis ich dann eines Tages ganz sicher war und die folgenden Worte mein Bewusstsein völlig durchdrangen: »Lieber Gott, hilf mir. Ich habe mich entschieden, ich will nach Kanada zurück. Die Sehnsucht nach diesem Land muss einen

Grund haben, oder ist es das Gefühl, nicht verlieren zu können? Bitte, gib mir die Antwort und zeig mir den Weg, dass wir in finanzieller Sicherheit dort leben können, meine Familie und ich, bitte.«

Die Entscheidung und der Gedanke daran waren so befreiend wie ein heftiger Sommerregen nach einer entsetzlich langen Dürre.

In jenen Junitagen zog ich, durch meine stille Sehnsucht nach Kanada und meine Träume von einem Leben voller Sicherheit, wieder unbewusst enorme geistige Kräfte an. Ich fühlte mich nicht wie ein Fantast, der der Realität zu entfliehen versucht, sondern wie jemand, der den festen Glauben daran hat, dass jede wichtige Veränderung im Leben mit einem Traum oder einer inneren Vorstellung beginnt.

Inzwischen passte ich nur noch mit Schwierigkeiten hinter das Steuerrad meines Autos. Eines Morgens – es war schon sehr warm – fuhr ich durch die Innenstadt, in der viel Betrieb herrschte. Ich musste wohl gerade einen Blick nach links riskiert haben, da passierte es! Das Auto vor mir stoppte abrupt. Ich trat auf die Bremse, doch zu spät. Mit voller Wucht fuhr ich auf meinen Vordermann auf. Ein stechender Schmerz – dann wurde es dunkel um mich.

Erst im Krankenhaus kam ich wieder zu mir. Ich lag in der Ambulanz und versuchte vergeblich, den Grund meiner Anwesenheit dort zu begreifen. Der starke Schmerz unter dem linken Rippenbogen erinnerte mich daran, dass irgendetwas passiert sein musste. Außerdem hatte ich ziehende Leibschmerzen. Wehen!

Das Baby! Lieber Gott, lass dem Baby nichts passiert sein! Bitte! Ich befühlte meinen Leib: Zu meiner ungeheuren Erleichterung bewegte sich der kleine Knubbel. Gott sei Dank! Er lebte! Hoffentlich war ihm weiter nichts geschehen!

»In welchem Monat sind Sie denn?«, fragte mich der Chefarzt der Gynäkologie, ein sympathischer Mann mit warmer Stimme.

»Im achten«, erklärte ich matt.

»Zwischen der Plazenta und der Gebärmutter hat sich durch den Aufprall ein starker Bluterguss gebildet«, stellte er nach der Ultraschalluntersuchung besorgt fest und sah sich das Blatt des Wehenschreibers an.

»Mit einer Operation möchten wir jedoch noch warten. Vielleicht bildet sich der Erguss auf natürliche Weise zurück. Aber die aufgezeichneten Kontraktionen machen uns Sorgen. Sie werden wohl für die nächsten vierundzwanzig Stunden auf der Intensivstation bleiben müssen.«

Gut, dass mit dem Baby alles in Ordnung war! Siedendheiß fiel mir Dana ein, die vom Kindergarten abgeholt werden musste! Wer konnte die Kleine versorgen? Ich dachte an Marianne. Zum Glück hatte sie Urlaub. Zu meiner Beruhigung rief der Arzt gleich bei ihr an.

»Ihre Freundin lässt Sie ganz herzlich grüßen und Ihnen ausrichten, sie sei schon auf dem Weg von Bielefeld hierher. Sie sollen sich keine Sorgen machen. Sie kümmert sich um Ihre beiden Kinder!«

Glücklicherweise wurden die Wehen im Laufe des Tages schwächer. Auch die Blutung schien sich nicht zu vergrößern, sodass ich hoffen konnte, um eine Operation herumzukommen.

Trotz meiner starken Kopfschmerzen konnte ich mir ein Lachen nicht verbeißen, als Marianne mittags im sterilen grünen Kittel die Intensivstation betrat und kopfschüttelnd meinte: »Das kann auch wohl nur dir passieren! Wie lange sollen meine Nerven das noch mitmachen?«

Es tat gut zu spüren, was Freundschaft bedeutet!

Am nächsten Tag verlegte man mich auf die gynäkologische Station, wo ich mich in Ruhe von dem Unfall erholen konnte. Die Ärzte wollten mich bis zur Geburt im Krankenhaus behalten, aber ich hatte keine Ruhe mehr. Mariannes Urlaub ging zu Ende. Keinesfalls wollte ich Dana jemand anderem anvertrauen.

»Nur aufgrund Ihrer ungewöhnlichen familiären Situation werden Sie gegen unseren ärztlichen Rat auf eigenen Wunsch entlassen. Uns bleibt wohl keine andere Wahl«, sagte der Chefarzt nach neun Tagen, »Sie müssen sich aber dreimal in der Woche zur Untersuchung im Krankenhaus einfinden.«

Wie erleichtert war ich, als ich dann doch wieder nach Hause fahren konnte!

Meine Berufstätigkeit war mit dem Unfall vorläufig beendet. Finanzielle Reserven hatte ich nicht. Doch meine Bank half mir über die folgenden Monate hinweg.

Die Tage schlichen nur so dahin. Kugelrund wie ich war, konnte ich mich kaum noch allein aus dem Sessel erheben. Diesen Zustand nutzte Dana weidlich aus. Nachdem ich mich unter Aufbietung aller Kräfte abends die Treppe hochgezogen hatte, um sie ins Bett zu bringen, stand sie heimlich wieder auf und setzte sich auf die oberste Treppenstufe. Von dort oben konnte sie – unsichtbar für mich – in aller Ruhe Fernsehen gucken.

Ein paar Mal erwischte ich sie dabei, hatte aber keine Chance. Ehe ich mich überhaupt aus dem Sessel erheben konnte, war sie bereits wieder heimlich in ihr Bett gehuscht, stellte sich schlafend – und ich hatte das Nachsehen. Der Bequemlichkeit halber ignorierte ich fortan ihre Aktivitäten. Momentan besaß ich die schlechteren Karten.

Eines Abends aber schlug meine Stunde. Seit einiger Zeit verfolgte ich unten im Sessel das Fernsehprogramm. Wieder hörte ich Dana oben rascheln, übte aber machtlose Zurückhaltung. Da – ein Krachen – und sie kam mir unter entsetzlichem Geschrei entgegengepoltert! Unschwer zu erraten, dass sie aus irgendwelchen Gründen die mit weichem Teppichboden belegte Holztreppe heruntergekugelt war.

Obwohl nichts passiert war, ließ sie sich – zutiefst beleidigt über mein erleichtertes Lachen – erst nach einer geraumen Weile wieder beruhigen. Auf unsanfte Weise hatte sie die Erfahrung gemacht, dass ihr geheimer Sender mit einigen vorher nicht kalkulierbaren Risiken behaftet war.

Das Wunder geschah am 7. Juli 1986.

Wie immer, kurz nach acht Uhr morgens, bog das gelbe Postauto in unsere Einfahrt ein.

»Wann kommt eigentlich Ihr Baby?«, fragte mich die Postbotin mitfühlend, nachdem sie mir einen Stapel Briefe übergeben hatte.

»Erst in knapp zwei Monaten«, erwiderte ich, während ich die Post durchsah und darunter einen Brief aus Kanada entdeckte. Neugierig fischte ich ihn aus dem Stapel.

Von André?, dachte ich. Nein, aber Rainers Schrift ist es auch nicht. Wer ist der Absender? Axel Gross aus Vancouver? Kenne ich nicht. Mal sehen ...

Als ich den Brief gelesen hatte, musste ich mich erst einmal hinsetzen, sonst wäre mir vor lauter Freude und Überraschung schwindelig geworden.

Hier schrieb mir jemand, den ich noch nie in meinem Leben gesehen hatte, und bot mir das Wertvollste an, was ein Mensch überhaupt zu vergeben vermag: seine Freundschaft.

Er sei ein Geschäftsfreund von meinen Bekannten aus Vancouver und habe die Geschichte unserer Auswanderung und auch meiner jetzigen Situation voller Anteilnahme verfolgt. Es sei ihm sehr zu Herzen gegangen, dass ich kurz vor der Niederkunft so alleingelassen worden sei. Vor allem, weil er sich sein ganzes Leben lang vergeblich Kinder gewünscht habe.

Er habe sich meine Anschrift geben lassen, weil er mir schreiben wollte. Einfach so. Er sei geschieden, vierundvierzig Jahre alt und lebe seit langen Jahren in Vancouver. Er würde sich sehr freuen, wenn er mir in dieser für mich so schwierigen Zeit in Form von netter Korrespondenz helfen könnte, die letzten Wochen meiner Schwangerschaft mit ein wenig Freude zu überstehen.

O mein Gott, solltest du meine Gebete wirklich erhört haben?

Mit starkem Herzklopfen rief ich Axel am späten Nachmittag an. Wir verstanden uns auf Anhieb.

»Meine Eltern und meine Geschwister wohnen in Köln«, meinte er. »Meine Eltern sind zwar geschieden, haben aber noch ein recht gutes Verhältnis zueinander.«

»Sie verstehen sich auf Abstand sicherlich besser, oder?«

»Ja«, antwortete er fröhlich, »meine Mutter hat seit Jahren einen Freund, der sich mit meinem Vater auch gut versteht. Vor zehn Jahren war ich das letzte Mal in Deutschland. Ich habe meine Geschwister seit der Zeit nicht wieder gesehen.«

»Und wann bist du ausgewandert?«

»Bereits vor fünfundzwanzig Jahren«, erwiderte er. »Ich bin der älteste von fünf Brüdern und habe natürlich immer auf meine kleineren Geschwister aufgepasst. Vielleicht ist das der Grund, warum ich mir ein Leben ohne Kinder einfach nicht vorstellen kann.« Lachend fügte er hinzu: »Kann sein, dass mir das eine leichte Macke in Bezug auf Kinder verpasst hat. Aber ich habe auch eine Frage an dich: Rauchst du eigentlich?«

»Nein, ich habe noch nie geraucht. Wie kommst du darauf?«

»Das ist gut. Die einzige Schwäche, die ich habe: Ich bin ein äußerst intoleranter Nichtraucher.« Wieder lachte er.

Eines wusste ich sofort. Am anderen Ende der langen Leitung saß ein Mensch mit herzlicher Ausstrahlung und ausgeprägtem Sinn für Humor.

Bei unserem nächsten Gespräch bat er mich um ein Foto.

»Aber nur bis zur Brust«, wehrte ich ab.

»Och, das ist aber schade!«, reklamierte er. »Warum das denn?«

»Weil ich momentan aussehe wie eine Riesenschildkröte.«

»Das passt gut, Gila, jetzt weiß ich endlich, warum ich so lange Arme habe!«

Wie gut tat er mir in dieser Zeit ...

Es war an Danas langersehntem vierten Geburtstag. Ihre kleinen Freundinnen waren gerade gegangen, da läutete das Telefon. Sofort merkte ich an den vertrauten Nebengeräuschen in der Leitung: ein Gespräch aus Kanada! Doch es war nicht Axel. Der Schreck fuhr mir in die Glieder, als ich Rainers Stimme erkannte.

»Wie geht es euch? Ich musste doch anrufen, weil Dana heute Geburtstag hat. Gib sie mir mal!«

Ich bebte innerlich. Ohne ein weiteres Wort mit ihm zu wechseln, gab ich den Hörer weiter. Mächtig stolz zählte sie ihm auf, welche Geschenke sie zum Geburtstag bekommen hatte. Danach übergab sie mir den Hörer.

»Gila, ich habe von André gehört, dass du im Krankenhaus gelegen hast. Geht's dir jetzt wieder besser?«

»Ja, es ist alles okay«, erwiderte ich kurz. »Ist André bei dir?«

»Nein. Er hat inzwischen eine eigene kleine Wohnung, nur einen Katzensprung von seiner Schule und McDonald's entfernt.«

Ich bat Rainer, nicht nochmals gegen die Spielregeln zu verstoßen, indem er anrief oder schrieb, selbst wenn es sich um Danas Geburtstag handelte. Das Gespräch hatte mich sehr aufgewühlt. Nein, Rainer durfte nichts mehr von sich hören lassen. Ich hoffte, ich hatte ihm das deutlich genug zu verstehen gegeben.

Am selben Abend kam ein Eilbrief von Axel mit den ersten Fotos. Groß und schlank war er, mit einem sympathischen Lachen.

Er schickte uns eine Kassette, auf der er von seinem Leben in Kanada und seinem großen Haus erzählte, das hoch am Berg über Vancouver liege und viel zu groß für ihn allein sei.

Als Antwort auf seinen Brief sandte ich ihm ebenfalls eine Kassette, die ich für ihn besprach. Als kleine Überraschung legte ich ihm zum Dank für die Fotos eine kleine, dicke Schildkröte aus Jade mit in den Umschlag.

Apropos Fotos. Marco hatte ein Bild von mir gemacht, als ich gerade meinen russischen Wein goss. In überdimensionalem Ausmaß hing die Pflanze vor dem Eckfenster unserer Veranda. Auf dem Abzug war jedoch mein Bauchumfang völlig durch meine Weinpflanze verdeckt. Das Foto ist gut, dachte ich zufrieden und legte es zu der kleinen Schildkröte.

»Das darf nicht wahr sein! Auch eine Schildkröte!« Ich lachte überrascht auf, als ich ein paar Tage später von Axel ebenfalls eine kleine Jade-Schildkröte erhielt. Voller Freude rief ich ihn an. In der Zwischenzeit hatte er auch meine Schildkröte erhalten.

»Unsere gedankliche Verbindung scheint jedenfalls zu funktionieren.« Er lachte. »Und was ich zu der Fotomontage mit deiner Pflanze sagen möchte: Das ist absolute Schiebung!«

»Lass mich doch ein wenig feige sein!« Ich freute mich über seine Reaktion. Und ehe wir's uns versahen, waren wir wieder beim Thema Schwangerschaft angekommen.

»Gila, wie ist das eigentlich bei dir, hast du in dieser Zeit keinen Heißhunger auf saure Heringe?«

»Heringe? Nein, überhaupt nicht. Worauf ich allerdings Heißhunger habe, sind die Kentucky Fried Chicken bei euch in Kanada. Aber dafür brauche ich nicht schwanger zu sein. Wenn ich daran denke, wie gern ich die gegessen habe

»Magst du die so gern?«

»Wenn ich jemals wieder nach Kanada kommen sollte, so wird es das erste sein, was ich esse«, entgegnete ich.

»So ähnlich geht's mir mit den deutschen Bratwürstchen«, bekannte er freimütig.

Es war erstaunlich, wie sehr mich diese Telefongespräche mit Axel aufmunterten. War diese Phase in meinem Leben auch außergewöhnlich schwierig, so zeigte sich Axel als der gute Geist, den mir der Himmel geschickt hatte.

Zu meinem Leidwesen zeigte meine Waage Tag für Tag mehr Pfunde an. Nachts gelang es mir nur mit einem ausgeklügelten System, mich von einer Seite auf die andere zu wälzen. Der Vergleich mit einer Riesenschildkröte war wirklich nicht unpassend ...

Als ich Axel diesen Zustand beschrieb, wollte er – der zwei Firmen für Entwicklungen von elektronischen Anlagen besaß – für mich einen Hebekran bauen, den er mir in allen technischen Details in einem seiner Briefe aufmalte. Jedes Mal versuchte er, mich am Telefon davon zu überzeugen, wie hilfreich seine Erfindung kurz vor der Entbindung noch sein könnte.

»Ich bin inzwischen mit deiner Zeichnung zu einer Schlosserei gegangen«, meinte ich todernst, als er wieder seine Konstruktion ansprach.

»Ja, und?«

»Sie wollen ihn bauen, aber nur in Serie«, gab ich zurück. »Also wenig Chancen.«

»Ich wüsste noch einen Weg«, sagte er.

»Ja?«

»Ich komme rüber und baue ihn selbst.«

Ich lachte leise. »Dann musst du dich aber beeilen …!«

Was wäre, wenn er wirklich käme?, überlegte ich bang. Stattdessen kamen die ersten roten Rosen.

Der Briefwechsel mit Axel bestimmte in dieser Phase mein Leben. Voller Wärme und Zärtlichkeit dachte ich an ihn, obwohl ich ihn noch nie in meinem Leben gesehen hatte. Es ging so viel Freundlichkeit und liebevolle Fürsorge von ihm aus. Noch nie hatte ich mich in meinem Leben so wohl gefühlt wie in dieser Zeit. Unendlich gute Gefühle brachte ich ihm entgegen.

Eines Morgens um acht Uhr schellte das Telefon.

»Flughafen Hannover«, meldete sich eine männliche Stimme. »Wir haben eine Sendung Hühner für Sie.«

»Für mich?«

»Ja, und zwar zehn Kilo!«

»Aber doch nicht für mich«, stotterte ich.

»Doch, für Sie«, erwiderte der Sachbearbeiter am Telefon geduldig. »Hier steht ja Ihre Telefonnummer.«

Mir schwirrten tausend Gedanken durch den Kopf. Wollte mich jemand auf den Arm nehmen?

»Woher kommen denn die Hühner?«, fragte ich unsicher.

»Aus Vancouver.«

Lieber Himmel, aus Vancouver!

»Ich muss Sie jedoch darauf aufmerksam machen, dass Sie die Hühner nicht gleich mitnehmen können. Die müssen erst zum Veterinäramt nach Braunschweig gesandt werden.«

»Leben die denn noch?«

»Nein, die sind tot. Eingefroren. Aber trotzdem dürfen Hühner ohne Kontrolle nicht eingeführt werden.«

»Gut, ich komme gleich«, entgegnete ich schwach und wusste nicht, was ich mit Hühnern aus Vancouver anfangen sollte. Dass Axel dahintersteckte, war mir klar. Aber warum schickte er mir tote Hühner?

»Darf ich Ihnen mal eine persönliche Frage stellen?«, bat der Sachbearbeiter abschließend. »Sind das etwa besondere Tiere?«

»Ich weiß es nicht«, antwortete ich hilflos.

»Es muss wohl so sein, denn da hat jemand viel Geld für die Fracht ausgegeben. Das Paket ist gestern Abend erst per Eilfracht aufgegeben worden.«

Tote Hühner aus Vancouver, und dann zehn Kilo!

Ich konnte nur Licht in die Angelegenheit bringen, wenn ich selbst zum Flughafen fuhr. Dort musste ich das äußerste an Überzeugungskraft aufbieten, ehe die Zöllner bereit waren, mir die Hühner auch ohne den Umweg über Braunschweig auszuhändigen.

Als ich dann zu Hause das sperrige Paket öffnete, förderte ich unter unzähligen Beuteln Trockeneis eine Riesenbox gebratener, eingefrorener Kentucky Fried Chicken zutage.

So war Axel.

An Axels Anrufe hatte ich mich so sehr gewöhnt, dass mir die Tage, an denen wir nicht miteinander telefonierten, öde und leer erschienen.

In der Zwischenzeit waren mehrere Kassetten von ihm bei uns eingetroffen, darunter eine für Dana. Er erzählte ihr ein selbstgedachtes Märchen von einer Bärenfamilie mit vielen Bärenkindern, die in ein fernes Land auswanderte.

Dana saß vor dem Radiorecorder und hörte Axel hingebungsvoll zu, wann immer es möglich war. Bei mir wurde das Gefühl von Tag zu Tag stärker, dass da ein Mensch in unser Leben getreten war, nach dem ich immer gesucht hatte. Es war wie ein Märchen.

Unmerklich war ein feiner Zauber von Verliebtheit über mich gekommen. Ich begann mir vorzustellen, mein weiteres Leben mit diesem Menschen zu verbringen. Doch ich wollte vorsichtig sein mit meinen Gedanken. Noch waren wir uns nicht persönlich begegnet. Es war unerlässlich, dass wir uns näher kennen lernten, obwohl wir bereits einen immensen Bonus an Sympathien füreinander mitbrachten. Wer vermochte jetzt schon zu entscheiden, ob es Freundschaft blieb oder ob eine wunderbare Beziehung ihren Anfang genommen hatte?

Alles passte so gut! Dort in Kanada lebte ein Mann, sympathisch und voller Verantwortungsbewusstsein, der Liebe und Fürsorge geben wollte, dem nur eine Frau und eine Familie fehlten. Und waren wir nicht eine Familie, der der Vater fehlte?

Seit Eintreffen seines ersten Briefes waren fast sechs Wochen vergangen – eine intensive Zeit, mit stundenlangen Telefonaten, als ob keine zwölftausend Kilometer zwischen uns lägen. Ich wagte kaum mehr, meine Telefonrechnung am Monatsende anzusehen.

Jede Woche traf ein Strauß langstieliger roter Rosen bei mir ein. Unbeschreiblich, wie geborgen ich mich bei Axel fühlte! Was er in dieser Zeit für mich und mein ungeborenes Kind tat, kann ich kaum in Worte fassen.

»Wenn der Kleine da ist, besuche ich euch«, entschied er eines Abends.

»Du kommst?«, fragte ich ungläubig.

»Ja«, antwortete er fest.

»Oh, das ist wunderbar«, entgegnete ich voller Freude, und gleichzeitig wurde mir ein wenig bang ums Herz. Was würde geschehen, wenn wir uns das erste Mal gegenüberstanden?

Sein Besuch war unumgänglich; der Zustand, in dem wir uns befanden, war einfach unnatürlich. Es gab nur zwei Möglichkeiten – Freundschaft oder Partnerschaft. Mein Herz war so voller Dankbarkeit, dass meine Gedanken ständig nur um eines kreisten: Axel. Ihm schien es genauso zu gehen.

»It's working ...«, lautete Axels knapper Kommentar. »Könnte es vielleicht sein, dass ich mich in dich verliebt habe?«

Ich schwieg überglücklich.

Mitte August ermittelten die Ärzte nach dem Ultraschallbild, dass der Kleine sein Geburtsgewicht bereits erreicht hatte, obwohl der errechnete Termin erst Ende September war. Inzwischen hatte ich auch einen Namen für ihn ausgesucht. Er sollte Rico heißen.

Auf dem Weg zum Krankenhaus lauschte ich Axels fröhlichen Worten auf seiner Kassette. Als ich auf den großen Krankenhausparkplatz von Großburgwedel einbog, kam mir plötzlich eine verrückte Idee. Wie wäre es, wenn ich mein Baby mit zweitem Namen Axel nennen würde?

Sogleich verwarf ich diesen Gedanken wieder. Könnte nicht die Gefahr dabei bestehen, dass Axel sich vereinnahmt oder in seiner Entscheidungsfreiheit eingeengt fühlte? Was wäre, wenn wir beide bei seinem Besuch merkten, dass zwar eine wunderbare Freundschaft entstanden war, aber mehr nicht?

Es musste mir gelingen, Axel von vornherein klarzumachen, dass meine Idee, den Kleinen nach ihm zu benennen, nichts mit einer gewissen Erwartungshaltung ihm gegenüber zu tun hatte, sondern nur aus dem Gefühl unbeschreiblicher Dankbarkeit erwuchs. Das allein war der Grund, weshalb ich diesen Gedanken überhaupt in Erwägung zog. Dann würde Axel seinen Freiraum behalten. Ich wollte noch darüber nachdenken, bevor ich endgültig einen Entschluss fasste.

Die große Hitze der letzten Tage machte mir sehr zu schaffen. Ich war froh, dass die beschwerliche Zeit bald vorbei war. Der Arzt im Krankenhaus zeigte sich nicht sehr erbaut von meiner eigenwilligen Entscheidung, nach der Untersuchung wieder nach Hause zu fahren, denn mein Blutdruck zeigte zu hohe Werte.

»Um größere Risiken auszuschließen«, entschied der Chefarzt und wiegte bedenklich den Kopf, »sollten wir morgen den Versuch machen, die Geburt auf künstlichem Weg einzuleiten.«

Ich atmete erleichtert auf.

»Der errechnete Geburtstermin ist erst Ende September?« Er nahm meinen Mutterpass und nickte. »Der Kleine ist schon verhältnismäßig groß. Waren Ihre anderen Kinder auch so schwer?«

»Nur eins«, erwiderte ich. »Mein zweiter Sohn wog zehn Pfund.«

»Aha, da haben wir's!«

»Ja«, brummte ich, »damit habe ich mir dann von Ihrem Kollegen den Vermerk unter Besonderheiten in meinem Mutterpass eingehandelt: Kriegt Riesenbabys.«

Er konnte sich ein Lachen kaum verkneifen. Dann aber wurde er wieder ernst und meinte: »Denken Sie bloß nicht, dass es morgen gleich klappt. Es ist lediglich ein Versuch.«

Nur Marianne erzählte ich, dass die Geburt am nächsten Tag eingeleitet werden sollte. Axel wollte ich noch nichts davon sagen. Und das war gut so, denn ich hatte mich zu früh gefreut: Rico spielte nicht mit. Zum Erstaunen der Ärzte fuhren wir beide am nächsten Tag unverrichteter Dinge wieder nach Hause. Eine Woche später sollte ein neuer Versuch gewagt werden.

Als ich nun merkte, wie nahe die Geburt bevorstand, traf ich meine Entscheidung: Ja, ich wollte meinen Kleinen Axel nennen. Es war gut so, wie immer die Beziehung zwischen Axel und mir auch ausgehen mochte. Ich stand zu diesem Entschluss als Zeichen meiner tiefen Dankbarkeit für die Wochen vor der Geburt, in denen er mir seelisch zur Seite gestanden hatte.

Rico schien ein eigenwilliger kleiner Bursche zu sein, denn er machte uns erneut einen Strich durch die Rechnung. Er setzte – im wahrsten Sinne des Wortes – vorher seinen Kopf durch. Einen Tag vor dem neuen Termin hatte er wohl endgültig die Nase voll von seiner engen Behausung.

Eiligst nahm ich mein Köfferchen zur Hand. Wie bei Dana hatte ich von Anfang an auf einer ambulanten Geburt bestanden, um ein paar Stunden später wieder nach Hause fahren zu können.

Es war elf Uhr abends, und ich rief Marianne an, um sie zu informieren. Sie brauche aber erst am anderen Morgen zu kommen, da Marco bei Dana schliefe. Sie hatte sich eine Woche Urlaub aufgespart, um mir nach der Geburt zu helfen.

Kurz vor Mitternacht erreichte der Krankenwagen das Krankenhaus. Die Hebamme machte große Augen, als sie mich sah.

»Sie sollten doch erst morgen kommen!«, meinte sie erstaunt. Da sie aber die ganze Vorgeschichte kannte, schien sie genauso erleichtert zu sein wie ich, dass es endlich losging.

War ich vorher noch der festen Überzeugung, dass es eine leichte Geburt würde, merkte ich während der Geburt, wie schwierig es ist, einen noch unreifen Apfel zu pflücken.

Es war ein langer Kampf. Erst am Freitag, dem 29. August 1986 um 6.30 Uhr wurde Rico mit Hilfe einer Zange endgültig in die Welt geholt. Was hatten wir beide durchgemacht! Obwohl er vier Wochen zu früh auf die Welt kam, wog er stattliche acht Pfund. Das kleine Bündel Mensch in meinem Arm ließ mich alle Anstrengungen schlagartig vergessen.

Kapitel 15

> *Jedes neugeborene Kind*
> *bringt die Botschaft,*
> *dass Gott*
> *seinen Glauben an die Menschheit*
> *nicht verloren hat.*
>
> *(Tagore)*

Da lag er nun, unser Rico. Unser Rico? Nein, er gehörte sich selbst, niemandem sonst. Kinder sind nicht unser Eigentum. Wir dürfen sie eine Zeit lang begleiten, sie beschützen und trösten, ihnen durch unsere Liebe den Weg zeigen. Ob sie ihn dann gehen wollen, bleibt ihre eigene Entscheidung. Außer einem blauen Fleck an seinem Näschen konnte man ihm die enormen Anstrengungen der letzten Nacht nicht ansehen. Gut sah er aus mit seinem rosigen Gesichtchen und den schwarzen Haaren.

Behutsam streichelte ich seine kleinen Pustebäckchen, während ich liebevoll in sein verknautschtes Öhrchen flüsterte: »Uns geht es wie den Paradiesvögeln: Da kümmern sich die Männchen auch nicht um die Aufzucht ihrer Jungen. Aber ich sorge für dich, das verspreche ich dir.«

Trotz der Zangengeburt entschied ich mich, ein paar Stunden später wieder nach Hause zu fahren.

Marianne glaubte, nicht richtig zu hören, als ich sie telefonisch darum bat, eines von Rainers Karibufellen ins Krankenhaus zu bringen, die er bei seiner Rückkehr aus Kanada mitgebracht hatte. Ich wollte mich damit beim Chefarzt für seine liebevolle Betreuung bedanken.

Es war ein denkwürdiger Anblick auf der Station, als Marianne mühsam das riesige Karibufell im Arm anschleppte. Zur Erheiterung der Hebammen trugen wir es den langen Flur der Entbindungsstation entlang, bis wir es dem Gynäkologen in seinem Zimmer übergeben konnten.

Er lachte, während er das Fell bewundernd auf dem Boden ausbreitete. »Ab und zu werden Arzthonorare ja immer noch in Naturalien beglichen«, meinte er, »aber ein Karibufell war noch nicht darunter.«

Zuerst berichtete ich André telefonisch von der Geburt seines kleinen Bruders. Danach rief ich Axel an.

»Holy smoke«, sagte er knapp.

Ich spürte, wie ergriffen er war. »Übrigens heißt der Kleine Rico Axel ...«

»Was sagst du da?«, fragte er ungläubig.

»Ja«, entgegnete ich fest. »Nach reiflicher Überlegung habe ich mich dazu entschieden.«

Und dann erzählte ich ihm von meinen Beweggründen, aber auch von meinen Befürchtungen, und dass schließlich die Zweifel durch das Gefühl der Dankbarkeit ihm gegenüber besiegt worden seien.

»Du übertreibst, Gila.« Er räusperte sich verlegen und meinte dann nach einer kurzen Pause: »Aber es ist schön, einen Menschen wie dich gefunden zu haben.«

»Mir geht es genauso«, meinte ich leise. »Meine Gefühle für dich sind sehr stark geworden, obwohl wir uns noch nie begegnet sind.«

»Meinst du, ob das alles so richtig ist mit uns beiden?«, fragte er vorsichtig.

»Es ist doch alles ganz harmlos ...!« Ich lachte ein wenig, um uns aus der Verlegenheit zu helfen.

»Von wegen ganz harmlos ...

Ich glaubte, eine Spur von Heiterkeit in seiner Stimme zu vernehmen. Er tat mir so gut.

Am selben Abend überbrachte mir ein Bote ein wunderbares Orchideengesteck von Axel – so gewaltig, dass es beinahe den ganzen Wohnzimmertisch einnahm.

Kurze Zeit später klingelte erneut das Telefon. Es war Rainer.

»Gila, herzlichen Glückwunsch zu dem Kleinen! Ich wünsche dir von ganzem Herzen alles Gute«, sagte er weich. »Hast du alles gut überstanden?«

Sein Anruf versetzte mir einen Stich.

»Ja«, antwortete ich nur, »es ist alles gut gegangen.« Ich wollte nicht länger mit ihm reden und beendete das Gespräch.

»Rainer?«, fragte mich Marianne, während sie Rico die Flasche gab. Ich nickte. Erschöpft ging ich nach oben, um mich ein wenig hinzulegen. Aufgewühlt dachte ich über Rainers Anruf nach. Er musste endlich einsehen: Hier spielte sich unser Leben ab, dort seines. Ich wollte jeglichen Kontakt zu ihm vermeiden. Die einzige Verbindung zwischen uns bestand in dem Haus mit allen Möbeln in Whitehorse. Ich muss es unbedingt verkaufen, dachte ich noch, bevor ich einschlief.

Der Kleine entwickelte sich gut. Ich stellte für nachmittags ein junges Mädchen ein, das die Kinder während meiner Abwesenheit betreute, und nahm meine alte Tätigkeit im Außendienst wieder auf.

Zu Anfang war es nicht leicht für mich. Als allein erziehende Mutter bewegte ich mich ständig an der Grenze meiner Belastbarkeit.

Die täglichen Telefonate mit Axel, spät abends oder ganz früh morgens, wenn er mich weckte, waren Höhepunkte für mich.

»Es ist ja ganz harmlos«, pflegte ich stets zu sagen, wenn es mal wieder knisterte zwischen uns.

Mitte Oktober sagte Axel ganz beiläufig am Telefon: »Übrigens, ich habe für Samstag, den fünfundzwanzigsten Oktober, einen Flug nach Hannover gebucht. Wie ist es, holst du mich vom Flughafen ab?«

Vor Schreck und Freude hätte ich beinahe den Telefonhörer fallen lassen, so überwältigt war ich. Ich hatte zwar mit seinem Besuch gerechnet, aber so plötzlich? O Himmel, jetzt wurde es wirklich ernst!

Nach einer kurzen Pause fragte ich ihn: »Und wie lange kannst du bleiben?«

»Eine Woche«, meinte er vorsichtig. »Ist das zu lange?«

»Aber nein!« Ich lachte heiser. »Wir werden's schon irgendwie überstehen. Aber Pudding in den Knien habe ich trotzdem ...«

»Bei mir sind's tausend Schmetterlinge, die ich im Bauch habe.«

Und in meiner Verlegenheit brachte ich wieder nur meinen stereotypen Satz heraus: »Es ist ja alles ganz harmlos ...«

Die Tage bis zu Axels Ankunft vergingen wie im Flug. Das Gefühl, abzuheben vom wirklichen Leben und auf Wolken zu schweben, machte sich in mir breit.

Ich stellte Überlegungen an, was ich mit Axel in dieser einen Woche unternehmen konnte und ließ beim Theater in Hannover Karten für eine Komödie zurücklegen.

In der Zwischenzeit hatten natürlich auch meine Freunde von Axels Existenz Witterung bekommen. Es verging kaum ein Tag, an dem nicht Marianne, Renate oder Anne anriefen, um sich so kurz vor Axels Ankunft nach meinem Befinden zu erkundigen.

»Sowas kann auch nur dir passieren«, stellte Renate nicht ohne Bewunderung fest. »Aber wir sind in Gedanken bei dir. Wann genau kommt er an?«

»Morgen um achtzehn Uhr«, antwortete ich. Und wieder kam das Gefühl in mir auf, als hätte ich die ganze Sache vielleicht nur geträumt.

Dann kam der Tag seiner Ankunft. Ich zählte die Stunden in dem Bewusstsein, dass er schon im Flugzeug saß. Es gab kein Zurück mehr. Wie er sich wohl fühlen mochte?

Unser Kindermädchen und ich hatten das Haus auf Hochglanz gebracht, das Essen für das Wochenende im Voraus zubereitet und das Gästezimmer äußerst liebevoll hergerichtet, obwohl ich die leise Hoffnung hegte, dass es nicht lange von Axel benutzt werden würde ...

Schon seit Tagen hatte ich mir Gedanken gemacht, was ich zu seinem Empfang anziehen sollte, bis ich mich für einen Blazer und einen engen Rock entschied.

Endlich war es soweit. Ich drehte mich nochmals vor dem großen Garderobenspiegel im Büro hin und her. Ja, ich war zufrieden mit mir.

Marco sollte die beiden Kleinen während meiner Abwesenheit betreuen, denn Axel und ich brauchten verständlicherweise erst einmal etwas Zeit, um uns zu beschnuppern.

Es war ein goldener Oktobertag und noch hell, als ich auf der Autobahn Richtung Langenhagen fuhr. Mir war dieser Weg inzwischen sehr vertraut. Wie oft hatte ich abends oder zum Wochenende meine Eilbriefe an Axel zum Flughafen gebracht. Und jetzt fuhr ich hin, um ihn persönlich abzuholen.

Angespannt schaute ich auf die Uhr. Es war 17.30 Uhr; noch etwas Zeit bis zu Axels Landung. Ich hatte mir überlegt, wo genau ich ihn empfangen wollte, keinesfalls in der ersten Reihe. Prüfend schaute ich mich in der Ankunftshalle des Flughafens um. Seitlich war ein schwarzer Sportflitzer ausgestellt; dekorativ bezog ich neben ihm Stellung.

Ein paar Herren mit ihren Aktentaschen gingen an mir vorbei. Bildete ich's mir nur ein oder trafen mich wirklich ein paar bewundernde Blicke? Wie auch immer, es hob mein Selbstwertgefühl immens. Ha, dachte ich, die hätten mich mal vor neun Wochen sehen sollen!

17.55 Uhr.

An den blinkenden Punkten auf der Anzeigetafel hinter der Flugnummer Vancouver erkannte ich, dass Axels Maschine soeben gelandet war. Okay, let's go.

Inzwischen hatte sich eine Menschenmenge vor dem Ausgang eingefunden. Köpfe reckten sich hin und her. Kurz darauf gingen die ersten Passagiere mit ihren Gepäckwagen in Richtung Ausgang, und es kam Bewegung in die Menge.

Vermutlich mussten sich Axels Schmetterlinge im Bauch auch erst wieder beruhigen, denn er kam erst als Zweitletzter durch den transparenten Gang des Flughafens, der zum Ausgang führte.

Da ich etwas abseits stand, konnte ich ihn gut beobachten. Suchend hob er den Kopf, und das Erste, was mir an ihm auffiel, waren seine langen Arme, die er mir ja am Telefon schon bildlich dargestellt hatte, seine Größe und der etwas schlaksige Gang.

Jetzt hatte er die Glastür am Ausgang erreicht, die sich automatisch für ihn öffnete. Mein Herz schlug laut, als ich mich aus dem Abseits löste und auf ihn zuging. Da erfasste mich sein Blick. Wir sahen uns an. Sekunden wurden zu Minuten, bis er mich sanft in seine Arme zog und mich lange festhielt, ohne ein einziges Wort zu sagen.

»Also, das bist du ...«, meinte er dann leise und schaute mir lächelnd in die Augen.

»Ja ...« Ich lachte verlegen, während er seinen Arm um meine Schultern legte. Schweigend steuerten wir mit seinem Gepäckwagen der Ausgangstür zu. Ich sah zu ihm hoch. So viele Fotos hatte ich von ihm erhalten, doch keines hatte seine herzliche Ausstrahlung auch nur annähernd wiedergeben können.

Mit seinem offenen Lachen wirkte er auf mich wie ein großer Lausbub. Und doch glaubte ich in seinem jungenhaften Gesicht Spuren zu erkennen, die auf viel Weisheit und Lebenserfahrung hindeuteten.

Während der halbstündigen Fahrt nach Hause schauten wir uns immer wieder verstohlen an. Als sich unsere Blicke dann wie zufällig trafen, lachte Axel leise vor sich hin. Ich konnte sehr gut nachempfinden, was in ihm vorging; ich fühlte seine Schmetterlinge fast körperlich.

»Als Gastgeberin befinde ich mich ja eigentlich in der besseren Position.«

»Das kannst du wohl sagen«, stöhnte er. »Du hast ein Heimspiel.«

Zu Hause warteten Dana und Marco ungeduldig auf unsere Ankunft. Ich hupte kurz, als wir in den beleuchteten Waldweg einbogen.

Wir sahen, wie sich die Tür öffnete und Dana uns erwartungsvoll entgegenlief. Axel stieg aus und schaute zu ihr hinab. Dana stellte sich vor ihn hin, hielt die Hände auf dem Rücken verschränkt und meinte verlegen: »Du, ich kenne dich aber schon.«

»So?«, antwortete Axel fröhlich. »Woher denn?«

»Na, von den Fotos natürlich!«

»Ja, sicher«, entgegnete Axel lachend. »Ich kenne dich aber schon viel länger!«

»Wieso das denn...?«

Axel nahm sie bei der Hand. »Na, von den Kassetten, auf denen du mir alles erzählt hast.«

Jetzt erschien auch Marco auf der Bildfläche. Er schüttelte Axel die Hand und begrüßte ihn fröhlich: »Hallo, Axel, ich bin Marco.«

Nachdem die Begrüßungszeremonie einigermaßen überstanden war, gingen wir ins Haus. Auf der Veranda angekommen, blieb Axel kurz stehen und sagte bewundernd: »Das also ist dein Wein ... Der ist ja gewaltig!«

Nach einer Weile fragte ich ihn: »Möchtest du nun den Kleinen kennen lernen?«

Rico war inzwischen acht Wochen alt. Er lag oben in seinem mit weißer Spitze ausgestatteten Körbchen und schlief fest.

Axel beugte sich zu ihm hinunter und betrachtete ihn aufmerksam.

»Wie hübsch er ist.«

»Mich darfst du nicht fragen«, lächelte ich, wohl wissend, dass Rico mit seinen schwarzen Haaren und den großen braunen Augen wirklich gut anzusehen war.

»Er ist etwas Besonderes«, warf Axel ein.

»Wieso das?«

»Er hat uns zusammengebracht«, sagte er leise und legte seinen Arm wieder um mich. Ein warmes Gefühl durchflutete mich bei seinen Worten und seiner liebevollen Geste.

Marco half Axel dabei, die beiden Koffer ins Gästezimmer zu bringen. Etwas später rief ich zum Abendbrot auf die kleine Veranda, die wir von jeher als Esszimmer benutzten.

Nach dem Abendessen wollte Axel Rico gern die Flasche

geben. Ein schönes Bild, das sich mir da bot: Axel hatte den rechten Arm um Dana gelegt, während er Rico im linken Arm hielt. Anschließend las er Dana noch eine Geschichte vor.

Dann wurde es für die beiden Kleinen Zeit zum Schlafengehen. Marco saß noch eine Weile bei uns und unterhielt sich angeregt mit Axel. Schließlich ging auch er zu Bett.

Ich merkte deutlich, wie müde Axel war. Nicht nur die Zeitverschiebung von neun Stunden schien ihm zu schaffen zu machen, sondern auch, dass er in der Woche vor seinem Abflug durch einige Hektik im Geschäft nicht viel Schlaf bekommen hatte.

Es war inzwischen elf Uhr abends geworden, und ich sagte: »Es ist Zeit, schlafen zu gehen.«

Nachdem ich Axel das Badezimmer gezeigt hatte, begleitete ich ihn zu seinem Zimmer. »Wissen deine Eltern, dass du hier bist?«

»Nein. Ich werde sie auch nicht anrufen oder besuchen«, erwiderte er. »Diese Woche gehört nur euch. Später werde ich ihnen sagen, dass ich hier war, und sie werden es verstehen.«

»Gute Nacht, Axel«, sagte ich leise. »Hoffentlich kannst du hier gut schlafen.«

Er gab mir einen zarten Kuss. »Gute Nacht, Gila. Schlaf gut. Bis morgen.«

Nachdem ich überall das Licht gelöscht hatte, ging auch ich zu Bett, konnte aber lange nicht einschlafen. Tausend Gedanken schwirrten mir durch den Kopf. Es kam mir alles so unwirklich vor. Seit Monaten träumte ich von diesem Moment, nun war er Realität geworden. Wir waren uns endlich begegnet. Er war wirklich äußerst sympathisch, eine genaue Bestätigung meiner Empfindungen in den vergangenen fünf Monaten.

Ob es wohl mehr wurde als Freundschaft zwischen uns? Aus Axels kameradschaftlichem Verhalten mir gegenüber ließ sich noch gar nichts ableiten.

Was empfand ich für ihn? Als ich ihn auf dem Flughafen sah, wusste ich bereits, dass ich mich in ihn verlieben würde, wenn es nicht sogar schon geschehen war. Von mir aus konnte es weitergehen. Ich war zu allem bereit.

Plötzlich kam eine Spur von Zweifel auf. Was ist, wenn ich mehr für ihn empfinde als er für mich? »Vertrau einfach deinem Leben, so wie du's immer getan hast«, sagte ich mir. Erst danach schlief ich beruhigt ein.

Der nächste Tag verging wie im Flug, und der Abend verlief wieder in ausgesprochen freundschaftlicher Atmosphäre. Abermals verabschiedete sich Axel mit einem sanften Küsschen von mir und ging schlafen. Ich wurde beinahe verrückt. Was war los? Wirkte ich als Frau nicht auf ihn? Wollte er wirklich nur Freundschaft? War er enttäuscht? Rein gar nichts deutete darauf hin, dass Axel in mir mehr sah als nur eine Freundin.

Ich wurde immer kribbeliger. Die zweite Nacht verbrachte er jetzt bereits allein im Gästezimmer. Wie viel kostbare Zeit ging verloren!

Während des ganzen nächsten Tages graute mir vor dem Abend. Was tue ich, überlegte ich, wenn Axel wieder ins Gästezimmer marschiert? Und so, wie es aussah, konnte ich damit rechnen.

»Gute Nacht, Gila«, sagte Axel lieb und bot mir seinen Mund zu dem obligatorischen Küsschen. So geht's nicht weiter, dachte ich erbarmungslos – so nicht, Axel!

Meine Automatik setzte ein. Ich sah ihn an, und ohne etwas zu sagen, legte ich meine Arme um ihn und zog ihn fest an mich, ganz fest. Mit enormer Überwindung flüsterte ich ihm ins Ohr: »Axel, bitte, ich werde halb wahnsinnig, wenn du heute wieder im Gästezimmer schläfst. Bitte, tu mir den Gefallen und schlaf neben mir in meinem Bett. Du brauchst nur neben mir zu schlafen, mehr nicht. Es ist wirklich ganz harmlos.«

Wir hielten uns fest. Ich traute mich nicht, ihn anzuschauen.

»Okay.« Das war alles, was Axel mit rauer Stimme herausbrachte. Dann folgte er mir die Treppe hinauf ins Schlafzimmer. Mein Herz schlug wild. Mein Gesicht hatte die Farbe einer reifen Tomate, doch das war mir egal.

Schnell hatte ich mich in mein Bett eingekuschelt und schaute ihm im Halbdunkel zu, wie er sich auszog. Dann stieg auch er ins Bett und legte seine Brille auf den Nachttisch.

Er wandte sich zu mir, löschte das Licht, und ich konnte soeben noch sein verstecktes Lachen erkennen, als er zu mir ins Bett kroch und leise sagte: »Von wegen, Gila, ganz harmlos ...«

Nein, es ging gar nicht mehr harmlos zwischen uns zu. Alle Spannungen wichen mit einem Schlag von uns. Seine unverbindliche Freundlichkeit machte einer enormen Leidenschaft Platz. Wie gut tat es, von ihm geliebt zu werden!

Als ich am nächsten Morgen in seinen Armen erwachte, kuschelte ich mich ganz bei ihm ein. Zärtlichkeit, körperliche Nähe, Wärme – all das hatte mir so gefehlt.

»Du hast mich vergewaltigt«, sagte er protestierend, aber mit einem leisen Lachen.

»Axel, ich wäre fast geplatzt vor innerer Anspannung, Selbstzweifel und Ungeduld.«

»Ja, ungeduldig bist du, das stimmt. Ich hätte dich schon noch gekriegt, Gila, keine Bange.«

»Eine halbe Stunde vorm Abflug wahrscheinlich, aber bis dahin wäre ich gestorben – mit Sicherheit.«

Axel zog mich fest in seine Arme und flüsterte: »Denkst du, ich hätte nicht mit dir schlafen wollen?«

»Du? Du warst wie ein Stockfisch, ja, genau wie ein Stockfisch – das ist der richtige Ausdruck«, brummte ich.

»Na warte! Ich werd's dir zeigen – von wegen Stockfisch!«, drohte er lachend und nahm mich wieder in die Arme.

Der Tag wurde herrlich. Eine gelöste und zärtliche Stimmung herrschte zwischen uns. Jedes Mal, wenn wir uns ansahen, konnten wir uns ein Lachen nicht verbeißen. Die freundliche Distanz der ersten Tage war einer großen Zärtlichkeit gewichen.

Im Laufe des Vormittags hackte Axel Holz für unseren großen Kachelofen. Ohne mir ein Sterbenswörtchen davon zu sagen, hatte er ganz selbstverständlich die Axt genommen und sich um den großen Holzstapel gekümmert.

»Diese Nacht hat mir so gut getan, Gila.« Axel lächelte, als ich mich draußen zu ihm gesellte. »Übrigens, Marco und ich wollen heute Nachmittag kurz mal in die Stadt fahren«, sagte er und wischte sich dabei mit einem Taschentuch den Staub aus dem Gesicht.

Wie froh war ich, dass die beiden sich offensichtlich gut verstanden.

Nach dem Mittagessen fuhren sie mit Dana los. Sie wollten gegen vier Uhr zurück sein. Um sechs Uhr waren sie noch immer nicht wieder da. Eine gewisse Unruhe erfasste mich.

Da kam auch schon der Anruf von Axel. »Gila, mach, dir keine Sorgen, dass wir noch nicht da sind. Es ist nichts Schlimmes geschehen, nur – Marco liegt im Krankenhaus.«

»Was ist denn passiert?«

»Plötzlich bekam er unterwegs furchtbare Bauchschmerzen und wand sich wie ein Regenwurm.«

»Ja – und?«

»Er stöhnte, das habe er schon mal gehabt, aber noch nicht so schlimm. Ich dachte, dass es vielleicht der Blinddarm sein könnte und bin sofort mit ihm ins Krankenhaus gefahren.«

»Und wie geht's ihm jetzt?«

»Sie haben ihn untersucht und Blut abgenommen. Jetzt liegt er auf der Station mit einem Eisbeutel auf dem Bauch.«

»Bei uns ist auch immer etwas los.« Fassungslos schüttelte ich den Kopf. »Soll ich ins Krankenhaus kommen?«

»Nein, das brauchst du nicht. Ich habe ihm erst einmal einen Fernseher ins Zimmer stellen lassen. Nachdem die Schmerzen nachgelassen haben, geht's ihm einigermaßen gut. Ich komme jetzt nach Hause mit Dana, okay?«

»Ja, gut«, meinte ich matt. Der Schreck war mir in die Glieder gefahren.

Auch das noch! Es kam mir vor, als hätte Axel in dieser Woche einen Familien-Intensivkurs belegt. Aber er schien das Ganze als das Natürlichste von der Welt anzusehen, als er mit Dana nach Hause kam.

»Ich denke, ich werde gleich noch mal zum Krankenhaus fahren und Marco die Sachen bringen, die er braucht«, überlegte Axel.

»Ich fahre mit!«, entschied ich. »Mal sehen, was die Ärzte inzwischen herausgefunden haben.«

Im Krankenhaus sprach ich mit dem behandelnden Arzt. Der beruhigte mich und teilte mir mit, man vermute nur eine Irritation des Blinddarms. Vielleicht brauche man gar nicht zu operieren. Dann könne Marco zum Wochenende schon wieder entlassen werden.

Es war Abend geworden. Wir saßen auf der Veranda beim Abendbrot, als der Postbote einen Eilbrief brachte.

»Für mich?«, fragte ich erstaunt. Der einzige, der mir sonst Eilbriefe schickte, war Axel. Doch von ihm konnte er nicht sein. Er war ja hier.

Ich nahm den Brief entgegen, sah auf den Absender und fragte verblüfft: »Was ist das denn?«

Ich sah, wie Axel sich an meinem Erstaunen weidete, er sagte aber keinen Ton.

Nun gut, ich öffnete den Brief, und heraus fiel die Police einer Reiseunfallversicherung mit vorläufiger Deckung über 500 000 DM, ausgestellt auf meinen Namen als Bezugsberechtigte. Abgeschlossen am 24. Oktober 1986 auf dem Flughafen Vancouver. Erstaunt sah ich zu Axel hinüber.

»Tut mir Leid«, sagte er und grinste diebisch. »Ich bin heil angekommen. Bewahr diesen Schein gut auf. Er gilt auch für den Rückflug.«

»Oh, vielleicht habe ich da noch Chancen«, neckte ich ihn.

Seine Aktion stimmte mich sehr nachdenklich. Ohne mich und meine Kinder überhaupt persönlich zu kennen, fühlte er sich schon für uns verantwortlich, sodass er uns absichern wollte, sollte ihm wirklich etwas zustoßen. Dankbarkeit durchflutete mich, und ich sagte in Gedanken immer wieder: Herr im Himmel, danke!

Der Theaterabend war ein voller Erfolg – eine gute Aufführung. Axel lachte Tränen. Manchmal konnte ich mich jedoch des Gefühls nicht erwehren, dass es Axel war, der das Publikum durch seine spontanen und herzlichen Lacher mitriss, und nicht die Schauspieler. Eng umschlungen gingen wir zum Auto und fuhren glücklich heim. So ließen wir den Mittwoch ausklingen.

Am Donnerstagmorgen wurde mir auf einmal deutlich bewusst, dass uns beiden nur noch zwei Tage blieben. Samstagmittag musste Axel wieder zurückfliegen. Eine Spur von Traurigkeit kam bei mir auf. Wir hatten Tage voller Zärtlichkeit und Liebe erlebt und waren eine harmonische Familie gewesen.

Mir war im Grunde genommen schon jetzt klar, warum Axel mich abends um ein persönliches Gespräch bat. Es gab kein Zögern mehr bei mir, nicht den geringsten Zweifel, Axel zu folgen, wenn er mich darum bitten sollte.

Ja, ich wollte zu ihm nach Kanada gehen und dachte zurück an die Zeit, in der ich mir immer wieder fest gewünscht hatte, in Sicherheit in diesem Land zu leben. Es würde für mich wie ein Nachhausekommen sein.

Dort wollte ich mit Axel leben, der in unserer Familie die Vaterrolle übernahm, dem ich helfen konnte und bei dem meine im Moment finanziell recht desolate Situation keine Rolle spielte. Genau das waren meine Gedanken, als Axel und ich abends auf dem Sofa im Wohnzimmer dicht beisammensaßen.

»Du kannst dir denken, Gila, worum es geht. Es wird für dich auch keine Überraschung mehr sein, wenn ich dir sage, dass ich dich von Herzen lieb gewonnen habe in dieser Woche.«

»Ich hab's gespürt«, sagte ich leise.

»Ich möchte, dass ihr so schnell wie möglich zu mir nach Vancouver kommt. Marco kann dort weiter zur Schule gehen. Dana geht in den Kindergarten und wird ganz schnell Englisch lernen. Und wenn du willst, so kannst du mir später im Geschäft helfen, wenn die Kinder etwas älter sind. Möchtest du das?«

Wie gern war ich damit einverstanden! Den ganzen Abend über schmiedeten wir Pläne, und eine unbändige Freude erfasste uns beide bei dem Gedanken, bald für immer zusammenleben zu können.

Wie viel war in diesem Jahr geschehen! Anfang des Jahres war ich noch im Yukon gewesen, um mit Rainer ein neues Leben zu beginnen – jetzt war ein neuer Mann in mein Leben getreten, der ganz neue Gefühle in mir auslöste.

Axel strahlte so viel unkomplizierte Fröhlichkeit aus, bewies so viel spontanen Humor und Verantwortungsbewusstsein, dass man ihn einfach lieb haben musste. Rainer war das genaue Gegenteil von ihm.

Ich dachte daran, dass Rainer und ich damals bei unserer Auswanderung in den Yukon finanziell eine recht günstige Ausgangsposition gehabt hatten. Nichts war mehr davon geblieben, es hatte kein Segen auf dieser Verbindung gelegen. Bei Axel dagegen hatte ich das Gefühl, dass wir niemandem schadeten, wenn ich sein Angebot annahm, anders als damals bei Eva, deren Welt damit in Scherben gefallen war. Es war, als wenn Axel in mein Leben getreten war, um die Position auszufüllen, die Rainer aufgegeben hatte, aus welchen Gründen auch immer.

Das Märchen hatte begonnen.

Am Freitag, dem letzten Tag vor Axels Abreise, wollten wir mit Dana und Rico nach Bielefeld fahren. Vorher besuchten wir jedoch Marco im Krankenhaus. Es ging ihm schon wieder erstaunlich gut, und er ließ sich gern von uns verwöhnen.

Ganz beiläufig erwähnte ich dann: »Übrigens, Marco, wir werden zum Jahresende zusammen nach Vancouver umziehen.«

»Yippieeh …!!«, schrie Marco enthusiastisch durchs

Krankenzimmer, sprang trotz seiner Blinddarmreizung im Bett hoch und ließ seiner Begeisterung freien Lauf. »Ist das wirklich wahr?«

»Ja.« Axel lachte. »Kommst du mit?«

»Und ob!«, bestätigte Marco. »Darauf könnt ihr euch verlassen!«

In ausgelassener Stimmung machten wir uns auf den Weg nach Bielefeld. Unterwegs fiel uns des öfteren der Wegweiser ›KÖLN‹ ins Auge. Axel war sehr schweigsam geworden. Ich ahnte seine Gedanken und unterbrach sie nicht durch eine Frage.

Samstagmorgen wurde uns beiden wehmütig bewusst, dass unsere vorerst letzten gemeinsamen Stunden angebrochen waren.

»Sei nicht traurig, Gila«, sagte Axel tröstend und zog mich immer wieder in seine Arme. »Ich werde Mitte Dezember wiederkommen und euch holen.«

»Du willst nochmals nach Deutschland kommen?« Überrascht sah ich ihn an. »Kannst du das denn mit deiner Tätigkeit in Einklang bringen?«

»Das werde ich auch noch überstehen«, lachte er. »Das Wichtigste für mich ist jetzt, mit meinen Eltern zu sprechen. Du wirst meine Mutter mögen. Ihr seid euch in vielem sehr ähnlich.«

»Willst du es ihnen am Telefon erklären?«, fragte ich leise.

»Nein, ich werde ihnen eine Kassette schicken, auf der ich dann alles berichte, was uns passiert ist. So kann meine Mutter sich die Kassette immer wieder anhören. Dann habe ich wenigstens die Gewissheit, dass sie alles richtig versteht in der Aufregung.« Er lachte rau. Ich konnte sehr viel Gefühl für seine Mutter aus diesen Worten heraushören.

Während ich Rico auf dem Arm hielt, schaute ich Axel zu, wie er im Wohnzimmer die letzten Utensilien in seinem Koffer verstaute. Ich konnte seine Familie noch nicht so recht einschätzen und fragte deshalb etwas unsicher: »Wie sie das wohl aufnehmen werden?«

»Du wirst sehen, sie sind alle begeistert. Meine Mutter hat sich immer eine deutsche Schwiegertochter und viele Enkelkinder gewünscht. Und nun bekommt sie beides mit einem Schlag.«

»Aber es ist doch ein kleiner Unterschied, ob sie sich langsam an das Anwachsen ihrer Familie über Jahre hinweg gewöhnen kann oder ob ihr Sohn ihr eine fertige Familie präsentiert.«

»Ach, meine Mutter sieht das nicht so eng. Sie ist eine sehr weise und großzügige Frau.«

»Und dein Vater?«

»Ist genauso, du wirst es sehen. Wenn ich dich mag, mögen sie dich auch. Wart's ab!« Lächelnd zog er den Riemen seines Koffers stramm. »Weißt du, was geschehen wird? Keine halbe Stunde, nachdem sie meine Kassette gehört haben, wird ein Sturm losbrechen. Erst werden sie mich, und dann dich anrufen.«

»Meinst du wirklich?«

»Aber ja, mach dir gar keine Gedanken. Sie werden dich sofort kennen lernen wollen. Ich kenne die beiden schon etwas länger als du.«

Ich lächelte froh. Wie schön wäre es, wenn alles so abliefe.

Dann kam unser Abschied. Gemeinsam mit Dana und Rico brachte ich Axel zum Flughafen nach Hannover. Noch keine Woche war es her, dass er hier angekommen war.

Axel nahm mich fest in die Arme und flüsterte: »Mein ganzes Leben habe ich nach dir gesucht. Jetzt habe ich dich endlich gefunden.«

Das hätten auch meine Worte sein können ...

Nach Axels Abflug wollte ich Dana in Ruhe erklären, welche Rolle Axel fortan in ihrem Leben spielte. Während sie in der Küche auf meinem Schoß saß, versuchte ich, ihr die Situation zu erklären.

»Weißt du was? Wir werden zurück nach Kanada gehen, Dana, und dann hast du wieder einen Vater.«

»Einen Vater ...?«

»Ja, mein Schatz, einen richtigen Vater.«

»Mensch, hab' ich aber viele Väter …!«, stellte sie voller Stolz fest und sah mich fröhlich an. Verlegen schaute ich auf meine Fußspitzen.

Axels Eltern reagierten genauso, wie er es vorausgesagt hatte.

Zuerst rief Axel an, um mir mitzuteilen, dass seine Eltern die Kassette und die mitgesandten Fotos von uns erhalten und ihn sofort hocherfreut angerufen hätten. Er wolle mich vorwarnen, ich solle meine letzten ruhigen Minuten genießen. Da käme ein gewaltiger Sturmwind auf mich zu.

Und so war es auch.

»Gila, meine Liebe!«, rief Dagmar, Axels Mutter, voller Begeisterung ins Telefon. »Wir sind ja so glücklich! So unermesslich glücklich! Wir kennen dich zwar noch nicht, aber wir haben dich und deine Kinder jetzt schon lieb. Dir ist es wahrhaftig gelungen, Axel nach Deutschland zu holen, dieser Heimlichtuer!«

Mein Herz wurde ganz weit, als Dagmar mich mit ihren warmen Worten im Sturm eroberte. Sie hätte ganz anders reagieren können, doch sie bewies so viel Herzensbildung und Zivilcourage, dass ich mich sofort bei ihr geborgen fühlte.

Zwei Tage später fuhr ich dann zu ihr nach Köln und besuchte sie, zunächst ohne meine Kinder.

Wolf, Axels Vater, war auch da, während Walter, Dagmars Freund, nicht dabei war. Sie wollte mir wohl nicht gleich zwei Männer zumuten. Wolf verhielt sich genauso herzlich, als er mich voller Freude in seine Arme nahm.

»Willkommen in unserer Familie«, sagte er und schaute mich freundlich an.

Völlig überrascht stellte ich fest, wie jung Axels Mutter trotz ihrer vierundsechzig Jahre wirkte.

»Ach«, meinte sie herzlich und schloss mich immer wieder in ihre Arme, »dass ich das noch erleben darf! Axel hatte eine nette Frau, aber ich bin nie so recht warm geworden mit ihr. Axel erzählte, dass er im Dezember kommt und euch bei der Auswanderung hilft. Dann seid ihr Weihnachten alle bei mir in Köln, oh, ich darf gar nicht daran denken!«

Wieder traten Tränen der Freude in ihre Augen.

»Erzähl mir von deinen Kindern, Gila«, bat sie mich dann, »und von dem Wunder, bei dem der Herrgott seine Hand im Spiel gehabt hat.«

Wolf und Dagmar saßen mir an dem liebevoll gedeckten Kaffeetisch gegenüber, während ich leise begann, das Wichtigste aus meinem Leben zu erzählen. Hier richtete niemand über mich. Sie hörten aufmerksam zu, stellten ab und zu eine Frage und gaben mir beide das Gefühl, dass sie den Erfahrungen meiner Auswanderung in den Yukon und der Beziehung zu Rainer großen Respekt zollten.

In den folgenden Wochen hieß es erneut Abschied nehmen von meinen Freunden und Bekannten. Wieder hatte ich vor, einen kleinen Container zu packen. Dann aber befolgte ich Axels Rat, dass ein paar Kisten auch reichen sollten, denn im Gegensatz zu meiner Auswanderung in den Yukon empfing mich dieses Mal ein voll eingerichtetes großes Haus.

Zwischen Axels Besuch bei mir und unserer erneuten Auswanderung lagen kaum sechs Wochen. In dieser Zeit musste ich die Genehmigung für Ricos Einwanderung über das Konsulat beantragen und mit ihm zur ärztlichen Untersuchung nach Hamburg fahren.

Die letzten Tage vor der Auswanderung vergingen wie im Flug. Erneut stand eine Haushaltsauflösung bevor. Ich musste mein Auto, sämtliche Elektrogeräte und die Möbel wieder verkaufen, mein gesamtes Porzellan und meine Gläser einpacken. Jetzt sollte alles wieder zurückgehen nach Kanada.

Rainer musste ich auch noch über die neue Situation informieren, damit er sämtliche Möbel, die sich noch in meinem Haus in Whitehorse befanden, nicht nach Deutschland, sondern an Axels Adresse nach Vancouver schickte. Er hatte mir vor seiner Rückkehr in den Yukon versprochen, die Möbel speditionsgerecht zu verpacken, um sie per Container zurück nach Deutschland zu verschiffen.

Ein großer Teil der Einrichtung, die wir momentan benutzten, gehörte zum Haus. Wegen der hohen Miete hatte ich sowieso vorgehabt, hier nur vorübergehend zu wohnen und mir dann kurz nach Rainers Abflug überlegt, dass ich die Möbel aus Whitehorse gut gebrauchen könnte. Bei dem niedrigen Dollarkurs hätte es nicht viel eingebracht, sie in Kanada zu verkaufen. Jetzt jedoch, da Axel in mein Leben getreten war, hatte sich die Situation grundlegend verändert.

Ich war sicher, dass Rainer sein Versprechen halten würde, denn das war das einzige, was er noch für uns tun konnte.

Eines Abends fasste ich mir ein Herz und rief ihn in Whitehorse an.

»Gila?«, fragte er überrascht.

»Ich muss etwas mit dir besprechen«, sagte ich und versuchte, meine Stimme möglichst unbeteiligt klingen zu lassen. »Ich möchte dich bitten, meine Möbel aus dem Haus erst zum Jahresende zu verschicken.«

»Warum denn das?«

»Ich gehe zurück nach Kanada.«

»Was sagst du da?« Betroffenheit lag in seiner Frage.

Möglichst emotionslos und ohne große Details versuchte ich, über die Fakten zu sprechen, die mein Leben verändert hatten. Ich erzählte ihm kurz, wie Axel uns über die schlimmste Zeit hinweggeholfen hatte und dass wir planten, im Dezember zu ihm nach Vancouver zu ziehen.

Langes Schweigen am anderen Ende.

»Gut«, sagte er rau und räusperte sich. Mein Entschluss schien ihn völlig aus der Fassung zu bringen, denn er sagte längere Zeit kein Wort.

»Ich möchte dich bitten, die Möbel nicht nach Deutschland zu verschicken, sondern nach Vancouver. Würdest du das tun?«

Wieder vergingen einige Sekunden, ehe er sich gefangen hatte und antworten konnte.

»Momentan habe ich einen befristeten Job, wo ich beinahe achtzehn Stunden am Tag arbeiten muss. Das geht bis kurz vor Weihnachten, dann kann ich die Möbel für dich verpacken. Ich ziehe sowieso zum Jahresende in ein Haus nach Dawson City. Hat es bis dahin Zeit?«

Ich schluckte und meinte in möglichst sachlichem Ton: »Okay. Gerd hat mich im Dezember um ein persönliches Treffen gebeten. Wie weit ist er eigentlich mit dem Verkauf des Hauses? Hast du mal beim Makler nachgefragt?«

»Da tut sich gar nichts. Ich werde das Gefühl nicht los, Gerd will das Haus selbst einkassieren, aber ohne einen Dollar an dich zu zahlen«, erwiderte Rainer bitter.

Damit beendete ich das Gespräch.

Abends rief ich Axel an und berichtete ihm von dem Telefonat mit Rainer. Er hörte mir aufmerksam zu und meinte dann plötzlich: »Ich wollte dich im Zusammenhang mit Rainer auch noch etwas fragen. Wärst du damit einverstanden, wenn ich mit ihm telefonisch Kontakt aufnähme, allein schon wegen der Kinder?«

»Wegen der Kinder?«

»Ja«, antwortete Axel fest. »Er soll wissen, dass die Kinder bei mir in guten Händen sind. Ich will mit ihm sprechen, um ihn einschätzen zu können. Ich möchte ihn nicht zum Feind haben, und er muss wissen, dass er in mir keinen Gegner hat.«

»Das leuchtet mir ein. Wenn du es für richtig hältst und es dich nicht belastet, Axel, dann tu es.«

Ein Gefühl von Stolz und Geborgenheit überkam mich. Ich war wirklich zu Hause bei ihm.

Einige Tage später rief Axel an und berichtete mir, dass er mit Rainer gesprochen habe.

»Und was hat er gesagt?«

»Natürlich war er überrascht über meinen Anruf. Aber ich hatte den Eindruck, er nahm meinen Anruf ohne große Emotionen auf. Ich habe das Gespräch für dich auf Kassette aufgenommen. Du kannst es dir später hier bei mir anhören.«

Mitte Dezember flog Axel nach Köln zu seinen Eltern und Geschwistern und blieb ein paar Tage bei ihnen. Dann kam er mit seinem Bruder Holger und mit Walter, dem Freund seiner Mutter, zu uns, um mir beim Packen zu helfen.

Ich konnte es kaum abwarten, Axel wieder in die Arme zu schließen. Wie vertraut war er mir doch in der Zwischenzeit geworden! Trotz aller Hektik hatte er mir sehr gefehlt. Es tat so gut zu wissen, dass wir zusammengehörten.

Überraschend rief Gerd an. Im September hatte er bereits aus Whitehorse mit mir telefoniert und seinen Besuch bei Freunden in Recklinghausen angekündigt. Er war inzwischen dort eingetroffen und fragte, ob wir nähere Einzelheiten über den Verkauf des Hauses besprechen könnten.

Nach dem Telefonat bat ich Axel, dem ich die komplizierte Sache mit unserem Haus schon bei seinem ersten Besuch geschildert hatte, um seinen Rat.

Er überlegte einen Moment und meinte dann: »Hättest du etwas dagegen, wenn ich mit dir nach Recklinghausen führe?«

»Genau darum wollte ich dich bitten«, antwortete ich, äußerst erleichtert über seinen Vorschlag. Ich war froh, ihn bei dem Gespräch an meiner Seite zu wissen.

Den ganzen Tag über waren die drei Männer damit beschäftigt, die Kisten voll zu packen. Erstaunlich, was sich in der Zwischenzeit schon wieder angesammelt hatte. Waren es dieses Mal nicht die Möbel, die viel Platz wegnahmen, so doch die vielen Kleinigkeiten, die zusammenkamen. Spät abends hatten wir es dann geschafft. Die drei Kisten waren voll und konnten am nächsten Tag von der Spedition abgeholt werden.

Am späten Vormittag des nächsten Tages fuhren Axel und ich nach Recklinghausen. Wir wollten uns mit Gerd in einem italienischen Restaurant treffen. Etwas vor der Zeit trafen wir dort ein. Ich war gespannt, was Gerd mir zu sagen hatte.

Er saß am Fenster und schien unser Kommen schon beobachtet zu haben. Ich erkannte ihn sofort an seinem weißen Haar und seinem gepflegten weißen Schnurrbart.

»Gerd, darf ich dir Axel Gross aus Vancouver vorstellen?«

»Hallo«, begrüßte er uns freundlich, erhob sich und bot uns einen Platz an. Welten schienen zwischen unserer letzten Begegnung und dieser zu liegen, und man konnte eine gewisse Fremdheit spüren, die früher nicht vorhanden war.

Nachdem wir die Bestellung aufgegeben hatten, sprach Gerd sogleich Rainers neue Beziehung zu einer deutschen Reiseleiterin an. Sie sei in Spanien tätig und habe ihn im Oktober für zwei Wochen in unserem Haus besucht. Danach machte er eine bedeutungsvolle Pause.

Als ich bewusst nicht auf das Thema einging, kam er ziemlich schnell auf den eigentlichen Grund unseres Treffens zu sprechen und ließ die Katze aus dem Sack.

»Gila, ich bin zwar mit dem Verkauf des Hauses einverstanden, doch nur unter der Bedingung einer gewissen Abstandszahlung aus dem Verkaufserlös. Dadurch sind dann sämtliche Widrigkeiten und Unkosten abgegolten, die ich gehabt habe«, schlug er gönnerhaft vor. »Mit Rainer hatte ich ab September Mietzahlungen vereinbart, denn der Erlös des Audi hat nur bis dahin gereicht. Seit November hat er aber weder die Miete noch das geliehene Geld für den Transport der Hunde bezahlt! Da kannst du dir ja ausrechnen, welche Einbußen ich gehabt habe!«

Nun reichte es mir aber wirklich, und ich erwiderte: »Gerd, spätestens seit seiner Rückkehr nach Kanada ist Rainer für sich selbst verantwortlich. Das weißt du ganz genau! Bitte, komm jetzt nicht mit Dingen, die mich partout nichts angehen! Ich bin nicht Rainers Kindermädchen. Ihr habt genügend Aktionen auf meine Kosten gestartet! Denk mal daran, zu welchem Preis du den Audi bekommen hast!«

»Der Audi steht bei mir nur herum. Bei dem Geschäft habe ich eher noch zugesetzt!«, erregte sich Gerd erneut. »Meinst du, ich hätte wirklich noch ein Auto gebraucht, obwohl ich schon sieben habe? Ein reiner Freundschaftsdienst war das!«

»Na gut, aber Rainer ist ein erwachsener Mann. Wenn du Geld von ihm bekommst, dann halte dich an ihn und verlang es nicht von mir zurück!«, fuhr ich unbeirrt fort.

»An ihn?«, meinte er ironisch. »Rainer ist vor ein paar Tagen, ohne seine Schulden bei mir zu begleichen, aus dem Haus ausgezogen. Erst durch André habe ich erfahren, dass er sich in Dawson City niederlassen will. Von André hat er sich jedenfalls noch verabschiedet!«

»Er ist bereits ausgezogen?«, fragte ich völlig fassungslos. »Hat er denn die Möbel eingepackt?« Hilflos blickte ich Gerd an.

»Du glaubst doch wohl selbst nicht, dass er sich diese Mühe noch gemacht hat. Weißt du, wie viel Arbeit das ist?«, entgegnete Gerd.

»Aber gerade deshalb habe ich ihn darum gebeten. Ich kann unmöglich alles in Auftrag geben! Das ist viel zu teuer! Er hatte es mir hoch und heilig versprochen!« Ich schluckte.

»Aber sei beruhigt, Gila«, fuhr Gerd fort, »einen Großteil der Möbel brauchst du gar nicht mehr einzupacken, denn Rainer hat sie verkauft.«

Ich konnte einfach nicht glauben, was Gerd berichtete. Er aber schien sich seiner Sache sehr sicher zu sein. Eine derartige Enttäuschung erfasste mich, dass ich längere Zeit kein Wort hervorbringen konnte.

Axel drückte mir unterm Tisch die Hand.

Im Grunde genommen hatte Gerd mich in der Hand. Ich hatte gar keine Chance, denn er war durch die von mir ausgestellten Vollmachten als Eigentümer des Hauses eingetragen, und auch die Hypothek lief auf seinen Namen.

Mir schoss ein verwegener Gedanke durch den Kopf. Wäre es nicht das beste, wenn ich nach Rainers Auszug selbst von Vancouver nach Whitehorse flöge, um dort nach dem Rechten zu sehen?

Axel unterbrach meine Überlegungen, indem er sich zum ersten Mal in unser Gespräch einschaltete und Gerd nach der Höhe der von ihm geforderten Abstandszahlung fragte.

»Kann ich Axel darüber Auskunft geben?«, fragte mich Gerd mit einem Seitenblick.

»Ja«, erwiderte ich fest. »Axel ist der neue Mann in meinem Leben. Wir werden ab Dezember in Vancouver zusammenleben.«

Diese Neuigkeit schien Gerd zu überraschen. Instinktiv erfasste er jedoch, dass Axel finanziell der Stärkere war und wandte sich ihm zu. Ich hielt mich zurück und überließ den beiden erst einmal die weiteren Verhandlungen.

Um den Verkauf des Hauses in Whitehorse aktiv in die Hand nehmen zu können, erklärte ich mich schließlich mit der geforderten Zahlung einverstanden, die aus dem Erlös des Hausverkaufs an Gerd gezahlt werden sollte. Doch das Gefühl, von ihm hinters Licht geführt worden zu sein, wurde immer stärker, sowohl bei Axel als auch bei mir.

Auf der Rückfahrt meinte Axel nachdenklich: »Ich habe das starke Gefühl, dass dieser Gerd ein großes Schlitzohr ist. Er hat eure Unwissenheit ganz schön ausgenutzt. Solche Geschäfte macht kein seriöser Geschäftsmann.«

»Er wurde uns damals vom Bürgermeister empfohlen«, warf ich ein.

»Das heißt gar nichts im Yukon«, entgegnete Axel. »Da gilt nur das eherne Gesetz: Friss oder stirb!«

»Ich überlege ernsthaft«, sagte ich, »ob es nicht besser ist, wenn ich im Januar von Vancouver nach Whitehorse fliege, um das Haus zu verkaufen und die Möbel zu verpacken, jetzt, nachdem Rainer das Haus verlassen hat und sich nicht mehr dort aufhält. Immerhin steht nicht nur die Einrichtung, sondern ein Drittel des Verkaufspreises vom Haus auf dem Spiel – das einzige aus meinem Vermögen, was durch den Verkauf noch an mich zurückfließt.«

Axel nahm meine Hand und hielt sie fest.

»Mach dir keine Sorgen, Gila. Lass uns, wenn wir in Vancouver sind, nochmals darüber sprechen. Vielleicht kann ich mit dir nach Whitehorse fliegen.«

Von zu Hause aus rief ich André in Whitehorse an.

»Ja, das stimmt«, sagte er, »Rainer ist ausgezogen. Vor ein paar Tagen ist er überraschend bei mir aufgetaucht und hat sich mit den Worten von mir verabschiedet, er wolle sich mit seinen Huskies in Dawson City niederlassen. Über die Möbel haben wir nicht gesprochen. Meinst du wirklich, dass was fehlt?«

Auf meine Bitte hin rief André abends zurück und erklärte enttäuscht, viele Sachen seien verschwunden, neben der vollständigen Wohnzimmereinrichtung auch Marcos Hammond-Orgel. Also stimmte es doch! Ich konnte es immer noch nicht glauben! In welcher Notlage musste sich Rainer befunden haben, um so etwas zu tun?

Am nächsten Tag fuhren Axel, Walter und Holger zurück nach Köln und nahmen in ihrem VW-Bus schon die meisten der Koffer mit. Ich wollte gemeinsam mit den Kindern einen Tag vor Heiligabend mit dem Zug nachreisen.

Mein russischer Wein wurde in einem Hartschalenkoffer verstaut und sollte mit nach Vancouver, obwohl ich wusste, dass die Einfuhr von Pflanzen nicht erlaubt war. Vorsichtshalber hatte ich nun für ihn ein Gesundheitszeugnis vom Amt in Hannover ausstellen lassen. Doch das wollte ich nur in dem Fall vorzeigen, dass wir unsere Koffer öffnen mussten, damit er nicht vom Zoll konfisziert wurde.

Obwohl Marco sich sehr auf Vancouver freute, merkte ich ihm an, wie schwer es ihm fiel, von seinen Freunden, die er inzwischen gewonnen hatte, endgültig Abschied zu nehmen. Ich spürte, dass sie ihn auch nicht gern gehen ließen, obwohl sie ihre Gefühle hinter manch kumpelhaften Neckereien versteckten. Es waren wirklich ausgesprochen nette Jungen, die er kennen gelernt hatte.

Einige Stunden später traf ich ziemlich genervt mit Rico auf dem Arm, Dana an meiner Hand, Marco und den letzten vier Koffern und weiteren Utensilien in Köln ein.

»Oma Dagmar ist entzückt«, rief Dagmar mir entgegen,

als wir in ihrer Wohnung eintrafen, und begrüßte zum ersten Mal die beiden Kleinen. Liebevoll ging sie auf Dana ein. Dann nahm sie mir Rico ab und sagte fröhlich: »Da ist ja das kleine Knallbäckchen!«

»Komm, mein Kleiner, du gehörst auch dazu«, meinte sie herzlich und versuchte, sich an Marcos zwei Meter heranzutasten. »Komm in meine Arme!«

Es war ein herrliches Bild, als die kleine Dagmar den langen Schlaks couragiert zu sich herunterzog. Marco grinste verlegen von einem Ohr zum anderen.

Als erstes legte ich Axel die Unbedenklichkeitsbescheinigung auf den Tisch, mit der ich ihm wegen der verbotenen Einfuhr meiner Weinpflanze den Wind aus den Segeln nehmen wollte. Er setzte gerade an zu lamentieren, als Dagmar in ihrer unnachahmlich verständnisvollen Art meinte: »Wenn die Gila die Pflanze liebt, dann soll sie sie auch behalten. Ich bin überzeugt, dass beim Zoll alles gut gehen wird.«

Und ich war es auch. Seit einiger Zeit bereits hatte ich begonnen – vor Transaktionen dieser oder anderer Art – darüber nachzudenken, ob ich irgendjemandem mit meinem Vorhaben schaden konnte. War das nicht der Fall, so war ich wirklich überzeugt, dass alles gut ging, und dann zog ich die Sache auch durch.

Wenn jedoch etwas nicht stimmte und ich fand, dass ein anderer Nachteile durch mein Vorhaben hatte, so war ich längst nicht mehr so schnell gewillt, die Sache nur meines Vorteils wegen in Angriff zu nehmen, und ließ fast immer die Hände davon.

Das waren auch die wichtigsten Überlegungen bei meiner Entscheidung gewesen, mit Axel nach Vancouver zu gehen. Niemandem taten wir weh, alle Beteiligten waren froh. Wie liebevoll verhielten sich Axels Eltern und seine Geschwister! Also konnte die Auswanderung nur ein Erfolg werden.

Weihnachten hatte Axel eine Riesenüberraschung für mich.

»Gila, das ist für dich«, sagte er leise und übergab mir

ein kleines, liebevoll eingepacktes Geschenk, das eigenartigerweise sehr leicht war. Erwartungsvoll sah ich ihn an.

»Was das wohl ist ...?«, fragte ich ihn neugierig.

»Na, pack's aus, dann weißt du's.«

An Dagmars strahlenden Augen konnte ich ablesen, dass sie wusste, was in diesem Päckchen verborgen war. Vorsichtig löste ich die kleinen zarten Schleifchen, und heraus fiel ein Briefumschlag. Gespannt öffnete ich ihn. Ein Schlüssel? Wofür? Mal sehen, was sich noch darin befand. Fotos?

Ich sah die Fotos an – und wollte es kaum glauben. Ein Auto! Ein Auto für mich!

»Axel, du verrückter Kerl«, flüsterte ich völlig überwältigt und nahm ihn in meine Arme. »Das ist einfach nicht wahr ...!«

Und doch war es wahr. Nicht erst in dem Moment kam ich mir vor wie eine Märchenprinzessin. Noch nie in meinem Leben hatte ein Mann so für mich gesorgt.

»Du brauchst doch ein Auto, Gila, wenn du Marco zur Schule und Dana in den Kindergarten bringen musst«, stellte Axel fest und versuchte, sein Geschenk ein wenig realistischer darzustellen. Ich fühlte mich einfach geborgen in seiner Fürsorge.

»Zeig mal her, Mom«, meinte Marco und bekam große Augen, als er den blauen Flitzer auf den Fotos sah.

»Bekomm ich zum Geburtstag auch so einen?«, fragte er Axel unbekümmert.

»Wenn du mir nach der Schule im Geschäft mithilfst, kannst du ihn dir verdienen.« Axel lachte. »Aber zuerst kannst du mal deinen Führerschein machen.«

»Siehst du«, gab Marco unumwunden zu, »das habe ich immer so geschätzt an Kanada, dass man mit sechzehn Jahren schon seinen Autoführerschein machen kann.«

»Mach ihn erst mal fürs Motorrad! Dann können wir weiterreden«, erwiderte Axel.

Dann übergab mir Wolf ein Kästchen, und Dagmar schloss sich an mit den Worten: »Alle Frauen unserer Söhne haben zur Hochzeit einen Teil unseres alten Familienschmucks erhalten. Das hier ist für dich.«

Fassungslos öffnete ich das kleine Kästchen und erblickte ein in Altsilber gefasstes Bernsteinarmband – ein wunderbares Stück! Ich war derart überwältigt, dass ich kaum Worte fand.

Es wurden fröhliche Tage. Am zweiten Weihnachtstag fand Ricos Taufe im Kreise von Axels Familie statt. Überall schlug mir Wärme und Sympathie entgegen.

Sämtliche Koffer waren in Dagmars Gästezimmer verstaut, in dem die beiden Kleinen, Axel und ich schliefen. Vor dem Fenster stand der riesige aufgeklappte Koffer mit meinem Wein, der kläglich versuchte, ein paar Sonnenstrahlen zu erhaschen – ein wahres Familienidyll!

Axel schüttelte den Kopf und meinte: »Auf was hab' ich mich nur eingelassen ...!«

Wenn ich heute über die hektische Zeit vor meinem Auszug aus dem Haus oder auch die ausgefüllten Tage in Köln nachdenke, so muss ich sagen, keiner von uns, weder Axel noch ich, fand Ruhe zur inneren Einkehr. Aber der Trubel sollte für uns ein geringer Preis sein für das, was uns in Köln an herzlicher Aufmerksamkeit zuteil wurde.

Nach diesen aufregenden Tagen freute ich mich auf mein neues Zuhause in Vancouver. Ich freute mich vor allem auf das Leben mit Axel, seine Fürsorge und Liebe, auf das schöne Haus, von dem er mir bereits einige Fotos gezeigt hatte, auf die Stadt Vancouver und auf das Land Kanada, das mich gnädig wieder aufnehmen wollte.

Wie würde es sein, wenn ich keine Tätigkeit mehr ausübte und nur für die Familie und den Haushalt da war? Rückblickend fiel mir auf, dass ich seit dem Verlassen der Schule immer berufstätig gewesen war, von einigen Monaten während meiner Schwangerschaften mal abgesehen.

Würde es nicht für mich eine ganz ungewohnte Situation sein, einmal nicht die finanzielle Verantwortung für meine Familie zu tragen? Aber ich bekam dafür die Gelegenheit, in Kanada ganz für unsere Familie da zu sein, Zeit zum Lesen zu haben, zu backen und zu kochen, was die Küche hergab.

Wie oft hatte ich mir in der finanziell so mageren Zeit diese Situation vorgestellt und herbeigewünscht! Dass einfach jemand kam, mich fest an die Hand nahm und mir voller Liebe sagte: »Gila, hier bin ich. Ich sorge gern für dich und deine Kinder.«

Und genau das war eingetreten, wie alles in die Wirklichkeit eintritt, was man sich immer wieder brennend wünscht.

Der zweite Abschied von Deutschland innerhalb von fünfzehn Monaten stand unserer Familie unmittelbar bevor, als uns Axels Vater und seine Brüder am 29. Dezember 1986 zum Flughafen Köln begleiteten. Dagmar hatte es nicht übers Herz gebracht mitzufahren. Ihre Augen schimmerten schon morgens nach dem Frühstück sehr verdächtig.

»Lasst mich zu Hause«, bat sie uns ein wenig hilflos. »Gila, schreib mir bitte, wie es euch geht. Telefonieren ist so teuer.«

»Ja, Dagmar, ich schreibe dir. Mach dir bitte keine Sorgen, es wird alles gut.« Ich dankte ihr nochmals von Herzen für alles und nahm sie ganz fest in die Arme. Worte waren hier fehl am Platze. Aber ich war sicher, dass sie merkte, welche Gefühle auch von mir zu ihr strömten.

Unser Gepäck bestand aus zwölf Koffern, die Wolf ein erstauntes ›Oh‹ abgerungen hatten in der Befürchtung, dass wir eine Menge Übergewicht zu bezahlen hätten.

»Vater, mach, dir keine Gedanken«, meinte Axel trocken. »Gila hat sehr viel Erfahrung, wie sie das ohne Mehrkosten schafft …!«

Völlig übermüdet trafen wir zehn Stunden später in Vancouver ein. Während Axel zwei Gepäckkarren auftreiben wollte und ich mit meinen Kindern an der Gepäckausgabe auf unsere Koffer wartete, überlegte ich, wie oft ich hier in Vancouver schon gestartet und gelandet war.

Endlich fanden sich alle Koffer wieder, und mein Wein gelangte reibungslos durch die Zollkontrolle.

Axels Haus war wunderschön. Der Ausblick verschlug mir die Sprache, als wir in der Nacht zum 30. Dezember 1986 bei ihm, besser gesagt, bei uns zu Hause eintrafen.

Teddy, der Kater, begrüßte Axel mit ununterbrochenem Miauen und strich begeistert um dessen Beine. Axel schmuste zärtlich mit ihm und nahm ihn auf den Arm. Er hatte Teddy vor seinem Abflug zu Bekannten gegeben, die ihn nachmittags vor unserer Ankunft wieder ins Haus gebracht hatten.

Faszinierend, dieser nächtliche Blick auf Vancouver und auf die Lions Gate Bridge, die das Zentrum mit Nord-Vancouver verbindet.

»Wie wunderbar das aussieht!«, schwärmte ich und ließ das eindrucksvolle Bild ein Weilchen auf mich wirken. Während ich Dana und Rico ins Bett brachte, luden Axel und Marco das Gepäck aus. Anschließend halfen sie mir, den Wein, der ziemlich ramponiert aussah, aus dem Koffer in die Badewanne zu hieven und zu wässern.

Als ich ihn untersuchte, stellte ich fest: »Eine Menge Ranken sind abgeknickt, aber er wird sich erholen. Sieh mal, Axel, viele der Blätter sehen aus wie verbrannt!«

»Könnte es vielleicht sein, dass man vergessen hat, den Frachtraum für deinen Wein zu heizen?«, feixte Axel und sah sich eines der Blätter genauer an. »Denn das scheinen keine Verbrennungen, sondern eher Erfrierungen zu sein.«

»Ach, hör auf zu lästern. Er wird's überstehen.« Dann meinte ich müde: »Komm, lass uns schlafen gehen.«

Rico schlief in jener Nacht sehr unruhig. Oft musste ich ihn aus seiner Tasche hochnehmen und beruhigen, denn ich wollte nicht, dass Axel durch sein Weinen gestört wurde. Es lag an der Tragetasche, in der er sich nicht bewegen konnte. Mit seinen vier Monaten war er einfach zu groß dafür.

»Was sollen wir tun?«, fragte ich Axel ein wenig ratlos. »Bis die Möbel aus Whitehorse hier eintreffen, dauert es noch einige Wochen. Könnten wir uns bei irgendjemandem ein Kinderbettchen für die Zeit leihen?«

Axel druckste etwas herum, dann sagte er: »Es sollte ja eigentlich eine Überraschung werden, doch ich kann's wohl nicht länger verheimlichen. Wir bekommen morgen Abend Besuch, der ein paar Tage hier bleibt.«

»Wer kommt denn?«

»André aus Whitehorse mit dem Kinderbett als Fluggepäck ...«

»Und das wolltest du mir verheimlichen!«, rief ich voller Freude aus.

»Du solltest es erst erfahren, wenn ich mit André plötzlich zur Tür hereingekommen wäre.«

»Morgen Mittag kommt er schon?« Ich hatte André seit fast einem Jahr nicht mehr gesehen.

»Ich habe ihn vor meinem Abflug nach Deutschland angerufen und ihm das Flugticket geschickt.«

Froh drückte ich Axel die Hand. Es erfüllte mich mit tiefer Dankbarkeit, André auf solch eine überraschende Art wieder zu sehen. Wo Axel mir eine Freude bereiten konnte, da tat er es.

Nach dem Frühstück machte ich als erstes einen Rundgang durch das Haus. Wegen der Hanglage ging man zu ebener Erde von der Hofeinfahrt neben der Garage in das Wohngeschoss. Vom Flur aus kam man in ein sehr geräumiges, mit graublauem Teppichboden ausgelegtes Wohnzimmer. Das gesamte Haus bis auf die Küche und die Badezimmer war mit feinem Velours ausgelegt.

An der linken Wand des Wohnzimmers befand sich ein rustikaler Bruchsteinkamin. Für deutsche Begriffe war es nur spärlich möbliert: links neben dem Eingang eine schwarze dreisitzige Stoffcouch mit einem Holztisch davor, ein schwenkbarer Liegesessel aus schwarzem Leder vor dem Fenster, sowie an der rechten Wand ein kleines Highboard aus Buche mit dem passenden Esstisch und sechs Stühlen.

Rechts neben dem Highboard war der Durchgang zur geräumigen Küche, die ebenfalls eine kleine Essecke enthielt. Links vom Wohnzimmer schlossen sich Axels Büro und das Gäste-WC an.

Ging man die breite Treppe vom Flur ins Kellergeschoss hinunter, so gelangte man in die beiden Kinderzimmer und das Elternschlafzimmer. Daneben lag das Badezimmer. Auch von dieser Etage aus hatte man einen herrlichen Ausblick.

Neben Marcos Zimmer und dem der beiden Kleinen befand sich der schönste Raum – eine Art Studio, gemütlich möbliert und ebenfalls mit einem Kamin ausgestattet. Von diesem Raum aus hatte man die Möglichkeit, direkt in den großen Garten zu gehen, der wegen der Hanglage auf zwei Plateaus angelegt war, die durch eine Holztreppe verbunden waren.

Es war wirklich ein herrliches Haus. Tiefe Freude erfasste mich, hier mit Axel leben zu können.

Am Nachmittag holten wir mein Auto vom Händler ab. Die Automatik war im ersten Moment etwas ungewohnt für mich, aber daran würde ich mich schnell gewöhnen. Das Abenteuer Vancouver kann losgehen, dachte ich voller Glück.

Seit unserer letzten Begegnung im Januar hatte sich André verändert. Wenn ich ihn länger beobachtete, konnte ich feststellen, dass er eine Spur härter und weniger kompromissbereit geworden war. Auch Axel fiel es auf, obwohl er André vorher nicht gekannt hatte.

»Das Leben im Yukon hat auch bei ihm schon Spuren hinterlassen«, sagte Axel abends zu mir, als wir eng aneinander gekuschelt in unserem Bett lagen.

»Es ist so schön«, sagte ich dankbar, »dass wenigstens für ein paar Tage die ganze Familie wieder vereint ist.«

Tags darauf hörte ich mir das Tonband an, auf dem Axel das Gespräch mit Rainer aufgezeichnet hatte. Seine vagen Befürchtungen, Rainer könnte ein Anrecht auf die Kinder beanspruchen, waren aus der Welt geschafft, denn Rainer machte eher den Eindruck, dass ihn ein Gespräch über Huskywelpen weit mehr aus der Reserve gelockt hätte.

In den folgenden Wochen waren wir damit beschäftigt, uns in Vancouver einzuleben. Axel meldete Dana in einem Tageskindergarten an, wo sie es anfangs nicht ganz leicht hatte. Nach und nach gewöhnte sie sich aber an die anderen Kinder und deren ›komische Sprache‹.

Mit Rico hatte Axel so seine Schwierigkeiten. Rico ließ sich nur von mir anfassen und verzog jedes Mal sein Gesicht, wenn Axel ihn auf den Arm nehmen wollte. Ignorierte er Ricos Grimassen und behielt ihn weiterhin auf dem Arm, wurde Ricos Unbehagen unaufhaltsam zur Wut und schließlich zur Hysterie.

Mir tat es Leid, dass er sich Axel gegenüber so ablehnend verhielt aber das lag sicher daran, dass Axel bis abends in seiner Firma war. Wenn er dann nach Hause kam, blieb nur wenig Zeit für die Kinder, weil sie kurze Zeit später bereits zu Bett gingen.

»Lass ihn erst etwas älter sein«, tröstete ich Axel, als Rico mal wieder Theater machte. »Er ist gerade erst ein halbes Jahr alt. Ich bin sicher, das wird sich bald legen.«

Dafür verstanden sich Dana und Axel prächtig. Er verhielt sich Dana gegenüber wie ein richtiger Kumpel und nahm sich trotz seiner wenigen Freizeit abends immer etwas Zeit für sie.

Marco ging in eine Ganztagsschule, die ihm aber nicht besonders zu gefallen schien. Das Wichtigste war für ihn nach wie vor ein Motorrad, bis Axel sich dann eines Tages erweichen ließ.

»Marco, ich mache dir einen Vorschlag«, sagte er beim Abendessen. »Du kannst mir samstags im Geschäft helfen. Das Geld, das du dort verdienst, bringst du auf die Bank. Ich kaufe dir das Motorrad, und du zahlst es mit der Hälfte deines Wochenlohnes ab.«

»Das klingt gut«, gab Marco zu. Mir war klar, dass es Axel weniger darum ging, das Geld von Marco zurückzubekommen, als ihn zum Sparen anzuhalten. Ein paar Tage später durfte sich Marco zum Motorradführerschein anmelden und übte danach fleißig kanadische Verkehrsregeln.

Nach und nach lernte ich Axels engste Freunde kennen, auch Rosi und Hardy, die ebenfalls aus Deutschland stammten. Sie wohnten nicht weit von uns entfernt.

»Was meinst du, Gila«, sagte Hardy grinsend, als wir zusammen am Tisch saßen, »welche Sorgen wir uns um Axel gemacht haben! Im Oktober war er plötzlich spurlos verschwunden. Kein Mensch wusste, wo er war. Wie vom Erdboden verschluckt!«

»In den fünfundzwanzig Jahren, seit wir uns kennen, ist das noch nicht passiert«, fügte Rosi lächelnd hinzu. »Immer hat er uns gesagt, wohin er geht oder fährt, und wenn's nur für einen Tag war. Wir waren ernsthaft besorgt um ihn.«

»Niemand im Geschäft wusste genau, wo Axel sich aufhielt und warum er weggefahren war«, fuhr Hardy fort. »Bis er dann plötzlich nach einer Woche mit einem Fotoalbum unter dem Arm bei uns auftauchte und sagte: ›Schaut her, das ist sie – mit Familie!‹ Wir sind fast vom Hocker gefallen.«

Rosi schüttelte den Kopf. »Ich war völlig fassungslos.«

Ich lachte. Axel saß grinsend am Tisch und ließ alles ruhig über sich ergehen.

»Wir waren sehr gespannt auf dich«, sagte Rosi schmunzelnd, »und sind ja so erleichtert – jetzt, wo wir dich kennen gelernt haben.«

»Ich kann mir vorstellen, dass ihr euch Sorgen um Axel gemacht habt«, meinte ich amüsiert. »Es war ja auch mehr als ungewöhnlich, wie er sich verhalten hat.«

Es war ein fröhlicher Abend mit den beiden, der erste von vielen, die noch folgen sollten.

Kapitel 16

> *Erlebtes soll nicht das Gedächtnis beschweren,*
> *sondern den Verstand erleuchten.*
> *(Gotthold Ephraim Lessing)*

So wie erworbenes Wissen ist Erlebtes nur dann von Wert, wenn es auch verarbeitet wird. Was hat eigentlich zu Erfolg oder Misserfolg geführt, zu Versagen und Schuld, aber auch zur Kraft für den Widerstand, zur Bindung oder Trennung? Nur daraus lassen sich Schlüsse für künftiges Verhalten ziehen.

Für mich war es wichtig, Vergangenes zurückzulassen. Es belastete nicht nur unnötig mein Gedächtnis, sondern vor allem meine Seele. Sonst hätten sich Dinge, die nicht bewältigt worden waren, zu einer Gefahr für Seele und Gemüt entwickeln können.

Mitte Januar schlug Axel vor, für ein paar Tage nach Whitehorse zu fliegen, um alles zu regeln, was unsere Anwesenheit dort unbedingt erforderlich machte. Das Kapitel sollte damit für mich endgültig abgeschlossen werden.

Kurz vor unserem Abflug rief ich Gerd an.

»Könntest du uns den Audi für ein paar Tage zur Verfügung stellen?«, sagte ich. »So brauchen wir für die drei Tage nicht extra einen Leihwagen zu nehmen.«

»Ja, sicher«, erklärte er hilfsbereit. »Am besten übergebe ich euch den Hausschlüssel und den Audi gleich am Flughafen.«

Seit ich wusste, dass ich Whitehorse wieder sehen würde, beschlich mich ein eigenartiges Gefühl. War es das Haus mit seinen vielen Erinnerungen, das mich vor dem Gedanken des Wiedersehens zurückschrecken ließ? Das Haus, in das ich so gewaltige Hoffnungen gesetzt hatte?

Dennoch blieb mir keine andere Wahl: Ich musste diesen letzten Schritt tun und war froh, Axel an meiner Seite zu haben. Nicht nur der gesamte Hausrat musste verpackt werden, auch das Haus selbst wollten wir vollständig säubern, obwohl wir eigentlich annahmen, dass Rainer es ordentlich verlassen hatte. Der Container war bestellt, und André wollte ein paar Freunde zum Einpacken mitbringen.

Dann war es soweit. Wir flogen in den Yukon.

Die Maschine setzte spät abends weich auf der verschneiten Landebahn des neuen Flughafens von Whitehorse auf. Gerd und Ruth erwarteten uns bereits. Trotz meiner gemischten Gefühle ihm gegenüber freute ich mich, Ruth wieder zu sehen. Nach der Begrüßung übergaben sie mir die Schlüssel für den Audi und das Haus. Da es schon sehr spät war, verabschiedeten wir uns bald von den beiden, um zu unserem Haus in der Hot Springs Road zu fahren.

Da stand mein Audi! Noch immer machte es mich traurig, wenn ich an den Preis dachte, für den Gerd ihn erworben hatte.

Der Schnee knirschte unter den Rädern. Wegen der Dunkelheit und der Straßenglätte musste Axel langsam fahren. Wehmut erfasste mich auf dem so vertrauten Weg. Ich konnte mich der Tränen kaum erwehren. Meine Knie zitterten, als Axel die etwas verschlungene Einfahrt erreichte und ich in der Dunkelheit das schneebedeckte Haus hinter den Bäumen erkannte. Ein paar hundert Meter entfernt lag das Grab der Huskies. Welche Gefühle und Träume lagen hier begraben!

Als wir die Tür aufschlossen und eintraten, merkten wir, wie eisig und ungemütlich es hier war. Mit weichen Knien blieb ich stehen. Die abweisende Atmosphäre eines leergeräumten Wohnzimmers schlug mir entgegen. Wie viel Gemütlichkeit hatte ich damals gerade in diesem Zimmer empfunden!

Traurig sah ich mich um. Plötzlich spürte ich, dass irgendetwas nicht in Ordnung war. Ich folgte Axel in die Küche und blieb wie versteinert stehen.

»O nein!«, stöhnte ich. »Was ist denn hier los? Volle Aschenbecher, verdorbene Lebensmittel …!«

»Es sieht aus, als hätte jemand das Haus überstürzt verlassen«, stellte Axel fest, als er auch die anderen Räume inspizierte. Er sah mich fragend an, als könnte ich ihm eine Erklärung für dieses Chaos geben.

»Das sieht Rainer absolut nicht ähnlich!« Hilflos zuckte ich mit den Schultern.

Meine Pflanzen, die mir so viel bedeuteten, hingen erfroren und vertrocknet in den Blumenampeln. In jedem Zimmer bot sich das gleiche Bild: Schmutz und Chaos! Noch immer konnte ich mir keinen Reim auf diesen Zustand machen.

Als ich im Schlafzimmer die Tür zum kleinen Ankleideraum öffnete, erschrak ich. Rainers Bademantel war noch da, sein Waldhorn und seine gesamten Bücher, an denen er so hing – die Mundharmonika, die Kamera!

Gleich geht die Tür auf, und er kommt herein, dachte ich irritiert. Eine starke Unruhe erfasste mich.

»Nie hätte er sich von diesen Sachen getrennt«, sagte ich.

Axel hatte draußen einige Hundeleinen entdeckt. »Warum hat er sie nicht mitgenommen?«, überlegte er. »Er wird sie bestimmt noch brauchen.«

Krampfhaft versuchte ich, die einzelnen Puzzlesteine zusammenzufügen. Doch alles lag im Nebel.

»Wenn ich mal voraussetze, dass er solch eine Unordnung nicht hinterlassen würde, so muss er wohl die Absicht gehabt haben, nochmals zurückzukommen.«

Aber zu viel Zeit war seit seinem Auszug Mitte Dezember vergangen, als dass ich das wirklich noch annehmen konnte.

»Das wäre die einzige Erklärung für diese Situation«, meinte Axel und fing an, die Küche aufzuräumen. Danach holte er Holzscheite von der Terrasse, um sie in den Yukon Stove zu legen, damit es warm wurde im Haus. Schlimme Erinnerungen tauchten auf, als Axel mit dem Ofen hantierte.

Als wir morgens nach dem Frühstück das Haus bei Tageslicht näher in Augenschein nahmen, waren wir ganz sicher, dass hier etwas nicht stimmte.

»Rainer hat vor seiner Rückwanderung einen ganzen Liter dieses teuren Desinfektionsmittels gekauft, das damals wesentlich zur Heilung seines Fingers beitrug. Er gebrauchte es gern für Bissverletzungen bei seinen Hunden. Sieh mal, Axel, da steht es! Dreiviertelvoll!«

Ich wies auf die Flasche, die im Wandschrank meines Büros stand, und fuhr fort: »Nie hätte er für längere Zeit auf dieses Medikament verzichtet, das hier im Yukon einen fast unersetzlichen Wert für die Hunde darstellt. Was ist hier passiert?«

»Ich habe keinen blassen Schimmer«, antwortete Axel, als er seine dicken Schneestiefel anzog. Wir sahen uns auch draußen um. Warum stand der Hundeaufsatz für den Pickup noch auf dem Grundstück? Wenn Rainer mit den Hunden nach Dawson City gefahren war, hätte er den Aufsatz gebraucht. Warum hatte er ihn nicht mitgenommen? Fragen über Fragen!

Mittags hatten wir uns mit dem Makler verabredet. Er zeigte sich erfreut, dass er den Verkauf des Hauses nun offiziell in die Hand nehmen konnte, denn Gerd schien bisher kein großes Interesse an dem Verkauf gehabt zu haben. Vermutlich hatten wir Gerds Pläne durch unser Auftauchen in Whitehorse gewaltig durchkreuzt.

Wir kauften ein paar Lebensmitteln ein und fuhren wieder zum Haus, wo ich eine Liste von Dingen anfertigte, die verkauft werden konnten. Axel gab eine Anzeige auf für die nächste Ausgabe des ›Whitehorse Star‹.

Mir kam die plötzlich die Idee, den Audi von Gerd zurückzukaufen. In Vancouver könnten wir ihn sicherlich für das Doppelte des von Gerd bezahlten Preises verkaufen. Er bekäme sein Geld zurück und wäre bestimmt froh darüber, ihn wieder abzustoßen, da der Audi für ihn – wie er sagte – nur unnötigen Ballast darstellte.

Ich zögerte nicht lange und rief Gerd an. Kaum hatte ich

ihm den Vorschlag unterbreitet, kam eine kurze, völlig unerwartete Reaktion: »No way! Das kommt überhaupt nicht in Frage! Ich bin froh, dass ich durch den Wagen für einiges, was ich durch Rainer verloren habe, entschädigt werde!«

Aha, dachte ich amüsiert. Dieses Schlitzohr! Und ich hatte ihm wirklich abgenommen, dass er den Audi nur aus Hilfsbereitschaft und Mitgefühl gekauft hatte.

Es war das letzte Mal, dass Gerd und ich miteinander sprachen, nachdem ich ihm zu seiner Beruhigung vorher noch versichert hatte, dass wir den Audi vor meinem Rückflug ordnungsgemäß am Flughafen abstellten. Alles Weitere wickelten wir über den Makler ab, der im darauf folgenden Juni das Haus endgültig verkaufen sollte.

Endlich war alles geschafft: der Container voll, das Haus leer und sauber. Noch immer machte ich mir Gedanken über Rainers Sachen, ließ sie aber vorsichtshalber im Schrank liegen, falls er irgendwann noch zurückkehrte und sie abholen wollte.

Am letzten Abend unseres Aufenthaltes läutete das Telefon. Ein Gespräch aus Deutschland.

»Hallo!«

»Wer ist denn da?« Ich hörte eine mir vertraute Männerstimme im Eifler Dialekt. Es war Michael, der uns damals in den ersten Wochen nach unserer Auswanderung geholfen hatte. Er wusste von meiner Rückkehr nach Deutschland und kannte auch die Ereignisse des letzten Jahres.

»Gila? Ich werd verrückt! Du bist in Whitehorse! Nein, sowas! Wunderbar! Dann ist das ja alles Gott sei Dank nicht wahr! Ich hab's ja gewusst! Holst du Rainer mal ans Telefon?«, fragte er und schien völlig aus dem Häuschen zu sein.

Ich verstand gar nichts mehr! »Michael, was ist los? Was ist nicht wahr? Rainer ist nicht hier«, warf ich irritiert ein.

»Weißt du, Gila, ich bin ja so froh, dass du in Whitehorse bist und alles wieder in Ordnung ist zwischen euch! Stell dir mal vor, ein Bekannter hier aus der Eifel hat mir gerade berichtet, Rainer hätte ihn soeben aus Spanien angerufen.

Er wäre völlig durchgedreht! Kurz vor Weihnachten hätte er mit seinen Huskies den langen Weg nach Dawson City auf dem zugefrorenen Yukon zurücklegen wollen«, sagte er aufgeregt. Und ehe ich ihn unterbrechen konnte, fuhr er fort: »Dabei wäre er eingebrochen und hätte sich nur mit allerletzter Kraft retten können. Alle Hunde wären elendig in ihren Geschirren ertrunken! Rainer hätte dann sofort ein Flugticket zu seiner Freundin nach Spanien gebucht. Zum Glück alles dummes Gerede. Ich habe ja gewusst, dass es nicht stimmt!«

»Doch, Michael. Ich fürchte, es stimmt«, sagte ich erschüttert und berichtete ihm von unseren Entdeckungen hier in Whitehorse. Nach seinen Worten konnte ich mir so langsam einen Reim auf die Dinge machen, die sich hier abgespielt haben mussten. Entsetzen lähmte mich.

»Alle Hunde tot! O mein Gott!«, sagte ich fassungslos.

Aufgewühlt berichtete ich Axel von dem Telefonat. Von jeher war es Rainers Traum gewesen, mit seinen Huskies im Gespann die lange Strecke von Whitehorse nach Dawson City zurückzulegen. Schon damals, nachdem ich das erste Mal nach Deutschland zurückgekehrt war, hatte er ihn verwirklichen wollen.

Whisky, war er im Gespann mitgelaufen und auch ertrunken? Smoky, Kavik – nein, es war unvorstellbar! Laika, Anvik, Kujuk und all die anderen!

»Wie furchtbar muss Rainer der Verlust getroffen haben! Die Hunde waren seine Familie! Wie muss er gelitten haben! Bestimmt hat er vorgehabt, mit dem Ford nochmals zurückzukommen, um alles in Ordnung zu bringen und seine Sachen abzuholen, die er mit dem Schlitten nicht mitnehmen konnte.«

»Das erklärt vielleicht die Situation«, erwiderte Axel. »Ich kann mir nur vorstellen, dass er völlig durchdrehte und nicht mehr ins Haus zurückkehrte, sondern alles stehen und liegen ließ und nach Spanien flog.«

Mit zitternden Fingern rief ich Rainers Schwester in Deutschland an. Traurig bestätigte sie mir den Vorfall. Einzelheiten wusste sie aber auch nicht.

Lange Zeit konnte ich nicht einschlafen. Ich trauerte um die Hunde. Obwohl sie mir oft genug auf die Nerven gegangen waren, hatte ich jeden von ihnen gemocht. Unvorstellbar! Konnte Rainer diesen Schock überhaupt verkraften? Ich erinnerte mich an seine Beteuerung kurz vor dem Abflug, dass sich im Yukon für ihn sämtliche Probleme lösen würden. Auf welch furchtbare Weise war dieser Satz Wirklichkeit für ihn geworden.

Auf dem Rückflug nach Vancouver dachte ich an Rainers neue Freundin. Ich horchte in mich hinein: Wäre es mir lieber, es gäbe sie nicht? Nein! Ich fühlte, wie ausgeglichen ich inzwischen war und wünschte ihm von Herzen nur Gutes. Er sollte bei ihr seine Ruhe finden. Ein Gefühl der Freude erfasste mich plötzlich, frei zu sein von dieser verzehrenden Leidenschaft zu ihm, die keine Erfüllung finden konnte.

Ich sehnte mich nach meinem neuen Zuhause in Vancouver, nach unseren beiden Kleinen und Marco, der sich in der schwierigen Phase befand, erwachsen zu werden.

Ich dachte zurück an André. In diesem Jahr wollte er in Whitehorse sein Abitur machen und dann ein Studium in Quebec beginnen. So hatte doch alles seinen ganz bestimmten Sinn gehabt, denn ohne unsere Auswanderung hätte er einen anderen Weg eingeschlagen. Er als einziger ist Whitehorse treu geblieben.

Die ersten beiden Monate in Vancouver vergingen schnell. Die Sonntage gehörten der Familie, und wir waren meistens unterwegs. Wir machten eine Schiffsfahrt nach Vancouver Island mit seiner Hauptstadt Victoria, fütterten die Eichhörnchen im Stanley Park oder fanden uns bei den diversen Ereignissen ein, die immer irgendwo in dieser großen Metropole stattfanden. Die Samstage dagegen waren ganz normale Arbeitstage, an denen Axel und Marco erst gegen Abend nach Hause kamen.

Rundherum waren wir glücklich und zufrieden. Nur Marco schien sich nicht ganz wohl zu fühlen. Dennoch fielen wir aus allen Wolken, als der Rektor der Schule uns anrief, um uns mitzuteilen, dass mein Sohn des öfteren nicht zum Unterricht erschienen sei. Ich stellte Marco zur Rede, und er gab zu, den Unterricht geschwänzt zu haben. Er habe einfach keine Lust mehr, zur Schule zu gehen. Vielleicht fühlte er sich auch einsam und kam sich ein wenig ausgeschlossen vor?

Axel und ich nahmen ihn ins Gebet, und es ging eine Zeit lang gut.

Im Februar bestand er seinen Motorrad-Führerschein, und Axel ließ sich breitschlagen, ihm das Geld für eine 500er Maschine vorzustrecken.

»Denk an unsere Abmachung, Marco. Du arbeitest weiterhin samstags bei mir im Geschäft, und die Hälfte deines Lohnes zahlst du für das Motorrad zurück. Okay?«

»Ehrensache«, versprach Marco froh und konnte es kaum mehr erwarten, sein Motorrad abzuholen, das er von einem gleichaltrigen Mitschüler gekauft hatte.

»Jetzt kann er wenigstens mal etwas zusammen mit anderen Jungen unternehmen«, meinte ich erleichtert, denn es war mir nicht entgangen, dass Marco seine alte Clique aus Hannover sehr vermisste. Es verging keine Woche, in der er nicht einen Brief von seinen Freunden erhielt. Auch er schrieb fleißig und fotografierte mein neues Auto, unser Haus und vor allem sein Motorrad für sie, weil sie ein wenig an seinem neuen Leben hier in Vancouver teilhaben sollten.

»Mom, ich habe Heimweh«, gestand er mir eines Nachmittags wehmütig, als er mir beim Kochen zusah.

»Nach wem denn?«

»Nach meinen Kumpeln«, erwiderte er leise.

»Marco, du wirst dich hier mit Sicherheit bald eingewöhnen. Du hast jetzt dein Motorrad und kannst dir neue Freunde suchen. Sei nicht so ungeduldig!« Liebevoll stupste ich ihn in die Rippen. Er schwieg.

Wenige Tage später kündigte die Spedition die Lieferung der Möbel aus Whitehorse an.

»Hast du dir mal Gedanken gemacht, wo wir alles hinstellen sollen?«, fragte Axel.

»Kein Problem. Den Wohnzimmerschrank stellen wir dort an die rechte Wand, wo das Highboard steht …«

»… und wo sollen wir das Highboard hinstellen?«

»Können wir es nicht verkaufen? Man bringt ja kaum was darin unter, im Gegensatz zu meinem großen Wohnzimmerschrank. Ich weiß sonst nicht, wo ich all das Porzellan und die Gläser lassen soll.«

Axel schien dieser Gedanke gar nicht zu behagen. »Und was willst du mit deinem Esstisch und den Stühlen anfangen?«

»Sie passen zum Schrank und gehören mit ins Esszimmer.«

»Und meine Esszimmermöbel?« Axel sah mich fragend an.

Ich überlegte. »Können wir die Garnitur, die hier steht, nicht komplett verkaufen? Der große Eichenschrank und die passenden Esszimmermöbel wirken in diesem Wohnzimmer hervorragend und geben dem Ganzen ein wenig Stil.«

»Du willst doch wohl nicht sagen, dass meine Möbel keinen Stil haben!«, protestierte Axel und verzog sein Gesicht.

Ich lachte. »Überlass mir die Einrichtung. Dafür bin ich nun mal zu Hause.«

Schon bei meinem Einzug in Axels Haus war mir bewusst geworden, dass ich das erste Mal in finanzieller Abhängigkeit von einem Partner lebte. Obwohl Axel mir jeden Wunsch erfüllte, hielt ich mich zurück, selbst Wünsche zu äußern, die seine finanziellen Rücklagen angriffen. Auch deshalb war ich froh, einen großen Teil meiner Möbel zu seinem Haushalt beisteuern zu können.

Wenn ich heute darüber nachdenke, so empfand ich bei jedem Teil, das zu mir zurückkehrte, eine heimliche, stille Freude. Die Möbel, die jetzt wieder zu mir gehörten, vermittelten mir einen starken Bezug zu meinem Leben vor der ersten Auswanderung in den Yukon.

Die teuren Sachen aus meinem Besitz spiegelten meinen

ehemaligen Wohlstand wider. Mich in dem damaligen Stadium von ihnen zu trennen hätte bedeutet, mich des Einzigen zu berauben, das noch irgendwie an meine guten Zeiten erinnerte.

So ganz schien Axel jedoch mit meinen Aktivitäten nicht einverstanden zu sein. Als am nächsten Tag die Möbel ausgeladen wurden, gab er bei jedem Stück, welches ich froh ins Haus trug, einen leisen Kommentar ab. Ich nahm es von der leichten Seite, merkte aber, dass er sich nicht wohl fühlte. Ich verteidigte jedes Möbelstück mit tausend Argumenten – und Axel gab schließlich nach.

Auch wenn er sich mit meiner Möbelinvasion nicht so ganz einverstanden zeigte, merkte ich doch, wie lieb wir einander hatten. Unser aller Leben hatte sich positiv verändert. Langsam begann ich, meine Fühler auszustrecken und mich in Vancouver wie nach einer langen Odyssee wieder zu Hause zu fühlen.

Inzwischen war es April geworden. Seit Januar hatte ich mir täglich ein paar Stunden Zeit genommen, meine Geschichte für die beiden Kleinen aufzuschreiben. So blieb diese Zeit ihres Lebens nicht für immer für sie im Dunkeln verborgen.

Mitte April verbrachten Axel und ich ein herrliches Wochenende in Whistler, hoch in den Rocky Mountains, ungefähr einhundert Kilometer nördlich von Vancouver. Wir konnten Marco die beiden Kleinen schon mal anvertrauen, ohne dass wir uns Sorgen machen mussten.

So verlief unser Leben in ruhigen und friedlichen Bahnen, nur Marco hatte noch Schwierigkeiten, sein Leben hier in Vancouver zu akzeptieren. Irgendetwas schien nicht zu stimmen. Obwohl er in der Zwischenzeit zwei nette Freunde gefunden hatte, mit denen er regelmäßig seine Spritztouren unternahm, hatte ich das Gefühl, er wurde von Tag zu Tag unruhiger.

»Mom, ich habe Heimweh«, sagte er eines Nachmittags zum wiederholten Male.

»Wie kommt das, Marco?«

»Ich weiß es nicht. Gibt es denn keine Möglichkeit für mich, nach Hause zurückzukehren?«, fragte er traurig und sah mich dabei nicht an.

»Nach Hause?«, wiederholte ich irritiert. »Marco, hier ist dein Zuhause.«

Er schwieg eine Weile. »Ich habe keine Lust mehr, zur Schule zu gehen. Ich möchte so gern arbeiten und Geld verdienen.«

»Du kannst erst in eine Lehre gehen, wenn du deinen kanadischen Schulabschluss gemacht hast«, erwiderte ich mit Nachdruck. »Axel hat dir doch bereits erklärt, dass hier in Kanada ein anderes System gilt. Es geht gar nicht anders, du wirst nicht darum herumkommen, noch anderthalb Jahre weiter zur Schule zu gehen.«

»Ich will aber nicht!«, sagte Marco mit verhaltenem Trotz und verzog sich in sein Zimmer.

Nach dem Abendessen, als die beiden Kleinen im Bett lagen, kehrte im Hause Ruhe ein. Marco war zu einem Freund gefahren. Teddy, unser Kater, lag schnurrend auf Axels Schoß, während Axel es sich in seinem Fernsehsessel gemütlich gemacht hatte und sich seinem täglichen Ritual widmete: dem Lesen der beiden Tageszeitungen. Ich erzählte ihm, dass Marco die Schule aufgeben wollte.

»Das geht gar nicht, Gila«, meinte Axel, legte die Zeitung auf seinen Schoß und schüttelte den Kopf. »Marcos Realschulzeugnis aus Deutschland wird hier in Kanada nicht anerkannt. Ohne den Abschluss des kommenden Schuljahres kann Marco keine Lehre beginnen.«

»Ich habe mir so etwas Ähnliches schon gedacht«, murmelte ich und bat ihn, Marco diese Situation im Detail zu erklären.

Aber das Gespräch der beiden am nächsten Tag brachte nicht viel. Marco saß mit gesenktem Kopf am Tisch und hörte sich geduldig alles an, was Axel vorbrachte. Wenn er aber gefragt wurde, was er zu Axels Argumenten zu sagen hätte, antwortete er nur mit stoischer Gelassenheit: »Das weiß ich nicht.«

Wir kamen einfach nicht an ihn heran. Axel war wirklich die Güte und die Geduld in Person, aber verständlicherweise ließ auch er manchmal Anzeichen von Ungeduld durchblicken, weil es einfach nicht möglich schien, mit Marco eine Diskussion zu führen. Wenn Marco meinte, der Unterlegene zu sein, flüchtete er sich in sein Standardargument: »Ich weiß nicht.«

So vergingen die letzten Tage im April. Mitte Mai machte Marco seinen Autoführerschein und bekam wieder seelischen Aufschwung, als ich ihm gestattete, ab und zu mal mit meinem Wagen zu fahren.

Meine Entscheidung, ihm meinen Wagen für den Schulweg zu überlassen, wenn er Dana gleich zum Kindergarten brachte, war nicht sehr klug. Einen Tag später rief der Schuldirektor aufgebracht bei mir an. Marco sei mit meinem Auto über den Schulhof gefahren, und einige Kinder hätten sich hinten an den Kofferraum gehängt. Außerdem sei er nach der dritten Schulstunde mit dem Auto davongebrummt und bisher noch nicht wieder auf der Bildfläche erschienen. Mir blieb fast das Herz stehen.

Abends, als er nach Hause kam, nahmen Axel und ich ihn richtig ins Gebet. Wieder spürte ich, dass Marco uns provozieren wollte.

»Lasst mich doch zurück nach Deutschland gehen«, bettelte er immer wieder. »Ich will zu meinen Freunden. Mit Sicherheit kann ich fürs erste dort unterkommen, bis ich eine Lehrstelle und ein Zimmer gefunden habe.«

»Ich befürchte, dazu bist du noch gar nicht in der Lage mit deinen knapp siebzehn Jahren«, erwiderte ich fest. Nicht, dass ich meinen Kindern nichts zutraute, doch bei Marco spürte ich, dass er für ein solches Unternehmen einfach noch zu unreif war.

»Ich schaffe das schon«, versicherte er mir immer wieder überzeugt. Aber ich wusste ganz sicher, dass es nicht so war.

»Bei André warst du auch einverstanden, dass er allein in Whitehorse blieb«, argumentierte er nachdrücklich.

»André war bereits achtzehn Jahre alt, hat in seiner Schulzeit nebenher gearbeitet und trotzdem sein Abitur gemacht. Du müsstest dir allein in Deutschland eine Lehrstelle und ein Zimmer suchen. Was ist, wenn du weder das eine noch das andere bekommst?«

»Das klappt schon, du wirst sehen!«

»Das ist mir zu wenig, Marco«, schloss ich, zutiefst beunruhigt über diese Situation. »Ich bin schließlich immer noch für dich verantwortlich und kann dich nicht so einfach weggehen lassen in ein anderes Land, wo du plötzlich auf eigenen Füßen stehen sollst.«

»Aber ich habe doch noch einen Vater in Deutschland!«

Richtig, an Achim hatte ich in der letzten Zeit kaum noch gedacht. Das lag auch daran, dass er zu seinen beiden Jungen während unserer Ehe kein sehr enges Verhältnis gehabt hatte, zu André vielleicht noch etwas mehr als zu Marco. André war durch seine Beständigkeit und sein sich früh abzeichnendes Profil für Achim ein Sohn zum Vorzeigen, während Marco von jeher auf fast allen Schulen Schwierigkeiten machte. Wohl wissend, dass Marco der Schwächere von beiden war, hatte ich mich fast immer vor ihn gestellt, wenn er von Achim angegriffen wurde und ich der Meinung war, mit Ruhe und Besonnenheit könne man Konflikte besser lösen.

Marco wollte also zurück zu seinem Vater. Ich bat ihn, mir etwas Bedenkzeit einzuräumen.

Axel und ich saßen noch lange im Wohnzimmer und diskutierten, was wir tun könnten, um Marco zu überzeugen, bei uns zu bleiben.

In letzter Zeit spürte ich immer deutlicher, dass Axel und Marco keinen gemeinsamen Nenner fanden. Sah es anfangs auch so aus, als ob die beiden sich gut verstünden, kristallisierte sich von Tag zu Tag mehr heraus, welch unterschiedliche Auffassungen sie von Verantwortung hatten. Während Axel immer wieder versuchte, an Marco heranzukommen, baute Marco eine Mauer um sich auf, die keiner zu durchbrechen vermochte.

Nach langem Hin und Her glaubte ich dann, die Lösung gefunden zu haben.

»Ich werde einen ausführlichen Brief an meinen Bruder schreiben und ihm Marcos Probleme darlegen. Ich werde ihn bitten, ein persönliches Gespräch mit Achim zu führen, um ihn darauf vorzubereiten, dass Marco eventuell nach Deutschland zurückkommt und bei ihm wohnen möchte.«

»Und du glaubst, das ist die Lösung?«, fragte Axel zweifelnd. »So wie du mir Achim geschildert hast, wird er nicht sehr begeistert sein, Marco aufzunehmen.«

»Das glaube ich auch nicht«, erwiderte ich. »Aber es ist ein breites Spektrum zwischen Begeisterung und dem normalen Gefühl der Verantwortung, die Achim als Vater für Marco trägt.«

»Das ist richtig«, gab Axel zu. »Warum rufst du Achim eigentlich nicht selbst an?«

»Seit er weiß, dass er nicht Danas Vater ist, misstraut er mir. Ich brauche hier einen neutralen Menschen. Vor meinem Bruder hat Achim von jeher viel Respekt gehabt. Wenn hier einer etwas ausrichten kann, dann ist er es.«

»Und du meinst, Achim nimmt Marco auf?«

»Ja, Axel, er kann gar nicht anders. Ich möchte alles darauf wetten, dass er sich Marcos Bitte nicht verschließt.«

»Hoffen wir das Beste«, meinte Axel.

Bevor ich am nächsten Tag einen langen Brief an meinen Bruder schrieb, teilte ich Marco meine Entscheidung mit, dass ich bereit wäre, ihn unter der einen Voraussetzung nach Deutschland gehen zu lassen, dass sein Vater ihn aufnahm.

Marco jubelte genauso wie im Krankenhaus, als ich ihm eröffnet hatte, wir gingen gemeinsam nach Vancouver. Am liebsten hätte er sofort den Rückflug gebucht.

Ich hatte Dagmar brieflich von der Situation berichtet, wunderte mich aber darüber, dass wir längere Zeit keine Nachricht von ihr erhielten.

Irgendetwas war in der letzten Zeit auch mit Axel geschehen. Hatte er sich verändert, oder war es unsere Beziehung, die sich verändert hatte? Oftmals empfand ich ihm gegenüber eine Art Komplex. Er war derjenige, der finanziell für meine Familie sorgte. Bisher hatte er in seinem Haus allein gelebt. Nun konnte es schon mal geschehen, dass die Spielzeuge der Kinder erst abends aufgeräumt wurden oder dass von Marco irgendwelche Sachen herumlagen, die er erst nach der zweiten Mahnung wegräumte.

Das Verhältnis zwischen Axel und mir war in jenen Tagen starken Belastungen ausgesetzt, denn Marco blieb ein ständiger Diskussionspunkt zwischen uns beiden. Obwohl Axel nie ein Wort darüber verlor, wurde das Gefühl bei mir stärker, dass er sich als Familienvater ein wenig überfordert fühlte.

Irgendwie hatte ich das Gefühl, dass er mir entglitt. Ich merkte es daran, dass er abends oft erst nach Hause kam, wenn die Kinder bereits im Bett lagen. Als ich ihn darauf ansprach, erklärte er mir, dass es mit mir nichts zu tun habe. Egal, was ich auch anstellte, um zu erfahren, was ihn bedrückte, er lächelte nur müde und meinte stets: »Es ist nichts, Gila, wirklich nichts.«

Marco hatte mich gebeten, ihn bei seiner Schule abzumelden, und half Axel im Geschäft. Seine Koffer standen beinahe fix und fertig gepackt in seinem Zimmer. Immer wieder fragte er abends, ob Post aus Deutschland angekommen sei.

Es war Sonntag, der 31. Mai 1987 – Marcos siebzehnter Geburtstag. Axel und ich saßen gerade mit den beiden Kleinen beim Frühstück, als der Eilbrief von meinem Bruder eintraf.

»Da ist die Antwort«, sagte ich voller Spannung und öffnete den Brief. Mein Bruder schrieb unter anderem:

Für Marco tut es uns sehr Leid, dass er so große Schwierigkeiten hat. Ich habe mich sofort mit Achim in Verbindung gesetzt, und wir haben uns dann zwei Tage später getroffen.
Ich muss dir leider mitteilen, dass Achim es ganz entschieden abgelehnt hat, Marco bei sich aufzunehmen. Das sei ganz unmöglich. Hier die Gründe:

Achim wird in Kürze heiraten und umziehen. Er und seine zukünftige Frau sind beruflich so engagiert, dass sie für Marco keine Zeit haben.
Es würde für den Jungen also hier noch problematischer werden als bei dir, denn hier hat er keine Bezugsperson.
Noch größere Probleme wird es mit der Ausbildung geben. Es besteht hier so gut wie keine Chance, eine Ausbildungsstelle zu bekommen – selbst für Schulabgänger mit Abitur.
So wie die Dinge sich hier darstellen, besteht keine Chance für Marco, hier in Deutschland Fuß zu fassen. Hier würden so viele Probleme auf einen Jungen von knapp 17 Jahren zukommen, die du von dort schwerlich überblicken kannst, geschweige denn Marco selbst.
Ich habe mit Achim über diese Dinge ausführlich gesprochen, überzeugen konnte ich ihn nicht. Ich habe Achim zu bedenken gegeben, was passiert, wenn Marco trotzdem kommt. Achim würde ihn ins nächste Flugzeug setzen und ihn wieder nach Kanada schicken ...

Fassungslos schaute ich Axel an. Mit ausdruckslosem Gesicht saß er am Frühstückstisch und rührte sich nicht. Ich spürte, dass meine Hände eiskalt geworden waren.

»Wie soll ich Marco das bloß beibringen?«, murmelte ich.

»Wie geht's nun weiter?«, fragte Axel.

»Mein Bruder mag Recht haben mit den knappen Lehrstellen in der jetzigen Zeit, aber wenn man etwas erreichen will, schafft man es auch. Ich bin sicher, ich würde für Marco eine Lehrstelle bekommen.«

»Wie meinst du das, Gila?«, fragte Axel vorsichtig. »Du kannst doch für Marco nicht von hier aus eine Lehrstelle suchen ...?«

»Nein, das geht nicht«, entgegnete ich leise und war dieser Situation hilflos ausgeliefert.

Es half alles nichts. Ich musste Marco wohl oder übel den Inhalt des Briefes mitteilen. Er war gerade aufgestanden und kam fröhlich zu uns an den Frühstückstisch. Bevor wir den Brief erwähnten, gratulierten wir ihm zu seinem Geburtstag. Axel überreichte ihm eine Uhr mit Weltzeitanzeige als Geschenk, und im Chor sangen wir ›Happy Birthday‹.

Als ich Marco danach die schlechte Nachricht überbrachte, wurde er kreidebleich im Gesicht und sagte immer wieder: »Egal, was ist, ich fliege zurück!«

»Das kannst du nicht«, erwiderte ich.

»Und ob ich das kann!«, sagte Marco so hart, wie ich es selten von ihm gehört hatte. Er war voller Enttäuschung. »Das wirst du schon sehen. Ich fliege!«

Beide versuchten wir, ihn zu überzeugen, wie zwecklos sein Vorhaben war. Er ließ überhaupt nicht mit sich reden und ignorierte völlig, was wir sagten.

»Ich fliege!«, war alles, womit er – Tränen in den Augen – seiner tief verletzten Gefühle Herr werden konnte.

Am Abend kam Axel spät von einem Vortrag nach Hause. Ich hatte noch auf ihn gewartet, sprach aber bewusst nicht mit ihm über unser Problem, als ich sah, wie müde er war. Kaum, dass wir zu Bett gegangen waren, verrieten mir seine gleichmäßigen Atemzüge, dass er schon eingeschlafen war.

An Schlaf war bei mir nicht zu denken. Da war Axels sexuelle Zurückhaltung in der letzten Zeit, die ich nicht einordnen konnte, und das Gefühl der konstanten Überforderung, welches ich intuitiv bei ihm verspürte. Ich wälzte mich von einer Seite zur anderen und überlegte, wie es weitergehen sollte.

Wir befanden uns in einem Chaos der Gefühle, Axel genauso wie Marco und ich. Wo lag der Ausweg? Ich kannte Marco zu gut und dachte an seine bewunderungswürdige Art der Initiative, wenn es um die Durchsetzung seiner Interessen ging. Irgendetwas Unsinniges würde er anstellen, um nach Deutschland zu kommen. Er brächte es glatt fertig, als blinder Passagier zu fliegen. Was sollte ich nur tun?

Marco konnte und durfte nicht allein zurück nach Deutschland fliegen, ohne Aussicht auf eine Wohnung und eine Lehrstelle. Angenommen, er fände eine Arbeitsstelle, wäre er überhaupt in der Lage, sich selbst zu versorgen? Wohl kaum. Was wäre, wenn Marco in seiner naiven Art an die falschen Freunde geriete? Wie oft war er in Deutschland hilflos auf Menschen hereingefallen, die ihm Freundschaft vorgetäuscht hatten. Ich war heilfroh, dass seine Freunde in Hannover ein anderes Format besaßen.

Wo bleibt mein Glauben an das Gute?, fragte ich mich bestürzt. Doch in diesem Fall musste ich differenzieren zwischen konstruktiven Gedanken, die aus dem Glauben geboren wurden, und der rosaroten Brille, wohl wissend, dass ein Mensch erst über eine gewisse Reife verfügen muss, ehe man ihn allein in die Welt schicken kann. Und Marco fehlte diese Reife noch, um für sein Leben allein die Verantwortung zu tragen.

Aber konnte ich ihn mit seinen siebzehn Jahren zwingen, bei uns zu bleiben? Nein! Das wollte ich auch nicht. Doch er sah nicht ein, dass dies die einzige Möglichkeit war, den so hart erkämpften Frieden in unserem Leben zu erhalten.

Ich fand einfach keinen Schlaf. Was konnte ich tun? Was, um Himmels, willen konnte ich tun? Herrgott, bitte, gib mir die Lösung.

Inzwischen war es Juni geworden. Die Spannungen zwischen Axel, Marco und mir waren geblieben.

»Können wir uns noch mal über Marco unterhalten?«, fragte ich Axel eines Abends.

»Die einzige Lösung, die es jetzt noch gibt«, sagte Axel zum wiederholten Male, »ist, dass Marco hier in Vancouver weiter zur Schule geht. Etwas anderes kommt nicht in Frage, es sei denn, du schickst ihn auf ein Internat.«

»Daran habe ich auch schon gedacht. Nur kann ein Internat gegen Marcos Heimweh nichts ausrichten.«

»Aber er könnte dort neue Freunde finden«, gab Axel zu bedenken.

»Ich habe mit Marco schon darüber gesprochen. Ich glaube nicht, dass ein Internat für ihn die Lösung wäre. Marco braucht seine Familie. Außerdem lehnt er ein Internat ab, weil er sich nun mal in den Kopf gesetzt hat, nach Deutschland zurückzukehren.«

Während ich weiter meinen Gedanken nachhing, nahm Axel seine Zeitung wieder auf und las weiter. Er konnte sich einfach nicht vorstellen, dass ein Junge wie Marco sämtliche Chancen, die ihm zu Füßen lagen, so einfach von sich wies, nur um einer Marotte zu frönen, zu seinen Freunden zurückzukehren. Aber war es wirklich eine Marotte?

Seine Freunde schienen ihm sehr wichtig zu sein, wichtiger als seine Familie. Vielleicht glaubte er, bei seiner Familie keine Geborgenheit zu finden, weder hier in Vancouver noch damals in Deutschland? Zu André hatte er von jeher nicht den besten Kontakt gehabt. Dazu kam die gestörte Beziehung zu Achim.

Ich wusste weder ein noch aus. »Vater im Himmel«, bat ich in meiner Verzweiflung, »bitte, gib uns die Lösung für unser Problem. Gib uns ein Zeichen, wie es weitergeht!«

Kapitel 17

> *Das Glück ist ein Mosaikbild,*
> *aus lauter unscheinbaren kleinen*
> *Freuden zusammengesetzt.*
> *(Daniel Spitzer)*

Dann kam Dienstag, der 2. Juni 1987, ein Tag, der unser aller Leben verändern sollte.

Alles begann mit einem Einschreibe-Eilbrief, den der Briefträger als unzustellbar zurückbrachte.

Ein Brief von Axel an Dagmar! Immer, wenn er ihr etwas Ungewöhnliches mitteilen wollte, besprach er eine Kassette. Und genau so eine Kassette konnte ich in diesem Brief ertasten.

Mein Herz klopfte. Ich legte den Brief in die Küche, holte Rico zu mir und überlegte, was ich nun tun sollte. Tatsache war, dass Axel für Dagmar eine Kassette besprochen hatte. Dagmar war jedoch mit Walter in Urlaub gefahren, was wir vor ein paar Tagen durch eine Urlaubskarte erfahren hatten. Deshalb kam der Einschreibebrief zurück.

Wenn ich den Umschlag öffnete, wäre das ein Vertrauensbruch Axel gegenüber? Ja, ich glaubte schon. Andererseits las ich jeden Brief, den ich von meinen Bekannten oder Freunden erhielt, im Familienkreis laut vor, damit Axel ein wenig Anteil an meinem Gedankenaustausch hatte.

Ich ahnte – nein, ich spürte förmlich, dass in jener Kassette etwas verborgen lag, das für unser aller Leben wichtig, wenn nicht gar entscheidend sein konnte. Ich nahm den Brief wieder in die Hand. Sollte ich ihn öffnen? Wenn ja, was sollte ich Axel sagen, warum ich ihn geöffnet hatte?

Was sollte ich bloß tun? Ich war hin- und hergerissen. Unter normalen Voraussetzungen hätte ich gewartet, bis Axel abends nach Hause kam. Aber in diesem Fall heiligte der Zweck die Mittel. Ich würde ihm gestehen, dass ich den

Brief geöffnet hatte, weil ich mir seiner Gefühle nicht mehr so sicher war. Vielleicht lag in dieser Kassette der Schlüssel zu Axels Distanz mir gegenüber. Dieser Gedanke festigte meine Entscheidung. Ohne noch weiter mein Gewissen zu erforschen, öffnete ich Axels Brief an Dagmar.

Die Kassette war vom 4. Mai. Auf ihr klebte ein Zettel mit Axels Schrift: »Bitte nach dem Anhören sofort vernichten!«

O mein Gott, was werde ich jetzt hören!, dachte ich. Mein Herz raste. Ich setzte Rico in sein Stühlchen und versuchte mit zitternden Fingern, die Kassette in den Radiorecorder zu legen, was mir erst beim zweiten Mal gelang.

Und dann ging's los. Alles, was Axel in der letzten Zeit an uns gestört hatte, wurde in den dunkelsten Farben geschildert. Angefangen mit Marco, wie sehr er enttäuscht war von ihm. Jede Einzelheit wurde im Detail schonungslos und äußerst negativ berichtet. Dann kam Rico an die Reihe. Wie verzogen er sei, nicht einmal, dass Axel ihn auf den Arm nehmen könne, ohne dass Rico gleich Theater mache.

Und auch ich bekam mein Fett weg. Meine Möbel! Was ich damit angerichtet hatte, meine Möbel in seinem Haushalt unterzubringen, wurde mir erst jetzt richtig bewusst. Er ließ auf einmal kein gutes Haar an mir. Unter anderem regte er sich darüber auf, dass ich Achim erst sehr spät Danas Herkunft gestanden hatte. Kurzum, ich war entsetzt. Er hatte aus seinem Herzen wirklich keine Mördergrube gemacht. Nur Dana ließ er aus.

Fünfundvierzig Minuten lang hörte ich fassungslos den Schimpftiraden zu, während ich, mit Rico auf dem Arm, aufgewühlt im Wohnzimmer auf und abging, um mich abzureagieren.

War das wirklich noch mein Axel? Ich hatte nicht gewusst, dass er so sein konnte. Wie sollte ich mit einem Mann weiterleben, der so negativ über mich dachte und es auch noch hinter meinem Rücken erzählte? Wie kam er dazu, Dagmar dies alles zu berichten? Warum tat er mir gegenüber so, als berührten ihn diese Dinge kaum? Er hätte mir doch sagen können, was ihn störte. Sicher, Ansätze in der Richtung hatte es gegeben, aber es waren eben Ansätze geblieben. Nie hatte ich geglaubt, dass ihn meine Aktivitäten, zum Beispiel meine Möbel, derart stören könnten. Wie verletzt war ich!

Aufgewühlt und bis in die Seele getroffen, legte ich Rico ins Bett und versuchte danach, meiner Gefühle Herr zu werden.

Mein Traum von einem behüteten und geborgenen Leben in Vancouver schien zu zerbrechen. Doch ich selbst trug die Schuld an der Misere, denn ich hatte Axel auf ein derart hohes Podest gehoben, dass es mir in der Seele wehtat, ihn nun so tief fallen zu sehen.

Er hatte es mir bisher sehr leicht gemacht, nur die guten Seiten an ihm wahrzunehmen. Voller Bewunderung, Achtung und Liebe schaute ich zu ihm auf. Es gab kaum etwas, das mich an ihm störte. So wie ihn hatte ich mir immer meinen Traummann vorgestellt.

Zutiefst betroffen und in meinen Grundfesten erschüttert fragte ich mich, wie es jetzt weitergehen sollte. Da gab es das Problem mit Marco, das mich seit Wochen beschäftigte und für das ich noch keine Lösung wusste.

In der tiefen Erregung kam plötzlich ein Gedanke in mir auf: Sollte Axels Brief vielleicht ein Zeichen sein, darüber nachzudenken, ob es nicht besser wäre, mit Marco zurückzugehen nach Deutschland? Wies der Brief mir nun den Weg, den ich vorher kaum in Erwägung gezogen hatte? Sollte er dazu beitragen, mir diese Entscheidung bewusst zu machen? Wäre dieses Ereignis die Lösung von Marcos Problem?

Irgendwie spürte ich, dass Axels Brief an Dagmar und die daraus resultierende Enttäuschung bei mir nicht allein der Grund sein konnten, warum plötzlich dieser Wunsch in mir erwacht war. Nein, er musste schon eher da gewesen sein, noch bevor ich von der Existenz der Kassette erfahren hatte. Vielleicht hatte auch die Unsicherheit in Bezug auf Axels Gefühle uns gegenüber dazu beigetragen, dass dieser Gedanke Form annahm und sich wie Gift in mein Bewusstsein einschlich.

Nein, ich wehrte mich mit aller Macht dagegen. Trotz der tiefen Enttäuschung schien mein Verstand mir sagen zu wollen: Du bist gar nicht in der Lage, in deiner Verzweiflung jetzt eine Entscheidung von derartiger Tragweite zu treffen!

Wie lieb hatte ich Axel! Wie glücklich waren wir gewesen! Aber hatte ich unsere Beziehung nicht durch eine rosarote Brille gesehen, wenn ich meinte, Axel sei glücklich? Wie konnte ich das annehmen, wenn er solche Gedanken hegte?

Konnte ich andererseits die Kassette als Herausforderung ansehen, ihm zu helfen, wieder zu uns zu finden? War es vielleicht das, was das Schicksal von mir verlangte? Warum wollte ich weglaufen? Wenn ich zurückginge nach Deutschland, was erreichte ich damit? Wir konnten nur gewinnen, wenn ich bliebe. Wie konnte ich an der Kraft meines Glaubens zweifeln, indem ich zuließ, dass die Entscheidung, mit Axel zu leben, falsch war, und das wäre zwangsläufig das Ergebnis? Er war ein idealer Partner für mich. Wieder glomm ein Funken Hoffnung auf.

Aber wie dachte Axel darüber? Er war doch genauso sicher gewesen, was uns betraf: die Frau, die er immer gesucht hatte, ein Baby, das zu ihm gehörte. Es war doch alles ideal! Für beide! Warum sollte sich nun alles verändert haben? Würde ich nun, nachdem ich Axels Worte gehört hatte, genug Kraft haben, wieder zu ihm zurückzufinden?

Mit aller Macht holte mich dann der Gedanke an Marcos Zukunft in den Zwang der Entscheidung zurück. Wenn Axel und ich unseren Weg weiterhin gemeinsam gingen, was wäre dann mit Marco? Konnte ich es wirklich verantworten, ihn allein nach Deutschland zurückkehren zu lassen?

Warum kam die Kassette zurück und musste ausgerechnet mir in die Hände fallen? Ich hatte um ein Zeichen gebeten. War es diese Kassette?

Hatte ich anfangs noch Zweifel, so wurde mir mit einem Mal intuitiv bewusst, dass nicht der Inhalt der Kassette ausschlaggebend war für eine Rückkehr, sondern allenfalls ein Zeichen dafür.

Obwohl sich mein Verstand heftig gegen diese Erkenntnis wehrte wusste ich tief in meinem Innern, dass die Rückkehr nach Deutschland für mein Leben richtig sein musste, und ich spürte die unabwendbare Macht des Schicksals. Mir wurde eiskalt ums Herz.

In tiefster Verzweiflung fiel in diesem Augenblick meine endgültige Entscheidung: Ja, ich gehe mit meinen Kindern zurück nach Deutschland! Ich muss es tun! Wie würde es nur weitergehen?

Das Klingeln des Telefons riss mich aus meinem seelischen Chaos. War es Axel, der ab und zu mal anrief? Nein, nicht jetzt, bat ich. Ich konnte jetzt mit niemandem sprechen. Als das Klingeln nicht aufhören wollte, hob ich zögernd den Hörer ab.

»Gila? Schön, dass du doch da bist.« Erleichtert hörte ich Mariannes Stimme aus Deutschland. »Rate mal, warum ich anrufe!« Sie lachte. »Ich will's nicht so spannend machen. Ich komme nächste Woche für vierzehn Tage zu euch zu Besuch. Jetzt staunst du, was? Ich habe gerade mein Ticket vom Reisebüro abgeholt und möchte dir die Ankunftszeit durchgeben, damit ihr mich vom Flughafen abholen könnt.«

Was war das nur für ein Tag!

»Du sagst ja gar nichts. Freust du dich so?«

Es dauerte eine ganze Weile, bis ich antworten konnte.

»Marianne, du brauchst nicht mehr zu kommen. Ich kehre in ein paar Tagen mit meinen Kindern zurück nach Deutschland.«

Und dann erzählte ich ihr in knappen Worten, was vorgefallen war.

Erst als sie aufgelegt hatte, wurde mir bewusst, dass ich am ganzen Körper zitterte und fror.

Mechanisch holte ich Dana nachmittags aus dem Kindergarten ab, bereitete das Essen vor und bat Marco, der abends als erster von der Arbeit kam, ausnahmsweise die beiden Kleinen ins Bett zu bringen. Mir ginge es nicht gut, ich müsse mich hinlegen.

Axel kam abends leise ins Schlafzimmer, um nach mir zu sehen. Ich stellte mich schlafend, und er ging zu Bett, ohne mich zu wecken. Ich schlief sehr schlecht.

Am nächsten Morgen weckte ich die Kinder und bereitete das Frühstück.

»Na, geht's dir wieder besser?«, fragte Axel fürsorglich, als er aus dem Badezimmer kam.

Er kam mir vor wie ein Fremder. »Nein«, sagte ich knapp und schwieg.

Erstaunt sah Axel mich an. »Was ist denn, Gila?«

»Nichts«, entgegnete ich und drehte mich um.

Mit ein wenig mehr Kraft werde ich heute Abend in der Lage sein, ihm meine Entscheidung mitzuteilen, dachte ich bitter.

»Tschüs und gute Besserung«, sagte er und gab mir zum Abschied einen Kuss.

»Tschüs«, erwiderte ich, und er ging.

Den ganzen Vormittag beschäftigte mich nur ein Gedanke: Wir gehen zurück. Es ging nicht anders. Ich musste es tun. Marco brauchte mich mehr als Axel. Das hatte er mir durch seine Worte auf der Kassette zu erkennen gegeben. Herr im Himmel, ist das wirklich dein Zeichen? Müssen wir zurück? Wohin nur – wohin?

Gegen elf Uhr rief Axel an.

»Gila? Was ist los? Was hast du? Sag's mir bitte, vielleicht kann ich dir helfen.«

Nach anfänglichem Zögern gestand ich ihm, dass ich die Kassette gehört hatte.

»Oh, ja?«, sagte er betroffen und schwieg lange.

»Wir werden nach Deutschland zurückkehren, und zwar bald«, erwiderte ich tonlos und versuchte, das Zittern in meiner Stimme zu verbergen.

»Ihr werdet – was …?«

»Ja, Axel, ich werde mit den Kindern zurückkehren nach Deutschland.«

Nach längerem Schweigen sagte er dann: »Ich komme gleich nach Hause.«

Kaum eine halbe Stunde später schellte es an der Tür. Ich öffnete und sah Axel erstaunt an, der sonst immer seinen Schlüssel bei sich trug.

»Ich wollte dich nicht stören, für den Fall, dass du wieder dabei bist, die Kassette abzuhören ...«

Er nahm mich in die Arme und hielt mich ganz fest.

»Was redest du da von Rückkehr?«, murmelte er und streichelte mir übers Haar.

»Wir gehen zurück, die Kinder und ich. Das steht fest, Axel.«

Plötzlich merkte ich, wie mir Tränen über die Wangen rollten. Es war, als ob sich ein gewaltiger Krampf löste. Ich schluchzte und konnte einfach nicht wieder aufhören. Zusammen gingen wir ins Wohnzimmer und setzten uns auf die Couch.

»Warum hast du solche Worte gesagt, und dann noch zu Dagmar? Was muss sie von mir denken?«, stieß ich unter heftigem Schluchzen hervor.

»Ach, Gila, der einzige Mensch auf der Welt, dem ich so eine Kassette schicken kann, das ist nun mal meine Mutter«, erwiderte er leise. »Sie kennt mich. Meistens bekommt sie einmal im Jahr so eine Kassette. Dann ruft sie mich an und wäscht mir den Kopf. Sie weiß, dass ich das einfach brauche.«

Er hielt inne und gab mir sein Taschentuch.

»Gila, in dem Augenblick, als ich die Kassette aufnahm, meinte ich jedes Wort ernst. Aber schon einen Tag später sah die Welt völlig anders aus, glaub mir.«

»Warum konntest du nicht erst mit mir darüber reden, Axel?«, flüsterte ich mit erstickter Stimme.

»Das ist mein Fehler, Gila. Ich versuche immer, alles mit mir allein auszumachen. Wenn ich dann nicht weiter weiß, muss Dagmar her.«

Ich schwieg. Seine Worte machten viel wieder gut bei mir. Langsam begann ich, die dunkle Seite an Axel zu verstehen, die er bis jetzt geheim gehalten und die nun ihr

Ventil gesucht hatte. Bisher hatte ich immer nur den gütigen, fröhlichen und verständnisvollen Axel gesehen. Dass er aber auch Probleme mit uns haben musste, war mir nicht aufgefallen.

Ich liebe ihn und muss ihn trotzdem verlassen, dachte ich verzweifelt. Wir konnten nichts dagegen tun. Ich fühlte es. Unsere Liebe hatte mit einem Brief angefangen und ging durch einen Brief zu Ende.

Den ganzen Tag über diskutierten wir verzweifelt über meinen Entschluss, bis Axel verbittert einsah, dass meine Entscheidung gefallen war und er mich nicht mehr umstimmen konnte. Es ging nicht anders. Immer wieder beschäftigte mich das Fazit meiner Überlegungen: Wenn ich bei Axel bliebe, müsste ich Marco allein nach Deutschland in eine ungewisse Zukunft gehen lassen, wo er keine Chance hätte.

»Axel, mit dieser Hypothek kann ich nicht leben – verstehst du?«

Als er schließlich merkte, dass es keinen Ausweg mehr für uns gab, sagte er rau: »Wenn du wirklich gehst, Gila, dann ziehe ich noch heute Abend aus und schlafe in der Firma. Hier kann ich nicht bleiben, und ich komme nicht mehr ins Haus zurück, bis ihr gegangen seid.«

Axels Stimme bebte bei seinen Worten, und Tränen schimmerten in seinen Augen. Es dauerte eine Ewigkeit, bis ich es übers Herz brachte, die folgenschweren Worte auszusprechen: »Wir werden nach Deutschland zurückkehren.«

Der Abschied von Axel kam schnell. Nachdem er abends überstürzt ein paar Sachen zusammengepackt hatte, ging er ohne ein Wort. Fassungslos stand ich vor den Scherben meiner wunderbaren Beziehung zu ihm. Ich weinte mir den Schmerz von der Seele. Vor Verzweiflung und Trauer konnte ich kaum einen klaren Gedanken fassen.

Wie sollte ich es Dana beibringen? Meiner lieben kleinen Dana, die mit ihren knapp fünf Jahren gerade wieder

Wurzeln geschlagen hatte in ihrem Kindergarten, in unserer Nachbarschaft, die so froh war, endlich wieder einen Vater zu haben. Sie zählte bereits die Tage, bis ihre kleinen Freundinnen, die im Nachbarhaus wohnten, aus dem Urlaub zurück sein würden. Wieder wurde sie aus ihrer vertrauten Umgebung herausgerissen – zum wievielten Male? Konnte ich eigentlich noch verantworten, was ich tat? Den ganzen Abend über haderte ich mit meinem Schicksal.

Als ich mich einigermaßen gefasst hatte, erkundigte ich mich nach einer Flugverbindung.

»Am Pfingstsonntag, den siebten Juni können Sie fliegen«, sagte mir die Dame vom Air-Canada-Schalter. »Ist Ihnen das zu früh?«

»Nein, bitte buchen Sie für uns.« Ich hörte mich mit einer Stimme antworten, die mir fremd war. Danach rief ich Axel an und berichtete ihm tonlos, dass wir am Sonntag um 15 Uhr nach Deutschland zurückflögen.

Seine Stimme zitterte, als er leise sagte: »Ich werde Hardy bitten, euch zum Flughafen zu bringen. Ich kann es nicht.«

Marco kam an diesem Abend später nach Hause. Ich teilte ihm kurz meine Entscheidung mit.

»Gehst du wegen mir zurück, Mom?«, fragte er betroffen.

»Nein, nein«, sagte ich schnell. »Das ist zwar auch ein Grund, doch der Hauptgrund liegt woanders.« Ich wollte nicht, dass er sich für das Scheitern meiner Beziehung zu Axel verantwortlich fühlte.

Da hellte sich sein Gesicht auf, und er sagte zufrieden, als sei es die beste Lösung der Welt: »Dann ist es ja gut.«

Am nächsten Tag erhielt ich einen Brief von Axel. Er schrieb, dass er mir Geld geben möchte für den Neuanfang. Ich rief ihn an und lehnte ab.

Doch er ließ nicht locker und sagte, er würde Hardy einen Brief mit dem Geld mitgeben, damit ich während der ersten Monate mit meiner Familie über die Runden kommen konnte.

Als ich darüber nachdachte, sah ich ein, dass es gar nicht anders ging. Ich musste sein Geld annehmen. Marianne hatte mir angeboten, während der ersten Wochen mit den Kindern bei ihr zu wohnen, bis ich ein Haus gefunden hatte.

Es waren noch drei Tage bis zum absoluten Ende meines Lebens hier in Kanada. Alles hatte ich verloren, was ich an Hoffnung und Glauben in mein Leben eingebracht hatte. Unvorstellbar, dass wir an Marcos Geburtstag vor vier Tagen noch fröhlich beieinander gesessen hatten!

War nicht alles viel zu schnell gegangen? Hätten wir uns nicht mehr Zeit nehmen müssen für eine derartige Entscheidung?

Dennoch wurde mir in meinem Zweifel bewusst, dass mein Leben bisher immer von Spontaneität geprägt war. Aber ich hatte auch stets gespürt, dass mir meine spontanen Intuitionen den richtigen Weg zeigten, der vom Verstand her noch gar nicht nachvollziehbar war.

Die einsamen Stunden am Abend allein in Axels Haus deprimierten mich. Ich dachte an ihn, wie er auf einem Sofa in der Firma schlief. Ob er überhaupt schlafen konnte? Keinen Versuch hatte er mehr unternommen, um mich umzustimmen, offenbar aus Respekt vor meiner Entscheidung. Er hatte mich wissen lassen, dass, wenn ich mich für die Rückkehr nach Deutschland entschiede, dieser Beschluss auch für ihn endgültig sei.

Seine Mitarbeiter, was mochten sie denken? Mit wehem Herzen erinnerte ich mich daran, wie stolz er sie nach unserer Ankunft aus Deutschland mit ihren Familien zum verspäteten Weihnachtsessen eingeladen hatte, um ihnen die neue Frau in seinem Leben vorzustellen.

Und nun? In drei Tagen flog ich zurück nach Deutschland. Ich mochte nicht daran denken, wie es nach meiner Rückkehr weiterging. Ich wollte es einfach nicht. Dieser Abschied forderte meine letzte Kraft. Es war mir egal, was nach Vancouver geschehen würde, wirklich, es war mir egal …

Wie gern hätte ich Dagmar in meiner Nähe gehabt; sie, die in ihrer feinen klugen Art vielleicht eine Lösung gewusst hätte. Welche Bedeutung mochte es haben, dass sie im Moment so fern war von uns?

Ich musste mich ablenken und nahm mir vor, Trost in ihren wunderbaren Briefen zu suchen, die bis zu Beginn ihres Urlaubs mindestens einmal pro Woche bei uns eingetrudelt waren. Seite für Seite blätterte ich durch. Jeden einzelnen hatte ich aufgehoben. Sie bedeuteten mir sehr viel. Den allerersten Brief hatte sie mir nach dem Abend unseres Kennenlernens in Köln geschrieben.

Als ich die Briefe spät am Abend beiseite legte, fühlte ich mich meiner desolaten Situation völlig ausgeliefert.

Noch kann ich zurück, dachte ich. Ich brauchte nur Axel anzurufen, um ihm zu sagen: »Verzeih, es war ein böser Traum, der mich gebeutelt hat. Wir bleiben! Marco kann in ein Internat in Deutschland gehen. Wir gehören zu dir!«

Ein Funken Hoffnung glomm auf, genau wie damals in Whitehorse. Aber sogleich warnte mich die Stimme der Erfahrung: Hatte es damals denn etwas gebracht? Wurde die Entscheidung, mich von Rainer zu trennen und nach Deutschland zurückzugehen, in Whitehorse nicht nur aufgeschoben und schließlich doch vollzogen? Meine zarte Hoffnung auf ein weiteres Zusammenleben mit Axel erlosch mit der Antwort auf diese Frage.

In den vier Seminaren der letzten Jahre hatte ich gelernt, dass man seine Gedanken unter Kontrolle halten und bewusst mit ihnen umgehen sollte. Mit letzter Kraft versuchte ich, gegen mein Schicksal, Vancouver zu verlassen, anzugehen. Es kann gar nicht sein!, dachte ich verzweifelt. Immer wieder ließ ich die Monate seit dem unerwarteten ersten Brief von Axel Revue passieren. Wo lag der Fehler? Was hatte ich falsch gemacht?

Wenn es ein Kausalitätsgesetz gab, wo lag dann die Ursache für Marcos unbeugsamen Entschluss, Vancouver zu verlassen? Alles andere passte lückenlos in unser neues Leben: die Liebe, die uns von Axels Familie entgegenströmte – das zwischen uns herrschende Verständnis. Nur dieses eine kleine Puzzlesteinchen fügte sich nicht ein. Mit aller Macht lehnte ich mich dagegen auf, das zu akzeptieren.

Wieder wurde mir mit furchtbarer Wucht die Konsequenz meiner Entscheidung bewusst. Der Preis für die Rückkehr nach Deutschland war Axel.

Mein Moralempfinden stand meinem Entschluss im Weg, in Vancouver auf Kosten meines Sohnes ein behütetes Leben zu führen. Ich konnte nicht bleiben. Schmerzlich wurde mir bewusst, dass selbst Dagmar, die am Tag unseres Rückfluges aus dem Urlaub zurückkehrte, an meinem Entschluss nichts mehr ändern könnte. Ich konnte Marco nicht allein lassen, noch nicht.

An den verbleibenden Tagen bis zu unserem Abflug verrichtete ich sämtliche Arbeiten rein mechanisch: das Packen der Koffer, das Verstauen meiner Möbel und der gesamten Haushaltsgegenstände, nicht nur der aus Whitehorse, sondern auch der aus Deutschland. Axel hatte mich darum gebeten. Er mochte nichts in seiner Wohnung behalten. Die Möbel wollte er mir mit einer Spedition nachschicken.

Mein Wein, der sich von den Strapazen des Hinfluges vor einem halben Jahr inzwischen einigermaßen erholt hatte, musste für den Rückflug wieder in seinen Koffer.

Den alten Familienschmuck legte ich ins Schlafzimmer auf Axels Nachttisch, zusammen mit diesem Spruch aus Dagmars Brief:

Je größer der Abstand ist, aus dem heraus du dich betrachtest, umso deutlicher kannst du erkennen die Tiefen und Weiten deiner Wirklichkeit.

Ohne noch einmal Abschied von Axel zu nehmen, verließ ich Vancouver mit meinen Kindern am Pfingstsonntag, dem 7. Juni 1987, und traf am nächsten Tag in Bielefeld ein, ausgebrannt und nicht mal mehr zu einer Träne fähig.

Alles um mich herum war mir gleichgültig geworden. Meine Gefühle waren vollkommen erstorben. Das Einzige, was ich denken konnte war: Ich muss meiner Familie wieder ein Zuhause schaffen, mit weniger Hab und Gut, als wir bei unserer Auswanderung nach Vancouver gehabt hatten.

Schluss

> *Was ist das Schönste?*
> *Die Harmonie.*
> *(Protagoras)*

Fünf Jahre später – Dezember 1992.

Alles war gut, so wie es geschehen ist. Die große Frage nach dem Warum, die ich mir damals so oft gestellt habe, kann ich nur so beantworten: Mein Platz in diesem Leben ist hier in Deutschland und nicht in Kanada.

Wir haben die Macht, mit unseren Gedanken alles zu steuern und Wirklichkeit werden zu lassen, wenn der brennende Wunsch dahintersteht. Ich habe aber durch meine Erfahrungen lernen müssen, dass diese Kraft ihre Grenzen hat. Es gibt etwas, das mächtiger ist als wir: die Allmacht. Wenn unser Vorhaben nicht in den großen Plan hineinpasst und sich nur schwer als Mikrokosmos in den Makrokosmos einfügen lässt, dann werden sich Dinge ereignen, die uns zeigen: Wir sind hier fehl am Platze.

Nach meiner ersten Rückkehr aus Whitehorse habe ich nach langem Überlegen den Grund gefunden, warum die erste Auswanderung nicht gut gehen konnte. Ich habe damals erkannt, dass wir unser Vorhaben auf Kosten anderer ausgeführt haben. Andere Menschen haben gelitten durch uns.

Darum ist es mir auch so schwer gefallen zu erkennen, warum ich aus Vancouver zurückkehren musste. Alles lief wunderbar mit Axel, alle waren glücklich, und doch gehörte ich nicht nach Vancouver. Ich habe erkannt, dass mein Platz hier in Deutschland ist. Das Leben gab mir die Chance, ein Jahr nach unserer Ankunft in Deutschland ein schönes Haus in der Nähe von Bielefeld zu erwerben, das unser Zuhause geworden ist.

Zuhause, das ist ein Wort, in dem das Glück der ganzen Welt für uns verborgen liegt. Ich hätte es mir einfach machen und diese Erfahrung bereits nach der ersten Auswanderung gelten lassen können. Aber ich glaube, ich wollte das Schicksal zwingen und beweisen, dass ich stark genug war, die Herausforderung Kanada unter anderen Voraussetzungen erneut anzunehmen – nach dem Prinzip: Und ich schaffe es doch ...

Vielleicht hat der Herrgott damals nur weise gelächelt und gedacht: Lass sie nur nach Vancouver gehen. Sie muss ihre Lektion noch lernen. Heute lächle ich und sage dankbar: »Herr im Himmel, ich habe sie gelernt. Jetzt bleibe ich, wo ich bin.«

Stabilität und Freude sind in mein Leben eingekehrt, und Dankbarkeit für die Erfahrungen, die ich machen durfte. Allen Menschen, die mir dabei geholfen haben, bin ich in Liebe verbunden. Ich danke euch, Achim, Rainer und Axel, den drei Männern, die in meinem Leben eine so große Rolle spielten.

Auch Eva ist durch das Leid gewachsen, das sie erfahren hat. Sie wird erkannt haben, dass sich dieser Schicksalsschlag zum Guten für sie gewendet hat, denn sie hat ihr seelisches Gleichgewicht wieder gefunden und lebt heute in einer guten Partnerschaft.

Ich danke meinen Kindern, die mich Verständnis und Toleranz gelehrt haben. Ich bin froh, dass Marco, der trotz meiner Fürsorge eine äußerst schwierige Lebensphase nach unserer Rückkehr aus Vancouver durchmachte, diese enormen Schwierigkeiten erfolgreich bewältigt hat und durch sie erwachsen geworden ist. Ich habe erlebt, dass meine Entscheidung richtig war, ihn damals nicht allein zu lassen.

Wie leicht ist es doch, im Alltäglichen das Wunderbare zu sehen, das selten sensationell ist. Und man muss einsehen, dass auch das Normale nicht selbstverständlich ist. Wer den Alltag nur grau in grau sieht, führt ein farbloses Leben. Die Natur um uns herum, die Entwicklung unserer Kinder, die unverhoffte Zuwendung eines anderen sollte man nicht übersehen, sondern dankbar annehmen: Das ist das Geheimnis.

Meine Gedanken orientieren sich kaum noch an der Vergangenheit. Ganz fest glaube ich an die Zukunft. Doch am wichtigsten ist die Gegenwart. Nur durch sie wird unsere Zukunft gestaltet.

Habe ich nicht alle diese wundersamen Erfahrungen machen müssen, um meinem Leben zu vertrauen? Es ist gut zu wissen, dass alles bereits geordnet ist, wenn es geistig vollzogen wird, also tritt es über kurz oder lang in die Wirklichkeit ein. Nur der Segen Gottes darf nicht fehlen, sonst sollte man die Ergebnisse seiner Aktionen mit heiterer Gelassenheit unter der Rubrik Erfahrungen abbuchen.

Die besten Entdeckungsreisen macht man, wenn man die Welt überall mit wachen Augen sieht. Ich habe gelernt, dass die große Freiheit nicht unbedingt immer in der Ferne liegt. Das größte Abenteuer, das wir jemals erleben können, finden wir in uns selbst.

Elf Jahre später – Oktober 1998

Durch die Geschichte des vorliegenden Buches habe ich gelernt, nichts mehr zu tun, was auf Kosten anderer geht. All diese Erlebnisse waren jedoch wichtig, um Menschen in ähnlichen Situationen zu verstehen. Im Dezember 1993 wurde ich von der geistigen Welt gebeten, eigene Seminare zu leiten und bin dankbar für diese Aufgabe, anderen Menschen Impulse für ihren Lebensweg zu geben.

Seit 1994 halte ich Vorträge und leite Seminare zu den Themen: Kraft des Unterbewusstseins, Ursachen von Erfolg und Misserfolg, Loslassen, Trauerbewältigung, Selbstvertrauen, Ursachen von Krankheiten und Konfliktbewältigung zwischen Partnern, Kindern und Eltern.

Auch mein Leben hat sich dadurch sehr verändert, was deutlich zu spüren ist in meinem zweiten Buch ›Mutter Erde, trage mich ...‹ Es berichtet, wie es in Deutschland mit uns weiterging.

Als weiteres Buch ist ›Impulse zum Glücklichsein‹ erschienen, das positive Glaubenssätze für unser Leben in allen Situationen enthält.

Durch all die Erfahrungen, die ich in den vergangenen

Jahren machen durfte, bin ich ein Mensch geworden, der sein Leben Gott anvertraut hat mit dem tiefen Glauben an den Schöpfer, die Schöpfung – und an die Liebe zu allem, was lebt.

Dieses Buch ›… nicht heulen, Husky!‹ war mein Wegbereiter für das Leben, wie ich es jetzt lebe.

Meinen Freunden Günter und Röschen Ilse möchten ich von Herzen danken, dass sie mich mit ihrer Liebe und ihrer Freundschaft auf meinem Weg so sehr unterstützt haben.

COUNTRY MENTAL POWER
Gila van Delden

Gepr. psychologische Beraterin – Therapeutin für Hypnose- und Entspannungsverfahren

Seminare für positive Lebensgestaltung

C.M.P. Seminare · Fischweg 7 · D-33790 Halle/Westf. · Telefon 0 52 01/66 55 77 · Fax 0 52 01/66 55 11

C.M.P. Seminare

- schenken neue Lebendigkeit
- geben Ihnen Kraft, Ihr Leben zu meistern
- wecken Ihre Intuition
- beleuchten die Einheit von Geist, Körper und Seele
- helfen Ihnen, lösungsorientiert zu denken und zu handeln
- führen zu mehr Lebensqualität
- lassen Sie erkennen, wie reich und schön Ihr Leben ist
- führen zu innerer Harmonie und Stabilität
und damit zu persönlichem und beruflichem Erfolg

… und Sie können Ihren Erfolg nicht mehr verhindern

Gila van Delden, gepr. psychol. Beraterin, Autorin des Buches »… nicht heulen, Husky!« sowie der Folgeausgabe »Mutter Erde, trage mich …« als auch »Impulse zum Glücklichsein« ist Leiterin vieler Persönlichkeits-Seminare.

Seit 1994 hält die Autorin Vorträge und leitet Seminare zu den Themen: Kraft des Unterbewusstseins, Ursachen von Erfolg und Misserfolg, Selbstvertrauen, Loslassen, Trauerbewältigung, Ursachen von Krankheiten und Konfliktbewältigung zwischen Partnern, Kindern und Eltern, Auflösung von Blockaden.

Vertrauen auch Sie ihrer langjährigen Erfahrung im liebevollen und herzlichen Umgang mit Menschen.

Termine und Orte, an denen Seminare durchgeführt werden, können Sie unter der folgenden Anschrift und Rufnummer erfahren:

C.M.P. Seminare · Fischweg 7 · D-33790 Halle/Westf.
Telefon 0 52 01 / 66 55 77 · Fax 0 52 01 / 66 55 11

Die Gedanken von heute sind die Wirklichkeit von morgen.
Warte nicht auf den Erfolg, sondern verursache ihn.
Dein Leben ist die Summe deiner Gedanken.

Überlebens- kampf in extremen Grenz- situationen

Packende authentische Geschichten über die Willensstärke und über die Kraft der Hoffnung.

James Scott
Joanne Robertson
Solange ich atme, hoffe ich
Verschollen im Himalaya
Eine Geschichte vom Überleben
01/13182

Richard Leo
Jenseits aller Grenzen
Ein Mann, eine Frau, ein Kind
in der Weite Alaskas
01/13075

Steven Callahan
James Nalepka
Gekentert
119 Tage im Pazifik verschollen
19/719

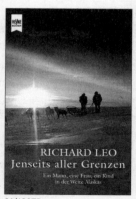

01/13075

Joe Simpson
Spiel der Geister
Die Sucht nach dem Berg
01/13076

Joe Simpson
Sturz ins Leere
Überlebenskampf
in den Anden
01/13094

HEYNE-TASCHENBÜCHER